資料集

市民と自治体による
放射能測定と
学 校 給 食

チェルノブイリ30年と
フクシマ5年の
小金井市民の記録

大森直樹［監修］

東京学芸大学
教育実践研究支援センター［編］

明石書店

はじめに

大森　直樹

福島第一原発事故により日本各地に飛散した放射性セシウム137の半減期は30年に及ぶ。放射能汚染問題への取り組みは、長期にわたるものとならざるを得ない。本資料集は、放射能測定室の設置や学校給食改善を実現してきた小金井市民と小金井市の取り組みを手がかりにして、未来を生きる子どもたちを前にした大人たち——とくに保護者・教職員・自治体・研究者が、放射能汚染問題に今後どのように取り組むべきかを明らかにするため編んだものである。小金井市は、東京都のほぼ中央、武蔵野台地の南西部にあり、人口11万人の自治体である。福島第一原発事故後の新年度には、市立の小学校9校と中学校5校に7403人の子どもが通っていた（2011年5月1日）。この子どもたちを前にして、大人たちは放射能汚染問題にどのように取り組んできたのか。本資料集に収録した39件の資料から浮き彫りになる内容について、以下にその概要を記したい。

食品の放射能汚染と基準値

市民と自治体による放射能測定と学校給食改善について理解するため、まず3・11後における食品の放射能汚染とそれに対する国の施策を概観しておきたい。

福島第一原発の1号炉、3号炉、4号炉の原子炉建屋では、2011年3月12日、14日、15日に水素爆発が起きた。放出された放射性物質が、日本各地の森林、田畑、土壌、水道、農畜産物、水産物を汚染したことを受けて、厚生労働省は、17日、食品中の放射性物質の基準値（暫定規制値）を示し、「これを上回る食品については、食品衛生法第6条第2号に当たるものとして食用に供されることがないよう販売その他について十分処置」することを都道府県に求めた（資料35）。国が、国内で販売されるすべての食品を対象として、暫定といえども基準値を示したのは初めてである。この基準値は、食品摂取から受ける被ばく上限を年5ミリシーベルト（資料37）とするものだった（2012年4月1日に新たな基準値が施行され、食品摂取から受ける被ばく上限は年1ミリシーベルトとなり、食品衛生法上の取り扱いは第6条第2号によるものから第11条によるものとなり今日に至る。資料36）。

23日、東京都は、金町浄水場（葛飾区）で水道水1キログラムあたり210ベクレルの放射性ヨウ素を検出したと発表した。示されたばかりの基準値（乳児用の牛乳・乳製品の放射性ヨウ素は1キログラムあたり100ベクレル）を上回り、東京都は、江戸川から取水する金町と三郷（みさと）（埼玉県三郷市）の両浄水場から配水される東京の23区と武蔵野・三鷹・町田・多摩・稲城各市の住民を対象に、1歳未満の子どもに水道水を飲ませることを控えるよう要請した。これと前後して福島・茨城・千葉・栃木各県における一部の自治体でも子どもの水道水飲用が制限された。

4月4日、厚生労働省は、放射性セシウムが検出された野菜類の事例を6件について公表した（資料38）。いずれも示されたばかりの基準値（野菜類の放射性セシウムは1キログラムあたり500ベクレル）を上回るもので、茨城県のパセリ2110ベクレル、ホウレンソウ1931ベクレル、ミズナ540ベクレル、東京都のコマツナ890ベクレル、栃木県のホウレンソウ790ベクレル、群馬県のカキナ555ベクレルだった。

同日、国は、食品中の放射性物質に関する検査体制の整備に着手した。その検査体制は、厚生労働省が、原子力災害対策本部が同日付で公表した「検査計画、出荷制限等の品目・区域の設定・解除の考え方（初版）」（「検査計画等の考え方」）に基づき、対象自治体の設定（福島県・茨城県・栃木県・群馬県・宮城県・山形県・新潟県・長野県・埼玉県・千葉県・東京都）と、対象品目の設定を行うことを柱とするものだった（資料38）。以後、厚生労働省は、「検査計画等の考え方」の改正に応じて、対象自治体と対象品目の再設定を重ねていく（6月27日、8月4日、2012年3月12日、7月12日、2013年3月19日、2014年3月20日、2015年3月20日）。

子育てに関わる人々の不安

放射能汚染の現実を前にして、日本の地で子育てに関わる人々には、不安が拡がった。その不安を、上記した国の施策と対応させて整理すると次のようになる。

①対象自治体に設定されなかった自治体における食品への対応をどうするか（子どもたちに食べさせてよいか）。
②対象品目に設定されなかった食品への対応をどうするか。
③対象品目に設定された食品であっても、検査の網からこぼれ落ちる汚染食品への対応をどうするか。
④対象品目に設定された食品で、仮に万全の検査が行われ基準値以下とみなされた食品であっても、基準値以下の放射性物質が検出されている、あるいは、検出される可能性のある食品への対応をどうするか。
⑤飲食物摂取から受ける被ばく上限について、国の「考え方」は、当初は年5ミリシーベルト、2012年4月1日以降は年1ミリシーベルトであるが、それらの「考え方」によって、子どもたちの健康を守ることができるか。
⑥急ごしらえの基準値と検査体制の下にあって、保育園や学校における給食への対応をどうするか。

以上については、専門家や自治体の見解も分かれることが多かった。子育てに関わる人々の不安は、深まるばかりだった。

対応策を示した小金井市民

だが、こうした不安を正面から見つめながら、すでに具体的な対応策を講じている人々がいた。「小金井市放射能測定器運営連絡協議会」（小金井測定協議会）に集うメンバーたちだ。メンバーのひとりは次のように述べている。「放射性物質は、（自分たちで）測って避ければいいのです」（資料１）。この言葉を具体化して生活のなかで継続するためにつくられたのが、「放射能測定器の維持管理は市、測定は市民団体に委託」という市民協働方式による放射能測定であり、その委託を受けたのが小金井測定協議会だった。

小金井測定協議会は1990年７月７日に発足している。1986年のチェルノブイリ原発事故後に輸入食品の放射能汚染への不安から、数人の保育園の保護者たちが、市に食品の放射能測定を求める署名を集めたのが始まりだった。小金井市は市民の提案を受け止め、1990年９月に放射能測定器の購入と設置を行い、以来26年にわたり保守点検費を計上してきた。放射能測定については、小金井市の在住・在勤・在学者で、気になる食品の放射能測定を希望する者が市の経済課に申し込みを行えば、だれでも無料で利用ができる。福島第一原発事故後に食品測定の依頼件数は増加し、小金井測定協議会は週１回だった測定日を、2011年５月から週３回、11月から週６回（２回×３日）として対応を重ねてきた。

小金井市の放射能測定事業は多くの取材や視察を受けるようになった。取材には海外のメディアによるものがあり、視察には消費者庁によるものがあった（資料33）。消費者庁は、小金井市の取り組みの視察もふまえ、放射能測定器を自治体に貸与する事業（消費者庁「放射性物質検査機器の貸与等について」2011年９月７日）に着手し、2014年度までに257地方公共団体に369台の測定器を貸与している。

本資料集の内容

本資料集は４本の柱を立てて資料を収録している。「Ⅰ　放射能測定の歩み　1986－2016年」には５件の資料を収録した。資料１と２は、小金井測定協議会のメンバーの１人である漢人（かんど）明子が、小金井市における放射能測定室の設置と運営の経過をまとめたものである。漢人は、小金井測定協議会の加盟団体の１つである「小金井市に放射能測定室をつくった会」のメンバーでもある。資料１には、市民による放射能測定20年以上の経験から見いだされた「放射能から身を守る３原則」も記されている。

資料３は、2011年度上半期における小金井市の放射能汚染問題への取り組みについて、同年４月27日に小金井市長となった佐藤和雄が回想を記したものである。この時期に小金井市で課題とされたのは、①市内空間の放射線量の測定、②給食食材の放射線量測定、③学校の校庭とプールの放射線量測定だった。佐藤は次のように記している。

> 手元には当時の資料はなく、細かな記憶も失せている。しかし、その時の苦しかった感覚だけは今も確かに残っている。その理由をあげれば、まず第一には小金井市役所には、原子力災害に備えた担当部署がなく、700人足らずの市職員には放射能問題の専門的知見をもった人物がだれ一人いなかったことだ。・・・(そうした状況のなかで）小金井市民にとって非常に幸運だったことは、チェルノブイリ事故の後、小金井市民の有志たちが、市と契約を結び、市の放射能測定器を用いて市民から持ち込まれた食材などを放射能測定する取り組みを地道に続けていたことだった。こうした態勢があったことが7月には給食食材を測定できることにつながった。

佐藤は、放射能汚染問題に関して今後行うべきことを明らかにするうえで（そのなかには原子力防災に関する教育の検証も含まれる)、3・11後に改定された小金井市地域防災計画の検討が欠かせないことも指摘している。この指摘をふまえ、資料4には、小金井市地域防災計画の関連章を抄録した。資料5は、小金井市のこの間における放射能測定の概要である。

「Ⅱ　原発災害下における学校給食改善の記録　2011－2016年」には7件の資料を収録した。原発災害と学校給食改善という視点からみたとき、小金井市には2つの注目される点がある。1つは、「小金井市学校給食の指針　2013年4月」（資料12）のなかに次の記述があることだ。「学校給食食材については、安全性を最優先」すること、「子ども達の健康のため、内部被ばくを避けるように」すること、そのために「食材の残留放射性物質検査を実施」することである。2つは、こうした「指針」を具体化するため、市教育委員会が2013年4月に学校給食の牛乳をより安全なものに実際に変更していることである（ほかにも2015年4月に市教育委員会は「指針」を推進するため「小金井みんなの給食委員会」を設置している)。

これらの措置はどのようにして実現したのか。資料6は、「子どもと未来を守る小金井会議」（こどみら小金井）のメンバーの1人である馬場泉美が、市民による取り組みを同会議の活動を中心に記したものである。「いままで陳情書など出したことのない市民」（その多くが子育てをしている保護者）が、どのように自分たちの声を市議会と市教育委員会に届けたのか、どのように学校と協力を重ねたのか、そして、どのように学校給食改善を実現したのかがまとめられている。資料6は、資料7～12のガイドの役割も果たしている。資料7と資料8は、こどみら小金井による陳情書、資料9は、従前から学校給食改善に取り組んできた「小金井の給食を守る会」の陳情書である。資料10は、「小金井市学校給食の指針（案)」、資料11は同案に対するパブリックコメントまとめであり、資料12が確定した「小金井市学校給食の指針」である。

「Ⅲ　こがねい放射能測定室だより　1993－2015年」には小金井測定協議会の機関紙バックナンバーを第１号から第22号まで収録した（資料13～34）。この機関紙を通読すると、小金井市民による息の長い取り組みについて知ることができる。

「Ⅳ　国による食品中の放射性物質の基準値と検査体制　2011－2015年」には５件の資料を収録した。国による基準値と検査体制を知ることで、市民と自治体による放射能測定と学校給食改善についての理解が深まるからである。国による基準値については、2011年に暫定規制値を示した資料35と2012年に基準値を示した資料36によりその全体を知ることができる。現行の2012年の基準値については、その概要が記された資料37も収録した（資料37→35→36の順に読み進めると理解がしやすい）。国による検査体制については、2011年に最初の検査体制を示した資料38と「検査計画等の考え方」（最終改正2015年３月20日）に基づき現行の検査体制を示した資料39によりその全体を知ることができる。

市民による学習と提言の重要性

「Ⅰ」「Ⅱ」「Ⅲ」に収録した資料から直ちに理解されることがある。それは、放射能汚染問題に取り組んできた小金井市民が、その取り組みの中心に学習活動を位置づけてきたことである。市民自らが企画し開催を重ねてきた学習会は、講演会・映画会・茶話会など多様な形式で行われ、そうした学習の場では、知的学習とあわせて不安の共有や問題意識の交換が行われてきた。

こうした取り組みの意味を明らかにするため参照しておきたい概念のひとつに海老原治善（東京学芸大学教授をへて東海大学教授）が提起していた「第３段階の社会教育」がある（東京都立多摩社会教育会館編『社会教育調査報告書　1991・1992年』）。第１段階の社会教育（1945～75年）が戦前の教化としての社会教育を国民の「権利としての社会教育」に更新したこと、第２段階の社会教育（1976年～「人権としての社会教育」）が国民の「権利としての社会教育」を女性・高齢者・障害者・在日外国人・帰国者などの立場から実質化しようとしたこと。以上をふまえて、1990年代以降の社会教育実践が帯びはじめた特質について規定を試みた概念が「第３段階の社会教育」だった。「第３段階の社会教育」には３つの特質がある。１つ、知的学習権の強調から、仲間づくりを土台に芸術・文化活動を含めた「共に生き、共に学び、共に遊び、共に育つ」取り組みへの移行。２つ、「講義・受講・質疑・討論」を中心とした学習から、「見学・調査・改革のためのアクション」も含めた学習への移行。３つ、「余暇時間」の活用や「自己充足・自己実現の時間」のための学習から、人間的・社会的絆をとりもどし、連帯により公正な社会づくりに参加する「自由時間」のための学習への移行である。海老原は、これらの特質を「参加としての社会教育」と集約して「第３

段階の社会教育」を規定していた。いま、その具体的な展開を、小金井市民によるこの間の多様な学習活動のなかに見出すことができる。以上は社会教育についての規定だが、3・11後の学校教育のありかたにも示唆を与えるものといえるだろう。

政府・企業・学界のエリートたちが「起きるはずがない」と信じていた福島原発の過酷事故が起きてしまったが（国際原子力事象尺度レベル7）、ここ小金井の地では、市民たちが、それ以前から原発事故についての認識を深めていた。1995年に動力炉・核燃料開発事業団（動燃）の高速増殖原型炉もんじゅにおいてナトリウム漏洩事故があり（レベル1）、1997年に動燃の東海事業所再処理施設において火災爆発事故があり（レベル3）、1998年に女川町立第一中学校においてモニタリングステーション観測用放射線源に中学生・教諭が触れて被ばくする事故があったが、市民たちがそれらの注視を続けていたことを小金井測定協議会の機関紙から確認できる（資料15、16、18）。1999年に日本原子力発電の敦賀発電所において冷却水漏れ事故（レベル1）と東海村JOCにおいて臨界事故（レベル4）があったことを受けて、2001年の同紙には、「（今後も）原子力施設、原子力発電所の事故はありうる」との記述がある（資料20）。市民たちは2005年に「地震・津波と原発」についても学習会を行っており（資料24）、2007年5月の同紙には、「地震の活動期に入ったと言われるこの日本では、今や原発震災はどこで起こっても不思議ではありません」との記述がある（資料26）。同年7月の新潟県中越沖地震による東京電力柏崎刈羽原発における事故に際しては（レベル0）、2008年の同紙に「今回の地震を大きな警告と受け止めて、発電事業のこれからを考えていくべきではないでしょうか」との記述がある（資料27）。

小金井市民と小金井市の取り組みの意味を明らかにする作業はまだ緒についたばかりであるが、その意味の理解を深めて、成果と課題についての認識を確立して、全国の子育て・教育・行政・研究に活かしていくことが求められているように思う。本資料集がその一助となれば監修者にとってこれにすぐるよろこびはない。

参考文献

松下圭貴『放射能汚染と学校給食』岩波ブックレット875、2013年

谷村暢子「食品の放射能汚染および検査」原子力資料情報室編『検証　福島第一原発事故』七つ森書館、2016年

（おおもり　なおき　東京学芸大学教育実践研究支援センター）

資料集 市民と自治体による放射能測定と学校給食
— チェルノブイリ30年とフクシマ5年の小金井市民の記録 —

目 次

Ⅲ　こがねい放射能測定室だより　1993 ― 2015年

小金井市放射能測定器運営連絡協議会

Ⅳ　国による食品中の放射性物質の基準値と検査体制　2011 ― 2015年

基準値

検査体制

Ⅰ
放射能測定の歩み
1986－2016年

漢人明子

1　小金井市の放射能測定室はなぜ生まれたか

小金井市の放射能測定

「何ベクレルくらいまでなら、食べても大丈夫ですか」。

「近所の小学校の土壌を調べたら、1キログラムあたり850ベクレルもありました。庭で育てた野菜を食べても平気でしょうか」。

「子どもの保育園の給食が心配です。食材が汚染されていないか調べてもらうのには、どうしたらいいですか」。

福島第一原発で事故が起きてからというもの、私たちのところに来る放射能汚染に関する相談は後を絶ちません。私たち放射能測定室（小金井市放射能測定器運営連絡協議会）は1990年秋から今日まで、国内外のさまざまな食品の放射能汚染を測定してきました。発端は1986年に起きたチェルノブイリ原発事故です。日本でも、ヨーロッパからの輸入食品の汚染が問題になり、当時、保育園で働きながら子育ての真っ最中だった私自身も、不安な日々を過ごしていました。子どもたちには安全な食べものを食べさせたい。でも、どの食品が汚染されていて、どれが安全なのかがわからない。いったい、どうしたらいいのか。

本当に「この食品は安心だ」と確信する方法は、結局は、ひとつしかありません。それは、「汚染されているかどうか、実際に測定してみる」のです。事実を知るのが単純かつ、いちばん確実な方法です。けれども放射能測定器は大変高価で、数百万円もします。

そこで、私たちは、市に「放射能測定器を購入し、食品を測定してほしい」と陳情書を出すことにしました。最初のメンバーは4、5人でしたが、陳情書と一緒に提出する署名を集めると、またたくまに1000人を超え最終的に2000人分が集まったのです。

そして1988年6月、市議会で全会一致で採択されました。署名開始から、わずか

2か月弱というスピードでした。それだけ多くの人が、チェルノブイリ原発事故による食品汚染について憂慮していたと言えます。

そのあと、私たち陳情に取り組んだ市民が中心となって設立した「小金井市放射能測定器運営連絡協議会」は、市から委託を受ける形で、食品や給食に含まれる放射能を測定し続けています。

放射能から身を守る3原則

放射能は見えもしなければ、味もにおいもありません。でも、確実に身体をむしばんでいます。そんな強敵から身を守るために、ぜひ覚えておきたい3つの原則があります。

1つ目の原則は測ること。食品、給食、土壌、水、何でも実際に測ってみれば、本当に「何が安全か」「安全でないか」が明らかになり、不安を払拭できます。まずは事実を冷静に知ること。すべてはそこからです。

しかし、放射性物質に囲まれて生きざるを得ない時代が来たことを、まだ納得しきれない人も多いようです。幼い子どもがいても、「食べものの放射能とか、気にしても不安になるだけですから」などと言う方さえ、います。

しかし、今後、私たち大人がするべきは、何事もなかったかのように振る舞って問題から逃避したり、いたずらに不安になることではありません。事実を知り、行動することです。

2つ目の原則は避けること。放射能汚染問題で私たちがこれから特に長期にわたって気をつけるべきは、内部被ばくです。微量でも汚染された食品や飲みものは、口にしないよう避けていく必要があります。

放射能による食物汚染は、残念ながら、短期ではおさまりません。たとえば、セシウム137の半減期は30年。汚染された土壌は、30年たってようやく放射能の強さが半分程度になるのです。さらにその半分になるのには、そこからまた30年がかかります。それでもまだ元通りにはなりません。

だからといって、すべての食品を測ることは、現状では不可能です。では、どうすれば良いのでしょう。「上手に避けるための知識」を身につけることが大事です。

3つ目の原則は動くこと。自分たちで情報を集める、測定する、自治体に働きかける。そうして具体的に動くことで、状況は確実に変わっていきます。このことは20年以上測定し活動してきた経験から、自信をもってお伝えできます。

私は、これまでと同じようにすべての食品は0ベクレルを目指すべきだと考えます。しかし、現実問題として、1キログラムあたり数ベクレル、数十ベクレルの汚染食品はごく普通のルートで流通していることになります。それどころか、間違って検査の網の目をくぐり、規制値を超えた食品が流通していないとも限りません。

規制値超えはもちろん、たとえ少しであろうと、汚染されているかどうかという、不安と疑念を持ちながらものを食べるのはつらいことです。何をどの程度食べたら危険なのか、それすらわからないのです。いま私たちを悩ませているのは、この「わからなさ」ではないでしょうか。どうせわからないのだから、考えたって仕方がない、と思うのは間違いです。わかるように努力することは、誰にでもできます。本当にささやかではありますが、これまでに私たちがやってきたのは、そういうことだと思っています。

あきらめず、目をそむけず、むしろ楽しみながらやってみましょう。きっと、できることがあります。放射性物質は、測って避ければいいのです。

本稿は漢人明子「はじめに」『「内部被ばく」こうすれば防げる！―放射能を21年間測り続けた女性市議からのアドバイス』（文藝春秋、2012年、1 ～ 4頁）を改題して著者による若干の加筆を行ったものである。

（かんど　あきこ　小金井市放射能測定器運営連絡協議会・小金井市に放射能測定室を作った会）

資料1

2　小金井市の放射能測定室はなぜ続いているか

小金井市では、チェルノブイリ原発事故の２年後、輸入食品の放射能汚染への不安から、市としての食品の放射能測定を求める陳情書が市議会に提出されました。この動きを始めたのは数人の保育園の親たちで、私も２歳の子どもを抱えて市内の保育所で働きながら署名活動に参加しました。２か月で２千筆の署名が集まり、陳情書は全議員の賛成で採択されたのです。

ところが市の対応は鈍く、さらに２年間の紆余曲折と試行錯誤による市との話し合いを経て、測定室としての活動が始まったのは1990年の秋でした。「測定器の維持管理は市、測定は市民団体に委託」という市民協働の先駆けともいえる方式で、市は測定器を約450万円で購入、メンテナンス費用を毎年20～30万円支出することになりました。

以来３・11までの21年間、そしてその後の４年間、「小金井市放射能測定器運営連絡協議会」として、市民の申し込む食材の放射能を測定してきました。

この活動をこんなに長く続けることができたのはなぜでしょう。

まず、「セシウム137は半減期が30年なんだから、とにかく長い取り組みになる」ことを大前提として、ちょっと大げさかもしれませんが「覚悟を決めた」市民が担ってきたことです。

「ほとんどゼロ」の測定結果が数年続いたこともありましたが、測ることが汚染食品流通の抑止力になり、不検出を確認することに意味があると考えていました。でも残念ながら、３・11の数年前、欧州産のブルーベリー製品から続々と高い汚染が検出され、気を緩めることができない放射能汚染の深刻さを再認識させられました。

また、原発やエネルギーのあり方の学習会や行動を通して、放射能測定を広い位置づけのなかで捉えてきたこと。市の事業としたことで測定器の維持に関する負担が避けられたことや、市民が持ち込み市民が測ることに無理のない200ccという小容量での測定を実現できたこと。さらに行政評価による事業見直しなどの動きに的確に対応できたこと、などがあげられます。

3・11後、全国でさまざまな形で市民による放射能測定が始まりました。専門家ではない普通の市民が地道に続けてきた私たちの活動の経験も、各地での模索過程にいくらか寄与できたと思います。そして小金井の測定室も新しいメンバーが増え、次のステップへと進みつつあります。

まだ4年です。今度の20年を覚悟した同志は、だいぶ増えたのではないかな。

日本の原発が全て止まって
600日を超えた日に

(2015年5月8日記)

本稿は、子どもと未来を守る小金井会議編『わたしは忘れない小金井の3・11』(2016年)に掲載するため書かれた漢人明子の原稿「市民が四半世紀測り続けてきて」を改題したものである。

(かんど あきこ 小金井市放射能測定器運営連絡協議会・小金井市に放射能測定室を作った会)

佐藤和雄

3　あの時とこれから
―元小金井市長の回想―

2011年4月27日に小金井市長に就任した後、部課長らとの協議に多くの時間を費やし、苦慮し、時に煩悶した問題の一つが「3・11」によってもたらされた、いわゆる放射能問題だった。

手元には当時の資料はなく、細かな記憶も失せている。しかし、その時の苦しかった感覚だけは今も確かに残っている。

その理由をあげれば、まず第一には小金井市役所には、原子力災害に備えた担当部署がなく、700人足らずの市職員には放射能問題の専門的知見をもった人物がだれ一人いなかったことだ。

第二には、市民に不安を与えている放射能問題は多岐にわたり、関係する部は企画財政部、市民部、環境部、福祉健康部、子ども家庭部、市教育委員会学校教育部など、ほとんどの部に広がっていたが、情報共有や政策を企画・調整する体制が整っていなかったことだ。

第三に、今振り返れば、政府と東京都の基礎自治体への支援態勢も十分とは言い難かったように思う。

*

就任した直後から、こうした難しい問題に直面していた。関係する部課長を庁議室に集め、小金井市がクリアしなければならない課題を確認し、どこの部署が何を担当し、いつまでに何を実施すべきか。

5月は、会議のセッティングから担当の調整まで、市長自らがイニシアチブを取らざるをえなかった。未体験の問題に手探りで進むしかなかったが、市の職員たちはそれに懸命に応えようとしてくれたと思う。

6月に入り、市議会の第2回定例会が始まると、多くの議員たちが放射能問題を取り上げた。

それへの答弁が当時の苦境を映し出している。6月2日の本会議で、片山薫議員の質問に私はこう説明した。会議録からそのまま引用する。

まず、放射線量の測定についてであります。3月11日以降、そして、私が市長に就任してからも、市民の方から、ほぼ毎日のように、Eメールなどで、市内の放射線量について、測定してほしいという声が届いております。また、学校現場にもそういった声が寄せられていると承知しております。

小金井市内には、法政大学の工学部の中にイオンビーム研究所があり、そこで校内の放射線量については、地表から1メートルの高さで毎日、月曜日から金曜日まで測定し、そのデータなどをホームページで公表しているところでありますが、そのデータを見る限り、健康に影響を及ぼすような値ではないということは、市としても承知し、また、それも市民に伝えようとしているところではありますけれども、更に詳しく、放射線量について知りたいと思われる方に対して、市として前向きな対応をすべく、今、検討して、近々、その方策についてお示ししようと考えております。

また、給食の素材についても、ご心配をいただいている保護者の方々が多いわけでありまして、放射能測定器運営連絡協議会に、例年であれば2月と9月だったと思いますが、給食の素材について測定いただいているところでありますけれども、なるべく早く、保護者の要望に応えて、給食の素材について測定していただきたいということを、市の方からお願い申し上げているところでありますので、その点については近日中に測定データというものが出るだろうと思っております。

また、その他、運動場やプールの水などについても、ご心配の声が寄せられておりますので、これについて、どのような対応がとれるのか、今、検討しております。小金井市としては、放射線量を測定する機材を、現在、持ち合わせておりません。また、そうした測定ができる専門的な職員もいません。そういう中で、しかし、可能な限り速やかに、不安をお持ちの方々に対して、その不安を払拭できるような手だてをとるよう、今、懸命に努力しているところでございます。

この時点では、(1)市内の空間放射線量 (2)給食の素材の測定と安全確認 (3)学校の運動場とプールの測定と安全確認が課題として挙がっていた。自分が期待するようなスピードで取り組みが進められたとはとても思えなかったが、一歩ずつ前進するしかなかった。

その中で、小金井市民にとって非常に幸運だったことは、チェルノブイリ事故の後、小金井市民の有志たちが、市と契約を結び、市の放射能測定器を用いて市民から持ち込まれた食材などを放射能測定する取り組みを地道に続けていたことだった。

こうした態勢があったことが7月には給食食材を測定できることにつながった。

また他の自治体でも、給食食材などを独自に測定するために放射能測定器を補正予算で購入するところが出始めていた。

今でもよく覚えているのは、ある市長が私の耳元で囁いた一言だった。

小金井市さんが、食材の放射能測定をやっていらっしゃるから、私たちもやることにしたんですよ。

もう一つ、強く印象づけられた光景がある。校庭の空間放射線量測定がどのように実施されているかを確かめるために、ある小学校に行った時のことだった。

雲ひとつない晴天の日で、初夏の強い日差しがグラウンドに降り注いでいた。市の職員はグラウンドの中心部で、地上から1メートルの場所を正確に測るために、機材を慎重に、丁寧に、時間をかけて扱っていた。1回だけで済ませるのではなく、それを何度か繰り返した。

ライトブルーの制服は汗に黒く染まり、顔からは水滴のように汗がしたたり落ちていた。

＊

今回の原稿を書くにあたり、「3・11」後の放射能対策についての取り組みをまとめた文書はあるだろうかと、市のホームページで調べたが見つからなかった（情報公開請求をすれば提供されるのかもしれないが）。

ただ一つ、市役所のホームページでそれに該当する文書として見つかったのは、2015年2月に改定された小金井市地域防災計画の一節だった。

この新しい地域防災計画は「3・11」を経て、大幅に見直されたものだ。

その一つが第2部「施策ごとの具体的計画」に新設された「第10章　放射性物質対策」である。

この章で「東日本大震災による福島第一原子力発電所の事故への主な対応は、以下のとおりである」として、保育園・幼稚園・学校等における空間放射線量測定、給食食材の放射性物質検査、線量計の市民への貸出等を行ったことなどが、わずか4行で簡潔に記されている。

また、今後取るべき施策としては、関係機関との連絡体制の強化に加え、「適切な情報提供による市民の不安の払拭」として、その具体的内容がこう記されている。

放射性物質及び放射線による影響の特殊性を考慮し、大気、市有施設（学校・保育園）等での放射線量を測定し、公表するとともに、健康相談に関する窓口を設置する等、市民に対する情報提供・広報を迅速かつ的確に行う。

第10章は、11ページにわたり、基本的な考え方から事故後の風評被害への対応についてまで、小金井市として取るべき措置が記されている。恐らくこれに目を通したことのある市民は非常に少ないだろう。

こうした対策で本当に十分なのかどうか。「3・11」を経験した小金井市民として、ぜひ吟味して頂き、声を上げて頂きたいと思う。

例えば予防対策。「市および都の教育機関においては、原子力防災に関する教育の充実に努める」とある。

小中学校の教育現場で今、原子力防災についてどのような教材によって、どう教えられているのだろうか。

＊

原発の過酷事故が起きた時の避難計画の有効性は確認されず、また避難した人たちを受け入れる計画が立案されていないにもかかわらず、原発の再稼働は着々と進んでいる。

あの苦しい時期を自治体の長として経験した私の目からは、「3・11」の経験と教訓が生かされているようにはとても思えない。

本稿は、子どもと未来を守る小金井会議編『わたしは忘れない　小金井の3・11』（2016年）に掲載するため書かれた佐藤和雄による第一稿「あの時とこれから」に副題を付加したものである。『わたしを忘れない』には字数を縮減した第二稿が掲載されている。

（さとう　かずお　元小金井市長・脱原発をめざす首長会議事務局次長）

資料3

小金井市
防災会議

4

小金井市地域防災計画
2015年2月修正〔抄録〕
震災編　第2部　施策ごとの具体的計画
第10章　放射性物質対策

第１０章　放射性物質対策

基本的な考え方

第１　現在の到達状況

東日本大震災による福島第一原子力発電所の事故への主な対応は、以下のとおりである。

1　市有施設等における放射線測定・放射性物質検査
保育園・幼稚園・学校等における空間放射線量測定、給食食材の放射性物質検査、線量計の市民への貸出等を行った。

2　市民への正確な情報提供等
ホームページ上で空間放射線量測定や給食食材の放射性物質検査の結果を公開するとともに、Q&A集等の国・都の関連ページの紹介等、市民ニーズに合わせた情報提供を実施した。

第２　課題

1　より円滑に対応できる体制の構築
福島第一原子力発電所事故への対応の教訓を踏まえ、今後同様の事態が発生した場合に、より円滑に対応できるように、庁内体制の強化、都・警察署・消防署等との関係防災機関との連絡体制の構築を図る。

2　市民への情報提供策の構築

市民に対し、以下のような情報提供策を講じることが必要である。

⑴　科学的・客観的根拠に基づく正確な情報の提供

⑵　食品の安全性の確保

⑶　出荷制限等に関する情報の提供

第3　対策の方向性

1　庁内体制の強化と関係防災機関との情報連絡体制の構築

小金井市放射線対応に関する危機管理調整会議の事務分掌を踏まえて、都・国・警察署・消防署等との関係防災機関との連絡体制を確保し、より機能的に対応できる体制の強化を図る。

2　情報提供策の構築

放射性物質及び放射線による影響は、五感に感じられないという特殊性から、市民の不安払拭のための情報提供策を構築する。

第4　到達目標

1　庁内、関係防災機関との情報連絡体制の強化・構築

放射性物質等による影響が生じた際に、小金井市放射線対応に関する危機管理調整会議等を踏まえて、市本部又は危機管理対策本部等を設置し、被害情報等の共有や対策を行うとともに、都・国・警察署・消防署等との関係防災機関との連絡体制を強化する。

資料4

2　適切な情報提供による市民の不安の払拭

放射性物質及び放射線による影響の特殊性を考慮し、大気、市有施設（学校・保育園）等での放射線量を測定し、公表するとともに、健康相談に関する窓口を設置する等、市民に対する情報提供・広報を迅速かつ的確に行う。

第１０章　放射性物質対策

現在の到達状況

○福島第一原子力発電所の事故による放射性物質等の影響について関係部署が連携して対応
○保育園・幼稚園・学校等における空間放射線量測定、給食食材の放射性物質検査等を実施
○線量計の市民への貸出
○ホームページによる市民への放射性物質検査等の情報提供

課題

○福島第一原子力発電所事故への対応の教訓を踏まえ、今後同様の事態が発生した場合に、より円滑に対応できる体制の構築が必要
○放射線量の測定結果公表や相談窓口の設置等の市民への情報提供策を講じることが必要

対策の方向性

○庁内体制の強化と関係機関との情報連絡体制の構築
○市民の不安払拭のための情報提供策の構築

到達目標

○庁内、関係防災機関との情報連絡体制の強化・構築　**○適切な情報提供による市民の不安の払拭**

具体的な取組み

放射性物質対策

地震前の行動（予防対策）	地震直後の行動（応急対策）	地震後の行動（復旧対策）
情報伝達体制	情報伝達体制	保健医療活動
市民への情報提供等	市民への情報提供等	放射性物質等への対応
放射線等使用施設	放射線等使用施設の応急措置	風評被害への対応
	核燃料物質等運搬中の事故	

第２部　10-3-4

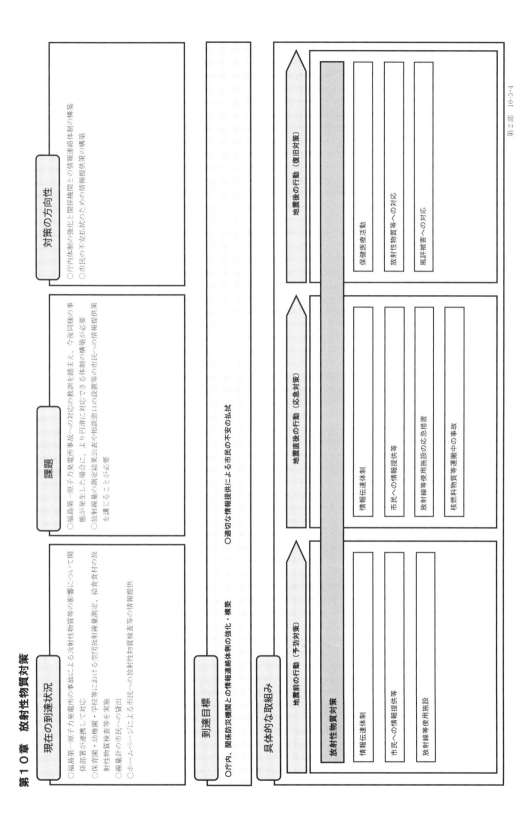

予防対策

第１節　情報伝達体制（市）

第１　放射性物質等に対応できる体制の構築

○　市は今後、市内において原子力災害による放射性物質等の影響（以下、「放射性物質等による影響」という。）が懸念される事態が発生した場合に備え、より迅速かつ機能的に対応できる体制を構築する。

第２　放射能測定体制の充実

○　市は、放射性物質等による影響を正確に把握できるように、あらかじめ線量計を確保する測定地点を検討する等、放射能測定体制を整える。

第２節　市民への情報提供等（市、都）

第１　情報提供体制の整備

○　市は、国や都との役割分担を明確にしたうえで、必要な情報提供体制を整備する。

第２　広報活動の実施

○　市及び都は原子力防災に関する知識の普及啓発のため、次に掲げる事項について広報活動等を実施する。

1　放射性物質及び放射線の特性に関すること
2　原子力災害とその特性に関すること
3　放射線による健康への影響及び放射線防護に関すること
4　緊急時に国や都等が講じる対策の内容に関すること。

第３　原子力防災に関する教育の充実

○　市及び都の教育機関においては、原子力防災に関する教育の充実に努める。

第３節　放射線等使用施設（市、都、小金井消防署）

○　放射線等使用施設については、国（原子力規制委員会）が、放射線障害防止法に基づき、RI（ラジオ・アイソトープ）※の使用、販売、廃棄等に関する安全体制を整備するとともに、立入検査の実施による安全確保の強化、平常時はもとより震災時においても監視体制がとれるよう各種の安全予防対策を講じている。

○　小金井消防署では、核燃料物質や放射性同位元素等の消防活動に重大な支障を生ずる恐れのある物質等を貯蔵、又は取り扱う事業者等を、火災予防条例に基づく届出により把握しており、関係防災機関において、必要な情報の共有を図っていく。

※RI（ラジオ・アイソトープ）：放射線を出す同位元素（ウラン、ラジウム等）のことで、核医学検査及び放射線治療で使用

＜各機関の役割分担＞

機関名	対策内容
東京消防庁 小金井消防署	○　核燃料物質や放射性同位元素等の消防活動に重大な支障を生ずる恐れのある物質を貯蔵、又は取扱う事業者を都の火災予防条例に基づき把握する。
都福祉保健局	○　RI管理測定班を編成し、地域住民の不安除去に努める。

応急対策

第１節　情報伝達体制（市）

第１　対策内容と役割分担

○　放射性物質等による影響が生じた際に、円滑かつ的確に対応できる市の体制を整備する。

第２　詳細な取組内容

○　小金井市放射線対応に関する危機管理調整会議（以下「調整会議」という。）により、放射性物質の飛散に伴う影響及びその対策について必要な情報を共有し、その対策の検討を行う。
○　必要に応じ、市本部又は危機管理対策本部を設置し、被害情報等の共有や対策を行うとともに、都・国・警察署・消防署等との関係防災機関との連絡調整を行う。
（別冊　資料2-10-1　小金井市放射線対応に関する危機管理調整会議設置要綱）

第２節　市民への情報提供等（市）

資料4

○　市民に対する的確な情報提供・広報を迅速かつ的確に行う。情報提供に当たっては、情報の発信源を明確にするとともに、できるだけ専門用語やあいまいな表現を避け、理解しやすく誤解を招かない表現を用いる。
○　利用可能な様々な情報伝達手段を活用し、繰り返し広報するよう努める。

第３節　放射線等使用施設の応急措置（市、小金井消防署）

第１　対策内容と役割分担

○　放射性同位元素使用者等は、放射性同位元素又は放射線発生装置に関し、放射性障害が発生するおそれがある場合、又は放射性障害が発生した場合においては、放射線障害防止法に基づいて定められた基準に従い、ただちに応急の措置を講じ、原子力規制委員会に報告することとなっている。

<各機関の役割分担>

機関名	対策内容
市総務部	○ 関係機関との連絡を密にし、必要に応じ、住民に対する避難の勧告等の措置を実施
東京消防庁 小金井消防署	○ 放射性物質の露出、流出による人命危険の排除を図ることを主眼とし、使用者に必要な措置をとるよう要請するとともに、事故の状況に応じ、必要な措置を実施

第2　詳細な取組内容

○ 市は、関係機関との連絡を密にし、必要に応じて次の措置を行う。

1 住民に対する避難の勧告又は指示
2 住民の避難誘導
3 避難所の開設
4 避難住民の保護
5 情報提供、関係機関との連絡
6 その他、災害対策上必要な措置

○ 小金井消防署は、放射性物質の露出、流出による人命危険の排除を図ることを主眼とし、使用者に次の各措置を取るよう要請する。

1 施設の破壊による放射線源の露出、流出の防止を図るための緊急措置
2 放射線源の露出、流出に伴う危険区域の設定等、人命危険に関する応急措置

○ 事故の状況に応じ、火災の消火、延焼の防止、警戒区域の設定、救助、救急等に関する必要な措置を実施

第4節　核燃料物質等運搬中の事故

（市、都、小金井警察署、小金井消防署、各事業者）

第1　対策内容と役割分担

○ 核燃料物質，放射性同位元素（RI）の輸送については原子炉等規制法、放射性同位元素等による放射線障害の防止に関する法律等に基づき、それぞれ安全基準が定められ、輸送物及び輸送方法の確認、都道府県公安委員会への届出等の安全規制が実施されているが、核燃料物質の輸送中に、万一事故が発生した場合のため、国の関係省庁からなる「放射性物質安全輸送連絡会」（昭和58年11月10日設置）において安全対策を講じる。

＜各機関の役割分担＞

機関名	対策措置
原子力規制員会 国土交通省 厚生労働省 総務省 環境省 警察庁 総務省消防庁 海上保安庁	○　放射性物質輸送事故対策会議の開催 ○　派遣係官及び専門家の対応
都総務局	○　事故の通報を受けた場合は、都の窓口として、ただちに市区町村をはじめ関係防災機関に連絡するとともに、国とも連携を密にし、専門家の派遣要請や住民の避難等の必要な措置を講ずる。
市	○　関係機関と連絡を密にし、事故時には必要に応じ、次の措置を行う。 1　住民に対する避難の勧告又は指示 2　住民の避難誘導 3　避難所の開設 4　避難住民の保護 5　情報提供、関係機関との連絡
警視庁 小金井警察署	○　事故の状況把握及び住民等に対する広報 ○　施設管理者等に対し、被害拡大等防止の応急措置を指示 ○　関係機関と連携を密にし、事故の状況に応じた交通規制、警戒区域の設定、救助活動等必要な措置
東京消防庁 小金井消防署	○　事故の通報を受けた東京消防庁（小金井消防署）は、直ちにその旨を都総務局に通報するとともに、事故の状況把握に努め、事故の状況に応じて、火災の消火、延焼の防止、警戒区域の設定、救助、救急等に関する必要な措置を実施する。
事業者	○　事業者等（輸送事業者、事業者、現場責任者）は、事故発生後ただちに、関係機関への通報、人命救助、立入制限等事故の状況に応じた応急の措置を講ずる。

第２　業務手順（核燃料物質等運搬中事故時の連絡体制）

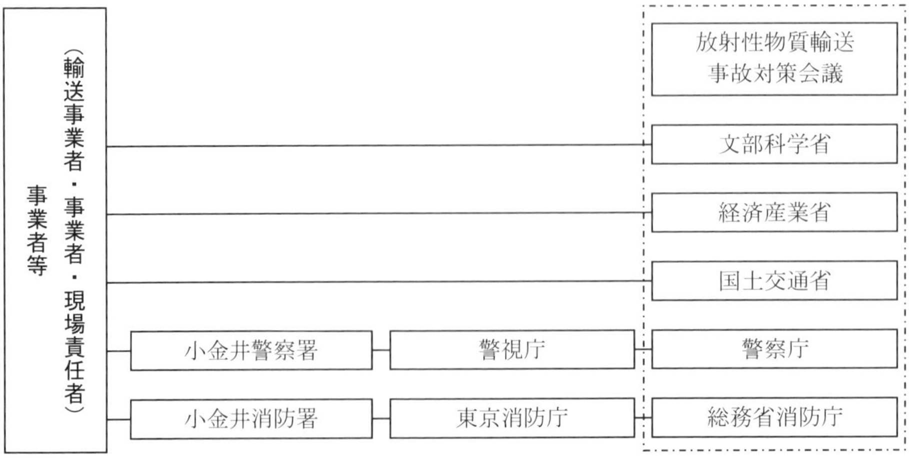

復旧対策

第1節　保健医療活動（市）

第1　対策内容

○　放射性物質及び放射線による影響は五感に感じられないという原子力災害の特殊性を考慮し、市は、原子力災害時における市民の健康に関する不安を解消するため、必要と認められる場合は、次の保健医療活動を行う。

<各機関の役割>

機関名	対策内容
市福祉保健部	○　健康相談に関する窓口の設置 ○　保健所等への外部被ばく線量の測定に関する要請

第2　詳細な取組内容

○　市は、市民の放射線による健康への影響等の不安を解消するために、相談窓口を設ける。
○　住民の求めに応じ、外部被ばく線量の測定を実施するよう保健所に要請する。

第2節　放射性物質への対応（市）

第1　対策内容

<各機関の役割>

機関名	対策内容
市環境部 市子ども家庭部 市学校教育部	○　測定結果に応じた除染の必要性を検討し、必要に応じた対応を行う。

○　放射性物質による環境汚染に関する国の対処方針や都内の状況等を踏まえ、除染等の必要性を検討し、必要に応じて対応を行う。
○　調整会議等を開催し、必要な対応策を協議したうえで対応を図る。

第３節　風評被害への対応（市）

第１　役割分担と対策内容

１　正しい情報の提供

○　風評等により農作物や工業製品等が購入されず経済的な被害が生じる。このような風評被害を防ぐために、正しい情報を把握し発信する。

＜各機関の役割分担＞

機関名	対策内容
市企画財政部	○　正確な情報に基づいた広報活動を行う。 ○　都と連携して生鮮食料品の安全性のPR及び正確な情報の提供 ○　市内企業の製品や市内への観光等への風評被害防止のため、安全性のPRを行うとともに、放射性物質に関する正確な情報提供に努める。
市総務部 市市民部	○　摂取又は出荷が制限・自粛された食品の流通を防止

資料4

第２　詳細な取組内容

○　東京都、市各部及び関係機関等から提供された情報に基づき、風評被害の防止又は軽減につながる情報を、市報こがねい、ホームページ、ツイッター等のあらゆる広報媒体を活用して、安全性のPRに努める。

○　風評被害の払拭を目的として、消費者に向け様々な情報提供を行うとともに、販売促進イベント等を実施する。イベントの実施に当たっては、効果的に安全性をPRするとともに、対面販売時に正確な情報提供を行う等、市民が安心して購入をできるよう努める。

○　市内企業の製品や市内観光エリアの安全性に関するPRを積極的に行い、風評被害の防止及び軽減を図る。

5　小金井市による放射能測定

空間線量の結果は、放射能の減衰もあってわずかに減ってきている。しかし数値についての評価は安易にできない。記録の継続が重要だろう。土壌測定の結果は、市民測定所などで公開している小金井市内の汚染濃度よりもかなり低い数値である。しかし、測定の実施こそ、当時は意味があった。

1．空間と土壌の放射能測定

【2011年度】

小金井市では2011年７月より市内37か所の空間線量の定期測定を開始した。測定器は都から貸与されたDoseRAE２ RPM-1200（2011年７月～2012年５月の測定まで）。７月は毎週、８月から翌年３月までは月１、２回の頻度で測定を行った。11月から市の全施設を対象に詳細調査を行い、市の除染基準の数値（１時間あたり0.23マイクロシーベルト）を超えた場所の除染を実施。除染を行った場所は、安全確認のために定期的に測定を実施した。

その他、多くの保護者からの不安の声や測定の要望を受け、７月には中央線線路の南北の２校でプールの水、土壌の測定を実施。９月に都立公園の空間線量の測定も実施。12月～翌年３月には保育園の砂場・雨どい下、小学校の校庭の土壌測定を行った。

【2012年度以降】

小金井市では2012年４月より、市内43か所（認可保育園13園、私立幼稚園６園、市立小学校９校、中学校５校、児童館・学童保育所10か所）の空間線量を３か月に１度定期測定している。測定結果は市の公式HPで公表。測定器は都の保健所が所有するシンチレーションサーベイメータTCS-172B（2012年５月の測定まではDoseRAE２ RPM-1200）。

空間線量の測定結果

〔単位：マイクロシーベルト/時間〕

測定場所	測定位置 （地上高）	放射線量 2011年07月	放射線量 2015年08月
緑小学校	100cm 5cm	0.08 0.08	0.07 0.06
南小学校	100cm 5cm	0.07 0.07	0.05 0.06

土壌線量の測定結果（2011年7月）

地表面5cmの土壌を5地点採取したものを混合して測定〔単位：ベクレル/キログラム〕

測定場所	ヨウ素	セシウム134	セシウム137
緑小学校	不検出	14	15
南小学校	不検出	34	36

2. 給食食材の放射能測定

【2011年度】

1991年から小金井市では、市から依頼を受けた小金井市放射能測器運営連絡協議会が保育園・小中学校の給食食材の放射能測定を年1回行ってきた。2011年度は、市から依頼を受けた小金井市放射能測器運営連絡協議会が、7月から給食食材の放射能測定を行い、2012年3月までに保育園は3回、小学校は5回の測定を行った。測定器はヨウ化ナトリウム（タリウム）シンチレーションディテクタ。分析核種はセシウム134、137。検出下限値は1キログラムあたり10ベクレル。

【2012年度】

2012年9月より小金井市地域安全課が、小金井市役所第一庁舎内で、提供前の給食食材を2～4品目、週4日（月・火曜が保育園等、木・金曜が小中学校）の頻度で測定している。測定器はNal(TI)シンチレーション検出器ATOMTEX AT 1320C（消費者庁からの貸与測定器）。分析核種はセシウム134、137。測定下限値は1キログラムあたり10ベクレル。市のHPに毎測定日ごとに結果を公開。セシウム134、137の合計の数値が1キログラムあたり10ベクレル（測定下限値）を超えた食材は、給食への使用を当面見合わせている。

また2012年度は都の給食環境整備事業のスクリーニング検査に参加、国の給食モニタリング事業（対象1校）に参加し測定、調査を行った。

2012年9月以降に1キログラムあたり10ベクレル以上の数値が検出された食品

1キログラムあたり10ベクレル未満の場合は「不検出」と表示〔単位：ベクレル/キログラム〕

測定日	施設名	食材	セシウム134	セシウム137	合計
2012.10.29	さくら保育園	れんこん（茨城県産）	不検出	不検出	13.79
2012.10.30	けやき保育園	まいたけ（群馬県産）	不検出	不検出	11.48
2013.4.16	小金井保育園	白桃缶（山形県産）	不検出	不検出	11.76
2013.7.29	さくら保育園	まいたけ（群馬県産）	不検出	不検出	12.56
2013.10.21	愛の園保育園	れんこん（茨城県産）	不検出	不検出	10.70
2014.4.24	市立東小学校	れんこん（茨城県産）	不検出	15.50	22.55
2016.2.9	市立保育園全体	生しいたけ（群馬県産）	不検出	不検出	10.32

3．除染作業

小金井市環境政策課によると、除染後の土は国の指導に従って作成した市のガイドラインに沿って、敷地内（地中、倉庫のいずれか）で保管しており、市内の空間線量測定時に保管場所も測定を実施している。保管場所の移動の計画は、本稿執筆時点ではない（2016年3月）。

市内小学校9校のうち6校（17か所）、市内中学校5校のうち3校（25か所）、幼稚園は6園のうち1園（3か所）の除染を実施した。認可保育園14園を測定したが、基準を超える値は測定されなかった。9学童と1児童館を測定し、1学童（1か所）の除染を行った。

空間線量測定と除染作業の結果

2011年実施の3校分のみ抜粋〔単位：マイクロシーベルト/時間〕

学校名	場所	測定日	除染作業日	測定値除染前	測定値除染後	備考
緑小学校	給食室北東（雨どい下）	12.16	12.16	0.74	0.14	土の除去
	給食室南東（雨どい下）			0.30	0.13	同上
南小学校	外トイレ（校庭南東）	12.13	12.13-15	0.26	0.11	同上
	体育館南面（西側雨どい下）			0.37	0.15	堆積物除去・清掃
	体育館南面（東側雨どい下）			0.36	0.12	同上
	給食ごみ置き場（校舎西側）			0.29	0.13	アスファルト・土の除去
	東校舎東面（雨どい下）			0.38	0.13	同上
	東校舎東面（雨どい下）			0.48	0.13	同上
東中学校	校舎南側（雨どい下）	12.20	12/20-28	0.78	0.09	土の除去
	校舎南側（雨どい下）			0.87	0.09	同上
	校舎南側（雨どい下）			0.80	0.09	同上
	校舎南側（雨どい下）			0.70	0.13	同上
	校舎北東角（雨どい下）			0.43	0.09	同上
	自転車置き場（雨どい下）			0.29	0.10	同上
	給食室東面（雨どい下）			0.35	0.17	同上
	給食室東面（雨どい下）			0.51	0.17	同上

本稿は、子どもと未来を守る小金井会議編『わたしは忘れない　小金井の3・11』（2016年）に掲載された原稿「小金井市による放射能測定」に監修者が子どもと未来を守る小金井会議の了解を得てレイアウト等の変更を行ったものである。

Ⅱ
原発災害下における学校給食改善の記録 2011－2016年

6 原発災害下における安全な学校給食への取り組み ―子どもと未来を守る小金井会議の活動を中心に―

2011年6月の小金井市議会。いままで陳情書など出したことのない市民が「子どもと未来を守る小金井会議」(「こどみら小金井」) を発足させて陳情書を出しました。そのなかの一つは学校給食に関するもの。「子ども達のすこやかな成長のための学校給食の安全性確保に関する陳情書」は署名を2059筆を集め、継続審議ののち採択されました。

11月20日、市内の9小学校の有志の保護者で茶話会「学校生活や給食について考える交流会　第1回」を開きました。各自各校で栄養士の先生や校長先生と話し合い、信頼関係をつくりあげようとしていました。ここで情報交換も行いました。

2012年3月17日武蔵野市の給食食材納入業者野原グループの鈴木さんによる勉強会「給食と食の安全を考える会」を実施。グループ野原さんが扱う武蔵野市の給食食材は、産地直送で放射能測定も武蔵野市ができる限り行っていると学びました。

この頃から小学校給食調理の民間への業務委託の話が聞こえてきました。食材の安全安心の大切さについては当然のことと理解できても、調理の業務委託についてはその影響や背景についてわからない保護者が大半でした。そこで、中学校の給食調理が委託された頃より活動していた「小金井の給食を守る会」のみなさんと協力して、5月9日と13日に勉強会「給食について知り、一緒に考え、行動しよう！」を開催。現在の給食食材の安全性や放射能測定の状況、また、学校給食調理の業務委託は何が問題なのか等、小金井の給食について様々な方面から学びました。

6月1日、小金井市議会に二つの陳情書が提出されました。一つは「こどみら小金井」による「給食食材の安全・安心の確保を求める陳情書」(署名2475筆)、もう一つは「小金井の給食を守る会」による「学校給食の新しい指針を市民参加で作っていただくことを求める陳情書」です。どちらも採択されました。

10月17日、学務課が提示した学校給食の新しい指針案について勉強会を実施。市は指針案に対してパブコメを募集し、結果85人、397件の意見が寄せられ、小金井市パブコメ史上２番目に多かったと聞きました。指針には「学校給食食材については、安全性を最優先します」「子ども達の健康のため、内部被ばくを避けるようにします」の文言が明記されました。

2013年２月22日、市内小中学校保護者160人の連名で、給食の牛乳をより安全なものに変更してほしいと要望書を提出。結果、自社で１ベクレルまで自主検査をしている業者の牛乳に４月から変更されました。教育委員会学務課が全保護者向けに配布した手紙には、変更理由について、「放射性物質について自主検査をしており、検査結果を公表しているため。（検査限界１キログラムあたり１ベクレル）」とありました。

４月、小金井市では小学校５校の給食調理を民間に業務委託することが労使交渉で決まってしまいました。小金井の給食の質を守るため大事な分岐点でした。そこで５月18日に勉強会「小金井の給食をもっと知りたい！」を実施。６月小金井市議会へ「小金井の給食を守る会」と共同で６本の陳情書を提出しました。とくに「市民参加による学校給食の指針の実施プラン検討委員会の設置を求める陳情書」は多くの署名（2493筆）を集め、採択により給食検討委員会が設定されることとなりました。また「小学校給食調理業務民間委託化のプロポーザルに関する陳情書」により、当初公開予定ではなかったプロポーザルが公開となり、多くの市民が業者のプレゼンを傍聴しに集まりました。９月から二小、四小、前原小、南小、緑小の５校の調理業務が民間委託されました。

2014年、公募市民と保護者代表、教育委員会等で構成される「小金井市学校給食の指針を推進するための組織設置に向けた準備会」（仮称・おいしい給食委員会）が設置されました。「こどみら小金井」の仲間が公募市民として参加しています。

2015年４月、準備会を経て「小金井みんなの給食委員会」が立ち上がりました。食材の安全性を最優先し手作り調理を謳った学校給食の指針を保護者や市民に広く知ってもらうため、具体的な案を出し合い、実施するための委員会を目指しています。

本稿は、子どもと未来を守る小金井会議編『わたしは忘れない　小金井の３・11』（2016年）に掲載するため書かれた馬場泉美の原稿「こどみら小金井の学校給食への取り組み５年史－美味しくて安心な給食を一緒に守って行きたい」を改題して著者による若干の加筆を行ったものである。

（ばば　いずみ　子どもと未来を守る小金井会議）

7　子ども達のすこやかな成長のための学校給食の安全性確保に関する陳情書

2011年6月2日

小金井市議会議長　殿

子ども達のすこやかな成長のための学校給食の安全性確保に関する陳情書

子どもと未来を守る小金井会議

日頃より市政発展のためにご尽力いただきありがとうございます。

小金井市の小中学校給食では、学校給食に地場の野菜を取り入れたり、出汁も手作りし、加工品を使わないなど、丁寧に手をかけた素晴らしい給食が提供されていることに感謝申し上げます。

さる3月11日の東日本大震災の影響で、福島第一原子力発電所が深刻な状況に陥り、大量の放射性物質が放出される事態が引き起こされました。事故後、各地の水道水や関東、東北の農産物などから国の暫定基準値を上回る放射性物質が検出され、乳幼児の水道水飲用制限や農作物の出荷規制などが行われる事態ともなりました。

内部被曝の恐ろしさは、呼吸や飲食などにより体内に入った放射性物質が人体のさまざまな部位に集まり、放射能を出し続け、染色体を傷つけることからも明らかにされています。知らずに汚染食品を食べ続けたチェルノブイリの子ども達の中には、のちに甲状腺ガンのみならず心臓病、全身の倦怠感など、さまざまな症状があらわれたと報告されています。

現在、国の暫定基準値を上回った食品は出荷制限されています。しかしながら、放射能はたとえわずかであっても健康への影響がないとは言い切れず、年齢が低いほど受ける影響は大きいといわれています。長野県松本市では、医師でありチェルノブイりでの診療経験を持つ市長が子どもの内部被曝防止に取り組む姿勢を打ち出し、地産地消を基本としたうえで暫定基準値以下の食材であっても放射性物質が不検出になるまで使用を控えるといった当面の対策を行うなど、地方自治体で出来る取り組みの例も見られるようになってきました。

子ども達を放射能汚染の中で最も深刻な内部被曝から守るために、放射能汚染の少ない食材を選ぶなどの取り組みを小金井市として早急にすすめていただきたく、以下について陳情いたします。

1．給食食材の放射能測定を安全が確保できる頻度で定期的に行い、結果を市民に公表して下さい。
2．暫定基準値を下回る食材であっても、より放射能汚染の少ない食材を使用するよう努めてください。もしくは、子ども達の健康を確保できる小金井市独自の基準値を設けてください。

上記内容に賛同し、署名します。

氏名	住所

8 給食食材の安全・安心の確保を求める陳情書

2012年6月1日

小金井市議会議長　殿

給食食材の安全・安心の確保を求める陳情書

子どもと未来を守る小金井会議

議員各位の市政発展のご尽力に心より感謝申し上げます。

東日本大震災にともなう原子力発電所事故以来、飛散した放射性物質を摂取することによる「内部被曝」の危険性が懸念され、そしてその状況は今もなお続いています。

放射性物質が体内に取り込まれると、子どもたちの将来の健康に被害を及ぼす可能性があります。

給食は、放射線の影響を受けやすい子どもたちが長期に亘って食べるものなので、たとえ直ちに影響がないとしても、禍根を残さないために「安全・安心な給食」の提供が望まれます。

小金井市では、かねてより「遺伝子組み換え作物」や「化学調味料」の不使用などといった「安全・安心な給食」の提供に取り組んでいただいています。こうした取り組みを鑑み、放射能対策についても先進的な他自治体を参考に、内部被曝の低減措置を図ってください。

尚、当陳情は子どもの健康に関わることですので、速やかに採択して頂きますようお願い申し上げます。

陳情事項

1．給食提供前に「摂取（量・頻度）の多い食材」「放射能汚染傾向が高い食材」は、できるかぎり放射能測定を実施してください。測定により放射性物質が検出された場合は、安全を留意した配慮を望みます。
2．「摂取（量・頻度）の多い食材」は、できるかぎりより検出限界値の低い放射能測定器による検査を実施してください。
3．上記1．2．の体制が整うまでの暫定的措置として、「摂取（量・頻度）の多い食材」は、できるかぎり汚染の少ない産地を選定してください。また「放射能汚染傾向が高い食材」は、使用を控えるかできるかぎり汚染の少ない産地を選定してください。
4．上記1．2．3．は他自治体の給食への取り組みを参考にしてください。

上記内容に賛同し、署名します。

氏名	住所

9 学校給食の新しい指針を市民参加で作っていただくことを求める陳情書

2012年6月1日

小金井市議会議長　殿

学校給食の新しい指針を市民参加で作っていただくことを求める陳情書

小金井の給食を守る会

主旨

小金井市の学校給食の、献立、食材、調理、食育などに関して具体的に示した新しい「指針」を、保護者、市民、有識者の参加のもとで早急に制定して下さい。

理由

我が市には平成18年に作られた「小金井市学校給食の基本的指針」があります。しかしこの間、福島第一原発の爆発事故による放射能汚染に伴う食の安全性への不安の高まりがあり、また当市でも調理の民間委託が進むなど、学校給食の置かれる状況には大きな変化がありました。また現在の学校給食のようすを見ますと、食材や食育について、以前私たち保護者が知っていた当市の学校給食の実態から変わり始めているように感じられます。

このことから私たちは、給食の質の維持・向上のためには、もっと現在の状況に即し、小金井らしい給食の姿が具体的に記述してある新しい指針がぜひとも必要であると思うに至りました。

食育の場としての小中学校の意味はますます大きくなっております。子どもたちの豊かな育ちのために、小金井らしい学校給食の姿とは何かを、市民と行政とが共に手を携え、考えていくことを切望してやみません。

以上をふまえ、上記主旨のとおり陳情いたします。

氏名	住所

（取り扱い団体　小金井の給食を守る会）

10 小金井市学校給食の指針（案） 2012年9月13日

平成24年第3回定例会
（厚生文教委員会）
行　政　報　告　書

平成24年9月13日
学校教育部学務課

小金井市学校給食の指針（案）

■安全でおいしく温かい給食■

小金井市教育委員会学務課

目　次

1　学校給食の目的

学校給食は、学校給食法によって義務教育諸学校の「教育の目的を実現するため」のものと位置付けられており、同法第２条に基づいて７つの目標を達成するために市立学校の児童・生徒に対して提供しています。

また、平成２１年４月に施行された学校給食法の改正では、法律の目的に「学校における食育の推進」が明確に位置付けられました。

【学校給食の７つの目標】（学校給食法第２条）

1　適切な栄養の摂取による健康の保持増進を図ること。
2　日常生活における食事について正しい理解を深め、健全な食生活を営むことができる判断力を培い、及び望ましい食習慣を養うこと。
3　学校生活を豊かにし、明るい社交性及び協同の精神を養うこと。
4　食生活が自然の恩恵の上に成り立つものであることについての理解を深め、生命及び自然を尊重する精神並びに環境の保全に寄与する態度を養うこと。
5　食生活が食にかかわる人々の様々な活動に支えられていることについての理解を深め、勤労を重んずる態度を養うこと。
6　我が国や各地域の優れた伝統的な食文化についての理解を深めること。
7　食料の生産、流通及び消費について、正しい理解に導くこと。

2　小金井市の給食

本市の学校給食は、昭和２３年のミルク給食に始まり、時代の変遷とともに充実し、現在は１４のすべての小中学校において、完全給食を実施しています。

自校方式は、学校の敷地内に給食調理場があるので、給食時間にあわせて調理をするため、できあがったばかりの温かい給食を子ども達に食べてもらうことができます。また、児童・生徒が、調理中のにおい（だし汁や炒めもののしょうが・ニンニクなどの香り等）を感じることもでき、食についての好奇心や楽しみを生む機会ともなっています。

児童・生徒が、直に食材に触れる体験や日常的に調理員とふれあうことにより給食をつくる人への感謝の気持ちを育て、食べ物の大切さを学ぶことができます。

また、各学校の栄養士が献立をたてているので、教科や学校行事と連携した給食を組み立てやすく、生きた教材として活用しています。

「安全でおいしく温かい給食」を基本理念に安全な食材と衛生管理に留意し、手作りを基本とした自校方式による運営を継続していきます。

3　学校給食の指針

⑴　献立の作成方針

ア　食への理解、望ましい食習慣

〇主食・主菜・副菜のバランスのとれた献立を作成します。

〇米飯給食は、週３回以上の実施を目指します。

資料10

○様々な食品を取り入れ、子ども達の苦手な食材については、味付けや食感等食べやすい献立や調理の工夫をします。
○噛む習慣づくりに資する食材の使用を心がけます。
○一般的に食べる機会の少ない食品をできるだけ多く取り入れるようにします。（豆、海藻、小魚、魚、根菜類、乾物、緑黄色野菜など）

イ　食文化の伝承
○和食献立を積極的に取り入れます。
○行事食を取り入れます。
○四季を大切にし、旬の食材を使用します。

ウ　栄養バランス
栄養量は、平成２１年４月１日付け２１文科ス第６００７号「学校給食実施基準の施行について（通知）」及び「児童又は生徒一人一回当たりの学校給食摂取基準」の内容を踏まえ適切なものとします。

平成２１．３．３１文部科学省告示第６１号　学校給食実施基準
児童又は生徒１人１回当たりの学校給食摂取基準

区分	基準値			
	児童（6歳～7歳）の場合	児童（8歳～9歳）の場合	児童（10歳～11歳）の場合	生徒（12歳～14歳）の場合
エネルギー（kcal）	560	660	770	850
たんぱく質（g） 範囲 ※1	16 10～25	20 13～28	25 17～30	28 19～35
脂質（%）	学校給食による摂取エネルギー全体の 25%～30%			
ナトリウム（食塩相当量）（g）	2未満	2.5未満	3未満	3未満
カルシウム（mg） 目標値 ※2	300 320	350 380	400 480	420 470
鉄（mg）	3	3	4	4
ビタミンA（μgRE） 範囲 ※1	130 130～390	140 140～420	170 170～510	210 210～630
ビタミンB1（mg）	0.4	0.4	0.5	0.6
ビタミンB2（mg）	0.4	0.5	0.5	0.6
ビタミンC（mg）	20	23	26	33
食物繊維（g）	5.5	6.0	6.5	7.5

（注）1　表に掲げるもののほか、次に掲げるものについてもそれぞれ示した摂取について配慮すること。

マグネシウム・・児童（6歳～7歳）70㎎，児童（8歳～9歳）80㎎，児童（10歳～11歳）110㎎，生徒（12～14歳）140㎎

亜　　　鉛・・児童（6歳～7歳）　2㎎，児童（8歳～9歳）2㎎，児童（10歳～11歳）　3㎎，生徒（12～14歳）　3㎎

2　この摂取基準は、全国的な平均値を示したものであるから、適用に当たっては、個々の健康及び生活活動等の実態並びに地域の実情等に十分配慮し、弾力的に運用すること。

※1　範　囲・・・示した値の内に納めることが望ましい範囲

※2　目標値・・・摂取することがより望ましい値

⑵　食材料の選定基準

ア　選定の基本的な考え方

○学校給食食材については、できるだけ安全なものを選定します。

○無添加・無着色・非遺伝子組み換え・国産の食材を基本とします。

○小金井市では、２年に１回入札により納入業者を選定します。

納入業者は「学校給食用物資見積規格書」の内容に沿った食材を納品することとします。

製品については、栄養成分表・原料配合表・アレルゲン食品表示・遺伝子組み換え原材料・食品添加物内容表等の証明を納入業者に求めます。

校長会では、品質、価格の適正を期するため、年間、学期ごと、月ごとの見積会を行います。

資料10

イ　主な食材の選定基準

○米

市内の米穀店及び（公財）東京都学校給食会から購入します。

○パン、牛乳

（公財）東京都学校給食会指定業者から購入し、給食費の軽減を図ります。

○肉、卵、豆腐等

主に市内の入札業者から購入します。

○魚

毎月の見積会で、試食のうえ決定します。

○野菜、果物（缶詰を除く。）

基本的に国産のものとし、納品の際、産地を明記します。

○調味料

調味料は、銘柄を指定し、学期ごとに入札を行います。

○その他

入札品以外のものについては、各校で選択します。

ウ　地産地消

東京都で水揚げされる水産物や、市内の農家で生産される野菜も活用し、ルート開拓に努めていきます。

小金井市内で生産される主な野菜（例）

通年：小松菜、ほうれん草

夏　：ルバーブ・トマト・なす・きゅうり・とうもろこし

冬　：大根・ブロッコリー・白菜

⑶　給食調理の指針

ア　手作り調理

○化学調味料は使用しません。

○だし汁は削り節、煮干、昆布等から、スープは鶏がら、野菜等からとります。

○手作りを基本とします。ハンバーグ、コロッケ、餃子、春巻きは、当日素材から作ります。

○カレーやシチューのルーは手作りを原則とします。

○ご飯は、調理室で炊飯します。

○パンは、業者納品ですが、揚げパンやトースト等は納品されたパンを調理します。

イ　アレルギー対応

「小金井市立小中学校における食物アレルギー対応の基準」に沿って実施します。

学校給食において、食物アレルギーのある児童・生徒が健康な生活を営めるよう支援する立場で、集団給食に支障のない範囲で実施します。

アレルギー対応の実施は、学校と保護者、児童・生徒が安心できるよう医師による診断をもとに学校長が決定します。

安全を期するため、除去食を基本とし、アレルギー対応食は一日（一食）あたり２種類までの対応とします。

ウ　給食行事の取組

バイキング給食、セレクト給食、リザーブ給食、ランチルームでの給食、お弁当給食など、各学校で工夫した取組を行います。

4　衛生管理の指針

平成８年の病原性大腸菌Ｏ－１５７による全国的な食中毒事故の発生以来、食中毒事故防止が調理現場における重要な課題となりました。

調理中の衛生管理を徹底するために、調理員は、「学校給食衛生管理基準」「大量調理施設衛生調理マニュアル」「小金井市学校給食作業マニュアル」を遵守し調理作業を行います。

⑴ 調理の過程について

食材は、当日納品を原則とします。（缶詰、調味料等、常温で保存可能なものを除く。）栄養士又は調員が、納品された食材を検品します。

食品は、原則として当日に調理を行い、果物以外の食材は加熱処理を原則とします。

できあがった給食は、児童・生徒に提供する前に校長が検食（※1）を行います。

保存食（※2）は、調理済給食１食分と原材料５０ｇを冷凍庫に入れ、マイナス２０℃以下で２週間以上保存します。

※1 検食とは、安全性、分量、味が適正かどうかを実際に食べるなどして、確認すること。

※2 保存食とは、食中毒などが起きたときに原因を探るため、原材料及び調理済食品を、食品ごとに一定期間保存すること。

⑵ 衛生管理について

調理員は、調理室内では、調理衣、帽子、マスクを着用し、調理作業に従事します。前掛けは、作業ごとに使い分けます。

手洗いは、作業の区切りごとに行います。使い捨て手袋の場合も同様に交換します。

調理室はドライシステム（※3）ではありませんが、衛生的な観点からドライ運用（※4）の導入を図ります。

※3 ドライシステムとは、床を水で濡らさない方式。調理室の湿度が低く保たれ、細菌の繁殖を抑えることができる。床からの跳ね水よる食品の汚染を防ぐことができる。調理員にとっては床が滑らず安全であり軽装で作業することから作業効率が上がる等のメリットがある。本格的なドライシステムとするには、排水溝の改修などの工事が必要となる。

※4 ドライ運用とは、水が床にこぼれ落ちないドライ仕様の調理備品を導入する、野菜の洗浄時に水が飛び散らないようにする、調理器具を熱湯消毒する際の湯の使い方に注意する等により、床を水で濡らさないようにすること。

5 給食環境の整備

⑴ 食器

給食の食器は、温かみのある強化磁器食器（※5）を使用します。

※5 強化磁器食器とは、磁器食器にアルミナを配合し割れにくく強化したもの。熱が伝わりにくく、熱くなりにくいという利点もある。栄養士、調理員で構成する食器・備品プロジェクト会議で使いやすさの検討をして現在の食器を選択した。

⑵　設備

回転釜、コンベクションオーブン、食器洗浄機、ボイラー、熱風消毒保管庫などの高額な大型給食備品については、耐用年数を考慮しながら、計画的に入替を行います。

6　安全性の確保

⑴　食材の検査

ア　食肉等細菌検査

食肉、豆腐、ハム・ウインナー等の加熱済食品等の細菌検査を実施しています。数値が市の基準を超えた場合は、業者に改善を指導します。

イ　放射能測定

食材の残留放射性物質検査を実施します。

検査の結果、国の基準値以下でも何らかの数値が出た場合、不安の払しょくへの配慮をします。

⑵　食器の検査

ア　残留洗剤検査

年１回、洗浄後の食器類（はし、お椀、お皿）に付着している洗剤、脂肪、蛋白の残留量を検査します。

⑶　調理場の検査

ア　保健所による拭き取り検査

調理員の手指、食器具類の細菌検査を実施し、検査結果を含めて衛生管理について研修会を実施します。

イ　日常の点検

施設設備（機械、器具、使用水など）や調理機器の衛生点検を行います。

ウ　学校薬剤師による定期点検

調理場の施設の状況について点検します。

⑷　調理員、栄養士の検査等

ア　健康診断、腸内細菌検査

年１回以上の健康診断と毎月２回の腸内細菌検査（赤痢菌、サルモネラ菌及び下痢原性大腸菌（腸管出血性大腸菌）O157、O26、O111）を行います。

⑸　調理業務委託業者への検証

調理業務を業者委託している学校では、学校・保護者・業者・教育委員会で構成する学校給食運営協議会を開催し、給食の運営についての意見交換を行います。

また、学校長の代表、栄養士の代表、調理員の代表、教育委員会で構成する学校給食連絡協議会においては、委員による現場視察を行い、委託校の給食が安全に提供されているか検証を行います。

⑹　その他

害虫駆除、フード・換気扇清掃、グリストラップ清掃を長期休業中に行い、調理場の衛生環境を整えます。

7　環境への配慮

各学校に生ごみ処理機が設置されており、調理中のゴミと残渣は、生ごみ処理機によって堆肥化が図ります。

洗剤は石鹸を使用、排水溝にはバイオ製剤（※6）を利用し、環境に配慮します。

光熱水費については、給食機器の使用を工夫し、最大需要電力を抑制します。また、衛生基準を尊重しつつ、環境負荷の少ない無駄のない給食の運営に努めます。

※6　油分を分解させるバクテリア製剤。使用することで臭いの発生や排水管の詰まりを解消する効果があるといわれている。

8　食育の推進

学校給食法だけでなく、平成２０年３月に改訂された新学習指導要領においても、総則で「学校における食育の推進」が明確に位置づけられ、関連教科においても食育に関する記述がなされ、食育の推進が一層求められています。

各学校では、食に関する指導の全体計画及び年間指導計画を作成しています。

給食を「生きた教材」として活用し、食育を推進していきます。

資料10

小金井市教育委員会学務課

11 小金井市学校給食の指針(案)に対するパブリックコメントまとめ 2013年2月16日

小金井市学校給食の指針（案）に対するパブリックコメントまとめ

小金井市教育委員会学務課

小金井市学校給食の指針（案）に対するパブリックコメントの募集にご協力いただきありがとうございました。

たくさんのご意見をいただきましたが、今回は、指針（案）に対してご意見を募集したものであるため、回答につきましては、原則として指針（案）に対するご意見に限らせていただきます。指針（案）に関する意見以外のご意見については、今後の給食事業を運営をする上で参考にしたいと思います。また、他課に係る提案や意見につきましては、担当に参考送付させていただきます。

【募集期間】平成24年10月1日（月）～10月31日（水）
【意見提出数】85人　397件

番号	指針項目	意　　見	市の検討結果
1	1　学校給食の目的	▼P１　9行目　判断力を養い、及び望ましい　の「及び」はいらないと思います。	学校給食法第２条から引用しているので、原文どおりとさせていただきます。
2	2 小金井市の給食	▼ここの箇所だけ歴史的なことに触れていますが、「昭和２３年の」というのは、新しい指針には必要ないと思います。	ご意見のとおり、ここでは「昭和２３年の」を削除します。
3		▼冒頭であえて「完全給食」という単語を使う必要はないと思います、各校で柔軟な対応ができるように「栄養バランスに配慮した給食」のような表現に変えていただきたいと思います。学校給食法施行規則により「完全給食とは、と規定されていますが、文部科学省としては出さなければならない食品はないという内容の回答があったと いう情報もあり、「完全給食」「副食給食」「ミルク給食」という給食の区分はあくまで区分を示したものに過ぎず、内容を規制するものではないそう です。	学校給食法施行規則第１条の２で、学校給食は、「完全給食」「補食給食」「ミルク給食」と区分されています。 ご意見のとおり、わかりにくいので、完全給食についての用語の説明を入れることにしました。 ※　完全給食・・・日本の学校給食法施行規則第1条で定められている区分（以下は法令上の定義による）。給食内容がパン又は米飯（これらに準ずる小麦粉食品、米加工食品その他の食品を含む。）、ミルク及びおかずである給食
4		▼完全給食の定義にこだわらず、牛乳でなくとも、栄養・価格等を考慮し、バランスのよい給食を実施する、ということで良い。	
5		▼完全給食（牛乳のある給食）という言葉がわかりにくいです。また最近は、他の乳製品も給食には出されていますし、必ずしも毎日牛乳を出す必要はないのではという考え方も保護者には一定程度広まっています。古めかしい“完全給食”という言葉ではなく、「栄養バランスに配慮した給食」といったようなわかりやすい表現に変えていただきたいです。	
6		▼「完全給食」というのは、何を指すのかわかりませんでした。	
7		▼「完全給食」とありますが、私が不勉強なこともあり、意味が解りかねます。栄養価が揃った給食、という意味かと思いますが、表現を変えていただけるとわかりやすいと思います。	
8		▼「児童・生徒が、直に食材に触れる体験や日常的に調理員と～・・・学ぶことができます。」とありますが、このことはとても大切なことであると思います。今後給食が外部委託されるされないにかかわらず、これまでどおり守っていっていただきたいです。	自校方式の特徴であり、今後も大切にしていきたいと考えます。
9		▼項目中に現在の状況だけでなく、将来にわたって学校給食それ自身を続けていくことを明記してほしい。	はじめに　を設け、ご意見について参考にさせていただきました。 「ルーから手作りのカレー」に代表される小金井らしい給食を、未来を担う子ども達の健やかな成長のため、市が責任をもって提供していきます。 より良い給食を目指して、今後の小金井の学校給食事業の指針とするものです。
10		▼最後の部分にもう少し思いを込めてほしいです。・何よりも安全性を重視し　・豊かで心のこもった献立をできる限り手作りで　等の文言を入れていただければと思います。	
11		▼指針として、市としての給食に対する姿勢が、学校給食法で義務付けられているから、というような消極的な印象を受けます。未来を担う子どもの健やかな成長のため、市として責任をもって給食を提供する、くらいの位置づけを、最初に入れてほしいです。	
12		▼友人とこの指針案を読んでいたら、「“出来上がったばかりの”って当たり前のことだと思うけれどが書かなくちゃいけないのかしら？　“食べてもらう”っていうのも、昔の「食べる人・作る人論争」を思い出さない？　“しょうが・ニンニクなど”とか、やけに具体的ね」と言われました。私は、むしろここのイメージ豊かな書き方を他のところでもすればいいのにと思います。やたらとお役人っぽくまとまった文章でなく、荒削りでも給食への熱意が感じられる指針であって欲しいです。	

13	3　学校給食の指針 (1)　献立の作成方針 ア　食への理解　望ましい食習慣	▼「食への理解」を具体的に書いて頂きたいと思います。	献立について、子どもの声を聞くこと、保護者の意見を参考にすることは、重要であると考えます。 ただし、ここは　食事について正しい理解を深めるための献立の指針について記載する項目であるため、9　給食の充実と市民参加　を追加し、記載することとします。
14		▼「保護者の試食会を実施し保護者の声を聞くこと、そして子どもの声を拾い上げる会を設けること」を入れて頂き たいと考えます。子どもが美味しいと感じる献立にしなければ、望ましい食習慣も食への理解も進まないはずです。これは子どもに人気のメニューにすることが目的ではありません。毎日の給食ですから、それを実際に口にする子どもやその保護者の意見を参考にしていただきたいのです。昨今、家庭でも全て手作りの食事は減少しています。給食や試食会を通して、栄養バランスの大切さ、味付け、手作りの温かさ、調理の工夫等を感じたり、考えることに素晴らしい食育となると考えます。	
15		▼現在は毎日給食に牛乳が出ていますが、牛乳のかわりに、豆乳や麦茶、ヨーグルトなどの発酵食品の日がもっとあってほしいと思います。	小金井市の学校給食における食事内容については、文部科学省の「学校給食摂取基準」を運用し献立を作成しています。この基準は、同省で行った「児童生徒の食生活等実態調査」の結果を勘案し、望ましい栄養量を計算したものです。 食品構成については、「学校給食食品構成表」を参考にしており、この中に、「牛乳」という区分があります。 また、同省からの通知の中には、「牛乳については、児童生徒等のカルシウム摂取に効果的であるため、その飲用につとめること」という内容もあります。 しかしながら、この基準の適用に当たっては、地域の実情等に十分配慮し、弾力的に適用するものであり給食を実施している学校の設置者である市が給食内容を決定することになっています。 現在は、メニューにかかわらず、ほぼ毎日牛乳を提供しています。 食べ合わせに関することや、乳製品の摂りすぎによる健康への影響を心配するご意見もあるかと思います。 今後、児童生徒等の日常の食生活が変化したり、牛乳以外でカルシウム等の摂取できる食品を取り入れることができる状況があれば、毎日牛乳がでる給食のスタイルが変わっていくこともあるかもしれません。 また、お茶などの提供体制（例えば、ポットやコ
16		▼米飯給食が週3回以上の実施となった現在では、牛乳を毎日提供する必要がないと思われます。米飯の日にはみそ汁をつけ「和食献立」らしくするべきで、それこそが本当の「食育」というものではないでしょうか。和食のときに牛乳を飲むことは、食育と相反することです。和食以外の献立の時だけに牛乳を提供するようにすれば、牛乳の質を高めることもできます。要するに、その分高価な牛乳の提供が可能になります。近隣市では、栄養価の高い低温殺菌牛乳を提供しているところもあります（武蔵野市、国立市など）。子どもたちの健康と食育を推進する観点からも、より効果的な方法での給食を目指すべきで、これまでの方法を踏襲するだけでは、新たな指針を作る意味などまったくありません。	
17		▼昭和20年代の栄養事情が悪い頃と現在では、牛乳を摂る事の意味が変化してきていると思います。	
18		▼日本人は牛乳からカルシウムを吸収しづらいことがわかってきたので、牛乳ばかりに頼ることのないカルシウムの摂取ができるようになると良いと思います。	
19		▼現在増えている米飯給食の時にも牛乳を飲まねばならず、食育の面から見て、おかしな食べ合わせだと感じます。	
20		▼週3回以上の米食を目指すと書いてありましたが、日本食を大事にするという意味では、週4回以上が妥当だと思います。そして、お米の日には、お茶で良いのではありませんか？ご飯と牛乳を一緒に食べたら、気持ち悪いですよね？大人は合わないと知っているのに、慣例だからと子供に押し付けるのは間違っていると思います。ご飯とお味噌汁とおしんこがあれば幸せ！という子供達が多く育って欲しいです。	
21		▼米飯給食は、週3回以上実施しますと言い切ってください。	
22		▼牛乳を毎日出す必要は無いと思います。カルシウムを手軽に取れる便利な食材かもしれませんが、毎食２００cc も飲むのは、給食全体の比率からしても多すぎると思います。牛乳のとりすぎによる健康被害もあるという説もあります。また、同じ食材を大量に摂取するのは、アレルギー発症の観点からあまり良くないという考えもあります。	
23		▼牛乳についてですが、米飯の給食に牛乳は不要と考えます。	

2

24		▼完全給食の牛乳は、飲む飲まないの選択の自由を認め、あたりまえのこととしてください。	ップの準備、調理器具、洗浄体制、保管庫等）が整っていないこともあり、現状では、お茶を提供する場合も個包装の商品を購入することになり、費用の点でも厳しい状況です。 このような点も含めて、今後、栄養基準や食品構成については、栄養士会で研究していきます。
25		▼毎日牛乳を出すのではなく、別な方法でカルシウムがとれるように工夫してください。	
26		▼ご飯食のときも牛乳がでているようですが、あわないメニューにむりやり牛乳を付ける必要ないと 思います。味覚のおかしな子になってしまいそうです。牛乳は周に２回ほどの頻度でよろしいのではないでしょうか。	
27		▼基本的に毎日牛乳を飲まなくてはならないのでしょうか？日本人にあった、お茶を出す日などもあっても良いのではないでしょうか？ビン牛乳や、大手メーカではない、低温殺菌牛乳などを取り入れたらどうでしょうか。	
28		▼給食にはほぼ毎日牛乳が付きますが、食生活が豊かになり栄養も十分に摂取できるようになり、むしろ摂取カロリーの方が問題になっている現在、たんぱく質・カルシウム・脂質を牛乳によって補う必要はないのではないでしょうか。「牛乳を飲みながらご飯を食べる」という食習慣をつけさせる教育活動には疑問を感じます。そろそろ、給食には牛乳を付けなくてはならないという固定観念を捨てて、米飯給食の日には牛乳に代わるものを提供するような給食を考えても良いのではないでしょうか。ご配慮お願いします。	
29		▼一点お願いしたいのが、米飯給食の回数についてです。指針（案）では週３日以上の実施を目指すとありますが、ぜひ完全米飯給食を目指していただきたいと思っています。学校給食は指針（案）にあるように「生きた教材」です。子供たちの健康づくりにふさわしい献立の実現を目指していただきたいし、子供たちに正しい食習慣を身につけてほしいです。　現在、二小の献立には揚げパンやシュガートースト、蒸しパンが出ることがあります。これらは食事にふさわしいものだとは私は思いません。お菓子のようなパンは各家庭でおやつとして食べればいいのでは。また、パンのある献立は副食に炒め物や揚げ物、ドレッシングのかかったサラダなど油脂の多い献立になりがちです。肥満や高脂血症で悩む子どもが増えている現在、油脂類のとり過ぎは大きな問題です。 米飯給食はパン給食にくらべ、脂肪が少ない、食品添加物やポストハーベスト農薬の心配がいらない、日本の食文化や農業を守る、といったメリットがあります。ぜひ完全米飯給食を指針（案）に盛り込んでいただきたくお願いいたします。ところで、二小ではリクエスト給食といって生徒にアンケートを取り希望の多かったものを給食にだすという取り組みがあります。主食、おかず、デザート、飲み物すべてを同日に出すものではありませんが、揚げパン、鶏のから揚げ、アイスクリーム、コーヒー牛乳が選ばれていました。子供が選べば、栄養が無視されたお子様ランチのような高カロリーなものばかりになります。「生きた教材」の学校給食として出すのは不適当と思います。現在はほとんどの家庭で日常的にこういった食品は口にしていると思います。わざわざ学校給食で出す必要はないのではないでしょうか。　給食は子供の食習慣を確立する上で大きな位置を占めています。腹持ちもよいご飯を中心にした献立にすれば副食も油脂類が少なく子供のいい食習慣を確立できるでしょう。名ばかりの食育ではなく、これからの日本を担う子どもたちの健康を考えた給食にしてください。ご一考をよろしくお願いいたします。	米飯給食について、平成２４年度は市内１４校平均で週３．１回の実施となっております。文部科学省でも学校における米飯給食を推進しています。 指針の記述は、「週３回以上の実施を目指します。」としましたが、現在でも、週３．５～４回実施している学校もあり、週３回実施すればよいというようには考えておりません。 一方で、パン、麺のメニューもこども達には人気があります。 ご意見につきましては、今後の参考にさせていただきます。
30		▼見た目についても入れていただきたいです。	「様々な食品を取り入れ、子ども達の苦手な食材については、味付けや食感、見た目等食べやすい献立や調理の工夫をします。」と変更します。
31		▼「心がけます」を含む表現は改めて下さい。これでは、意味ある検証が不可能です。「心がけた」と言われればそれで終わりです。	「 噛む習慣づくりに資する食材を使用します。」と変更します。

32		▼「一般的に食べる機会の少ない食品」について、調査したのであればその出所を書くといいと思います。「児童生徒の食事状況調査」でしょうか？　栄養調査では根菜類、乾物といった食品群別分類はないので、どんな調査だか知りたいです。　また「栄養豊かだけれど、現代の食卓では忘れられがちな食品」などと言いかえてもいいかと思います。	一般的に食べる機会の少ない食品については、特に調査に基く項目ではないので、具体的な記載はしないことにしました。
33	イ　食文化の伝承	▼「和食献立」について、全国各地の郷土料理だけでなく、小金井多摩地区の伝統料理も取り入れてほしい。（糧うどん、ゆでまんじゅうなど）	各地域の優れた伝統的な食文化について理解を深めることは、学校給食の目標のひとつとなっています。 現在も各学校で郷土料理を取り入れていますが、引続き栄養士会で情報交換をしていきます。
34		▼『積極的に取り入れる』というのは具体的にどういう意味を表すのか。日本の豊かな食文化は今や世に出回るジャンクフードにまみれて廃れているのが現状。学校給食は家庭で果たせない子どもへの食育に大きな役割を果たしている。続けて欲しいです。ここを具体的に通常和食と呼ばれる献立メニューが何を表し、どのレベルで『積極的に取り入れる』のか目安を検討し明記いただきたいです。	和食を定義するのは、難しいようです。給食では、例えば、出汁をとったり、材料の持ち味を生かして、砂糖・塩・酢・醤油・味噌などで調味するものと考えます。 献立の作成は、栄養士が行っております。 今後、栄養士会で和食献立について各学校の現状や取り入れる目標を議論したいと考えます。
35	ウ　栄養バランス	▼表の注記について、ここまで詳しく書かなくてもいいと思います。「文科省の基準に沿って」などとしてはどうでしょう。	献立作成にあたり参考としている基準を知っていただくため、基準を記載しています。 小金井市の学校給食における食事内容については、文部科学省の「学校給食摂取基準」を運用し献立を作成しています。また、食品構成については、「学校給食食品構成表」を参考にしています。 栄養士は、この基準を参考に献立を作成しています。各学校の献立については、学校長の決定になりますが、市教育委員会では、各学校の献立について気が付いたことがあれば助言・指導するようにしています。 「食品構成表」を追加することとします。
36		▼表に栄養の摂取基準が書かれていますが、この表の意図はなんでしょうか。もし、この基準が守られていなければ NG であれば、どの程度の頻度で、どのようにチェックして、数値がこの表未満だったら指導して修正をかけるなどと書かずに『適切なものとします』だけでは駄目かと思います。	
37		▼「学校給食摂取基準」が表記されていますが、学校給食の献立作成においては、「学校給食摂取基準」と同時に、「食品構成」が必要となります。本来ならば、自治体や地域、学校においてそれぞれ算定されるものではありますが、文科省標準の「学校給食摂取基準」が載せられていますので、同様に大きな枠での基準の「食品構成」を出されるべきかと思います。 「小魚や豆をできるだけ多く」という文言だけでなく、数値としての目標値が必要です。「食品構成」がない状態で栄養バランスを訴えることはできません。「指針」としては、不十分です。「食品構成」を載せて頂きますよう、よろしくお願い申しあげます。	
38	(2)　食材料の選定基準 ア　選定の基本的考え方	▼食材の安全を望みます。こどもたちのために正しい食育と健康を学校給食により実現し育むためには、何といっても安全な食材の使用が欠かせません。無農薬・減農薬・無添加・無着色・無化学肥料・非遺伝子組み換え作物および有害物質（放射性物質を含む）の入らない良質な食材を選定し納入するために、信頼出来る農家との産直関係を築き上げている信頼出来る業者を選ぶ必要があります。そのために、私は、小金井市学校給食の指針（案）（2）食材料の選定基準　に書かれた内容の大幅な見直しを望みます。アの文言からは「できるだけ」「基本とする」等の言葉を削除し、解釈の余地が広がるあいまいさを無くして下さい。	食の安全性につきましては、いろいろな方面から様々なご意見があると思いますが、現在市場に流通している食材については、国の基準で安全とされているものです。この点に関しましては、ご理解いただきたいと思います。
39		▼これが今後の直営から業務の委託への仕様書と考えた場合に多くの点で不足しており、新しい体制になっても	ア　選定の基本的考え方　の記述については、1

4

		現在のよい給食が引き続き行われるかが不明確です。 今の形を引き継いで良い形で運営されているかのチェックポイントとしてこの仕様書は役に立ちません。あいまいな表現であり義務表記ではなくて努力する、などと言う言い方になっていて定期的な運営のチェックで以前の給食からかけはなれた形態となってしまっていても明確に指摘して指導することができません。結果として委託したら、市の責任はおしまいとお考えになっているのではないかと心配になります。	項目めについて、「できるだけ安全なものを使用します。」を削除し、「学校給食食材については、安全性を最優先します。」とします。 多くのご意見のとおり、学校給食の食材について、安全性が再優先であることは認識しております。選定の基本的考え方ですので、このようにします。 より良い食材の納入ルートを開拓したり、入札方法を検討することは、より安全な食材の使用をすすめることにつながります。 一方で、給食の食材費は保護者からの徴収金で賄っています。より良い食材を取り入れていくにあたり、保護者負担に影響がある場合は、保護者の意見を鑑みたうえで、判断することになります。 保護者負担に影響がなくても、現在の給食の献立の内容や品目を見直す必要があれば、総合的に判断していきます。 「○低農薬、有機栽培等の食材を取り入れます。」を追加します。 低農薬、有機栽培等の食材の使用は、一部でも取り入れて、研究していくこととします。 生産者がわかること、産地直送等も安心できる材料です。そのような食材の納入ルートも研究していきます。 市の給食食材の放射能測定で、１０月に保育園の給食食材から１０Ｂｑ/kg以上の数値が検出された件につきまして、学校給食でも当該食材は当面の間使用しないこととしています。保育園の納入業者と学校の納入業者は異なっておりますが、学校給食食材から数値が検出された場合、納入業者には代替の食材の納品を依頼します。 納入業者に全ての食材の放射能測定を求めるこ
40		▼「学校給食食材については、できるだけ安全なものを選定します」とありますが、福島第一原発の問題もあり、一番不安な項目です。「給食の安全、安心の確保を求める陳情」もあったかと思いますが、別に放射線量の測定などの基準を作り、「それに基づき食材料の選定を行う」、とか「生産者名の明らかなものを選ぶ」「低農薬」「無農薬」などの具体的な記述にしていただきたいと思います。	
41		▼「できるだけあんぜんなもの」ではなくあんぜんをさいゆうせんして、むのうやくの野さいを使ってください。以上のことをししんにいれてください。おねがいします。	
42		▼武蔵野市では「安全性を最優先」とあります。子どもの食材に関して安全性の最優先は当たり前です。武蔵野市は、「有機栽培」「特別栽培棒産物」を選定とありますが、小金井の指針では「低農薬」の記載すらありません。子どもの健康最優先で食材を選定すべきであり。この文言は訂正すべきです。	
43		▼武蔵野市では「安全性を最優先」とあります。子どもの食材に関して安全性の最優先は当たり前です。武蔵野市は「有機栽培」「特別栽培棒産物」を選定とありますが、小金井の指針では「低農薬」の記述すらありません。子どもの健康最優先で食材を選定すべきであり、この文言は訂正すべきです。	
44		▼武蔵野市は「安全性を最優先」という記載になっています。武蔵野市は「有機栽培」「特別栽培農産物」を選定という記載もあります。小金井の指針には「低農薬」という言葉もありません。できるだけではなく、"安全性を最優先"という内容に訂正して下さい。	
45		▼例えば、武蔵野市では「安全性を最優先」となっている。子どもの食材に関して安全性の最優先は当たり前であり、武蔵野市では「有機栽培」「特別栽培農産物」を選定との記述がある。子どもの健康最優先で食材を選定すべきであり、さらに有機栽培等の安全な食材を優先的に使用する等の表記を入れるべきである。	
46		▼案では、「できるだけ安全なものを選定する」とありますが、"できるだけ"という言葉は削除して具体的に明言してください。できるだけ努力した・・・という逃げ道になると思います。	
47		▼昨年の福島第一原発の事故より、食物の放射能汚染の不安は増しており、子供たちの、汚染された食材による内部被ばくの心配もあります。食材は「できるだけ安全なもの」ではなく、「安全を最優先」としていただきたいと思います。「安全」の観点から、農薬についても、「低農薬のものを使用する」と明記していただきたいと思います。	
48		▼「できるだけ安全なもの」とあるが、「安全を最優先」にしてください。納入業者の選定をしっかりしてほしい。今回１０月３０日の放射性物質検査で検出された件で納入業者への指導、または努力がみられない場合は入札をしないなどの対策を。職員、現場の栄養士・調理師への内部被爆・移行されやすい食品などの学習会を開催してください。	
49		▼「できるだけ安全なものを選定」とありますが、かなり消極的に受け取れます。安全であることは、最優先で	

		はないでしょうか？	とは難しいと考えますが、測定への協力や、放射能汚染に関しての理解を求めていきます。
50		▼「学校給食食材については、安全性を最優先します。」とする。	
51		▼できるだけ安全なものを→安全性を最優先してほしい。具体的な選定基準を明記すべき（低農薬、有機栽培など、武蔵野市の指針を参照下さい）	
52		▼食材、原料の産地も把握しておくこと。	
53		▼「できるだけ安全なもの」ではなく「安全なもの」でお願いしたいです。子どもの食べる食材ですので、安全性を最優先していただきたいです。	
54		▼最優先されるのは食の安全です。「できるだけ」ではなく、具体的に例えば「低農薬、無農薬、有機栽培」というように、安全に配慮していることがわかる言葉にしてください。	
55		▼「できるだけ」の言葉が気になります。武蔵野市では「安全性を最優先」と書いてあります。子どもが口にするものは、とにかく安全性を最優先としていただきたいことと、低農薬、無農薬の野菜を使用する文言を加えてください。	
56		▼案では、「できるだけ安全なものを選定する」とあり、無添加、無着色、非遺伝子組み換え、国産を基本とするとありますが、学校で行われている給食試食会では、農薬についても「低農薬のものを使用する」との説明をしていると思います。実際に行われていることであるので、明記をお願いいたします。また、原発事故以降、食材の放射能汚染に対しての保護者の意識も高まっています。各校の栄養士も取り組みを始めているので、これも明文化してください。	
57		▼安全性を最優先するべきではないでしょうか？	
58		▼「できるだけ」ではなく、「安全なものを選定します」と言い切ってください。子供が食べる給食ですので、当然そうあるべきです。	
59		▼以前ならこの文言で良かったかもしれませんが、福島原発事故以来、子どもの将来の健康への影響が不透明な中、「できるだけ」ではなく「子どもの健康を最優先に」食材を選定すべきであると考えます。武蔵野市では「安全性を最優先」と打ち出しています。	
60		▼何をもって安全とするのか、その基準をもう少し具体的に表記できないでしょうか。	
61		▼これは言い方の問題だけかもしれませんが、「できるだけ」というは少し消極的な印象があります。　その後の項目では具体的にどのように安全性を確保していくかが書かれてあるので、この表現はもったいない気がします。　例えば、「学校給食食材については、必要な検査を行い、安全なものを選定します。」とすれば、　続く項目に検査の内容があるので、具体的になると思います。	
62		▼「できるだけ」安全なものを選定します、この一文は強く見直しを求めます。	
63		▼「できるだけ」とは何を基準にするのですか？その基準を明確に決めて明記してください。今や食品汚染は放射能物質のみならず残留農薬、食品添加物、遺伝子組み換えなどあります。	
64		▼「学校給食食材については、安全性を最優先に選定します。」に変更願いたい。	

6

65		▼『できるだけ安全なものを』という文言は消極的な印象を受けます。福島原発事故以降、安全な食材を確保するために色々な努力をしてくださっていることと思います。ただ、この項は「選定の基本的な考え方」ですので、ぜひもっと前向きな表現でお願いしたいです。例 :『安全性を最優先に』	
66		▼「できるだけ」という表現は、避けて下さい。「安全なものを」でいいと思います。ただ、安全なものを提供するのは、当たり前といえば当たり前です。給食が危険なものであっては困ります。もう少し「安全」を具体的にした方がいいと思います。	
67		▼できるだけ、では、不明確です。こどもの健康最優先で食材を選定すべきで、文言を直していただきたいです。	
68		▼「できるだけ安全なものを選定」とありますが、かなり消極的に受け取れます。安全であることは、最優先ではないでしょうか?	
69		▼安全について、「できるだけ」でなく「最優先」でお願いします。農薬についても、無農薬、減農薬を心がける事を明記して下さい。	
70		▼子どもの食材に関して安全性の最優先は当たり前です。「できるだけ」と言う表現は削除すべきです。	
71		▼「できるだけ安全なもの」とありますが、こどもの健康を考えると最優先を心がけているという文言が欲しいです。「できるだけ」の表現は曖昧に感じます。	
72		▼子どもの口に入れるものは安全であることが最も優先させる事だと思います。できるだけ、という表現が気になります。減農薬・無農薬の物が望ましいとか、努力する・・・など、それを明記することはできないでしょうか。	
73		▼「できるだけ」ではなく　安全なものをと言い切っていただきたいです。	
74		▼ 「できるだけ」という表現は、避けて下さい。検証不可能です。	
75		▼この一項は当たり前すぎるうえに、何の効果も無い書きぶりだと思います。努力義務を掲げてもらっても、具体性がないと空念仏に終わる気がします。例えば、「生産者名の明らかなもの」「低農薬」「無農薬」などの具体的な記述が無いならば、この項目は無いほうがいいです。(なまじ項目だけあるのは、かえって、アリバイ・言い訳のための基準という批判につながります)	
76		▼「できるだけ安全なもの」とありますが漠然としています。子ども達の健康に関わることなので、経済性、利便性よりも安全性を優先させて下さい。武蔵野市の指針には「安全性を最優先」と書かれています。	
77		▼学校給食食材については出来るだけ安全なものを選定。とありますが、こどもたちみんなが毎日食べる給食だからこそ安全性を最優先して選定するべきではないでしょうか。安全性を最優先しますと断言はできないのでしょうか。	
78		▼現在多くの人が一番気がかりなのは、給食の安全面です。安全の面で、もっと厳格な表現にしていただきたいです。「最優先」でお願いします	
79		▼無添加、無着色、非遺伝子組み換え、国産を基本とするとあるのは、ありがたく続けていただきたいことです。給食試食会では、農薬についても「低農薬のものを使用する」と聞いたと思います。上記に加えて、"生産者名	

7

		を明らかにする”、”低農薬、無農薬”といような具体的な言葉を入れてほしいです。	
80		▼「無添加、無着色、非遺伝子組み換え、国産」とありますが、低農薬、減農薬に関して記載がないので検討して下さい。	
81		▼出来るだけ安全、ではなく、安全を最優先、という記述には出来ないのでしょうか？農薬、遺伝子組み換え食品、添加物などどれも極力減らしたものを子供達に提供することを明記いただけたら、と思います。	
82		▼無添加、無着色、非遺伝子組み換え、国産の食材を基本とします、と記載はありますが、有機、無農薬、低農薬、も食材選定基準に入れて下さい。	
83		▼無添加、無着色などの安全な食材とありましたが、無農薬、有機野菜のものを取り入れるように検討してください。　よろしくお願いいたします。	
84		▼低農薬の食材を選択できるよう対応する、という項目を入れてください。	
85		▼有機無農薬（または低農薬）野菜を取り入れる、という指針を示してください。	
86		▼非遺伝子組み換えの次に放射能汚染の無い食材を入れてください。そして、基本とするではなくできる限り使用しますにしてください。	
87		▼放射能汚染に食材に対する見解も入れてください。	
88		▼添加物、遺伝子操作、衛生面などの記述と比較して、福島第１原発事故に伴う放射能飛散による食品汚染への言及がないのは異常と考える。 「原発事故に伴う放射能による食物汚染リスクに鑑み、安全性確保について最大限配慮する。」と併記するよう求める。調布市や武蔵野市など近隣自治体・教育委員会は、セシウム汚染について運用で非常に厳しい対応を行っている。国の基準は基準として、運用で１０ベクレルどころか、２ベクレルという独自基準を策定している自治体もあると聞く。また福島県内でも、従来の「地産地消」という建前で給食を出すのではなく、県外産の食材を使用する「弾力的な運用」をしていると聞く。小金井市だけが、「できるだけ安全なものを選定」という曖昧かつ一般的な記述をすることは許されない。	
89		▼子供達の為に、色々と考えてくださってありがとうございます。今、本当に安全な物は何か解らなくなってしまっているのが現状だと思います。しかし、子供達は、未来の宝なのですから、出来るだけ安全だと思われる物を提供すべきだと思います。小金井市は特別な市です。他には無い特徴を持った市です。それは、チェルノブイリの時から放射能測定器を持っているのです。市民の健康に対して、最善を尽くしてきた市なのです。ですから、小金井市にしか、出来ないような安全への取り組みが出来ないでしょうか？武蔵野市のように、『食材の選定については、安全性を最優先して使用する』という明記は必要だと思います。また、放射性物質が含まれやすいキノコ、川魚などについては、事前に放射能測定をするなど、検査をしないと使えない食材も必要だと考えます。	
90		▼いつも給食その他で子ども達が大変お世話になっております。　学校の給食といえば、家庭での食事の次に多く子ども達が食べるもので、一週間二十一回の食事のうち、５回ですから、およそ４分の１にのぼり、成長期の子ども達の重要な栄養源であることは申すまでもありません。市でも勿論、その点は充分ご承知ゆえ、子ども達に安全で美味しい手づくりの給食をご提供くださっているものと理解し、感謝しております。　震災以前、私ども子を持つ市民の家庭では「できるだけ農薬や添加物の少ないものを」を念頭に食材を選んでおりましたが、震	

		災以後はそれまでより一層子どもの口に入るものには注意を払っております。学校給食においてもどうか誠意と熱意をもって、給食の食材とそれに関するものを吟味していただきたいと思います。食材選びに「これで良い、これ以上は必要ない」ということはありません。ただ今、精一杯であっても、常に最善を追求し続けていただきたいのです。　指針を拝読しましたが、放射能による食品汚染について、何も書かれていないことをとても奇異に思いました。真に安全性を求めるのであれば、現状況にあってそのことに一切触れずにいられるとは到底思えません。この点につきましては、特にお考え直しいただきたいと思います。　人の一生に関わる重大事ですので、どうかよろしくお願いいたします。	
91		▼内部被ばくゼロを目指す、という指針が必要ではないでしょうか。	
92		▼お米、小麦は毎日のことですので放射性物質がふりそそいでいない地域のものを選んで下さい。また、検出限界値が 5Bq/kg 以下の放射性物質検査を学期に１度はお願いします。	
93		▼東日本大震災後、食材の選択で多くの親たちが日々悩み続けています。子供たちにはたとえ少量であっても有害なものは摂取させたくない、という思いで。とても大変なことだとは思いますが、学校も、市も、都も、国も、同じ思いを持っていただけたら・・・食材の選択には、しっかりした検査で安心できるものを、どうぞよろしくお願いいたします。	
94		▼指針の中に、最も優先して記述していただきたいのは指針案冒頭にありました「安全」についてです。指針案では、放射能に関する記述は、６ページ、６、安全性の確保　にある４行の１箇所です。 未曾有の原発事故が起こり、給食の安全を確保する上で、放射能については、今新たに盛り込まなければならない最も重要な内容だと思います。不安の払拭への配慮（安心）よりも、子供たちの健康に与える影響を少なくすること（安全）を最優先させてください。以下、現状の検査方法について見直し、安全を確保するための記述をお願いします。去年の原発事故により、食の放射能汚染が拡がり多くの食べ物の汚染が明らかになっています。	
95		▼学校給食の指針を拝見し、無添加・無着色・非遺伝子組み変え、化学調味料は使用しない、ルーは手作りなど、大変素晴らしいと思います。ですが、大変重要なことが抜けています。原発事故さえ、起こらなければこの指針は大変素晴らしいものでした。どうか指針に、放射性物質の基準値を１ベクレルとし、不検出の食材のみを使用するの一文を入れていただきたくお願いします。そしてセシウム移行係数の高い、キノコ、魚、栗、ブルーベリー、レンコン、ゴボウ、緑茶、さつまいもなどはなるべく使用しないでいただきたいのです。 国の放射性物質の基準値でなく、小金井市独自の給食の基準値を作っていただきたいと願います。放射線により影響を受けやすい子ども達には、１ベクレルたりとも摂取させたくはありません。それが親の願いです。　また、子どもの通う小学校の献立表をみていると、米飯給食をもっと増やしていただきたいと感じます。現在、息子は給食室前に張られた産地をみてから、食べられそうなものだけ食べています。親としては大変つらいです。安心して何でも食べていいよ、と言ってあげたいのです。安心して食べられる給食のために、どうか放射性物質に関する項目を付け加えてください。どうぞよろしくお願いいたします。	
96		▼恥ずかしながら、学校給食の指針を初めて拝見いたしました。出汁も含めてできるだけ手作りで供していること知り、正直驚きました。大変な労力を払って、子どもの「食育」に力を入れていることに不遜ながら敬意をお伝えしたく存じます。私といたしましては、文章そのものについては変更を求めるものではありません。原案どおりの決定を望むものです。そのうえで、住民の１人として、厚生労働省による、食品中の放射性物質にかかる	給食に使用する食材については、市場に流通している国の基準で安全とされているものを使用しています。 しかしながら、国の安全基準があるとはいえ、放

		基準値に基づき、その安全性を十分に理解していただいた上で、数値にかかわらず基準値を下回る食材については、できるだけ福島県を中心とした被災地、ならびに周辺地域の食材も使用して欲しいという、「要望」のみお伝えさせていただければと思います。 ご専門の方々に申し上げることではありませんが、厚生労働省の基準値は、食品からの放射性物質の摂取上限を年間５ミリシーベルトと設定しています。 http://www gov-online. go. jp/useful/article/201204/3. html#1 この値は、国際的にも国内的にも厳格な基準であり、むしろ過剰防衛とも言うべき数値です。そもそも、厚生労働省の設定した基準値は、食材の洗浄、調理などを前提とせず、市場に流通する状態における計測値としており、たとえば、玄米については精米、洗浄という過程を経て実際に食事として提供される状態においては玄米の状態の10分の１となることは、すでに明らかになっております。 http://www.maff.go.jp/mobile/kinkyu/tohoku_saigai/03/q_a/kome/genmai.html 同様のことは、緑茶においてもあてはまりますし、多くの食材でも同様です。 一方で、昨today の福島第一原子力発電所による風評被害によって苦しんでいる生産者が多いことに、電力を消費する地域に住む私たちは意識を向ける必要があるのではないでしょうか。放射線被害を不安になっている人の気持ちは理解できるものの、事故によって、実際に放射生物質による被害を受けた人が誰ひとりいないということは明らかであり、さらに、現状の厳格な基準値の範囲内であれば、問題は全くないことは明白です。むしろ、微量の放射性物質に不安になっている人が、その理由を科学的に明示すべきではないでしょうか。 根拠のない不安を持つ一部の市民に、住民全体が振り回される必要は私はないと思います。 （そもそも、放射能不安を過剰に訴える人たちの中で、小金井市の給食のように、出汁まで自分で引いている人がどれだけいることでしょうか。おそらく、自分の家庭ではそのような丁寧かつ真心を込めた食事を供しているとは思えません） 市のホームページにて「学校給食食材の放射性物質の測定および使用食材の産地公開」の資料も拝見いたしました。福島県産品、茨城県産品も利用しておられることを知り、大変うれしく感じました。小金井に住む住民の１人として、ごく一部の批判もある中でのご英断に感謝したい思いでおります。このパブリックコメントを提出するにあたり、御礼もあわせてお伝え申し上げたく、一筆したためた次第です。今後も科学的な判断に基づくご判断をお願いいたしたく存じます。	射能について不安を持っている保護者も多く、少しでも放射能汚染の少ないものを給食に使用してほしいと希望しています。 市としては、使用する食材を事前に測定し、測定の下限値以上の数値が出た場合は，当面の間使用を控えることとしています。再度、検査をし、下限値以上の数値が出なければ使用を再開します。 風評被害とならぬよう、今後も市場に流通している安全な食材を給食に使用していきます。
97	イ　主な食材の選定基準	▼イ、ウでは、あらかじめ業者の選択肢や食材の産地の選定基準が指針（案）によって狭められてしまっている部分があります。そこにかかわるすべての文言を一旦削除し、以下のような文言に置き換えて下さい。「本当に良い食材料を子ども達の食べる給食に提供するためには、市と学校と保護者（役員に限らず希望者のすべてが参加できることが望ましい）の３者が、それぞれ対等な関係で意見を出し合いながら、真に良い食材料を扱う業者を探し、選ぶことのできる「仕組みづくり」を行う。	ご意見を参考にし、「○小金井市では～」の文を削除し、下記のとおり変更します。 ○小金井市では、給食に使用する食材料の買入れの適性を期するため、「小金井市学校給食物資買入れ指名競争入札参加業者選定要綱」により、２年に１回、校長会が納入業者を選定し指名します。 立地条件、経営状況、衛生状況、輸送力を選定の基準とし、この指名により業者は食品の入札（見積
98		▼基準に沿って実施するのであれば、基準が変わることもあり得ます。現状に沿った書き方と推察しますが、ここも今以上の対応の可能性を信じて、柔軟な書き方をお願いします。	

99		▼品目ごとに納入ルートを限定して書いているものと、そうでないものがあります。規定で決まったルートから購入しなくてはならない品目なのか？他にも選択の余地があるのかがこれでは分かりません。制限がある場合は理由を、制限がない場合は「主に」という形で書いて下さい。	合わせ）に参加することができます。 イ　「主な食材の選定基準」を「食材の選定方法」に変更します。 ○米　～　○その他　までの項目を削除し、下記のとおり変更します。 ○「学校給食用物資見積規格書」に記載のある食品（米、めん、野菜を除く） 指名業者は、取扱品目について、「学校給食用物資見積規格書」に沿った製品の銘柄・規格を届け出ます。栄養成分表・原料配合表・アレルゲン食品表示・遺伝子組み換え原材料・食品添加物内容表等の証明を添付します。 校長会では、品質、価格の適正を期するため、見積会を行います。 見積会では、栄養士が品目ごとに味見をし、適当と思われる銘柄を指定します。指定した銘柄の品目について見積合わせをして安価な業者に落札します。見積合わせは、通常学期ごとに行いますが、価格が変動しやすい調味料や魚貝類、大豆、季節のもの等は月ごとに行います。銘柄の指定は、２年間有効です。 ○米、めん類、野菜、肉、卵、その他見積品以外の食品 各学校が、指名業者または（公財）学校給食会に発注します。食品についての必要な証明は随時求め、産地を確認します。 ○パン・牛乳 安全性を重視しつつ、価格等の条件のよい業者を教育委員会が選定します。
100		▼食材選定基準については、限定しすぎです。記載されている業者よりも安全なものがあればそこから購入してほしいと思います。一番大切なのは、子どもの安全です。むやみに業者を限定するのはやめてください。	
101		▼保護者も給食に意見を言う場を、毎月でもいいので、設ける、と追加して下さい。	
102	○米 ○パン、牛乳	▼牛乳、パン、米に関しては毎日のものですから心配する人はとても多いです。子供の親も牛乳やパンを選べるような場を設けて下さい。	
103		▼米などは作った人と繋がれる、産直を取り入れられるしくみにしてください。産直ならば、少ない計測回数で確実に計測した米が食べられること、偽装などの心配がないこと、作った人と繋がれるということは食育にも良いなど、利点が多いと思います。一地域の米を一度に多数校で購入するしくみにすれば、外部委託のゲルマニウム半導体検出器で検査することも可能なのではないでしょうか。現時点のように学校ごとにローテーションで市内の米穀店と東京都学校給食会から購入するしくみでは、検査は追いつかないと思います。	
104		▼米、牛乳、小麦（パン）について、必ずしも東京都学校給食会から購入する必要はないと思います。この９月よりメグミルクの牛乳には福島産の原乳が使われました。対学校給食会では、市としては常に受身の姿勢でいるしかないように思えます。どのメーカーがわりふられるかわからないなど、購入している立場なのにおかしいです。補助金は魅力かも知れませんが、複数の安全な地域の農家とつながって直接契約するなど、補助金なしでもうまくやっていける工夫もできるのではないでしょうか。	
105		▼９月よりメグミルクは福島産の原乳を新たに加えています。東村山市では、このことを受けて行政が他の業者のビン牛乳に変えました。また紙パックの牛乳はゴミが出ますが、ビン牛乳はリサイクルできるというメリットもあり子どもたちにそれを伝えることができます。必ずしも指定業者からの購入にこだわらなくてもいいと思います。指針の中のこの文言は外すべきで、柔軟な書き方が望まれます。	
106		▼９月よりメグミルクは福島産の原乳を新たに加えています。東村山市では、このことを受けて行政が他の業者のビン牛乳に変えました。また紙パックの牛乳はゴミが出ますが、ビン牛乳はリサイクルできるというメリットもあり子どもたちにそれを伝えることができます。必ずしも指定業者からの購入にこだわらなくてもいいと思います。指針の中のこの文言は外すべきで、柔軟な書き方が望まれます。	
107		▼９月よりメグミルクは福島産の原乳を加えています。福島産だから危険と一律に考えているわけではありませんが、小金井市では毎日の給食の放射能測定をしていません。６月議会で学校教育長が「子どもの内部被曝ゼロを目指す」と明言なされました。そうであれば、毎日飲む牛乳については、リスクは避けるべきです。また紙パックの牛乳はゴミとなります。ゴミ問題を抱える小金井市ですので、リサイクルのできるびん牛乳にすることや、指定業者にこだわらず他の業者にすることも考えていただきたいので、この文言は外すことを希望いたします。	
108		▼九月よりメグミルクは福島産の原乳を新たに加えています。東村山市では、このことを受けて行政が他の業者のビン牛乳に変えました。また紙パックの牛乳はゴミが出ますが、ビン牛乳はリサイクルできるというメリット	

		もあり子どもたちにそれを伝えることができます。必ずしも指定業者からの購入にこだわらなくてもいいと思います。指針の中のこの文言は外すべきで、柔軟な書き方が望まれます。	米については、市内の米穀店とのつながりも大切にしながら、今後、産直の米を取り入れる方向で考えています。 パン、牛乳　について、ご意見があったとおり、給食費の軽減については、指針の文言からは削除することとします。 学校給食会指定業者から購入する牛乳、パン等は補助を引いた金額での購入となりますので、実際その分は、他の食材に充てられていることとなります。しかしながら、補助額というのは、年々低くなっているのが現状です。 給食費については、栄養士会で毎年試算しています。 近年では、平成１８年に回数増による給食費改定を、平成２１年には物価高騰による改定をいたしました。過去の保護者アンケートでは、給食費改定についてのご意見は様々です。 物価の高騰や消費税率の引き上げなどの理由以外に、より安全な食材の選定を理由とする改定については、保護者の意識調査も必要かと思います。 生活保護を受給しているご家庭、就学援助を受けられているご家庭は、給食費は公費負担となりますが、給食費を改定する場合は、市の歳出予算にも影響があります。 各校の栄養士も工夫しておりますが、現行の給食費での運営は厳しい状況にあるのが現状です。 パン、牛乳については、放射能汚染の問題だけでなく、現在の条件の中で提供可能な良い製品があれば業者を変更することもできるように、指針の文言を書き直しました。 牛乳の選択にあたっては、味、商品の形態（ビン・紙パック）、価格の他に、安定的な供給体制やバッ
109		▼九月よりメグミルクが福島産の原乳を新たに加えていることを受け、指定業者からの購入にこだわらず、状況に応じて業者を選定していただくことを求めます。	
110		▼九月よりメグミルクは福島産の原乳を新たに加えており、東村山市では、このことを受けて行政が他の業者のビン牛乳に変更していると聞く。また紙パックの牛乳はゴミが出るが、ビン牛乳はリユースできるというメリットもあり子どもたちへの教育にもなる。給食費の軽減を図ることが目的であれば、指定業者からの購入にこだわらなくてもよく、安全性を重視しつつ、価格等の条件よい業者を選定する、ということで良い。この文言は削除すべきである。	
111		▼牛乳についてですが、東京都学校給食会指定業者から購入する、とありますが、こちらはメグミルクを取り入れていると聞きます。メグミルクは福島産の原乳を使用し、放射能測定の結果も公表していません。以上の事から考えて、この案は考え直すべきかと思います。こういった意見を書くと風評被害を助長する、などと思われるかもしれませんが、指針の他の項目にもあります様に子供達が毎日食べる給食には、できる限り安全な物を出していただきたいと思っています。	
112		▼放射能などの点で安全なもの、ビン牛乳などを購入できるように、指定業者からの購入にこだわらなくてもよいと思います。	
113		▼現在の紙パックの牛乳ではなく、ビン牛乳が良いと思います。メグミルクは、福島産原乳を含んでおり、放射能汚染の観点からも、そういった不安の少ない牛乳の使用を求めます。	
114		▼福島原発事故以来、「毎日飲む」「摂取量の多い」牛乳への安全性については特に配慮が求められます。給食費の軽減よりも安全性を最優先に考える必要があるかと思います。実際東村山市では原発事故後に他の業者のビン牛乳に変えた、小平市では保護者にアンケートを取り（値段が上がるが安全性の高い、かつリサイクルが出来るビン牛乳に変えるかどうか、という内容)、結果ビン牛乳へ変更になったと聞きます。この指針で指定業者、と明記してしまうといざという時に対応できません。食費の軽減に固執しない、選択肢の持てる柔軟な書き方でないとならないと思います。	
115		▼「○パン、牛乳　(公財) 東京都学校給食会指定業者から購入し、給食費の軽減を図ります。」は「○パン、牛乳放射能汚染の観点から安全性最優先で購入先を選定し、常に最新の情報収集に努めながら、柔軟な対応を行います。特に牛乳については、九州などより西の産地のものを入手できるよう新規ルート開拓に努め、入手困難な場合は、一時的に提供しないことも想定します。」に変更願いたい。　《補足》ここはコストより安全性を最優先すべき点であり、「給食費の軽減を図る」のには最も相応しくない点だと思います。	
116		▼パン、牛乳を東京都学校給食会指定業者から購入するというのは決めないでください。メグミルク以外でも安心な牛乳を選べるようにしてください。 また、ヤマザキパンなど大手のパンは添加物を沢山使用しています。EU では使用禁止の発がん性物質である臭素酸カリウムも使用しています。東京都学校給食会指定業者と限定せず、安心なパンを選べるようにしてください。	
117		▼「(公財) 東京都学校給食会指定業者から購入し、給食費の軽減を図ります」とありますが、指針に記載する	

12

		ことにより選定の選択肢を狭めてしまうと思います。給食費の軽減よりも、低温殺菌の牛乳やリサイクルし易い瓶牛乳など、質を求める声もあると思います。	クアップ体制があることが必要です。 現在提供している牛乳は、学校給食会指定の業者から購入しています。工場での原乳の自社検査及び学校給食会による検査結果で国の基準値以下であること、市の測定では、製品が測定下限値（１０Ｂｑ/kg）以下であることを確認していますので、産地のみで判断はしておりません。ご理解いただきたいところです。 牛乳パックは、ごみとしての処理ではなく、リサイクルしています。 食材選定についての保護者のご要望については、基本的には各学校にお伝えいただきたいのですが、牛乳やパンのように教育委員会で決めるものや、納入のしくみ等の全体にかかわることについては学校だけでは対応できません。また、保護者でない市民のご意見も参考になります。 ９　給食の充実と市民参加　(4)より良い給食を目指して　の項目を追加することとし、市民が意見を出せる仕組みづくりを検討することとしました。
118		▼「指定業者から購入」という部分を削除して下さい。牛乳ありきの給食と聞いていますが、何年メグミルクなのでしょうか。説明もありません。お得意様ならば、北海道産100パーセントにするなど、指定業者に言えないのであれば意味がありません。	
119		▼学校給食会指定業者からの購入だと、メーカーの考え方によって原乳の産地が決まってしまいます。現在小金井市が指定されているメグミルク海老名工場は、９月上旬から、福島県産の原乳を産地に加えました。福島県のどこかにもよりますが、福島第一原子力発電所からの距離によっては、セシウムだけでなく、ストロンチウムの心配もあります。これは測定していません。実際に福島原乳を加えたあとに、指定業者をやめた自治体もあったと聞きます。測定できない以上、少しでも危険と思われるものは避けるべきです。ビン牛乳などより安全、安心なものを購入できるように、指定業者からの購入にこだわらなくてもよいと思います。	
120		▼メグミルクの原乳に福島産が含まれていて既に子供に出されていると聞きました。絶対やめてください。ですから指定業者の記述を明記しないで下さい。よく検討して下さい。	
121		▼パン・牛乳について指定業者から購入するとありますが、それでは他のいい業者さんがいても、そちらから購入する事ができなくなると思います。	
122		▼九月よりメグミルクが福島産の原乳を新たに加えています。実際に子供自達身から「怖い」との声も出てると聞きます。東村山市のように、行政が他の業者のビン牛乳に変えたという自治体もあります。給食費の軽減を図る、とあり大変有り難く思いますが、私自身は給食費があがっても子供達の安全のためにはかまいません。特に牛乳は原発事故の後にはキノコ類と共に得に気にしなくてはいけない食材であり、柔軟な対応が出来るようにこの仕入れ先を特定するのは避けていただきたいです。	
123		▼東京都学校給食会指定業者からの購入と決めず、こだわらないでください。	
124		▼「（公財）東京都学校給食会指定業者から購入し」　という書き方では、　購入先が限定されてしまいます。より安全で良質な牛乳を導入するための可能性を狭めないように、再考をお願いします。	
125		▼指定業者である必要があるのでしょうか？　安全性や、パックやビンがどの程度リサイクルできるのかなど検証し、指定などこだわらずに購入するべきではないでしょうか。給食費のわずかな軽減より、給食としてもっと気をつけることがあるように思います。指定業者から購入すると明記すると、それ以外の選択の幅が狭まりませんか。放射能の問題だけではなく、消化吸収の面から低温殺菌乳を導入したり、ゴミの発生抑制の面からビン牛乳を続けている自治体もあります。小金井市でも可能性追求ができるよう、柔軟な表記をお願いします。	
126		▼（公財）東京都学校給食会指定業者に限定しないでほしい。現在、メグミルクも牛乳が提供されていますが、その中には福島産の牛乳が混ざっています。子どもにそのような製品を飲ませるのは大変抵抗があります。同じような状況になった時、他社の製品（福島産の入っていない）に切りかえるのには、この指定業者の項目が足枷になる。（東村山市や国立市では大手メーカー以外の牛乳の提供があるとのこと）　あるとのこと）	
127		▼指針案の中にある、牛乳の購入先を『東京都学校給食会指定業者（費用カットの為）』とありますが、こちらを削除して頂きたいです。理由は、現在、小金井市の小学校給食で提供する牛乳はメグミルクであり、今秋から原乳の産地に福島県が追加されました。そこに懸念を感じております。我が子も緑小１年生で、家庭でもその事	

		を話題にし、議論し、本人の判断で牛乳を残している事も多い様です。栄養士さんにご相談したところ、牛乳は小金井市が購入先を決定する為、各校の判断では変更できないとの事でした。また、親の判断で辞める事も出来るので、といった対応でした。様々な意見がある事はもちろん承知しておりますが、放射能が混じっているかもしれない牛乳を細胞分裂が活発で影響を受けやすい子供達に提供する事に、皆様何の罪悪感も感じていないのでしょうか？他市ではメグミルクを辞めたケースもあると聞きました。　・・・・・以下、引用・・・・・この９月から海老名工場で福島県産の牛乳を学校給食用に使用するとの連絡を受けたので、再度、放射能測定結果を要望しましたが、また**非開示**とのことなので、今回は、**東毛酪農（群馬県太田市）に切り替える**ことにしたそうです。東毛酪農は、**５ベクレル/kg 以下まで検出数値を公開**していること、小平市、国立市も平成１６年から利用しているとのこと、が切り替えの決め手になったということです。（小平市は、「ビン牛乳」であることが利用するきっかけ）・・・・・・・・・・・・・・・・　他市に出来て、小金井市は出来ない事なのでしょうか？あるいは、国の基準値内なので、安全であるから、考慮しないのでしょうか？1 ベクレルであっても、それを毎日摂取する事は７日で７ベクレルです。そして、体の内部で被爆は続きます。それは放射能の半減期が長いからです。良識的なご判断のもとに、ぜひ、メグミルクは辞めて頂きたいと思います。子供の人権が踏みにじられているとしか思えず、私は意見の言える大人として今書いています。我が子の牛乳さえ辞めれば良いのでしょうか？他の子は良いのでしょうか？嫌なら他市に引っ越せば良いのでしょうか？危ない食品だから残して良いよ、という物を子供達に提供して良いのでしょうか？これは福島嫌いだからではありません。私も福島を助けたいと思います。でも、だからと言って、子供達が放射能が混じっているかもしれない牛乳を飲み続ける事が助ける事であるとは思いません。是非、内部被ばくを０にするという趣旨のもとに、メグミルクを辞める事で進めて頂きたいです。そして、東京都学校給食会指定業者を通しての購入がその足枷になるのであれば、指針から外して下さい。　チェルノブイリイでは、牛乳を通して多くの子供達が被ばくしたと言われています。どうかお願い致します。	
128		▼給食費の軽減を図ります。とありますが、小金井市は裕福な家庭が多いので 食費の軽減を図るよりは、いいものを購入して、子供に食べさせていただきたいです。　たった、何百円で安全ではない食品を食べる方が、怖いです。牛乳もこれからは、放射能で飲みたくない方のために、アレルギーの方と同じ扱いで、飲まない方は任意でなくす方法はいかがでしょうか。我が家の長女はそれでなくても、家で、おいしい瓶の牛乳を飲んでいたから給食のはまずくて飲めないと言って、いちども飲まずに過ごしてました。でも、風邪もひかず、３年間無欠席で過ごせましたから、今の時代、学校で栄養を補う考えは古いのではないのでしょうか。それより、家庭で、あまり料理をせずに出来合いのもので食事をして、添加物や農薬ばかり食べさせられている子供のために、昔ながらの、素朴で添加物のない、やさしくて安全な食事を給食で提供するのが、今の時代の給食の役割なのかもしれません・・・　ちなみに、給食費が高くなっても、低所得者には給食費免除される控除がありますので、問題ありません。　まとめますと、牛乳は任意にして欲しい。高くても安全なものを選んで欲しい。民間委託は反対です。　最後に放射能に汚染されたものは、子供だからこそ、少しも与えない気持ちで給食の食材は選んでいただきたいです。	
129		▼「給食費の軽減を図ります。」とありますが、このような指針の中に、「給食費の軽減を図ります」という文章を入れる必要があるのでしょうか？パン牛乳の単価を抑えることにより、その分を給食に充実に充てるというの	

14

		ならわかりますが。	
130		▼「学校給食会指定業者から購入し、給食費の軽減を図ります。」は、削除して欲しいです。そもそも、牛乳は毎日必要でしょうか？　パン食 100%だった昔に比べて、現在はごはん食も増えています。ごはんに牛乳は一般的にはあいません。献立によっては必要のないときにまで牛乳を出して、「給食費軽減」といわれても納得いきません。	
131		▼給食費軽減の方法として、これは疑問です。削除していいと思います。	
132		▼「給食費の軽減を図ります」はやめてほしいと思います。経費より安全優先で「東京都学校給食指定業者等から購入します」として下さい。	
133		▼こどもの健康最優先で食材を選定すべきで、そのためには給食費の軽減はしてほしくないです。特に牛乳は、指定業者からの購入に限らず、ニーズに合った所からの納入が必要なことも出てくると思うので、購入先を限定しないほうが良いと思います。又、給食費の軽減がどのくらいされているのか見えません。そして牛乳の放射能汚染が心配です。安心、安全なものを納入してください。	
134		▼給食費の軽減よりも安全性を重視してください。現在指定業者のメグミルクは福島産原乳も混入しており、検査も国の基準値以下は公表されません。	
135		▼給食費の軽減のために指定業者から購入することには、こだわらないでほしいです。わずかなコストの違いのために大きな損失を受けることが考えられます。メグミルクの福島県産原乳の使用再開に対して、近隣市では速やかに業者を変更しています。少しの差額で、体に優しく美味しい低温殺菌牛乳やごみを大幅に削減するビン牛乳を導入する事もできるようです。ぜひご検討ください。	
136		▼牛乳に関してですが、放射能の危険がささやかれる中、そこで給食費の軽減を図るのはどうなのかな、と思います。小金井市はゴミの処理問題もありますし、びん牛乳にしてリユースすることの意義を子供たちに伝えられたらいいのにな、と思います。東京都学校給食会指定業者からの購入、と断定せず、柔軟な状況にしておいていただきたいと思います。	
137		▼これがなぜ給食費の軽減を図れるのか分からない。削除すること。	
138		▼毎日の給食で摂らせている牛乳については、安全性をより重視した上で購入業者を選定してほしいです。	
139		▼3. 11 から給食の牛乳を飲んでいません。みんなと一緒に大好きな牛乳を飲みたいです。	
140		▼きゅうしょくのぎゅうにゅうにほうしゃのうをいれないでください。	
141		▼私は牛乳が好きですが、学校の牛乳は飲んでいません。友達のことも心配です。みんなが安心して飲める牛乳を給食に出して下さい。お願いします。	
142		▼うちの子供はメグミルクの牛乳はまずいから飲みたくないと言っています。自宅で飲む牛乳は美味しいと言います。美味しさだけでなく、放射能の問題、瓶によるリサイクルでゴミ軽減やエコ教育になる、いろいろな面で違う牛乳を選択することも必要かと思います。柔軟な表現に変えていただけたらと思います。また、給食費の削減というなら、いっそうのこと牛乳をやめてしまってもいいのでは、と思います。現代の食生活で、栄養面で毎日牛乳を飲まなくても十分だと思います。お茶持参でもいいのでは？	
143		▼こどもは、「学校の牛乳はおいしくないよ」とも言っています。	
144		▼私は乳製品が気になります。現在も子供はみんな違う事を嫌がりますが、牛乳は飲ませないで、お茶を持参さ	

15

		せています。	
145		▼牛乳の扱いについてはぜひとも保護者の意識調査の実施をお願いしたいと思います。 ストロンチウムの危険性においても、飲まない子どもがおかしい事ではないと思いますし、残った牛乳を飲む子への良心の呵責や迷いながらも飲ませ続けている母親たちの苦悩を取り除いていただきたい。他の自治体でも様々な対策が取られはじめています。なにとぞご検討いただけますようによろしくお願いします。	
146		▼国の基準以下でも何らかの数値が出た場合、不安の払拭への配慮をします、とあるのに矛盾します。基準値以下は公表しない、という企業の姿勢は到底安心出来ません。６月の議会で行政の担当課の方が、子どもの内部被曝ゼロを目指すと表明されています。そのことからも反しています。現に近隣の東村山市では食育 eco の観点からもリユースできる瓶牛乳の業者に変えています。ごみ問題の渦中の小金井市はこれに追随するべきと、考えます。	
147	○魚	▼「見積会」の内容について、簡単でよいので説明してほしい。	
148		▼「毎月の見積もり会で試食のうえ、決定します」とありますが、わかりにくいです。	
149	○調味料	▼「銘柄を指定し」とありますが、これはいつ、どなたが判断されるのでしょうか？　疑問に思いました。	
150		▼いつ、だれが指定するのでしょうか。	
151	ウ　地産地消	▼市内の農家の作物のことを挙げるのは理解出来ますが、なぜ一番に水産物について書かれてあるのか理解出来ません。福島第一原発事故後の海洋汚染は深刻で、北海道でも基準値越えのタラが出回っているとニュースになったばかりです。まして水揚げは捕獲と違い、また東京湾内でも放射能汚染が確認されています。この文言は指針に適当とに思えません。	「東京都で水揚げされる水産物」とは、具体的に八丈島産のムロアジ、トビウオをミンチにし冷凍した製品を指しています。給食の献立例として、「ムロアジのつみれ汁」「トビウオのハンバーグ」などのメニューで登場します。 学校給食会の製品であり、東京都の地場産物の調査の対象にもなっているため、指針に記載したところです。 東京都で水揚げされる水産物については、指針からは削除することとします。
152		▼なぜ水産物？牛乳は？野菜も小金井産のものを使用する目標値を決めるべき（日野市の指針参照のこと）	
153		▼福島第一原発事故後の海洋汚染が心配されている中で、東京都で水揚げされる水産物の安全性は保証できるのでしょうか。基準値超えの水産物が出回ってしまう現状で、水産物の地産地消は不安です。	
154		▼水揚げは捕獲と違い、日本中どこで獲れても水揚げされる場所が違えば、捕獲場所を消費者は知ることが出来ません。農作物であれば理解できますが、なぜ地産地消の欄に水産物について書いてあるのでしょうか？北海道でも基準値超えのタラが出回っているとニュースになったばかりです。	
155		▼　安全なものを選定するのであれば農薬や添加物などの他に、原発事故後なので放射能についても留意して欲しいです。国の基準値はまだまだ低いとはいえないので１０ベクレル以下を希望します。　水産物に関しても、海のホットスポットがこの先しばらく存在するので、地産地消にこだわらず、安全な食材を選定して欲しいです。	
156		▼子ども達の将来を考えるなら、健康に配慮すべきは大人の責任であり、３食のうちの１食を給食が占めるので給食の存在は大きいと思います。市としても、国の基準値以下だか大丈夫という姿勢ではなく、食材の放射能数	

		値に関する安全性にもっと関心を持って情報収集し、食材選定して欲しいと思います。	
157		▼市内の農家の作物のことを挙げるのは理解出来ますが、なぜ一番に水産物について書かれてあるのか理解出来ません。福島第一原発事故後の海洋汚染は深刻で、北海道でも基準値超えのタラが出回っているとニュースになったばかりです。まして水揚げは捕獲と違い、日本中どこで獲れても水揚げされる場所が違えば、捕獲場所を消費者は知ることが出来ません。また東京湾内でも放射能汚染が確認されています。この文言は指針に適当とは思えません。	
158		▼東京湾内でも放射能汚染が確認されています。この文言は指針に適当とは思えません。	
159		▼「東京都で水揚される水産物」は、削除すべきだと思います。「水揚げ」というのでは、どこの海域のものかわかりませんから、地産地消にならない場合が普通にあり得ます。	
160		▼東京都で水揚げされる水産物やとありますが福島第一原発の事後の海洋汚染は深刻でできるだけ安全もしくは安全性を最優先した場合でも指針に適当だとは思えません。	
161		▼福島原発事故後の海洋汚染状況は深刻で、北海道でも基準値超えのタラが出回っているとニュースになったばかりです。また東京湾内でも放射能汚染が確認されています。その状況下で地産地消を文言に含めない方が良いかと思います。また「水揚げ」は「捕獲」と違い、獲れた場所が定かでありませんので地産地消をうたうにしても適当な文言では無いかと思います。	
162		▼地産地消の項から「東京都で水揚げされる水産物」は外してください。 まず、東京湾のものは放射性物質の汚染の観点で心配です。東京湾の泥は局地的に１キログラム当たり４０００ベクレルに達するとするシミュレーション結果を京都大学の研究グループがまとめたそうです。そのような場所に棲む生物を子供に食べさせるのは不安です。また、セシウムの検査は行われていますが、その他の何十にも及ぶ他の核種については検査がなされていません。イカがセシウム 137 の約７倍の放射性銀（Ag110m）を蓄積していた例もあります。全ての核種を検査することはほぼ不可能である現時点では、汚染の懸念がある海域の生物は子供に食べさせるべきではないと思います。また、東京都で水揚げされたといっても、どこの海域で獲ったものかまではわからないかもしれません。 先日宮城沖で漁船の事故がありましたが、それは三重の漁船でした。どの海域で獲っても、船が東京の港へ帰ってくればそれは東京で水揚げされた水産物となります。さらに小金井からは海も遠いし身近でもないし、東京都で水揚げされる水産物を給食で使用するということが地産地消に繋がるものかは疑問です。 川の魚も放射性物質の汚染が深刻です。あきる野市秋川 ヤマメ 36bq／kg など。	
163		▼原発事故による海の汚染は、まだ実態や今後の見通しが不透明な段階です。あえて水産物について、この項に盛り込む必要性があるとは感じません。	
164		▼「東京都で水揚げされた水産物」が先にくる理由が分かりません。市内小学校では、食育の一環として友好都市である三宅島（伊豆諸島などの海域）で取れた水産物がメニューに取り入れられているというお話を聞きました。そのことを指しているのであれば、限定して具体的に明記して下さい。そうでない場合は削除して下さい。	
165		▼「東京都で水揚される水産物」は、削除していただきたいです。福島第一原子力発電所の事故以来、海洋汚染はいまだ続き、深刻な状況です。東京湾にも汚染は広がっています。また、回遊する魚もいます。青森や北海道	

		の「たら」も、基準値を超えているニュースもありました。地産地消は大切な事ですが、事故が起こってしまった今、測定していないもの、少しでも不安のあるものを、子どもたちしか食べない給食に出すことは避けるべきだと思います。	
166		▼近隣の農産物を消費することは確かに良いことである。しかし、水産物については、水揚げは捕獲場所とは異なり、漁場がどこであるかは担保できない。しかも、東京湾内でも放射能汚染が確認されている。この文言は削除すべきである。	
167		▼東京都で水揚げしたからといって地産地消になるとは思いません。水産物はどこで捕獲されたか分からないのに、水揚げされただけで地産地消とは言わないと思います。放射能の問題を考えても,捕獲地が分からない物を積極的に使用する必要はないとも思います。	
168		▼食材の中で放射能汚染が一番懸念されるのは、水産物です。海だけでなく川で捕れる物ももちろん心配です。水産物に関しては、どこで捕れた物かはっきり分かるものを使用すべきです。	
169		▼放射能海洋汚染が問題になっている現在、東京都で水揚げされる水産物は、子どもたちの健康によいとはいえません。現在の環境状況を全く無視した基準ですので、水産物についての記述は削除してください。海の汚染はこれから数年間は都市部や上流地域からの排水によって更にひどくなると専門家が予想しています。	
170		▼福島第一原発事故後の海洋汚染は深刻です。北海道でも基準値超えのタラが出回っています。すでに海域だけの問題でなくなってきています。水揚げは捕獲と違い、どこで獲れても水揚げされる場所が違えば、捕獲場所を私達が知るのは不可能です。また東京湾内でも高い放射能汚染が確認されています。正直誤解を受けかねないと思います。	
171		▼一方で、東京都で水揚げされた水産物は、必ずしも東京都の魚というわけではありませんので、放射能汚染の観点からも、使用は控えていただきたいと思います。「地産地消」にもつながりませんし、「安全安心」からもかけ離れてしまうと思います。	
172		▼「東京都の水揚げされる水産物」とありますが、原発の海洋汚染は深刻。安全であるとは思えない。産地を考えてほしい。	
173		▼福島第一原発事故後の海洋汚染は深刻かつ、未知の部分が多いものです。地産地消の考え方は非常に良いものですが、その根底から覆る原発事故が起きてしまいました。現状、地産地消にこだわるのは危険です。安全性を第一に柔軟な食材選択できる文言が適当だと思います。また、今後地産地消、国産にうまくシフトするためにはより充実した放射能測定の体制が必要です。事前測定、と測定機材の充実を方針案に盛り込んでください。	
174		▼東京都で水揚げされた水産物とありますが、こちらは定義が曖昧で解りづらいのですが、東京湾で捕れた水産物と言う事でしょうか？だとすれば、こちらも考え直して頂きたいと思っています。原発事故で海洋は汚染されてしまい、東京湾の汚染は２年後から汚染が激しくなると言う研究結果もあります。	
175		▼「東京都で水揚げされる水産物」の記述は、海が近いわけでもない小金井では、地産地消という観点において不要かと思います。「東京都で水揚げされる魚」とは「小笠原沖で獲れるムロアジ、トビウオのことである」と	

		の説明を受けましたので、どうしてもこの文言を残すとしたら、市内の農家で生産される野菜の後に、付け足す形で良いかと思います。	
176		▼「水揚げ」ということは、どこの海域で取れたものかわかりません。これからますます増える水産物の放射能汚染も心配です。	
177		▼地産地消ということで、東京都で水揚げされる海産物とありましたが、放射能の影響も考えられるので、見直してください。	
178		▼今は、地産地消にこだわる時期ではないと思います。東京湾は放射性物質で汚染されています。東京産でも地域や食材によってセシウムがでます。明記されないほうがよいと思われます。それよりも安全な食材を提供して下さい。 放射性物質の汚染が懸念される食材はある程度予測がつくようになってきました。	
179		事前の検査では汚染の心配のあるものを積極的に計ってください。子供の口に放射性物質をいれないよう、それが明記された指針としていただきたいと希望します。	
180		▼東京都で水揚げする水産物を活用するという記述をなくして下さい。放射能による海の汚染は、残念ながら日々拡大しています。これから、ますます状況に応じた対処が必要になってくると考えられます。	
181		▼市内の農家で生産される農作物より先に、東京都で水揚げされる水産物が先に来るのはなぜですか？地域の特性として考えれば、市内農産物（低農薬、減農薬を志向してもらいたいです）を積極的に利用するとするのが自然だと思います。	現在、各学校では、市内の農家で栽培した地場野菜を取り入れています。 現在は、直接取引していただける農家さんが少ないこと、農協を通じて登録業者から地場野菜を購入すると価格が割高になってしまう等の理由により、全体の使用量のうち地場野菜の割合は２％ほどとなっています。 市内の農家のルート開拓については、栄養士会から実績のある生産者に声をかけたり、農協に相談したりしていますが、引続きルート開拓をしていきます。
182		▼小金井市には、素晴らしい農家さんがたくさんおられ、そういった市内の農家で生産された野菜を最大限活用していただきたいと思います。	
183		▼市内農産物の活用は賛成です。市に給食食材用の放射能測定器が配備されたこともあり、安全性を確認した上で積極的に活用して欲しいと思います。	
184		▼「市内の農家で生産される野菜も活用し、ルート開拓に努めていきます。」 「ルート開拓に努めていきます。」はもっと具体的に結果を検証できるように、「～の具体的な努力をします」などの表現にして下さい。小金井市の農家を第一に考えるのは賛成です。	
185		▼小金井市の農家を第一に考えるのは賛成です。「ルート開拓に努める」は、どういうことをしていくのかを、具体的に示して欲しいです。ただ、東京にも原発事故の放射性物質は降り注いでいます。キノコやれんこん、栗、柑橘系など、一般的にセシウムが出やすい食材は、たとえ市内でも避けていただきたい。「市内の農家で生産される野菜も活用」は、「市内の農家で生産される野菜も、安全が確認されるものは活用」として欲しいです。	
186		▼４ページの地産地消についても、３．１１以後はやめていただきたいと思います。本来でしたら大変よいことだとは思いますが、3.11 以後は子どもの未来をつぶすことになりはしないでしょうか。	食育の視点からも地産地消は大切であると考えていますので、指針の文言はそのままとします。 放射能汚染の心配については、事前に測定をしていくことでご理解いただきたいと思います。 食材のルート開拓については、9　給食の充実と市民参加　の項目を追加することとし、市民が意見
187		▼農家や漁業を守る為と子供の給食の安全は切り離して考えて下さい。「地産地消」はまだ早すぎると思いますので削除をお願いします。特に東京の魚は汚染のピークはこれからです。川魚もどんどん広がる一方です。魚に関しては放射能以外にもクジラやサメのダイオキシンもひどいです。昔の海、昔の土と違ってしまったことを確	

		認して下さい。	をだせる場を検討することにしました。
188		▼地産地消に関する文章を「地産地消を推進します。しかしながら、福島第一原発の事故の影響が残る現在、食の安全を最優先する観点から西日本産の野菜、魚介も積極的に活用していきます。」とする。	
189		▼P４　(２)　う:この後に「え」という項目を追加し「得新規ルート開拓:福島第一原発事故後の世界に対応するため、従来の発想にとらわれず、九州などより西の産地の水産物や野菜などの入手ルートなど、児童・生徒の安全性最優先で新規ルート開拓を常に推進します。」を追加願いたい。	
190	(3)　給食調理の指針 ア　手作り料理	▼手作りの給食が提供されていることは、保護者の大きな信頼を得ています。これからも、絶対に変えないでください。	ア　手作り料理　の3項目「献立は、素材から手作りします。」と変更します。 「ハンバーグ、コロッケ、餃子、春巻きは・・」の一文を削除します。 他のものも当然手作りであることを前提に、例として４つのメニューをあげたところですが、限定しているようにとられてしまうので、削除します。 「デザート以外の冷凍食品、半調理品は、使いません。(ただし、素材や素材を加工したものを冷凍、缶詰、レトルト包装したものは除く。)を追加します。 「カレーやシチュー等のルーは手作りします。」に変更します。 ルーの手作りは、小金井のおいしい給食の特色の一つです。今後も継続していきます。 毎年１月に「学校給食週間」があり、学校によっては、いろいろな取組をしています。 学校によっては、給食の変遷をテーマに昔の給食を再現する献立がたてるときがあります。昭和５０年代に給食にご飯が登場した頃、小金井でもカレーのルーは、市販のルーを使用していました。当時の給食の味を再現したいという意図で、当時使われていた市販のカレールーを使うことがあります。 当初、「原則とします。」としたのは、例えば前述したカレーのように例外もあることが想定されるからです。
191		▼指針案の中には、基本とするもの、原則とするものとして、それぞれ具体的な品名が出ていますが、基本と原則と分ける必要を感じません。	
192		▼手作り給食　本当にありがたく思います。″化学調味料を使用しません″、と断言しているのはとてもすばらしく思います。今現在手作りを行っているのだから、″基本″とか、″原則″という言葉は、外すべきです。そういう言葉が逃げ道を作り、せっかく作り上げてきた物を崩しかねません。 手作りの給食が提供されていることは、保護者の大きな信頼を得て安心を感じられる大切な事です。これからも、絶対に変えないでください。「手作りします」と断言していいすばらしいことです。	
193		▼（3）給食調理の指針についても、食材料やメニューを限定した記載があります。これらは、「解釈の余地が広がる曖昧さ」に繋がります。以下、変更を望みます。・当日素材から作るメニューをハンバーグ、餃子、コロッケ、春巻きに限定しないこと。・カレーやシチューのルーは手作りを「原則」にするのではなく「手作り」すること。・パンは業者納品とあるが、保存料等無添加で安全で良質なパンを作る業者を保護者とともに選定することを付け加える。また、手作りを基本となっていますが、基本ではないものを、具体的に記載願います。抜け道のような指針は感心しません。	
194		▼「手作りを基本」　→「できる限り手作りをします。」	
195		▼手作りを基本→手作り以外の品目を決める。	
196		▼何故、この４つのメニューに絞るのか理解できません。例えば、魚のフライやポテトのフライはどうなるのでしょうか?今までの給食通り、冷凍食品やレトルトは使用しない、「デザート以外の冷凍食品や半調理品は使いません」と明言してください。	
197		▼これらの料理だけしか、当日素材から作らないのでしょうか？　現状の通り、「デザート以外の冷凍食品や半調理品は使いません。」とはっきり書いていただきたいです。	

20

198		▼これらの料理だけしか、当日素材から作られないのでしょうか？　現状の通り、「デザート以外の冷凍食品や半調理品は使いません。」とはっきり書いていただきたいです。	「調理パンは使用しません。」を追加します。 ここでいう調理パンとは、工場で焼いた後に惣菜などの具材をはさんで加工したものとします。 工場で焼く前に具材をトッピングをしたパン、具材をパン生地の中に入れて焼いたパン等は調理パンとは考えません。ただ、このようなパンは、単価も高いので、学校での使用頻度は低いです。 献立作成や食材料の発注は栄養士の業務ですので、運営方法によって献立や食材料が変わることはありません。
199		▼ハンバーグ、コロッケ、餃子、春巻きと品名が具体的にあげられこの分は当日素材から作られる？ほかは違うのでしょうか？現状の通り「デザート以外の冷凍食品や半調理品は使いません」と明言して欲しいです。	
200		▼メニューを限定せずに、「献立は、」と前置きすべきです。冷凍食品や半調理品を使ってもいいものを特定する方法のほうがいいでしょう。	
201		▼これらの料理だけしか、当日素材から作らないのでしょうか？現状の通り、「デザート以外の冷凍食品や半調理品は使いません。」と明記してください。	
202		▼メニューを限定してしまうとこのメニュー以外はもしかして冷凍もあるのか？と疑問を抱きかねません。小金井の手作り給食の伝統は素晴らしいです。ぜひ現状の通り「デザート以外の冷凍食品や半調理品は使用しません」と言ったように書いていただきたいです。	
203		▼これらの料理だけしか、当日素材から作らないようにも見えます。現状の通り、「デザート以外の冷凍食品や半調理品は使いません。」とはっきり書いてください。	
204		▼例示された４品目しか手作りしなくても良いという解釈ができるので不適切。 現状の通り、「デザート以外の冷凍食品や半調理品は使いません。」とすべき。	
205		▼手作り調理品、４品の記述は不要と思われます。例としてあげているのかもしれませんが、４品だけが手作りだと誤解を与えてしまいます。現状は、一部　デザート以外は手作りと聞きました。そちらを明記して下さい。	
206		▼一方「ハンバーグ、コロッケ、餃子、春巻きは、当日素材から作ります。」とメニューを限定していますが、これでは、これ以外は当日素材から作らなくてよいようにも読めます。逆に当日素材から作らなくてよいもの（半調理品を使ってもよいものなど）を列挙する方式にしていただきたいと思います。	
207		▼ハンバーグ、コロッケ・・・と献立を限定せず、その他の献立も、これまでどおり、手作りでお願いしたいです。	
208		▼現状の「デザート以外の冷凍食品や半冷凍食品は使いません。」の方が良いと思います	
209		▼P4　（３）ハンバーグ、コロッケ、餃子、春巻きは、当日素材から作ります。素材から作るのはこれらだけなのかとも読めてしまいます。例外をあげてあることになっては困ります。「（素材以外の）冷凍食品や半調理品は使いません」と堂々と書いてほしいです	
210		▼「ハンバーグ、コロッケ・・・」等の料理名を列挙すると、それ以外の料理は加工品に変更する予定があるのではという不安を保護者に与えかねません。こちらも不要かと思います。	
211		▼現在の手作り給食は本当に素晴らしく、今後絶対に変えないでいただきたいと思います。ハンバーグ、コロッケ、餃子、春巻き、カレールウ、シチュールウ以外のものも、現在の手作りのままでお願いします。	
212		▼手作りを基本となっていますが、基本ではないものを具体的に記載願います。抜け道のような指針は感心できません。	
213		▼化学調味料→冷凍食品、半調理品はほとんど入っているのでは？半調理品、冷凍食品の利用する品目を決めるべきでは。	

21

214		▼「化学調味料は使用しません」と断言しているのは素晴らしいですが、半製品には多く含まれていますので、基準の文言に注意が必要です。	
215		▼このようにはっきりと記載していただけると安心します。	
216		▼「カレーやシチューのルーは手作りをします。」にして下さい。	
217		▼ルーは手作りを原則→「原則」をとる	
218		▼“原則”でなければならない理由はなんでしょうか？　小金井の伝統は手作りなのですから、これからもそれが確実に継承されていくように、ぜひ「手作りします」とはっきり言い切っていただきたいです。	
219		▼“原則”でなければならない理由はなんでしょうか？　小金井の伝統は手作りなのですから、これからもそれが確実に継承されていくように、ぜひ「手作りします」とはっきり言い切っていただきたいです。	
220		▼「原則とします」を削除して下さい。ルーを作らないのは手作りカレーとしの意味がありません。小金井市のカレーはそんなカレーではなかったはずです。	
221		▼カレーやシチューのルーは手作りを原則としますの項目は、書いただけではおそらく実施されないでしょう。明確に『手作りとする』としないと、まず100%無視されると思います。	
222		▼「原則とします」を削除して下さい。これまで通りであれば、「手づくりします」で良いと思います。	
223		▼“原則”であれば、例外があるということだが、どのような場合を想定しているのか、意図が不明。「手作りします」とすればよい。	
224		▼“原則”と入れる意味が正直わかりません。ぜひこれからもそれが確実に受け継がれるように「手作りします」とはっきり書いていただきたいです。	
225		▼ルーの手作りは原則ではなく。今後も続けていただきたいです。おいしさ、安全のため、また独自の配合、調理が作る方たちの腕の見せ所だと聞いています。	
226		▼“原則”では小金井の良き伝統である手作りカレーが守り続けられるのか、はなはだ心許ないです。ぜひ「手作りを原則とします」と言い切って下さい。	
227		▼「原則とします」を削除してください。小金井の給食に対し、私が一番驚き、そして誇りに思った点の１つが「カレーをルーから手づくりしている」ことです。これは、ぜひこれからも続けてほしい。そしてそのためには「原則とします」という言葉はあってはなりません。	
228		▼原則ではなく、手作りと明記できないでしょうか。	
229		▼ハヤシライス、グラタンなどのルーも手作りをしてきた伝統を守り抜いていただきたいと考えます。また原則とせず「ルーは手作りとします」と曖昧さの無い言葉にしてください。	
230		▼カレーやシチューのルーも、原則、ではなく、手作りで、お願いしたいです。	
231		▼「パンは、業者納品ですが、揚げパンやトースト等は納品されたパンを調理します。」は趣旨不明で、揚げパン以外は調理パンの導入を認めているように読めます。明確に「調理パンは使用しない」と明記すべきです。	
232		▼揚げパンは学校で調理するけど、それ以外の調理パンは業者からくる……と、とらえてしまいます。「パンは業者納品で、調理パンは使用しません。揚げパンやトースト等は納品されたパンを調理します。」と明記してく	

		ださい。	
233		▼もう少し保護者にわかりやすい表現でお願いします。	
234	イ　アレルギー対	▼「集団給食に支障のない範囲で」という文言は不要と思います。	「小金井市立小中学校における食物アレルギー対応の基準」の基本的考え方で集団給食の範囲で行うことになっているので、「集団給食の範囲で」とします。
235		▼アレルギー対応が、一日２種類と限定されていますが、なぜでしょう？できる限り対応するべきではないでしょうか？	ご意見にあるとおり、全ての児童・生徒のアレルギーに対応できることが理想です。 過去にはそのような対応をしていた学校もありますが、人数やアレルギー対応食の種類が多くなり調理場での対応が難しくなったことから、事故を防止し安全なアレルギー食を提供するため、市として基準を作成し一日２種類とさせていただきました。
236		▼アレルギー対応が、一日２種類と限定されていますが、なぜでしょう？できる限り対応するべきではないでしょうか。	
237		▼『アレルギー対応の実施は～学校長が決定します』『学校長が決定します』は俗人的すぎるのではないか？　ここは保護者も入って給食の運営を検討する学校給食運営協議会で検討し決定することとしてはどうでしょうか。権限の問題もあり学校長が判断するとしても、せめてその判断の基準を明記するべきだと思います。（要するに、アレルギーの対象となる子どもの保護者に納得いく説明かどうかという点）	「小金井市立小中学校における食物アレルギー対応の基準」1-(5)で、アレルギー対応の実施は、最終決定は校長が決定しますが、実施に当たっては、校長、副校長、学級担任、養護教諭、給食主任、学校栄養職員を含めた「校内アレルギー対応委員会」を設置し、検討することとしています。学校では、保護者に納得していただく説明をする責任があると考えます。
238	ウ　給食行事の取組	▼なぜこのような取組が必要かわからない。人手不足で実施は大変なのでは？給食は日常食の１つ、このようなイベントは必要なのか？	それぞれ学校の事情によりますが、お楽しみ的要素も加えた給食は児童・生徒も楽しみにしていると聞きます。　また、食育の取組としても位置付けられます。 日常の給食に支障のない範囲で実施します。
239		▼給食行事の取り組みについては、現段階で不明確なのは仕方ないと思いますが、以下のようにしていただけたらと思います。 『学校・父母と協同して子どもたちが給食を楽しめるように年に３回運営のための委員会を開き給食行事を決定し、実施する。』　すなわち 6-(5) に連動させて下さい。	9　給食の充実と市民参加　の項目を追加しました。 学校の給食行事は、学校長が決定しますが、試食会などの機会にご意見をお寄せ下さい。

23

240	4　衛生管理の指針 (1)　調理の過程について	▼"原則として当日に調理を行い"、とありますが、原則を付けなくてもいいのでは？	「当日納品を原則とします。」を「当日納品とします。」に変更します。 あわせて、以下の文言を変更します。 「食品は、原則として当日に」を「食品は、当日に」とし、「（豆類、もち米は除く）」を追加します。 「加熱処理を原則とします。」を「加熱処理をします。」に変更します。 例外として、豆類やもち米は、下処理として前日に水に浸しますので、「原則」としましたが、表現を改めます。
241		▼「できあがった給食は、児童・生徒に提供する前に校長が検食を行います。」について、「不十分」と考えます。	「校長が検食を行います。」を「校長（検食責任者）が摂食開始時間の３０分前までに検食を行います。」と変更します。
242		▼検食については、校長（若しくは決められた責任者）が、30 分以上前*に検食するのが重要な事項ですが記載漏れしております。検食は単なる「味見」ではありません。30 分以上前に検食しないと食中毒の疑義には対応できません。	
243		▼食材の検品は「栄養士または調理員」と記載されておりますが、これは基準（学校給食～基準）に準拠していません。検品をするのは「あらかじめ定められた検収責任者」です。予め定められた検収責任者が栄養士または調理員であることに問題はありません。	ご指摘のとおりであり、「・・栄養士又は調理員が」を「検収責任者が」に訂正します。
244	(2)　衛生管理について	▼友人が、「ここの説明はわかりにくい。"ドライシステムとは：床に水が落ちない構造の施設・設備機械・器具を使用し、床が乾いた状態で作業ができるシステムのこと。調理場内の湿度を低く保つことができ、はね水による二次汚染の防止、細菌繁殖の抑制、作業の効率化に効果がある。ドライ運用とは、ウエット方式の調理場で、ドライ仕様の調理器具を使用したり作業方法を工夫することで、できるだけ床が乾いた状態を維持しながら調理を行う方法。"と他のところで説明しているのを聞いた」と言っていました。ご参考まで。	ドライシステム、ドライ運用については、とくに決められた定義はないので、わかりやすい説明を取り入れます。 ※3　ドライシステムとは、床に水が落ちない構造の施設・設備機械・器具を使用し、床が乾いた状態で作業ができるシステムのこと。調理場内の湿度を低く保つことができ、はね水による二次汚染の防止、細菌繁殖の抑制、作業の効率化に効果がある。 ※4　ドライ運用とは、ウエット方式の調理場で、ドライ仕様の調理器具を使用したり作業方法を工夫することで、できるだけ床が乾いた状態を維持しながら調理を行う方法。

24

245	5 給食環境の整備 (1) 食器	▼強化磁器食器の導入は大賛成ですが、一小など保管庫のスペースに難のある学校でも本当にすべての食器を変えられるのでしょうか？ この指針自体が絵に描いた餅となってしまっては嫌なので、少し心配になりました。	現在、強化磁器食器が導入できていない学校は、一小、本町小です。給食室を改築しないと食器が導入できない現状ではありますが、実現できるように指針に記載します。
246	6 安全性の確保 (1) 食材の検査 ア 食肉等細菌検査 イ 放射能測定	▼ (1)ア・イとも、どのぐらいの頻度で実施されるか記載してください。頻度によっては安全が確保できません。	食肉等細菌検査は、文頭に「年１回」を追加します。 放射能測定については、現在は、週２回１日４品目を測定しています。福島第一原発事故後の放射能汚染をめぐる状況は日々変化しています。測定の回数や頻度は記載せず、必要な検査を行っていきます。
247		▼「実施しています」 → 「実施します」	「実施します」に変更します。
248		▼"業者に改善を指導する"だけでなく、改善される迄ただちに取扱しないと明記すべきです。	「数値が市の基準を超えた場合は、業者に改善を指導し、改善されるまで取引を中止します。」と変更します。 現在、「小金井市学校給食用食品細菌検査衛生管理指導基準」を根拠に、注意勧告、改善勧告の措置を取っています。改善勧告の場合は改善されるまで取引を中止し、改善が確認できるまで、取扱いをしません。

249		▼これは、保護者の立場のことしか書いておらず、肝心の子ども達の健康のことには触れていません。６月議会で学校教育長が「子どもの内部被曝ゼロを目指す」とおっしゃってくださいました。「子どもの内部被ばくを避けるようにします」とすべきです。また、何らかの数値が出た場合には使用を控えます、等の文言も必要	ご意見のとおり、子どもの健康のことにふれておりませんでした。 「子ども達の健康のため、内部被ばくを避けるようにします。」 の文言を追加します。
250		▼これは、保護者の立場のことしか書いておらず、肝心の子どもたちの健康のことには触れていません。6月議会で学校教育長が「子どもの内部被爆ゼロを目指す」とおっしゃってくださいました。「子どもの内部被爆を避けるようにします」とすべきです。また、何らかの数値が出た場合には使用を控えます、等の文言も必要と思いま	また、全ての食材を事前に検査するのは、現実的には難しいと考えます。 測定食材の選定等で工夫していきたいと思います。
251		▼これは、保護者の立場のことしか書いていません。一番肝心なのは、子どもたちの安全・健康です。6 月議会で学校教育長が「子どもの内部被爆ゼロを目指す」とおっしゃってくださいました。それを受けて、「子どもの内部被爆を避けるようにします」とすべきです。何らかの数値が出た場合には使用を控えます、等の文言も必要かと思います。また、「～への配慮をします」は「配慮した」と言われればそれで OK ということになってしまいます。「払拭します」でいいと思います。	「検査は、使用頻度・量の多い食材、放射能汚染傾向が高い食材を優先に行います。」の文言を追加します。
252		▼放射能測定に関する文章を「内部被ばく０を目指します。食材の残留放射性物質検査を実施し、随時公表します。検査の結果、何らかの数字が出た場合は当該食材の使用を中止します。」とする。	現在、市では、週２回１日４品目の給食食材を測定しています。
253		▼「不安の払拭への配慮」ではなく、何らかの数値が出た場合は使用を控えて下さい	各学校で使用予定の食材のなかで、放射能汚染が心配な食材、保護者から要望のある食材等を選び、
254		▼払拭への配慮とは何を指すのでしょうか？。例えば「何らかの数値が出た場合は、使用を控えます」というように具体的に書いてください。主体がだれなのか、その責任の所在を明らかににする意味でも主語を明確にしておく必要があると考えます。	教育委員会で調整しています。牛乳や米については、２週間に一度測定しています。 放射能汚染傾向が高い食材についての情報は、保護者の皆様からも資料等いただいており、栄養士会
255		▼子どもの健康への配慮が抜けていると思います。もっと具体的に書いてください．数値が１ベクレルでも出た食材については使わないという文言を付け加えてください。	にも情報提供しておりますので、献立作成の際の参考とさせていただきます。
256		▼「また、何らかの数値がでた場合、不安の払しょくへの配慮をします。」との記述はあまりにも不明瞭です。「何らかの数値」の範囲と「不安の払しょくへの配慮」の中身をより具体的に明示すべきと考えます。また、配慮する 主体がだれなのか、その責任の所在を明らかにする意味で主語を明確にしておく必要があると考えます。	「不安の払しょくへの配慮をします。」を削除し、以下の文言に書き換えます。 「測定の下限値は、国の基準値より厳しくします。
257		▼「子どもの内部被爆を避けるようにします」と明記してください。何らかの数値が出た場 合には使用を控えます、等の文言も追加でお願いします。	市は、検査の結果を公表し、下限値を超えた場合は、当面の間、当該食材は使用を控えます。再度検査し、
258		▼「不安の払しょく」という表現は「不安を取り去るように気を配ること」という意味で、数値が出た場合の解決にはならないのではないでしょうか？もっとはっきり書いてほしいと思います。数値が出た場合は使用」を控えてほしいと思います。 放射能汚染がある現状なのに安全性への言葉が弱く感じました。子どもたちのためにも、ぜひ「子どもの内部被ばくゼロ」を目指してほしいと思います。	下限値を超える数値がでなくなったら使用を再開します。」 平成２４年１０月に保育園の給食食材の測定で、茨城県産のれんこんと群馬県産のまいたけから

259		▼不安への払拭には「その食材の使用を控える」ことだと思いますのでその文言も追加してください	１０Ｂｑ/kg を超える数値が検出されました。学校給食におきましても、使用を控える旨学校あてに通知をしております。 現在の測定では、測定下限値が１０Ｂｑ/kg となっています。今後の測定につきましても同様に対応したいと考えます。 当然のことですが、市は検査結果を公表し、不安の払しょくへの配慮をします。 食材の放射能汚染に関しましては、国の安全基準が示されております。 しかしながら、安全と考える基準は、個人や家庭によって様々であり、放射能の影響については、いろいろな考えがあることは承知しております。 市には放射能の専門家もおりませんので、市独自の安全基準を示すことはできません。 現在の市の放射能測定器の下限値（１０Ｂｑ/kg）は、国の基準値よりかなり厳しい数値となっていますので、ご理解いただきたいと思います。
260		▼「不安の払拭への配慮」などという何とでも言い訳のできるあいまいな表現はやめましょう。こんな表現では「配慮しました」と言われればそれまでです。数値が出た場合はどのような対応をするのか、具体的な記述が必要だと思います。	
261		▼不安の払しょくへの配慮ではなく、武蔵野市が放射能測定についてＨＰで掲げるように「より安全性の高い食材の使用に努めます」として頂きたいです。上記文言では保護者への配慮のみで、肝心の子どもたちの健康への配慮が欠けているように感じます。	
262		▼「不安への払拭」というのは大人へ対するもので、子どもへの配慮が抜けています。何らかの数値が出た場合、子どもの口に入らないようにします、と断言してください。	
263		▼「放射能測定：食材の残留放射性物質検査を常に徹底して実施します。検査の結果、国の基準値以下でも何らかの数値が出た場合、当該食材の使用を即座に中止し、児童・生徒の内部被曝ゼロを目指すことを最優先とします。」に変更願いたい。	
264		▼必要なのは配慮ではなく、事実を事実として迅速かつ正確に情報を公開することではないでしょうか。国民や原発に隣接する地域住民への「配慮」のため情報公開を遅らせたり、隠したりした原発事故直後の政府の対応を思い起こさせます。表現の変更を希望します。	
265		▼保護者への対策ではなく、子ども達の健康を守る視点で、安全性の確保に取り組んでいただきたいと思います。	
266		▼保護者への通知のことか、意図が不明確。６月議会で学校教育長が「子どもの内部被爆ゼロを目指す」と述べている。「子どもの内部被爆を避けるようにします」とすべきである。また、何らかの数値が出た場合には使用を控えます、等の文言も必要。	
267		６月の議会で行政の担当課が、「子どもの内部被曝ゼロを目指す」と表明された。配慮とか不安の払拭というあいまいなことではなく、数値が出た場合の具体的な行政の行動を細かく記載すること。「配慮」ではまったく効果がない。	
268		▼６月の議会で行政の担当課が、「子どもの内部被曝ゼロを目指す」と表明された。配慮とか不安の払拭というあいまいなことではなく、数値が出た場合の具体的な行政の行動を細かく記載すること。「配慮」ではまったく効果がない。	
269		▼国の基準値以下の数値でも・・・との記述はありがたく思いましたが、まず子供たちの安全を最優先にしていただきたいので、不安の払しょくだけではなく、「今後同じ食材の使用は中止する」などの記述をお願いします。	
270		▼私たちが最優先に求めてるのは「子供達の安全」です。保護者の不安の払拭が第一ではなくこれは、子どもたちの健康を守るのを最優先する、子供を内部被爆から避けるようにする、といった文面を望みます。既にそのことを明言してる自治体もあります（長野県松本市など）また６月議会で学校教育長が「子どもの内部被爆ゼロを目指す」とおっしゃってくださいました。大変に嬉しく有り難かったです。ぜひ文章として公的に明言していただきたいです。	
271		▼“不安の払拭への配慮をします”だけでなく、子どもの健康被害への言及をぜひお願いします。	
272		▼不安の払拭への配慮をします」とはどのようなことなのでしょうか？「不安の払拭へ配慮」されても何もなり	

27

		ません。「子どもの内部被曝はゼロを目指す」はずです。「何らかの数値でた場合」そのような食材は「学校給食」では取り扱うべきではなく、その点を明記していただきたいと思います。	
273		▼保護者の不安の払拭よりも、その様な食物が子供達の給食に出ない配慮をお願いします。	
274		▼「不安の払しょくへの配慮をします」とありますが、事前測定を行う事などで、こどもたちが摂取する前の不安を払しょくしていただく方に重点をおいていただきたいと思います。したがって、「こどもの内部被ばくを避けるようにします」とするべきかと思います。また、数値が出た場合の対応策（使用を控えるとしたら控える期間や取組）を具体的に記載していただきたいです。	
275		▼本会議で学校教育部長が「内部被爆でもゼロを目指す」と発言されました。何らかの数値が出た場合、どういった対応をするか、はっきりと明記して、安心が得られるような記述にしてください。	
276		▼問題を保護者の不安対応に矮小化してはなりません。また、効果の薄そうな書き方を改めて下さい。６月の議会で行政の担当課の方が、子どもの内部被曝ゼロを目指すと表明されたのを受けて、それを明記すべきです。また、「〜への配慮をします」などは「配慮した」と言われればそれで済むことになり、検証不可能で意味が無い書き方です。	
277		▼６月の議会で行政の担当課が、「子どもの内部被曝ゼロを目指す」と表明された。配慮とか不安の払拭というあいまいなことではなく、数値が出た場合の具体的な行政の行動を細かく記載すること。「配慮」ではまったく効果がない。	
278		▼″不安の払拭への配慮″とありますが、とても曖昧な表現に思えます。ただちのその食材を使用しないこと、また保護書にきちんと伝える等など具体的にしてほしいです。	
279		▼不安の払しょくへの配慮だけでは不十分です。不安というのは気持ちの問題で、体の問題ではありません。子ども達の健康を第一に考えて、使用しないと明記をお願いします。	
280		▼６月の議会で「給食食材の安全・安心の確保を求める陳情書」が採択されましたが、その際「数値が出たら、使用は控える」という市側の回答がありましたので、そうした方針を具体的に書いてください。配慮という表現では、どのような配慮なのかまったくわかりません。	
281		▼ぼくは毎日きのこ、魚、肉などｾｼｳﾑが入りやすい食べ物は怖いのでのこしています。毎日安心して食べることができなくておなかがすきます。おもいっきりおかわりして食べたいです。きゅう食で使う食ざいは食べる前にはかって１ベクレルでも出た物はきゅう食に使わないと言う文をいれてください。ふくしましゅうへんのおせん地の食材はきゅう食に使わないでください。	
282		▼食材の検査の中で、放射能測定については、できる限り測定限界値の低い測定器の使用を記載してください。また、何らかの数値の出たものは使用しないと明記願います。	
283		▼放射能測定については、できる限り測定限界値の低い測定器の使用を記載してください。また、何らかの数値の出たもの使用しないと明記願います。	
284		▼給食の放射能測定器の基準をもっと厳しくしてほしいと思います。	
285		▼６月の議会では学校教育長が「子どもの内部被爆はゼロをめざす」と話されていました。今の測定の下限値を１０Ｂｑから１Ｂｑにさげてほしい。	

286		▼検査の実施については市ホームページに掲載されている10月分の「市立小・中学校給食食材の放射性物質検査結果」を参考にしました。幸いにしていずれの結果も不検出となっています。ただ、この測定限界が10ベクレル／ｋｇとされています。国の基準値と比較した場合その「何らかの数値」は、一般食品についてはその10分の一、牛乳については5分の一、飲料水については1分の一のレベル（参考では結果なし）で検出されることになります。検査機材や運用上の問題があるにせよ、少なくとも牛乳、飲料水の検査については早急にその精度を高め、市民の不安を少しでも和らげる配慮が必要と考えます。	
287		▼漠然としていて不安です。品目ごとの給食食材の小金井独自の規準を決め、それに従って使用、不使用を決定します。を入れてください。（独自基準は０を希望します。子ども達に放射能を取り込ませないということでお願いします。）	
288		▼放射能汚染の問題について、全食材の事前検査を目指すという指針を示してください	
289		▼６月に採択された「給食食材の安全・安心の確保を求める陳情書」の内容を鑑てください。事故から１年半以上が経ち、放射性物質の汚染が懸念される食材、地域はある程度予測がつくようになってきました。せっかくの測定ですから、食材の選定をもっとよく考えてほしいです。その件の内容はすでに別途提出済みです。 また、事前測定ができない食材もあると思いますので、事前測定にこだわらず、給食提供後でも良いので計測をして欲しいです。そこでもし数値が出れば次回から使用せずにすむことと思います。繰り返し使用されていて汚染が気になるものは、きのこ類、関東のさつまいも、れんこんなどです。北海道のタラもかなりの汚染のものが出まわっています。検査をしないならば、上記の食材は使用を控えて頂きたいです。また、米、小麦製品など摂取頻度・量の多い食材は、検出限界値ができるだけ低い検出器で放射性物質含有検査を実施して下さい。その他最近の検査結果のほんの一例を以下に記載します。かぼちゃ１６，ニラ１０，れんこん３０，さといも１１，柿２９，キウイフルーツ２０，ぎんなん５７，すもも１４，ブルーベリー２８，米６５，大豆７７（全て栃木産）基準値１００超えは青森のマダラ、広島のしいたけなどです。	
290		▼検査を実施した後の対応について、詳しく記載しておく必要があると思います。具体的にどう対応するのか、たとえば、数値が出やすい食材については、その後使わないようにする。毎日使う食材については、特に○○に留意するなど明確な指針が欲しいと思います。	
291		▼実施します、の前に「摂取（量・頻度）の多い食材」「放射能汚染傾向が高い食材」を優先に「摂取前の事前検査を」、と加えて頂きたいです。　なぜならせっかく測定する体制があったとしても、汚染傾向の低い食材ばかりを測定していたら検査の意味が無くなってしまうからです。事実、私の子どもが通う園でこれまで測定に提出している食材を見ると汚染傾向の高いものがあまり提出されておらず、汚染傾向の低いものばかり提出されているように感じられ（園には園なりの考えがあるのかもしれませんが）、不安がなかなか解消されません。本当の安全、安心、また「風評」の払拭につなげるためにも検査の意図、方針を明確にしなくてはならないと思います。 例えば武蔵野市ではＨＰに「　原発事故後は、放射能汚染のリスクの高い産地の食材で、使用頻度、量の多い	

		ものを優先して放射性物質検査を行い…」と明記してあります。	
292	(4) 調理場の検査 ア 保健所による拭き取り検査 イ 日常の点検	▼腸内細菌検査についてですが、なぜこの指針（案）は細菌を限定しているのですか。「～その他必要な細菌検査」とすべきです。昨今猛威を奮っており、感染力の高い「ノロウィルス」についての記載がないことも非常に残念です。	アの見出しの「腸内細菌検査」を削除し、「その他必要な検査」 とします。 指針には、公費で負担している検査を記載しました。 調理従事者の健康管理については、「学校給食衛生管理基準」、「大量調理施設衛生調理マニュアル」及び「小金井市学校給食作業マニュアル」に依っています。 ノロウィルスを原因とする感染性疾患による症状と診断された場合の対応も「学校給食衛生管理基準」に記載されています。 保健所による拭き取り検査は、年1回実施しています。 学校薬剤師による定期点検は、「学校給食衛生管理基準」により実施していますが、項目により頻度が異なるので、指針に回数は記載しません。 イの日常点検の内容については、日常点検票（小金井市の様式）の項目を行っています。
293	(5) 調理業務委託業者への検証	▼この運営協議会の役割を明確に明記すべきではないでしょうか。（別途運営協議会規則を設けるなど）同『学校給食連絡協議会』にはなぜ委員に保護者や市民が含まれていないのでしょうか？これでは保護者が現場を知る機会もなく、チェック機能としては不十分だと思います。ゆえに、『学校給食連絡協議会』にも保護者と直接利害関係ではない市民にも入ってもらうことが望ましいと思います。	(5) 調理業務委託業者への検証の項目を削除し、9 給食の充実と市民参加 を加え、次のとおりとします。 (1) 学校給食運営協議会 調理業務を業者委託している学校は、学校・保護者・業者・教育委員会で構成する学校給食運営協議会を開催し、給食の運営について意見交換を行います。 (2) 学校給食連絡協議会 給食を実施していくうえでの諸問題について研究協議し、学校給食業務の充実、発展と業務
294		▼「学校給食運営協議会」には、現在、小金井市では中学校が調理業務を業者委託しているので、委託していない小学校の児童を持つ保護者の参加を。また将来万が一、小学校の調理業務が業者委託となった暁には、委託していない保育園などの保護者の参加を求めたい。また、「学校給食連絡協議会」には、保護者の参加も求めたい。そして、「学校給食運営協議会」は、給食を食したあとの、短時間の意見交換ではなくて、最低でも一時間は費やしての給食についてのオープンな意見が言い合える協議の場としてほしい。場合によっては給食を試食した日以外に、再度、日時を設定するなどの努力を求めたい。	
295		▼この項目は調理業務委託を前提に設けられており、記載事体認められません。「調理業務を業者委託している	

		学校では」ではなく、まず「調理業務の業者委託を検討している学校では（中略）学校給食運営協議会を開催し」として、委託前の検討を学校、保護者を含めた協議検討の場を設けて下さい。	を円滑に行うために学校給食連絡協議会を設置します。学校長の代表、栄養士の代表、調理員の代表、教育委員会等の委員で構成します。 年度ごとに行う委託校の検証では、検証委員会を設置し、委員による現場視察を行い、「安全でおいしく温かい給食」が提供されているか検証します。 学校給食運営協議会は「小金井市学校給食運営協議会設置要綱」に基き、開催されております。 現在、設置については調理業務を業者に委託している学校に限定しております。保護者も委員として参加いただいていますので、参加を希望する方は、学校かＰＴＡにご相談いただけると良いかと思います。 協議会は、会長が招集しますので、指針には、回数は記載いたしません。 協議内容については、必要に応じて、教育委員会から委託業者に改善を申し入れます。 調理業務を委託していない学校での協議会の設置については必要性を含めて今後検討していきます。 学校給食連絡協議会は、従来より食器プロジェクト、備品配置計画など食の充実にむけて、協議を行ってきました。 委託校の検証については、「年度ごとに」と追加し、「「安全でおいしく温かい給食」が提供されているか」とします。 検証の項目については、連絡協議会で協議していきますので、指針には明記しません。
296		▼学校給食運営協議会の開催頻度などを明記していただきたいと思います。また、「意見交換」では、あくまで「意見交換」で終わってしまうのでは、という危惧があります。「改善を申し入れられる」や「業者から正式な回答をもらう」などのような表だった対応ができるような表現にしていただきたいと思います。学校給食連絡協議会も同上です。「安全に提供されているか」＝「食中毒など衛生面に問題はないか」程度の検証にしか思えません。	
297		▼調理業務委託業者への検証については、学校給食運営協議会が、あまりにも形骸化している今日、中身のある協議会を年に3回以上くらいは開催されるような文章にしてください。	
298		▼学校給食運営協議会が、あまりにも形骸化している今日、中身のある協議会を年に3回以上くらいは開催されるような文章にしてください。	
299		▼「学校・保護者・業者・教育委員会で構成する学校給食運営協議会を開催し、意見交換を行います」とありますが、委託後の検証材料として、委託前と後の給食両方を食べている中学生の子どもたちに、アンケートを取っている学校はあるのでしょうか？当事者である子どもたちの声を検証材料とすることを明記してください。	
300		▼委託校だけではなく、直営校でも協議会を設置して下さい。	
301		▼業者委託している学校には学校給食運営協議会を設置するとありますが、委託校だけでは十分と言えません。直営校でも、給食の質の向上や保護者、市民への理解を目指して協議会を設置してください。	
302		▼委託業者への検証は安全性だけではなく、給食の美味しさ、調理員さんのレベル等についても必要だと思います。	
303		▼委託検証は、安全の確保のためだけなのでしょうか？ 調理業務委託業者への検証は安全性の確保の項目にはそぐわないと思います。別立てにしてはいかがでしょう？また、運営協議会に保護者がPTA会長だけしか参加できないことは問題だと思います。一般の保護者も参加できるようにして下さい。直営校の給食について話し合う場もぜひ作っていただきたいです。	
304		▼業者委託している学校には学校給食運営協議会を設置するとありますが、委託校だけでは十分と言えません。直営校でも、給食の質の向上や保護者、市民への理解を目指して協議会を設置してください。	
305		▼この点が、現在一番不安に思っている点です。が、このことについての記載がたった6行しかありません。この指針にあるとおり「安全でおいしく温かい給食が提供されているか」「食材に触れ日常的に調理員とふれあうことにより給食をつくる人への感謝の気持ちが育ち、食べ物の大切さを学ぶことができているか」など、最低でも「指針にのっとった給食提供がされているか」を十分検証できる表現にしていただきたいと思います。	
306		▼現在の委託業者は、ごみの水切りもあまりできてない上に、人が入れ替わるため、ごみの出し方もよくない学校があるようです。また、水の使用量もとても多いとも聞いています。そのあたりのチェックができるよう、記載してください。	

307		▼協議会が形骸化しないための対策を検討してください。協議内容は各校ごと、集約していただきＨＰ、給食便りに掲載する等の記載をお願いします。	
308		▼安全性だけの検証では不安です。また、委託した学校であっても、自校式で行っている子どもと調理員さんとの関りがとれるように配慮し、それを載せて欲しいです。	
309		▼現在の委託業者は、ごみの水切りもあまりできてない上に、人が入れ替わるため、ごみの出し方もよくない学校があるようです。また、水の使用量もとても多いとも聞いています。そのあたりのチェックができるよう記載してください。	
310		▼6-(5)については検証するための仕様の規定を厳しくしていただいて、検証した結果がNGだった場合の罰則規定についても盛り込んでいただきたく。おそらく業者選定もきちんとなされるとは思いますが、もしもの時の事は想定しておくべきかと思います。検証の頻度についても書き込まれていないので3年に一回でもやったといわれればそれまでの書き方になってしまっています。年に3回と明記していただきたく。	
311	(6)　その他	▼日常清掃は一切しないのでしょうか。非常に不衛生です。	(6)　その他　を(5)に繰り上げます。 指針には、公費で業者と委託契約している清掃を記載しました。 文頭に、「日常の清掃とあわせて、」を追加します。
312	7　環境への配慮	▼なぜ生ごみ処理機だけに特定するのでしょうか。生ごみ処理機による堆肥化にはCO2問題や経費がかかるという問題の側面もあります。できるだけ経費や環境への負荷のかからない処理方法の方向性も考えて、生ごみ処理に対する指針を示してください。	市では、小金井市一般廃棄物（ごみ）処理基本計画において、事業者としての市役所の取り組みを主要課題と位置付け、率先してごみの発生抑制・再利用・再資源化に取り組む必要があるとして、市施設のごみゼロ化行動計画を策定し、市庁舎の施設、事務・事業に伴う廃棄物の発生抑制や資源の循環利用を進めています。 学校では、ごみの減量及び環境教育の観点から、給食から出る生ごみ（調理くず及び給食残渣）を生ごみ処理機により乾燥後、資源化（堆肥化）しています。 食育指導・給食指導をとおして残渣を減らす取り組みを実施し、調理室では、調理くずがでない工夫や生ごみの水切りの徹底等によりごみの発生抑制を図り、経費や環境への負荷の軽減に努めます。
313		▼光熱水費については、還元プログラムのしくみもすでに導入され省エネ教育も実施されています。電力を抑制する機器を使用することは子どもたちの環境教育にもつながります。そのため、各学校に設置されている生ごみ	学校では、ごみの減量及び環境教育の観点から、給食から出る生ごみ（調理くず及び給食残渣）を

32

		処理機も、できるだけ電力の少ないタイプの機器を選択し、その使用方法を工夫してほしいので以下の文言に変更してください。「光熱水費については、給食機器や生ごみ処理機についてはできるだけ電力の少ない機種を選択し、使用の工夫により最大需要電力を抑制します。」	生ごみ処理機により乾燥後、資源化（堆肥化）しています。 食育指導・給食指導をとおして残渣を減らす取り組みを実施し、調理くずがでない工夫や生ごみの水切りの徹底等によりごみの発生抑制を図り、経費や環境への負荷の軽減に努めます。 機器の入替時における機種の選定は、担当部署と調整します。
314		▼「堆肥化が図ります」→　「堆肥化を図ります」に	「堆肥化を図ります。」に訂正します。
315		▼「生ごみ処理機によって堆肥化が図ります」という文節は「生ごみ処理機によって堆肥化を図ります」の誤記と思われる。一読して判別するような誤記が放置されており、この文章があまり作成者によって読み込まれていない、あるいは複数のチェックを受けていないことが伺える。これがパブコメの資料であることを考えると、作成者がこの指針を「とりあえず作っておけばよい」と考えているという印象がぬぐえない。	
316		▼石鹸の定義を明記してください。	市の「環境行動指針」で「洗剤は極力石けんを使用するとともに、合成洗剤は必要以上に使わないよう努める」となっています。学校においても、市の方針に沿った使用をします。 オーブン等一部の給食機器について、油や焦付きを落とすために、専用の洗剤を使用する場合がありますが、必要最小限の使用とします。
317		▼石けんを使用と明記されていますが、商品名は「石けん」でも実は合成洗剤、という商品もあります。「合成洗剤は使用しない」と明記してください。	
318		▼合成界面活性剤を使用せず、界面活性剤は石鹸のみにしてください。石けんと名がつくものでも、合成界面活性剤が使用されているものがあります。学校の手洗い場にあるカネヨのレモン石鹸は石鹸成分の他にＰＥＧ／ＰＰＧ－２５／３０コポリマーという非イオン系の合成界面活性剤が使用されています。また、カネヨのクレンザーが学校にあるのも見かけますが、研磨剤 93%、直鎖アルキルベンゼンスルホン酸塩（合成界面活性剤）2.9% という成分構成で石鹸とは関係のないものですが、使用されています。合成界面活性剤の残留の健康被害も心配ですし、環境に配慮するということでしたら、合成界面活性剤を使用していない石鹸を選んでください。界面活性剤は石鹸のみというクレンザーも世の中にはあります。（そういったものをひとつひとつ探すのは難しいかもしれませんが、そのような商品を扱っている店が市内にもありますし、市民は情報を持っていると思います。）	
319		▼「石鹸を使用」と明記されていますが、商品名は「石けん」でも実は合成洗剤、という商品もあります。「合成洗剤は使用しない」と明記してください。	
320		▼″石けんを使用″と書かれていますが、石鹸にもいろいろな種類があり合成洗剤だったりします。「合成洗剤は使用しない」と明記をお願いします。	
321		▼「洗剤は石けんを使用」とありますが、「レモン石鹸」を行政が「純石けん」と考え使用していた実例もあり、紛らわしい商品名が出回っているなか以下の文言に変更してください。「合成界面活性剤や添加物の入っていない石鹸を使用し」	

33

322	8　食育の推進	▼全く意味がわからない。具体的に記述を。（西東京市の指針は伝統食について、詳しく書いてあります。ぜひ参照ください。）	食育については、給食は生きた教材として活用され、食育そのものは学校の計画や指導にもとづいて進めていくものです。 食育の指針は、学務課だけで作成することはできないため、食育の記述はシンプルな内容としました。 ご意見を多くいただいたので、給食に関連する食育の取組を中心に以下のとおり記載することとしました。 「食に関する指導の手引」第一次改訂版（平成22年3月） ―文部科学省 【食に関する指導の目標】 1　食事の重要性、食事の喜び、楽しさを理解する。 2　心身の成長や健康の保持増進の上で望ましい栄養や食事の取り方を理解し、自ら管理していく能力を身につける。 3　正しい知識・情報に基いて、食品の品質及び安全性等について自ら判断できる能力を身につける。 4　食物を大事にし、食物の生産等にかかわる人々への感謝する心を育む。 5　食事のマナーや食事を通じた人間関係形成能力を身につける。 6　各地域の産物、食文化や食に関わる歴史等を理解し、尊重する心をもつ。 (1)　食育の取組 小金井市は、小金井市食育推進計画により、「野菜」、「団らん」、「ふれあい」、「環境」をキーワードとする小金井らしい食生活のあるひとづくり・まちづくりをＫｏｇａｎｅｉ－Ｓｔｙｌｅとして地域に展開しています。 ４つのキーワードにからめて学校における食育
323		▼「学校給食の指針」としては、ほとんど中身の無い内容です。５行しかないうえに、３行は「学校給食法」とか国レベルの一般論。学校で「指導計画」を作成するというほかは具体性がありません。もう少し、具体的な基準にして欲しいです。	
324		▼「学校給食の指針」の内容としてはあまりにもお粗末です。一般論でしかありません。学校で「指導計画」を作成するという以外にも、もっと具体例を入れ、読む側がイメージできる文章にして下さい。	
325		▼食育の重要性が言われている時代に、内容が貧弱である。具体例をいくつか入れるなど、もっと読む側にイメージが湧く文章にするべき。	
326		▼文章に具体性がないので、よくわかりません。現在どのような事が行われているか、またこれからどのような形で進めて行くのか、具体的な例をあげて示してほしいです。	
327		▼ここは内容が何もありません。『推進』と謳うのは必要ですが、もう少し具体性が必要なのではないでしょうか。	
328		▼「学校給食の指針」としほぼ中身がない。具体的な基準すること。	
329		▼小学校の給食は教育の一環と据えられています。選任の教諭も配置され始めました。なのに一番最後にこの５行だけの記述はあまりにもお粗末です。冒頭にもってきて、もっと細かく内容を策定するべきです。	
330		▼食育の推進という項目が、最後におまけのように付いていますが、これが今日とても重要で、もっと前のほうに入れていただきたいです。子どもは、親や環境を選べない立場にあり、個度のたちに等しく提供される給食を通じての食育が、今日益々重要になっているのではないでしょう	
331		▼簡単すぎて「えっ、これだけ？」と驚きました。小金井で現在やっていること、これから取り組むべき事などをもっと盛り込んでいただきたいです。指針の中での配置も、多摩市のように初めにもってきていただきたいです。	
332		▼学校給食法、学習指導要領だけでなく、各校での工夫など、実際に行われていることがもっとあると思います。食育の推進に関しては、現場が迷わないように指針として力を入れて書くべき部分ではないでしょうか、もっと具体的に書いて下さい。	
333		▼学校給食法、学習指導要領だけでなく、小金井市では小金井市食育推進基本条例が制定されようとしています。これも根拠に加えながら、現在各校で工夫されている事例も取り入れてください。	
334		▼食育に対してこれまでの取り組みの実績を踏まえて、もうすこし具体的な提案をしてください	
335		▼小金井市では現在でもいろいろな取り組みがされていると思います。それをわかりやすく書いてほしいです。	
336		▼都内には食育担当の教職員を置く学校もありますが、そうした人的な配置についても言及して欲しいところです。	
337		▼食育の重要性が言われている時代に、あまりにもシンプルすぎる内容です。具体例をいくつか入れるなど、もっと読む側にイメージが湧く文章にして下さい。その中には、栄養士さん、調理員さんといった給食の作り手とのコミュニケーションを大切にすることも、ぜひ入れて下さい。	
338		▼食育の重要性が言われている時代に、あまりにもシンプルすぎる内容です。具体例をいくつか入れるなど、も	

		っと読む側にイメージが湧く文章にして下さい。その中には、栄養士さん、調理員さんといった給食の作り手とのコミュニケーションを大切にすることも、ぜひ入れて下さい。	の取組例を紹介します。 野　菜 ○農園見学 市内の農家を見学します。 ○野菜の収穫 農家での収穫体験や、学校園で野菜の栽培、収穫をします。 ○給食での活用 地場野菜を給食の食材として活用します。 団らん ○給食だより等で、保護者向けに情報提供を行います。 ○全クラスへのおたよりや掲示等で、児童・生徒向けに食の情報を発信します。 ○授業実践 ・給食に使用する食材を扱い、授業を行います。（トウモロコシの皮むき・そら豆のサヤむき、ルバーブジャム作り等） ・授業を通じて、家族との団らんを楽しくする工夫をしたり、近隣の人々との関わりを考えます。 ふれあい ○地域の生産者や働く人たちとの交流 ・地場野菜等を生産している生産者と交流し、顔の見える関係を大切にします。 ・児童・生徒が給食・調理室を見学したり、栄養士・調理員と交流し、コミュニケーションを図ります。 ○地域の高齢者と給食を通じて交流を図ります。 環　境 ○エコクッキング 授業などで、環境に配慮した料理教室を実施します。
339		▼栄養士はもとより、調理員と子どもたちとの触れ合い、調理場見学、バイキング給食、地場産農家との交流など、細かく取り組みをあげて下さい。	
340		▼3　ウ　給食行事の取り組み、この記述は食育の項目に入れるべきだと思います。	
341		▼生産者、納入業者、栄養士、調理員といった給食を届けてくれる地域の人への意識付けをする文言も必要である。	
342		▼現在小金井市の中学校の給食は、ゆっくりと食べる時間がなく、相当量の食べ残しが発生すると聞いています。「食」には、昔より人と人がコミュニケーションをとるための場として、さまざまな文化が継承されてきました。また「味わう」ことの喜びも食育の一つです。最後の文言に下記の文言を追記変更してください。●「食」をコミュニケーション力を培える教育の場として位置づけ、給食を「生きた教材」として活用し、食育を推進していきます。	
343		▼食育の推進という項目が、最後におまけのようについてますが、これが今日とても重要で、もっと前のほうに入れていただきたいと思います。子どもは、親や環境を選べない立場にあり、子どもたちに等しく提供される給食を通しての食育が、今日益々重要になっているのではないでしょうか？	
344		▼学校給食法、学習指導要領だけでなく、小金井市では小金井市食育推進基本条例が制定されようとしています。これも根拠に加えながら、現在各校で工夫されている事例も取り入れてください。	

			○好き嫌いなどの理由による食べ残しを減らす指導をします。 (2) 食育リーダー会議の開催 各学校の食育リーダー（※8）による食育リーダー会議を開催します。 栄養教諭を中心に、「小金井らしい」食育の実践を目指します。 ※8 食育リーダーとは、食に関する指導の全体計画の作成や授業構築の際の助言、家庭や地域、関係機関との連携におけるコーディネーター機能を担う。栄養士、養護教諭、家庭科教諭等が選任されている。 (3) 小中学校栄養士会の活動 小金井市立小中学校栄養士会では、各学校での取組をまとめ、研究を行います。 食育に関しての情報交換や研修も行います。
345	その他	▼せっかくおいしくて安全な給食を提供してくださっているのに、中学校では給食時間そのものが短くて、「自分が一体何を食べているのか、わからない」という声も聞きます。時間数の確保、先生の労働時間などクリアするべき課題はいくつもあると思いますが、給食時間を増やしていただくことも検討していただければと思います。	教育時程については、学校長が決定するものですが、ご意見は参考にさせていただきます。
346		▼給食の時間が短く、子どもたちが時間内に残さずに食べることに苦労しているようです。下校の時間を5分遅らせても給食時間を多くとり、しっかり噛み、残さず食べることがとても大切だと考えています。	
347		▼調理員が子どもとコミュニケーションを図る機会を設けてください（誰が作っているのか、を知ってもらう。調理員の方にとってもモチベーションになる）	9 給食の充実と市民参加 の項目を加え、栄養士・調理員の役割と責務を記載しました。 (3) 栄養士・調理員の役割と責務 栄養士・調理員は、給食の向上のため、情報交換を行い、必要な知識の習得・技術の向上に努めます。 市は、必要な研修を継続して行います。 学校では、学校だより、給食だより、学校での掲
348		▼栄養士の資質の向上の為の学習会、情報交換の場を設けて下さい。指針（案）を読み現場の方々の努力により、日々の給食の安全確保されてきているのだと知りました大変感謝しています。市内の小学校9校、中学校5校、14名の栄養士さんの役割はとても大きいと思います。各校の取り組みや、地産食材の活用、安全性確保の工夫など、顔が見える関係で情報交換できお互いの資質の向上を図る場を設けて下さい。栄養、調理、衛生面の知識や経験は既にあると思いますが、放射性物質の安全対策は、3.11以降新たに起こってしまった課題です。献立の工夫や調理方法で内部被爆を軽減できる場合も多く、栄養士や調理師など現場の方達、市の子育て関連の各部署等	

		と情報を共有し更なる努力をお願いしたいと思います。	示等で児童・生徒に栄養士や調理員を紹介しています。 栄養士会は、毎月一回開催しています。教育委員会からの連絡事項、栄養士会業務の連絡や協議、情報交換等を行っております。　また、月に一回の研修会では、栄養士会として研究をしています。　また、経験年数による個別の栄養職員研修もあります。 調理員は、年に２回、教育委員会主催の研修会に参加しています。（委託校の調理員は、業者による研修を義務付けていますが、市の研修にも参加しています。） また、長期休業中に個別の研修も参加できるようにしています。 栄養士の業務は、一つは、献立全般に関することです。児童・生徒の栄養所要量を考えながら献立を作成し、その献立に基づいて、食材等の発注を業者にし、調理員へ調理法の指示をします。事務的な仕事として、調味料などの在庫管理、納品伝票の整理、帳簿作成、請求書の処理などもあります。 二つめに、児童・生徒への栄養教育です。 各教室をまわっての食や栄養に関しての講義や指導、給食だよりなどの作成、掲示物の作成、先生へ提供する資料の作成などをおこないます。 栄養士の業務は、運営方法によっての違いはありません。 おいしい給食をつくるために栄養士と調理員がコミュニケーションをとることは大変重要と考えます。
349		▼小金井の学校給食を作り上げてきた、栄養士さん、調理員さんの技術をどのように次世代に伝えていくのか？ 安定した雇用と適当な人員配分も必要です。この点についても指針案に入れてください	
350		▼調理等に携る職員について、給食の安全性の確保において、職員の果たす役割は非常に重要であると考えますが、この点についての記述が見当たりません。 調理等に携る職員については、安全性に関する知識を有し、その時々の新しい課題に対応できるような職員の教育研修を継続的に行うことが必要であると考えます。 また、職員に対しては、その専門性と知識に応じた、十分な待遇（給与）及び安全性と食事の質を保つために必要な職業倫理を維持できるような安定雇用を与えることを明記すべきです。また、食育の観点から、職員と児童、生徒との交流の機会を設けることも明記されるべきだと考えます。	
351		▼子ども達との交流に、これからも栄養士さん、調理員さんに活躍いただきたいです。栄養士さん、調理員さんが、コミュニケーションをとりやすいよう、また新しい方の育成のためにも、栄養士さんには現場に入り続けてほしいです。お忙しい栄養士さんには、民託になった場合の膨大な事務作業よりも本来のお仕事で、子ども達のために、頑張っていただきたいと思います。	
352		▼”おいしさ”を提供する指針を加えられないでしょうか。本指針のサブタイトルには「安全でおいしく温かい給食」とありますが、　内容を見るとおいしさをどう作っていくかの指針が不足しているように思います。　例えば、「児童の声を反映させる」や「保護者への試食会を実施する」など。	9　給食の充実と市民参加　の項目を追加し、おいしい給食の指針とします。
353		▼保護者が給食の安全を確認できる場を設けることを加えられないでしょうか。　給食の安全性を一番心配する	9　給食の充実と市民参加　の項目を追加し、下

		のはやはり保護者です。例えば、学校給食連絡協議会の中に保護者も入ってもらうとか、 保護者向けの説明会、試食会を実施するなどです。	記のとおりとしました。 (4) より良い給食を目指して 試食会、アンケートの実施等で保護者や児童・生徒からの意見や意向を反映する機会をつくり、おいしい給食を目指します。 市は、給食に関して市民が意見を出せるよう仕組みづくりを検討します。 「学校給食の指針」については、今後も国・都の動向や保護者等の意見を参考にしながら、よりよい改善をしていきます。 試食会は、保護者の方から感想や意見をいただく場であり、大変貴重な機会です。 試食会については、学校では余分な食器や空教室がないため、どこかの学年が遠足や校外学習等でいない日に設定します。また、参加者の出欠確認、給食費の集金等の事務は栄養士だけでは対応が難しいのでＰＴＡの協力をいただいています。 食器や場所の都合で人数が限られていたり、平日の昼の時間帯のため参加しにくい等はあるかと思います。 ただ、いろいろな制約があるため、すぐに回数や対象を増やすとはいえませんが、学校と相談して検討していきたいと考えます。 教育委員会の管理職は、学校訪問や学校給食運営協議会などの機会に給食を試食しています。 また、委託校の現場視察の際にも学校給食連絡協議会委員（他校の栄養士、調理員）や事務担当者等が試食しています。目的は、委託校の検証ですが、栄養士や調理員から他校の給食を試食することは調理業務の参考になるとの声も聞かれます。 市民の方に学校給食のメニューを食べていただくことは、学校給食への理解につながります。食を通じて、楽しみも提供できます。学校での試食会で
354		▼学校給食運営協議会、学校給食連絡協議会に触れているところがありますが、学校給食の指針に関することや学校給食運営に関しては、当事者である保護者や生徒・児童からの意見や意向を反映する組織や機会について明記しておくことが必要だと思います。「調理業務を業者委託したところは、学校給食運営協議会を開催し給食の運営について意見交換をします。」というのでは、協議会の席でしか意見交換をしないと言っているのと同義語に捉えられます。基本的には、どのような学校においても常に意見交換ができる体制が必要であり、また意見交換だけではなく、協議して決定していくような機関としての協議会の位置づけが必要ではないでしょうか。その意味では、「学校給食の指針等については、今後も保護者等と協議しながらよりよい改善をしていきます」のような文面をどこかに入れることを望みます。	
355		▼保護者向け試食会の実施（定期的に）	
356		▼学校給食の試食は、各学校によって運用が異なる。年に一回、しかも一年生の親だけに限定しているところもある。これでは今後、小中全校で民間委託された場合、味や品質の「担保」にならないと考える。なぜなら悪質な委託先業者は、初年度だけベテラン従業員を配置、その後徐々に手を抜くとされる。味も徐々に変わるので、校長一人で主観に頼らざるを得ない検食では不十分だと考える。「日本一おいしい給食」を謳う、先進自治体の足立区では、職員食堂で、実際に学校で提供されるレシピを使った料理が平日３０食分、メニューとして売り出される。ここで区職員が実際に食べて、おいしさや安全性を判断できる具体的な環境がある。小金井市でも学校長任せにするのではなく、教育委員会幹部・職員、市幹部や一般職員が実際に毎日食べて味や品質を「担保」する態勢の確立が求められる。民間委託するなら尚更必要な措置だと考える。職員食堂がなくとも、１４校から毎日、ランダムに選択して１０食ほどを多めに作り、教育委員会に運ばせ、幹部・職員（交代で）が自費で試食、検食する態勢をとって頂きたい。教育委員会での検食は業者にとって目を抜くことが出来ない無言の力となるはずだと考える。将来、新庁舎が完成し、職員食堂が出来た場合は、足立区同様に、一般人にも公開する態勢が望ましい。また足立区同様に、学校給食を保護者や一般向けに開放し、理解を高める、フェスタなどの行事の開催が望ましいと考える。 http://www.city.adachi.tokyo.jp/kyushoku/k-kyoiku/kyoiku/kyushoku-t-fiesta.html	
357		▼各栄養士さん、調理員、学校の意見と保護者との交流から生み出されるも指針案に盛り込んでください。	
358		▼小金井市、現場の校長先生、栄養士さん、市民が意見を出し合う場や機関があると良いと思います。自由な意見交換、市民の不安解消や、非常時の相談などができるので良いと思います。	
359		▼全体的に、提供する側にこれ以上負担の無いようにという意図があるように感じました。児童・生徒、保護者からの声をまず聞きとる工夫をしてほしい。中学校給食の評価報告（平成１９～２２年）を拝見しましたが、ア	

		ンケート規模等実数もかかれておらず、データの信用性、分析も十分ではないように感じました。手法について再度検討下さい。	はない、そのような機会をもつことができないか研究していきます。
360		▼この案は、視点が給食の提供側からの一方通行だと感じます。給食の質の維持・向上のために、子どもと保護者のそれぞれについて、学校や市が意見を聞いたり、コミュニケーションをはかるためにはどうやっていくのかを具体的に書き加えて下さい。現在、委託校のみにある学校給食運営協議会では、保護者の参加もPTA会長のみに限られていますし、給食について幅広く検討することができません。	児童・生徒の声を反映させるために、学校では、給食の時間に栄養士が教室を回ったり、アンケートや給食委員会などの活動を通して、こども達の意見をきき、給食計画の参考にしています。
361		▼この案は、視点が給食の提供側からの一方通行だと感じます。給食の質の維持・向上のために、子どもと保護者のそれぞれについて、学校や市が意見を聞いたり、コミュニケーションをはかるためにはどうやっていくのかを具体的に書き加えて下さい。現在、委託校のみにある学校給食運営協議会では、保護者の参加もPTA会長のみに限られていますし、給食について幅広く検討することができません。別な組織のご検討をお願いします。	
362		▼視点が給食の提供側からの一方通行だと感じます。給食の質の維持・向上のために、保護者と学校・市がどのように連携しコミュニケーションを図っていくのか、具体的に記していただきたいと思います。	
363		▼近隣自治体との比較を行うことを加えられないでしょうか。　安全性、栄養面、おいしさ、運営面。これらについて近隣自治体との比較を行うことにより、　小金井市の給食がどういうレベルにあるのか明確になると思います。また小金井市の良い所は他市へ共有し、他市の良い所は小金井市へフィードバックする。　これを繰り返すことにより、地域全体のレベルが向上すると考えます。もちろん比較の対象は全国へ広げても構いません。評判の良い所を対象とするのが良いと思います。将来的には小金井市の給食が全国の自治体からお手本とされるようになることを期待します。	他自治体の情報収集をしつつ、ご意見については、今後の参考にさせていただきます。
364		▼全ての記述で子供の内部被爆を無い様に最善を尽くしますという記述を追加して欲しいです。	食材の放射能汚染については、福島第一原発事故以来、不安を持っている保護者の方の声を多くお聞きします。 6　安全性の確保　(1)食材の検査　　イ　放射能測定　の文面に「子ども達の健康のため、内部被ばくを避けるようにします。」を追加しました。 弁当や水筒の持参、一部のメニューを食べない、飲まないことについては、学校に相談していただき対応していますので、指針には記載しません。
365		▼子供たちに与える将来の影響が懸念されています。現状の小金井市で行っている給食の放射能検査では、検出限界値が１０ベクレルです。今年６月の市議会で採択された、給食についての陳情書の添付資料にもありましたが、一日１ベクレルの食事の体への蓄積量、将来への健康への影響を考えると、現在の検査方法では小金井市の給食が安全とは言い切れません。精度の高いゲルマニウム半導体検出器に変え、効果的な検査を望みます。例えば、杉並区のケースでは、区民の要望を受け、今年より以下のような対応をしています。平成２４年３月から区衛生試験所において独自にゲルマニウム半導体検出器による放射能検査を実施しており、検出限界値は測定可能な最小値までとしております。検査対象物の性質等により検出限界値は異なりますが、おおむね０．３ベクレル/kg～１ベクレル/kg です。（杉並区学務課）今年２月、厚生労働省が検査した市場に流通していたしいたけから基準値（当時は暫定基準値）を超える放射性物質が検出されましたが、区ではそのことを受け、安心安全の観点から学校給食でのしいたけの使用を控えるよう各学校に通達しました。（杉並区学務課） また小金井市では、弁当、水筒の持参許可について、保護者から放射能の影響を懸念した相談があった場合において、学校給食の食育上の効果や意義などを十分説明した上で個別の対応をとることもやむを得ないとお聞きしています。現状、何の前提もなくお弁当か給食か選べる「給食選択制」にはなっていません。今後も、小金井市学校給食として、上記のように相談があった場合で、且つ、やむを得ないケース以外は基本的には給食を食べる	

39

		という方針であれば、精度の高い検査をして安全を示し、安全確保をして頂きたいと要望します。	
366		▼①「3 学校給食の指針」～「（3）給食調理の指針」の中に、「イ　アレルギー対応」が入っているのであれば、同様に「放射能に関する対応」をいれるべきではないかと思います。	
367		▼「6　安全性の確保」～「（1）食材の検査」～「イ　放射能測定」　に入っていると　　いう論もあるかと思いますが、食材の検査の面だけでなく、子どもたちに対する対応、弁当持参の件などの内容を、どこかに入れる必要があると思います。	
368		▼これは少数の意見ではないという事を最初に申し上げます。なかなか学校や市に言えない方、方法がわからない方が多数います。去年三月に東京でも 10 マイクロシーベルトの放射能を記録したと発表がありました。幼稚園でもその日はマスク着用で室内保育でしたが、小金井市では外で体育をさせていました。小金井市では五月ごろの青物の汚染がピークな時に福島県のインゲンなどを給食に出していました。８月に私の友人の埼玉県の５歳の子が急性白血病と診断されましたが、放射能と因果関係が、あるともないとも証明は現時点ではありませんが。これから小金井市にできることは被爆させてしまった子供たちの、これからの人生における被爆量をもっと厳格になくすよう努力するということです。まだ原子炉から放射能は漏れています。収束していないことを頭に入れておいて下さい。	
369		▼今、放射能汚染の食物が流通しています。ドラム缶に入れて廃棄しなければならない、１００ベクレル以上の食品が普通に流通されています。チェルノブイリ原発事故後の人々の健康被害を調べれば、それがどんなに恐ろしいことか、誰でも分かるはずです。 市は、小金井市民・小金井の子供たちを率先して守る行動を起こして下さい。 全国に誇れる放射能測定室もあるのですから、小金井から、本当に信頼できる情報を発信して欲しいです。これからも、安心できる学校給食を、よろしくお願いします。	
370		▼放射能に関する安全性の確保に関する記述が見当たりません。給食は、一般の家庭の食事と異なり、事実上選択の余地無く食べることになるものです。家庭の食事に用いる食材については、各家庭の方針に従って産地を選択するなどして、放射能を含む食材の摂取を適切なレベル以下に低減できるようにする事が出来ますが、給食に関しては、各家庭の求めるレベルに沿った選択が不可能となります。このことを鑑みると、給食に関する汚染限度の基準は、一般の食品に対する基準よりも大幅に厳しく設定することが必要であると考えます。	
371		▼福島第一原発事故がまだ終息しておらず、子ども達の健康・発達に欠かせない学校給食の安全性については、全国の各自治体とも「知恵」を絞っているようです。小金井市教育委員会におかれても、特段の配慮に基き新指針を策定されるよう切望します	
372		▼指針（案）全体を通して、「目指します」「心がけます」「努めます」という文言が多いが、これは実行努力をするということで、目標に至らなくてもよい、と受け取れてしまう。ここは、「・・・を行う」との文言に変えて、しっかり実行してほしい。	個々にご指摘いただいたところは、検討させていただきました。 指針のなかに9　給食の充実と市民参加　の項目を加えました。指針については、今後も国・都の
373		▼平成１８年に施行された基本指針から比べると、はるかに項目が増え細かく規定されて、ありがたく思います。ですが要所要所に「心がけます」「工夫します」「出来るだけ」「努めていきます」「配慮をします」「原則」など	

		あいまいな表現は使わないでください。 結果不都合な事体が起こっても「心がけました」「工夫しました」「努めました」「配慮しました」と、言われればそれ以上の追求が出来ません。	動向や保護者等の意見を参考に改善していくこととします。
374		▼以下の表現は、すべて「します」に変えなければならない。「目指します」「心がけます」「ようにします」「努めていきます」「原則とします」「配慮をします」「努めます」「できるだけ（これは削除)」	指針についての説明会は、今のところ考えておりません。指針については、ホームページ等で公開する予定です。
375		▼全体的に「心がけます」「努力します」のニュアンスが多いように思われます。これらの言葉は、検証がしにくく、具体的な数値目標など、検証ができる表現に変えるべきだと考えます。	
376		▼ところどころで曖昧な表現が目立ち、約束してくださっているようで、逃げ道がたくさんあるような印象を受けました。ぜひ、言葉どおりの安全でおいしく温かい給食を継続してくださる様、お願い致します。	
377		▼今後、この方針を実施した場合に、方針を守らなくても責任を問われることがなくなるような表現が多すぎる。書いたことで自己満足に終わるような表現は一切すべきでない。	
378		▼この指針を作成している方々の“思い入れ”を全く感じない、非常に中途半端に感じました。この指針でどうやって「安全な給食」を実現できるかは甚だ疑問であります。委託しようとしている市の認識がこの程度であれば、委託後は「丸投げ」になってしまうことが高い確率で危惧されます。委託が良いか悪いかを問う以前の問題です。再度、文面の見直しを早急に図ってください。	
379		▼全体として、給食の重要性を感じて熱意をもって指針を作成しているというものが希薄な気がする。熱意をもって作成し、後世に指針となりうるものを作成して欲しい。	
380		▼全体として情報の寄せ集めと各関係者への配慮が多すぎて、ほとんど意味をなしていない。誤字も見られるし、もう一度、関係者、住民、利用者などと、そうした人たちの智恵を採り入れながら、作り直していただくことを強く求める。	
381		▼他市の給食の基準などを見ても、小金井市の指針は「小金井市は給食で第一義的に何を実現したいのか」という、目標、理念の部分が極めて不十分。方針を作る必要があるため、各方面から情報を寄せ集めたとの感が強い。そもそも給食には何が求められるか、理念的な要素を考えて再度根本から作り直して欲しい。	
382		▼市内にも、食育、小金井野菜とその調理、伝統食にくわしい専門家がいらっしゃいます。また、放射能汚染についても、重要な問題であり、しばらくは注意が必要と思います。 市内有識者で策定委員会を設け、幅広い知識を束ねてよりよい指針をつくってほしい。 市民への説明会をひらいてほしい。	
383		▼私の子どもも小学校に通っているが、このパブコメについて小学校から全くお知らせがなかった。市のホームページを見てこのパブコメの募集を行っていることを知った。学校給食のパブコメ募集なのに、なぜ学校からお知らせがないのか？学務課及び学校に対して不信感をおぼえる。また、PTA 連合会や当 PTA からも全くお知らせ等がなかった。以前、当小学校 PTA 総会（5 月）にて、学校給食の民間委託化等について保護者に知らせてほしい、とお願いをしたところ、進捗があれば知らせる、との回答があった。しかし、当初 9 月の委託化が流れたり、給食の指針を作成するといった動きもあったにも関わらず、何もお知らせがない。学務課から PTA 連合会や PTA に何か圧力をかけて、黙らせているのかと不信感が出てくる。こういった経過もあるので、指針（案）策定の説明会を PTA 連合会・PTA を通して実施してほしい。	

384		▼給食は子どもたちのためだけの食事です。安全だろう、安全になるよう努力する、できるだけ安全に・・・でなく、「絶対に安全なものを出す」「よくわからないもの」「少しでも危険だと思われるものは出さない！」というスタンスで指針を作成していただければと思います。	
385		▼思いはただ一つ、現在の小金井の素晴らしい給食をこれからの子供たちにも続けて提供していただきたい、そのための指針になってほしい、それだけです。ぜひ、これからも素晴らしい給食を続けていけるよう、指針の策定をお願いいたします。	
386		▼お話を伺って、こどもたちのために本当に配慮してくださっていることを感じました。けれど、細かい表現で上げ足を取られるようなことは書きたくない、という市側の姿勢もよくわかりました。給食民営化の話が進んでいることを知っている私たち保護者は、安全な給食を守ろうとする思いが強いあまり、曖昧な表現に神経を尖らせがちです。しかし、こどもと学校給食を取りまくおとなたち（親、教師、栄養士、市の方々、農家の方々、業者の方々・・・等々）は、それぞれ立場は違っても、こどもたちが健康な生活を送れるように支援していくことを常に大切にしていくべきです。こどもたちがこの指針を読んだとき、自分たちがおとなたちに守られている、という意識を持てる視点を盛り込んでいただけたらと思います。	
387		▼日頃から子ども達のためにご尽力いただきありがとうございます。また、今回は私たち市民の陳情を聴き入れて下さって、お忙しい中、早速指針案を作成していただいたことに感謝いたします。小金井の給食の良さをたくさん文章化していただきましたが、さらに委員会、パブリックコメント等でいろんな立場の方が参加、協力することで未来の子ども達にとって、より力強い指針となることを期待しています。	
388		▼全体給食の質の向上をめざした具体的な指針案を望みます。	
389		▼「食育」の重要性がこれだけ声高に言われる世です。次世代に誇れる指針案になるように、慎重に進めてください。	
390		▼公開するにあたり、武蔵野市等を参考にしていただき、市民が注視するレイアウト、グラフ化、背景等の工夫はされると思いますが宜しくお願いします。	
391		▼学校給食の指針（案）については概ね賛同しております。	
392		▼良い点・全体的に安全性と栄養面に配慮されている。・特に安全性については、具体的な記載がされている。	
393		▼以前のものから新しく生まれ変わった「小金井市学校給食の指針」になることを期待しています。	
394		▼やがて民間委託されると仮定して、そのときに子どもたちの健康、小金井給食の伝統・おいしさなどが守られ、環境への配慮までが行き届いた指針案であることを望みます。これにぶれない内容であるならば、放射能への対策・食材の調達・調理法において最善の方法が盛り込まれることと期待します。3.11以降の非常事態の中、新しい試みへのリスク回避や事なかれ主義を第一に考慮したものではなく常に保護者や有識者と連携の下、子ども達の未来と健康を守ることを最重要事項と位置づけて指針案を作成していただきたいと思います。	
395		▼今回の指針に斬新で大きな舵取りを望んでいるわけではありません。行政側の皆様の立場も重々承知しています。しかし、立場の中でも最大限できうる範囲で子ども達の健全な未来を守る方針策定に向けてご尽力いただきたいと思います。	
396		▼少子化社会で一人ひとりの子どもが国家の宝であるはずです。どうかその子ども達の健康を守るべく給食でるようにご検討いただきたいと思います。	

397		▼学校給食の指針（案）についてまさにそのとうりです。温かいものを温かく食べられる自校給食がいいです。地域の伝統、食文化を大切にできる給食がいいです。自給率を上げられるように考えられるようにできればいいです。お米の給食をもっと増やして、小麦の給食を少なくしてください。牛乳いらないと思います。	給食へのご意見や応援をいただきありがとうございました。 毎日の学校給食に携わっている栄養士・調理員に日頃どのような想いで仕事をしているか聞いてみました。 【調理員より】 「子ども達のために安全な給食を作ることをいつも心がけています。これからも、心をこめてやっていきたいと思います。」 「食べる側にたってつくっております。」 「安全衛生面、特に異物混入のないように力をいれています。」 「自分たちの作る給食が、勉強が嫌いな子どもでも、給食を楽しみに　学校に来ることができるような学校生活の中での楽しみの一つであってほしいと思います。そして、家に帰っても、『今日はこんな給食だった』と話題にし、家族の団らんにもつなげることができたり、将来大人になってからも、小金井の給食について地元の友達同士で話ができるような記憶に残るものであってほしいです。 家では食べられない食材や料理でも、学校給食で食べることができ、味を知る機会となります。また、アレルギーのある児童・生徒についても理解を深めるなど、社会勉強の機会もなります。子ども達は、食べる給食を選ぶことはできないという調理員としての最低限のモラルを自覚し、温かいものは温かく、冷たいものは冷たく、食べてくれる人が喜んでくれるような安全でおいしい給食を提供できるよう、ベストを尽くすことをいつも心がけています。」
		▼小金井のルーから作るカレーライスが大好きです。これからも、ずっと手作りしてください。 ▼給食をずっと、おいしい給食にしてください。安全で安心な給食にしてください。３小の手作りの給食が美味しくて、いつも楽しみにしています。これからも手作りの給食が食べたいです。 ▼子供たちは毎日の給食を美味しく楽しくいただいています。小金井市の安全でおいしく温かい給食に感謝しています。そしてこれからも安全でおいしく温かい給食をお願いいたします ▼来年一年生になる子供を持つものです。子供のための学校給食の施策、ぜひともよろしくお願いします。だしからとる、手作りを推奨、など、美味しい給食を子供たちに食べさせていただく姿勢は本当にありがたいことで関係者の方には感謝を申し上げたいです。 ▼小金井市が小学校、中学校とも給食を子どもたちに提供してくださっていることに、いつも感謝しています。本来であれば、食習慣は家庭で身に着けさせるべきことと思いますが、子ども同士の会話や、道ですれ違う子どものレジ袋が垣間見えてしまった時の中身の様子を見ると、望ましい食習慣を家庭で身に着けさせることの困難さも感じてしまいます。せめて、小金井市の小中学校に通う子どもたちが、給食を通じて基本的な食事のスタイルを身に着け、自分で食事を作る時の基準としてくれればうれしいと思います。 ▼小金井市内の、特に小学校の給食は、他市から赴任された先生が「おいしい！」と絶賛するほど水準が高いことで知られています。これからも、市立小学校・中学の児童・生徒に、安全でおいしいな給食をお願いします。 ▼私の子供はまだ幼稚園ですが、数年後には給食のお世話になります。本指針がより良いものとなり、それが実行されることで、子どもたちが安心して美味しい給食が食べれることを願っています。 ▼上の子供が小学校へ入学し初めて参加した給食試食会で、カレールーやふりかけなども手作り、出しやスープなどもインスタントではなくきちんと昆布や鰹節、野菜などからとっていると聞き、とてもありがたく感激した事を今も思い出されます。冷凍の野菜も使わず当日届いた食材で調理していただいている事、ガスでお米を炊いているなど、日々の栄養士さんや調理の方の努力に感謝しています。子供達も食べず嫌いで家では食べなかった物も、給食で食べたことで好きになったりしています。それは、給食が手作りであたたかくおいしく、友達や先生と食べるからだと思います。小金井の給食のいいところを継続していってください。食材の安全の確保も宜しくお願いします。 ▼これからも、安心安全でおいしい給食が続けられたくよう心からお願いします。給食は、子供たちのためであることを忘れないでほしいです。 ▼これからの将来を担う子供たちが、安全でおいしい給食を食べて、健康にすくすく成長していけるよう、願っております。よろしくお願いいたします。 ▼娘が市内小学校の３年生で、毎日給食を楽しみにしており、小金井市の給食には日々感謝の念を感じております。昨今の予算削減の波がとうとう小学校の給食にも押し寄せてきたと残念にも思い、この良い給食を引き継いで行ってもらいたく意見を述べさせていただきます。	

43

		▼給食のあらゆることについて、保護者へわかりやすい情報の積極的な開示を求めます。 ▼バラバラな基準のある個々の家庭ではなく、みなが揃って同じものを食べる学校での食事だからこそ、最良な、そして真心をこめて作られた食材料を選定し、給食に愛情のある調理員さんに調理してもらいたい。そうやって初めて、真の食育＝子どもたちは食材料や調理してくれる方々への感謝とともに、心身ともに大きく育つこと・・・となるのではないでしょうか。どうぞ子ども達の学校給食を，これまで以上に安全で真心の籠った質の良いものとしてください。 ▼毎日、美味しい暖かい給食を提供していただき、本当にありがとうございます。姉が毎日、読み上げる給食献立を３年間聞き続けた弟も、今春より１年生となり毎日、姉弟の間で必ず話題に上るのが、『学校給食』です。学校給食と、市立小学校と係わる様になって３年余り。「学校給食の指針（案）」の通りに、毎日、給食を提供していただいているなぁと感じます。また、学校での保護者の活動として、広報部の仕事に２年間携わり、数は少ないですが栄養士の先生、給食調理の職員の方と触れ合う機会もありました。学校内を用事で行き来する際にも、子どもらと　給食を作ってくださる方々の関係のよさが、あちこちに見受けられ、給食食材への不安など感じた事もありません。絶大なる信頼をよせております。これは、私個人が、結婚前の職業として杉並区の保育園給食調理の仕事に携わっていたから、かもしれません。10年以上、前になりますが、給食の民間委託に関して数年、係わることがありました。勉強会などのお陰で、「あって当たり前」と思っている保育園の給食も、全国レベルでは東京都は、数少ない大変恵まれている環境と知りました。 小金井市の小学校給食のメニューの豊富さ、食材の多さなど、本当に手を尽くしてくださっているのだなと感謝するばかりです。職員の仲間には、給食センターの栄養士を経て、杉並区へ再就職した人もいました。センター食の実情を初めて少しだけ知りました。昭和 40 年代から、ひたすら保育園の給食を作り続けているベテラン職員も沢山いました。一番初めに民間委託となった福祉作業所の給食を、実際に研修で訪れていただいたり、作業所の職員の方からの感想を伺ったり事もあります。保育園となりますと、哺乳瓶が給食となる０歳児から、離乳食、配慮食、普通食。アレルギー対応も個別に行い、頭を働かせて効率よく働けないと、勤まらない面もありました。職人の弟子入りのような全て、先輩職員が口伝えで教える世界でした。学校給食の身体一杯を使って働かれる世界とに違い、女性のみの（保育園には男性用の着替えやトイレの設備がないので）職場です。昼食後も、お八つ作りがあります。また延長保育の為の、補食の仕事もあります。赤ちゃんの場合は、「寝ちゃった」、「起きたから下さい」、「ちょっと食べ辛いから 刻んでもらえますか？」など、細かい対応が必要です。お昼の休憩もあるようでない時もあります。私など、身体を休めたいのに…と腰が重くなりそうなところを、先輩職員の「はいはい、○組、○○ちゃんね」の明るい対応を見習い、勉強してきました。正規職員としての待遇も、私個人としてですが大変励みになりました。杉並区の保育園調理職は、母子家庭の救済の為に始まったと耳にした事があります。母子家庭のお母さんが子どもを無事に育てられるようにと給与も福利厚生も充実した仕事につけるようにと。実際に、私と同期で入庁した３人の子どものお母さんは、初めての夏のボーナスで、「やっと自転車を買ってあげられた」と喜んでおりました。学校給食も、職員の方々が食べる児童を思い浮かべて、毎日心をこめて作って下さっているのだと、廊下で見掛けた時など頭が下がるばかりです。調理も、保育園（杉並区のですが）の２～３名より多い人数ですね。チームワークよく働かれているのだと思います。小金井市の各校を廻られて、色々な思い出を作られ、思い出（経験）を生かして、工夫をされ、四季を食材に感じながら、毎日、心をこめて	現状に満足せず、常に子どもを第一に考え、衛生に配慮し安全で美味しい給食を提供するように心がけています。」 「自分が小金井市出身なので、子どものころ食べた給食の味を求めて毎日給食をつくっています。小金井市の給食の伝統である手作り給食を継承したいです。」 「毎日、滞りなく給食を提供できるよう努力しています。」 「子どもが楽しく食べてくれることを思いながら、作っています。」 「安全で安心、そして美味しい給食を！を心がけています。」 「大変なこともありますが、温かいものは温かく、冷たいものは冷たくを思いながら作っています。」 【栄養士より】 「小金井の給食は手作り献立があるというのが（餃子やグラタン、ハンバーグなど）一番の魅力だと思うので、これからも続けていきたいと思います。世の中には、冷凍食品でもおいしくて安全なものもたくさんありますが、こんなふうに子ども達の食事のために時間や手間をかけることは、核家族化が進むなか、家庭では難しいことと思います。 また、食育として授業を進めることも大切だと思います。学校での給食が、集団生活のルールを身につけるものであったり、協力し合ったり、友達を思いやる心を育てたり、感謝する気持ちを持たせるものであったり、体だけでなく心を育てるものであってほしいと思います。教員でないので、勉強は教えられませんが、給食を通じてこども達とつながって、元気な学校生活が送れるように支えたいと思って働いています。」

		作って下さっているのだと思います。チームワークの為のムード作りや、融通をもってして、潤滑に作業を進められて、毎日あれだけの量の給食を作り上げて下さるのだと思います。果物の準備で、林檎を丸剥きにする方もいました。十数個を剥き、塩水につけてから盛り、出します。私など、冬は「蜜柑にしましょう！」と水洗いするだけで済む、蜜柑ばっかりにしたくなります。でも、「口当たりが悪いから」と、きちんと家庭でやるように、切り分けてから一つ一つ丁寧に剥く方が殆どでした。大鍋いっぱいのジャガイモを茹でていたのに、ハッと気が付いたら水分は消えて焦げ付かせてしまいました。蓋を取って、もうどうしていいか判らずにすぐまた蓋をしました。でも言い出さない訳にはいきません。先輩は笑顔で「そういう時はすぐに言ってくれればいいんだよ、一番下は駄目でもなんとかなるし、焦げ臭がまわっちゃうでしょ」と言いました。午後、気付かぬ内に、黙って焦げ付いた鍋を力一杯こすって、西日に当ててくれていました。葡萄羊羹という年に一度のお八つ、各園（杉並区は 40 数園ありました）、独自に作ります。葡萄を搾って作る園、あんなの高くつく割には今ひとつだよと、さっさと葡萄ジュースの 1?パックを計算して購入する園。先輩は、出来上がった葡萄羊羹二切れをお皿に盛る時に、斜めに少しずらして盛り付けていました。「子どもだからってあなどってはいけないよ、綺麗に盛り付けられると食べたい気持ちも大きくなるよ。本当に時間が無い時は、しょうがないけれども手抜きは覚えちゃいけないよ」正規職員 2 名で、有給休暇も取ります。毎日 2 人でやっている仕事を、その日は 1 人でやらねばなりません。登園する子どもの数は変わりないのでそれは大変です。事務仕事のように、出来ない分は持ち越すという事は出来ないので。これに対して代替職員制度を作っていた杉並区でしたが当時としても、これは全国的には破格の待遇なのだと勉強会で知りました。「今日のご飯、ヒジキご飯で美味しかった」と告げにきた年長時に、「簡単だよ、炊いたご飯にヒジキの煮物を混ぜるだけだからお母さんに言ってごらん」と返したら、「お母さんこういうの作れないから」と。あららら、なんだかお母さんに申し訳ない気持ちになり…。 小金井市の献立表に、毎日頭が下がっております。美味しそうです…。食育という項に、十二分に値していると思います。こういった一つ一つに勉強させてもらい、育ててもらった事に、感謝の気持ちを持って働く毎日でした。お給料をいただいて勉強させてもらった始末です。これから、小金井市の小学校、中学校に 3 人の子どもが十数年間もの間、お世話になり、お昼時には給食を提供していただく事になります。4 月の初めには、調理員の方が新 1 年生の配膳を手伝ってくださったり、栄養士の先生が早足に各教室を廻って食べている様子を見てくださっていました。感謝の気持ちが湧き起こるばかりです。毎日、本当にありがとうございます。事務方の方、現場の方、各校の教職員の方々、その他、全ての係わって下さる方々のお陰で、こんなにも有難い給食を提供していただいている事に、日々感謝の念でいっぱいです。これから、時代の流れとともに、少しずつ変化する面もあるかもしれませんが、給食を口にする小学生、中学生を何よりも念頭に置いて、検討してくださる姿勢に間違いないであろうと、心より信頼しております。これまでへの感謝と、これからへの前もっての感謝と御礼と。これからもどうぞよろしくお願いいたします。以上、長々と失礼いたしました。 ▼小金井市が子どもたちに長年安全でおいしい給食をつくっていただいたことについては感謝しています。子どもたちが給食を通じて、食べることの基本を身につけ、将来にわたって、日本の伝統的な食の文化が継承されることを願ってやみません。また食を通じて、人と人のコミュニケーションの取れる大人になってほしいと願い提言いたします。 ▼小金井の学校給食を守るため、お力を尽くして下さり、本当に有難うございます。こどもが小学校に上がった	「まず第一に、安全でおいしい給食を提供すること。また、指針にもあるとおり、栄養バランス良く、また食文化を継承してゆけるような給食献立を作っていきたいと思います。そして、食が豊かな現代において、子ども達には自分のためにも、自分で食を選べる大人になってほしいと思います。好きなものだけ食べているのでは、今は健康そうに見えても、将来の健康が損なわれる可能性があるということを理解し、どうして食べるのか、何が自分の体に必要なのか、頭で考え、何でも良く食べる子どもになってほしいです。 食材料の生産、流通の場がみえにくくなっている都市生活の中、自分が何を食べているのかわからずに食事をしている人が多いのではないかと感じています。学校給食という場所から、食について考えたり実物に触れあうきっかけを作ったり、児童・生徒だけでなく保護者、地域への発信の場になっていけばよいと考えています。（今はまだ思いばかりで実行・実現には時間がかかるかもしれませんが・・・）」 今後も学校給食事業へのご理解、ご協力よろしくお願いいたします。

時、給食試食会に参加し、栄養士さんから自校給食の細部説明を受け、こどもたちが日々、手作りの、心のこもった給食をいただいていることがよくわかり、心から感謝し、安心したことを覚えています。今年に入り、給食の外部委託化の話を聞いた時は、正直、何がどのように変わろうとしているのかよくわからず、大変不安を覚えました。自校給食の、よさ、は、なんとしても守っていってほしいです。給食は、これまでどおり、「おうちで食べるごはん」に近いものであってほしい。作られる工程も品質も「ファミレスのごはん」に近づいていくことは避けてほしい。財源に限りがあるといっても、給食費を削減することはやめてほしいです、将来を担う、こどもたちの健康のために。よろしくお願いいたします。

▼私も幼少より小金井で育ち、母校は第一小学校に通っておりました。今は同じ第一小学校に二人の息子を通わせる母でもあります。やはり「給食」といってまず思い出すのは小学校です。6年間、通う学校独自のメニューで給食前には給食のおじさん、おばさんの作る料理のいい香りが漂ってきたのをすごく懐かしく思います。息子が小学校に通うようになり、二度ほど給食試食会にも伺わせて頂きました。その際職員の方の並々ならぬ努力のもと美味しく、安全で栄養のバランスのとれた食事が出来上がっていることがよくわかり、大変有難く思いました。入学した際はしばらくの間、調理員の方々も給食の時間に教室をまわってくださって、食べる様子を見守っていただいたりと、大人たちみんなで子供たちの食べ物に対する教育をしていることは、本当にすばらしく、実際子供達も食べ物に対する意識が少しずつ変わっていってるのが実感できました。以前からある一小のオリジナルレシピには息子たちもお気に入りなどがあり、大好きなメニューの日には朝から楽しみにしていることもあります。このように、先にも述べましたが「給食」といってまず思い出すのは小学校というように、私自身も正直中学校の時の給食のことはあまり思い出せないのですが、小学校のときの給食は懐かしい思い出として鮮明に思い出すぐらい、小学生にとって(特に低学年の子供達にとって)重要な事柄でもあるのです。是非このまま自校での給食作り、食育を目指して頂きたく、切に願います!!是非このまま自校での給食作り、食育を目指して頂きたく、切に願います!

▼いつもこどもたちにおいしい給食を提供していただき、ありがとうございます。4小に通う息子もいつもおいしい!と話しています。この小金井の素晴らしい給食がよりよいものになり、こどもたちが健康な生活を送れますよう、指針の作成をお願いします。

▼小金井市が小学校、中学校ともに安全でおいしい給食を子どもたちに提供してくださっていることに、いつも感謝しています。ありがとうございます。

▼小金井市の給食について子供達は毎日大変楽しみにしており、保護者としていつも感謝しております。ありがとうございます。

▼いつも子供たちに給食を提供していただき、ありがとうございます。
先生方や友達と大勢で一緒にいただくことは、家庭ではなかなか出来ない貴重な体験です。また、毎日頂く給食は、成長期の子供達にとって将来の心身に与える影響が大変大きいと感じています。指針案の表紙にある「安全でおいしく温たい給食」が提供されることを切に願っています。

▼子供が第一小学校でお世話になっております。子供が、給食が美味しいとよく話してくれます。以前、給食調理等のビデオを拝見し、細部にわたって気配りしてくださっていることを知り、胸が熱くなりました。今後とも、しっかりとノウハウをお持ちの調理員の方々に、お願いしたいです。

46

		▼私は現在ひなぎく保育園に６歳の子供を通わせています梶野町住在の○○と申します。 来年小学校と言う事で、学校給食が民間委託になる事には、不安を感じております。 なぜかと申しますと、長女が昨年まで緑中学校で民間委託したての給食を食べてました。やはり小学校でおいしい食事をいただいていたためか、「めちゃめちゃな献立だった」といってました。炭水化物ばかりの日とかあったり、とりあえずカロリーをおぎなえればいい、的な・・・ やはり人間ですから、身近な人の事は真剣に考えますよね。市の職員の人の方が都の職員の方より市民の事を考えてくれるのと同じです。ですので、給食もいままで通り市の職員の方が作っていただきたいです。 ▼また、今回とは関係ない話ですが、給食を委託にするなど、子供の健康に関わる大きな決断をする時に、保護者の意見も聞かずに勝手にするのは、止めていただきたいです。 人間の命は源は食事なんです。給食とは、子供の命に関わる部分です。たくさんの意見を聞きながら、より良くしていくオープンな感じを希望します。どうぞ、よろしくお願いいたします。 ▼中学生が「小学校の給食は美味しかったな、、、」という感想をよく聞きます。 ですが、なかなか公にその声は聞こえないようです。中学生にもなると、先生に訴えるのも面倒くさい、とか給食以外にも重要なことが多いのでしょう。既に調理業務委託されている中学校給食の検証を十分に行ってください。小学生は中学生と違い、学校の中でも給食が一番楽しみ！という子が多いように、学校生活の中で給食の占める重要度は大きいです。それだけに安易な経費削減の業務委託は許されません。現在の小金井の給食のよいところを守り、さらによりよくなるような給食指針が策定されることを切に願っています。 市は目先の利益だけを考えずに、何世代も先の子どもたちのことまで見据えた利益を優先して下さい。 ▼息子は今年二中に入学しました。前原小在学中、特に高学年になってからはクラスに給食が余った日は必ずおかわりをいただいていたそうで、おいしい給食を作ってくださった調理員の皆さん、栄養士の先生には本当に感謝しています。残念ながら、中学に入ってから給食の味が格段に落ちたと息子から度々聞かされるのですが、成長期になって食べる量もますます増えており、おいしくないと感じながら食べているのかと思うと、直接声を届けられる今回の機会を有効に活用したいという想いでコメントを送らせて頂きました。 調理の民間委託を小学校にも広げていく方針が第三次行財政改革大綱に記載されていますが、小中の給食の味の格差を知る親としては、小学校の給食も味が落ちてしまうのでは、と非常に心配です。長く直営方式で守ってきた質を、調理委託後も変わらず維持していけるかどうか、慎重に検討してくださることを切に願います。 ▼小学生と中学生をもつ親の意見です。今現在、小金井市では、学校給食に最も放射能汚染を懸念される福島県の牛乳受け入れを認めています。学校給食を信用していましたが、9月20日に小金井市教育委員会から出された、「学校給食用牛乳の原料乳の産地について」の文書をみて、愕然としました。まだ放射能汚染が始まってから日も浅いのに、配慮が足りないのではと強く感じました。民間委託後もこうした判断の甘さから、簡単に考えて方針が決められていくのが心配です。今よりも質の向上が認められるなら、民間委託もよいとはおもいます。引き続き、メグミルク工場の牛乳を使用していくなら、私は反対です。これからの未来を担う子供達の健康、安全を一番に考えてもらいたいと願います。 ▼日頃より、とてもおいしく栄養のバランスのとれた給食を、市内の子供たちに提供してくださっていること、本当にありがとうございます。我が家の２人の子供たちは、小学校の給食が大好きです。外部委託になったとし	

47

		ても、現在のおいしい給食が維持されますよう、願っております。 ▼メールで投稿できるのは便利です。受け取りの返信は必ず頂きたいところです。 ▼「指針（案）」は文字ファイルでアップロードして欲しいです。 ▼「指針（案）」をダウンロードしましたが、画像ファイルになっているので、カットアンドペーストができなくて、とても引用がしにくいです。これは、客観的な意見を出しにくくします。とても残念なことです。同じ手間を掛けるならば、市民が意見を書きやすいようにしてもらいたいです。貴係では、市民からの良質の意見をたくさん、しかも市民に負担を掛けずに集めようと、本気で考えて下さいましたか？どうかこの点をよく振り返って下さり、次回からは引用しやすいファイルにして下さい。（貴課だけの問題ではないとも思いますが） ▼最後に内容とは別になりますが、この時代にスキャンしたPDFファイルでの公開は、これ自体が問題と思っています。文書内の文字の検索も出来ず、公開の意図を理解していらっしゃるのか疑問になります。今後のパブリックコメントでは変えていただきたいと思う点でもありました。よろしくお願いいたします。 ▼「指針（案）」などは、テキスト状態で公開して下さい。テキストを選択したり検索などができないファイル形式では扱いに制限があります。 ▼パブリックコメントの資料が元資料をスキャンした文書となっており、パブリックコメント用の資料として極めて不適切。最低限でも元原稿を直接PDF化したもの（テキストの取れるもの）か、HTMLでページに直接記載するものでなければ、コメントする際の引用も極めてしにくい（不正確になる場合もある）し、複数の市民がチェックする際にもやりにくい。パブリックコメントをして欲しいと小金井市が思っているようには感じられない。	

小金井市教育委員会学務課

12

小金井市学校給食の指針
2013年4月

小金井市学校給食の指針

安全でおいしく温かい給食

平成25年4月

小金井市教育委員会学務課

目　次

はじめに

「小金井市学校給食の指針」は、平成１８年度に制定された「小金井市学校給食の基本的指針」の基本理念を受け継ぎながら、法的部分の改訂を含めた内容となっています。

「ルーから手作りのカレー」に代表される小金井らしい給食を、未来を担う子ども達の健やかな成長のため、市が責任をもって提供していきます。

より良い給食を目指して、今後の小金井の学校給食事業の指針とするものです。

1　学校給食の目的

学校給食は、学校給食法によって義務教育諸学校の「教育の目的を実現するため」のものと位置付けられており、同法第２条に基づいて７つの目標を達成するために市立学校の児童・生徒に対して提供しています。

また、平成２１年４月に施行された学校給食法の改正では、法律の目的に「学校における食育の推進」が明確に位置付けられました。

【学校給食の７つの目標】（学校給食法第２条）

1　適切な栄養の摂取による健康の保持増進を図ること。

2　日常生活における食事について正しい理解を深め、健全な食生活を営むことができる判断力を培い、及び望ましい食習慣を養うこと。

3　学校生活を豊かにし、明るい社交性及び協同の精神を養うこと。

4　食生活が自然の恩恵の上に成り立つものであることについての理解を深め、生命及び自然を尊重する精神並びに環境の保全に寄与する態度を養うこと。

5　食生活が食にかかわる人々の様々な活動に支えられていることについての理解を深め、勤労を重んずる態度を養うこと。

6　我が国や各地域の優れた伝統的な食文化についての理解を深めること。

7　食料の生産、流通及び消費について、正しい理解に導くこと。

2　小金井市の給食

本市の学校給食は、ミルク給食に始まり、時代の変遷とともに充実し、現在は１４のすべての小中学校において、完全給食（※1）を実施しています。

「安全でおいしく温かい給食」を基本理念として、安全な食材を使用し、衛生管理に留意し、手作りを基本とした自校方式による調理をしています。

自校方式は、学校の敷地内に給食調理場があるので、給食時間にあわせて調理をするため、子ども達はできあがったばかりの温かい給食を食べることができます。また、調理中のにおい（だし汁や炒めもののしょうが・ニンニクなどの香り等）を感じることもでき、食についての好奇心や楽しみを生む機会ともなっています。

児童・生徒が、直に食材に触れる体験や日常的に調理員とふれあうことにより給食をつくる人への感謝の気持ちを育て、食べ物の大切さを学ぶことができます。

1

また、各学校の栄養教諭・栄養士が献立をたてているので、教科や学校行事と連携した給食を組み立てやすく、生きた教材として活用しています。

※1　完全給食・・・学校給食法施行規則第1条で定められている区分（以下は法令上の定義による）。給食内容がパン又は米飯（これらに準ずる小麦粉食品、米加工食品その他の食品を含む。）、ミルク及びおかずである給食

3　学校給食の指針

(1)　献立の作成方針

ア　食への理解、望ましい食習慣

○主食・主菜・副菜のバランスのとれた献立を作成します。

○米飯給食は、週3回以上の実施を目指します。

○様々な食品を取り入れ、子ども達の苦手な食材については、味付けや食感、見た目等食べやすい献立や調理の工夫をします。

○噛む習慣づくりに資する食材を使用します。

○一般的に食べる機会の少ない食品をできるだけ多く取り入れるようにします。

イ　食文化の伝承

○和食献立を積極的に取り入れます。

○行事食を取り入れます。

○四季を大切にし、旬の食材を使用します。

ウ　栄養バランス

栄養量は、文部科学省の「学校給食実施基準の施行について（通知）」及び「児童又は生徒一人一回当たりの学校給食摂取基準」の内容を踏まえ適切なものとします。

2

資料12

平成２５．１．３０文部科学省告示第１０号　学校給食実施基準
【児童又は生徒１人１回当たりの学校給食摂取基準】

区　　分	基　準　値 児童（6歳～7歳）の場合	児童（8歳～9歳）の場合	児童（10歳～11歳）の場合	生徒（12歳～14歳）の場合
エネルギー（kcal）	530	640	750	820
たんぱく質（g）	20	24	28	30
範　囲 ※1	16～26	18～32	22～38	25～40
脂　質（%）	学校給食による摂取エネルギー全体の25%～30%			
ナトリウム（食塩相当量）（g）	2未満	2.5未満	2.5未満	3未満
カルシウム（mg）	300	350	400	450
鉄（mg）	2	3	4	4
ビタミンA（μgRE）	150	170	200	300
ビタミンB1（mg）	0.3	0.4	0.5	0.5
ビタミンB2（mg）	0.4	0.4	0.5	0.6
ビタミンC（mg）	20	20	25	35
食物繊維（g）	4	5	6	6.5

（注）　1　表に掲げるもののほか、次に掲げるものについてもそれぞれ示した摂取について配慮すること。

マグネシウム・・児童（6歳～7歳）70mg，児童（8歳～9歳）80mg，児童（10歳～11歳）110mg，生徒（12～14歳）140mg

亜　　鉛・・児童（6歳～7歳）　2mg，児童（8歳～9歳）2mg，児童（10歳～11歳）　3mg，生徒（12～14歳）　3mg

2　この摂取基準は、全国的な平均値を示したものであるから、適用に当たっては、個々の健康及び生活活動等の実態並びに地域の実情等に十分配慮し、弾力的に運用すること。

※　範　囲・・・示した値の内に納めることが望ましい範囲

【学校給食の標準食品構成表（幼児、児童、生徒1人1回あたり）】

（単位:g）

区分	児童（6歳～7歳）の場合	児童（8歳～9歳）の場合	児童（10歳～11歳）の場合	生徒（12歳～14歳）の場合
米	42	48	60	66
強化米	0.13	0.14	0.18	0.2
小麦	20	23	26	30
イースト	0.5	0.57	0.65	0.75
食塩	0.4	0.46	0.52	0.6
ｼｮｰﾄﾆﾝｸﾞ	0.7	0.8	0.91	1.1
砂糖類	0.7	0.8	0.91	1.1
脱脂粉乳	0.7	0.8	0.91	1.1
牛乳	206	206	206	206
小麦粉及びその製品	4	5	7	9
芋及び澱粉	32	38	42	44
砂糖類	3	3	3	4
豆類	5	6	6	6
豆製品類	15	20	21	22
種実類	2.5	3.5	3.5	3.5
緑黄色野菜類	19	23	27	35
その他の野菜類	60	70	75	82
果物類	30	32	35	40
きのこ類	3	4	4	4
海藻	2	2	2	4
魚介類	13	16	16	21
小魚類	3	3	3	4
肉類	12	16	17	19
卵類	6	6	8	14
乳類	3	4	5	6
油脂類	3	3	3	4

（備考）
(1)　1ヶ月間の摂取目標量を一回当たりの数値に換算したものである。
(2)　運用に当たっては、個々の児童生徒等の健康及び生活活動等の実態並びに地域の実情等に十分配慮し、弾力的に運用すること。

3

⑵ 食材料の選定基準

ア　選定の基本的な考え方

○学校給食食材については、安全性を最優先します。

○無添加、無着色、非遺伝子組み換え、国産の食材を基本とします。

○低農薬、有機栽培等の食材を取り入れます。

イ　食材の選定方法

○小金井市では、給食に使用する食材料の買入れの適正を期するため、「小金井市学校給食物資買入れ指名競争入札参加業者選定要綱」により、２年に１回、校長会が納入業者を選定し指名します。

立地条件、経営状況、衛生状況、輸送力を選定の基準とし、この指名により業者は食品の入札（見積合わせ）に参加することができます。

○「学校給食用物資見積規格書」に記載のある食品（米、めん、野菜を除く。）

指名業者は、取扱品目について、「学校給食用物資見積規格書」に沿った製品の銘柄・規格を届け出ます。栄養成分表・原料配合表・アレルゲン食品表示・遺伝子組み換え原材料・食品添加物内容表等の証明を添付します。

校長会では、品質、価格の適正を期するため、見積会を行います。

見積会では、栄養士が品目ごとに味見をし、適当と思われる銘柄を指定します。指定した銘柄の品目について見積合わせをして安価な業者に落札します。見積合わせは、通常学期ごとに行いますが、価格が変動しやすい調味料や魚貝類、大豆、季節のもの等は月ごとに行います。銘柄の指定は、２年間有効です。

○米、めん類、野菜、肉、卵、その他見積品以外の食品

各学校が、指名業者又は（公財）学校給食会に発注します。食品についての必要な証明は随時求め、産地を確認します。

○パン・牛乳

安全性を重視しつつ、価格等の条件のよい業者を教育委員会が選定します。

ウ　地産地消

市内の農家で生産される農産物を活用し、ルート開拓に努めていきます。

小金井市内で生産される主な野菜（例）
通年：小松菜、ほうれん草
夏　：ルバーブ・トマト・なす
　　　きゅうり・とうもろこし
冬　：大根・ブロッコリー・白菜

4

⑶　給食調理の指針

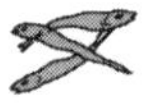

ア　手作り調理

○化学調味料は使用しません。

○だし汁は削り節、煮干、昆布等から、スープは鶏がら等からとります。

○献立は素材から手作りします。デザート以外の冷凍食品・半調理品は、使いません（ただし、素材そのもの又は素材を加工したものを冷凍、缶詰、レトルト包装したものは除く。）。

○カレーやシチューのルーは手作りします

○ご飯は、調理室で炊飯します。

○パンは、業者納品ですが、揚げパンやトースト等は納品されたパンを調理します。調理パンは使用しません。

イ　アレルギー対応

「小金井市立小中学校における食物アレルギー対応の基準」に沿って実施します。

学校給食において、食物アレルギーのある児童・生徒が健康な生活を営めるよう支援する立場で、集団給食の範囲で実施します。

アレルギー対応の実施は、学校と保護者、児童・生徒が安心できるよう医師による診断をもとに学校長が決定します。

安全を期するため、除去食を基本とし、アレルギー対応食は一日（一食）あたり２種類までの対応とします。

ウ　給食行事の取組

バイキング給食、セレクト給食、リザーブ給食、ランチルームでの給食、お弁当給食など、各学校で工夫した取組を行います。

4　衛生管理の指針

平成８年の病原性大腸菌Ｏ－１５７による全国的な食中毒事故の発生以来、食中毒事故防止が調理現場における重要な課題となりました。

調理中の衛生管理を徹底するために、調理員は、「学校給食衛生管理基準」、「大量調理施設衛生調理マニュアル」及び「小金井市学校給食作業マニュアル」を遵守し調理作業を行います。

⑴　調理の過程について

食材は、当日納品とします（缶詰、調味料等、常温で保存可能なものを除く。）。検収責任者が、納品された食材を検品します。

食品は、当日に調理を行い（豆類、もち米の浸水は除く。）、果物以外の食材は加熱処理をします。

できあがった給食は、児童・生徒に提供する前に校長（検食責任者）が摂食開始時間の３０分前までに検食（※2）を行います。

保存食（※3）は、調理済給食１食分と原材料５０ｇを冷凍庫に入れ、マイナス２０℃以下で２週間以上保存します。

※2　検食とは、安全性、分量、味が適正かどうかを実際に食べるなどして確認すること。

※3　保存食とは、食中毒などが起きたときに原因を探るため、原材料及び調理済食品を、食品ごとに一定期間保存すること。

⑵　衛生管理について

調理員は、調理室内では、調理衣、帽子、マスクを着用し、調理作業に従事します。前掛けは、作業ごとに使い分けます。

手洗いは、作業の区切りごとに行います。使い捨て手袋の場合も同様に交換します。

調理室はドライシステム（※4）ではありませんが、衛生的な観点からドライ運用（※5）の導入を図ります。

※4　ドライシステムとは、床に水が落ちない構造の施設・設備機械・器具を使用し、床が乾いた状態で作業ができるシステムのこと。調理場内の湿度を低く保つことができ、はね水による二次汚染の防止、細菌繁殖の抑制、作業の効率化に効果がある。

※5　ドライ運用とは、ウエット方式の調理場で、ドライ仕様の調理器具を使用したり作業方法を工夫することで、できるだけ床が乾いた状態を維持しながら調理を行う方法

5　給食環境の整備

⑴　食器

給食の食器は、温かみのある強化磁器食器（※6）を使用します。

洗浄後は、専用の食器消毒保管庫で保管し、衛生的に管理します。

※6　強化磁器食器とは、磁器食器にアルミナを配合し割れにくく強化したもの。熱が伝わりにくく、熱くなりにくいという利点もある。栄養士、調理員で構成する食器・備品プロジェクト会議で使いやすさの検討をして現在の食器を選択した。

⑵　設備

回転釜、コンベクションオーブン、食器洗浄機、ボイラー、食器消毒保管庫などの高額な大型給食備品については、耐用年数を考慮しながら、計画的に入替を行います。

6

6　安全性の確保

⑴　食材の検査

ア　食肉等細菌検査

年１回、食肉、豆腐、ハム・ウインナー等の加熱済食品等の細菌検査を実施します。数値が市の基準を超えた場合は、業者に改善を指導し、改善されるまで取引を中止します。

イ　放射能測定

食材の残留放射性物質検査を実施します。

子ども達の健康のため、内部被ばくを避けるようにします。

検査は、使用頻度・量の多い食材、放射能汚染傾向が高い食材を優先に行います。

測定の下限値は、国の基準値より厳しくします。市は、検査の結果を公表し、下限値を超えた場合は、当面の間、当該食材は使用を控えます。再度検査し、下限値を超える数値がでなくなったら使用を再開します。

⑵　食器の検査

ア　残留洗剤検査

年１回、洗浄後の食器類（はし、お椀、お皿）に付着している洗剤、脂肪、蛋白の残留量を検査します。

⑶　調理場の検査

ア　保健所による拭き取り検査

調理員の手指、食器具類の細菌検査を実施し、検査結果を含めて衛生管理について研修会を実施します。

イ　日常の点検

施設設備（機械、器具、使用水など）や調理機器の衛生点検を行います。

ウ　学校薬剤師による定期点検

調理場の施設の状況について点検します。

⑷　栄養士・調理員の検査等

ア　健康診断、その他必要な検査

年１回以上の健康診断と毎月２回の腸内細菌検査（赤痢菌、サルモネラ菌及び下痢原性大腸菌（腸管出血性大腸菌）O157、O26、O111）を行います。

⑸　その他

日常の清掃とあわせて、害虫駆除、フード・換気扇清掃、グリストラップ清掃を長期休業中に行い、調理場の衛生環境を整えます。

7

7　環境への配慮

各学校に生ごみ処理機が設置されており、調理中のごみと残渣は、生ごみ処理機によって堆肥化を図ります。

洗剤は石鹸を使用、排水溝にはバイオ製剤（※7）を利用し、環境に配慮します。

光熱水費については、給食機器の使用を工夫し、最大需要電力を抑制します。また、衛生基準を尊重しつつ、環境負荷の少ない無駄のない給食の運営に努めます。

※7　油分を分解させるバクテリア製剤。使用することで臭いの発生や排水管の詰まりを解消する効果があるといわれている。

8　食育の推進

学校給食法だけでなく、平成２０年３月に改訂された新学習指導要領においても総則で「学校における食育の推進」が明確に位置付けられ、関連教科においても食育に関する記述がなされ、食育の推進が一層求められています。

各学校では、食に関する指導の全体計画及び年間指導計画を作成しています。

給食を「生きた教材」として活用し、食育を推進していきます。

「食に関する指導の手引」

第一次改訂版（平成２２年３月）　より　　　―文部科学省

【食に関する指導の目標】

1　食事の重要性、食事の喜び、楽しさを理解する。

2　心身の成長や健康の保持増進の上で望ましい栄養や食事の取り方を理解し、自ら管理していく能力を身につける。

3　正しい知識・情報に基いて、食品の品質及び安全性等について自ら判断できる能力を身につける。

4　食物を大事にし、食物の生産等にかかわる人々への感謝する心を育む。

5　食事のマナーや食事を通じた人間関係形成能力を身につける。

6　各地域の産物、食文化や食に関わる歴史等を理解し尊重する心をもつ。

8

⑴　食育の取組

小金井市は、小金井市食育推進計画により、「野菜」、「団らん」、「ふれあい」、「環境」をキーワードとする小金井らしい食生活のあるひとづくり・まちづくりをＫｏｇａｎｅｉ－Ｓｔｙｌｅとして地域に展開しています。

４つのキーワードにからめて学校における食育の取組例を紹介します。

野 菜

◆農園見学
市内の農家を見学します。

◆野菜の収穫
農家での収穫体験や、学校園で野菜の栽培、収穫をします。

◆給食での活用
地場野菜を給食の食材として活用します。

団らん

◆給食だより等で、保護者向けに情報提供を行います。

◆全クラスへのおたよりや掲示等で、児童・生徒向けに食の情報を発信します。

◆授業実践
給食に使用する食材を扱い、授業を行います。
（トウモロコシの皮むき・
そら豆のサヤむき・
ルバーブジャム作り等）

ふれあい

◆地域の生産者や働く人たちとの交流
地場野菜等を生産している生産者と交流し、顔の見える関係を大切にします。
児童・生徒が給食調理室を見学したり、栄養士や調理員と交流し、コミュニケーションを図ります。

◆地域の高齢者と
給食を通じて交流を図ります。

環 境

◆エコクッキング
授業などで、環境に配慮した料理教室を実施します。

◆好き嫌いなどの理由による食べ残しを減らす指導をします。

Koganei－Style

⑵ 食育リーダー会議の開催

各学校の食育リーダー（※8）による食育リーダー会議を開催します。

栄養教諭を中心に、「小金井らしい」食育の実践を目指します。

※8　食育リーダーとは、食に関する指導の全体計画の作成や授業構築の際の助言、家庭や地域、関係機関との連携におけるコーディネーター機能を担う。栄養士、養護教諭、家庭科教諭等が選任されている。

⑶ 小中学校栄養士会の活動

小金井市立小中学校栄養士会では、各学校での取組をまとめ、研究を行います。

食育に関しての情報交換や研修も行います。

9　給食の充実と市民参加

⑴ 学校給食運営協議会

調理業務を業者委託している学校は、学校・保護者・業者・教育委員会で構成する学校給食運営協議会を開催し、給食の運営について意見交換を行います。

⑵ 学校給食連絡協議会

給食を実施していくうえでの諸問題について研究協議し、学校給食業務の充実、発展と業務を円滑に行うために学校給食連絡協議会を設置します。

学校長の代表、栄養士の代表、調理員の代表、教育委員会等の委員で構成します。

年度ごとに行う委託校の検証では、検証委員会を設置し、委員による現場視察を行い、「安全でおいしく温かい給食」が提供されているかを検証します。

⑶ 栄養士・調理員の役割と責務

栄養士・調理員は、給食の向上のため、情報交換を行い、必要な知識の習得・技術の向上に努めます。市は、必要な研修を継続して行います。

⑷ より良い給食を目指して

試食会、アンケートの実施等で保護者や児童・生徒からの意見や意向を反映する機会をつくり、おいしい給食を目指します。

市は、給食に関して市民が意見を出せるよう仕組みづくりを検討します。

「学校給食の指針」については、今後も国・都の動向や保護者等の意見を参考にしながら、よりよい改善をしていきます。

Ⅲ
こがねい放射能測定室だより
1993－2015年

こがねい　　1993．12．　第1号

放射能測定室だより

発行：小金井市放射能測定器運営連絡協議会
連絡先：小金井市梶野町1-3-17　大堀荘
Tel．0422-54-0134　（荒木）

食品の放射能測定を始めて3年たちました

チェルノブイリ原子力発電所の事故をきっかけに小金井市に放射能測定器が設置されてから、3年たちました。この3年の間に週1回のペースでおよそ 140検体の食品を測定しました。又、91年 8月からは上記の他に保育園、小中学校の給食の食材も測定するようになりました。

測定開始当初は慣れない作業にとまどうことも多く、試行錯誤しながら一つ一つの課題を共有化し、話し合い解決してきましたが、大きな失敗もなくここまで歩いてこれましたのも経済課の方々をはじめとする皆様のご協力のおかげと感謝しております。

測定も軌道に乗った今、なにかひと山越えた感もあり、これからはさらに私たちの仕事を理解していただくために　このような形で不定期におたよりをお送りすることになりました。

私たちは食品の放射能測定の他に、市民まつり等の行事への参加や環境問題に関する学習会の開催等を行っております。

過去の2000回にのぼる核実験やチェルノブイリ原発の事故の影響が今だに消えないこの地球ですがこれ以上食べ物が放射能で汚染されることなど起こらないように願いつつ、私たちは測り続けていこうと思っています。今後ともよろしくご指導くださいますようお願いいたします。

―1―

食品の放射能測定結果

今年度前半（1993年4月～8月）の測定結果は次頁表の通りです。

- Cs134はセシウム134，Cs137はセシウム137の略です。
- NaIシンチレーションカウンターで6時間測定しています。
- 測定結果は1kg当りの値となります。

尚，学校給食，保育園給食の食材測定に関しては，以下の28品目について行ないました。（1993年1月～）

- プロセスチーズ（2回）
- スパゲッティ（2回）
- 干しいたけ（2回）
- マカロニ（2回）
- 小麦粉（2回）
- けいおだし
- 麦茶
- ちりめんじゃこ
- きくらげ
- ピザチーズ
- 春雨
- はちみつ
- 米
- わかめ
- ひじき
- 牛乳
- スライスチーズ
- 粉チーズ
- 昆布
- カレー粉
- ドッグパウダー
- 干しうどん
- パン

このうち検出されたのは

- 2月25日測定の干ししいたけ（Cs137のみ24ベクレル）
- 6月15日測定の干ししいたけ（Cs137のみ13ベクレル）

の2件でした。

（干ししいたけについては5月14日測定のものもCs137のみ20ベクレルを検出しています。……※印参照）

— 2 —

測定日	測定試料	原産国	測定結果		
1993 4/2	マカロニ	日本	Cs	134	0
			Cs	137	0
4/9	ローリエ	不明	Cs	134	0
			Cs	137	0
4/16	かき茶	日本	Cs	134	0
			Cs	137	0
4/23	牛乳	日本	Cs	134	0
			Cs	137	0
4/30	水道水	日本	Cs	134	0
			Cs	137	0
5/7	サラダ菜	日本	Cs	134	0
			Cs	137	0
5/14	干しいたけ	日本	Cs	134	0
			Cs	137	20ベクレル ※
5/21	粉ミルク	日本	Cs	134	0
			Cs	137	0
5/28	ケアミン(乳酸菌利用食品)	旧ソ連	Cs	134	0
			Cs	137	0
6/4	中国茶	中国	Cs	134	0
			Cs	137	0
6/11	粉ミルク	日本	Cs	134	0
			Cs	137	0
6/18	ローリエ	ギリシャ	Cs	134	0
			Cs	137	0
6/25	切り干し大根	日本	Cs	134	0
			Cs	137	0
7/2	さんしょう	中国	Cs	134	0
			Cs	137	0
7/9	唐揚げ粉	日本	Cs	134	0
			Cs	137	0
7/16	オートミール	日本	Cs	134	0
			Cs	137	0
7/23	エビオス	日本	Cs	134	0
			Cs	137	0
7/30	粉ミルク	日本	Cs	134	0
			Cs	137	0
8/6	粉ミルク	日本	Cs	134	0
			Cs	137	0
8/13	あじの干もの	不明 北大西洋	Cs	134	検出限界値以下
			Cs	137	0
8/20	春雨	中国	Cs	134	0
			Cs	137	0
8/27	かに缶	ロシア	Cs	134	検出限界値以下
			Cs	137	0

— 3 —

資料 13

放射能測定器や、測定方法を見学してみたい方は　前もってご連絡いただければ、日時を打ち合わせの上ご覧いただく事ができます。

実際に測定にかかわってみたい方、また協議会に参加したいという方、いつでも募集していますのでご連絡ください。

小金井市役所の経済課が上の原会館から移転するに伴い、現在経済課の事務用品の倉庫として使用している場所を放射能測定室とする計画が検討されています。

このおたよりは協議会の総務部が担当いたしました。

測定依頼をお寄せください。

申し込み方法等 詳細については、別紙『はかってほしい時は、どうすればよいのですか？』をご覧ください。

こがねい　1995.3.　第2号

放射能測定室だより

発行：小金井市放射能測定器運営連絡協議会
連絡先：小金井市梶野町1-3-17　大堀荘
Tel. 0422-54-0134　（荒木）

一雨ごとに春になる頃、皆様お元気でお過ごしのことと思います。

私供、小金井放射能測定器運営連絡協議会も、今年七月で、まる五年になります。この間、市民からの依頼食品、学校給食、保育園給食等の測定を継続してまいりました。

昨年、１９９４年、上之原会館の改修工事にともない、新しく測定室ができました。測定室は同館の一階奥にあります。

私供も、新たな気持ちで、またチェルノブイリ事故のようなことが起こらないことを願いつつ、測定を続けてまいりたいと思っております。

気になる食品がありましたらぜひ調べてみてください。

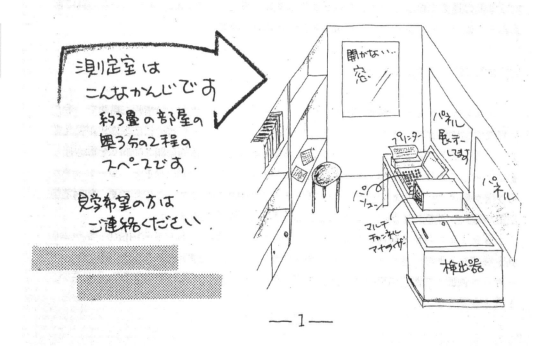

測定室は
こんなかんじです
約3畳の部屋の
奥3分の2程の
スペースです。

見学希望の方は
ご連絡ください

[redacted]

[redacted]

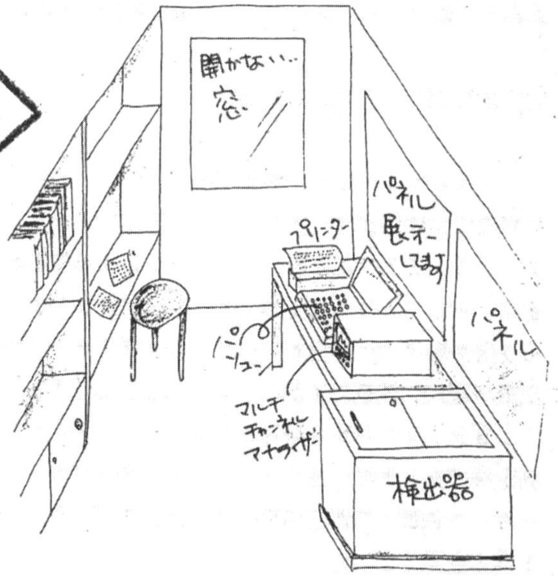

8年後のチェルノブイリ
－汚染風下地区の人々のくらし－

小泉好延さん
（東京大学アイソトープ総合センター研究員／チェルノブイリに放射能測定器を送る会）

2月25日（土）午後2時～4時
講演会　上之原会館

講演会の報告

私たちは、日頃小金井市民の方々から食品の放射能測定を依頼を受けて測定をするという活動をしながら、放射能問題に取り組むきっかけになったチェルノブイリ原発事故で汚染されてしまった現地の方々のために少しでも支援になればとチェルノブイリに放射能測定器を送るという運動をしているグループへのカンパ活動をしてきました。

日本にはこうした現地支援活動をしているグループがいくつかあるのですが、その中の一つである『チェルノブイリに放射能測定器を送る会』のメンバーであり、東京大学アイソトープ総合センターの研究員をしていらっしゃる小泉好延氏を講師にお迎えし、現地の様子など交えながら講演をしていただきました。

折しも去る1月17日早朝に兵庫県で起きた阪神大震災の約1か月後ということもあって危機管理のあり方などが私たちの最大の関心事であったため、チェルノブイリの事故が約9年前の過去の事故というより何か身近な問題を感じられたのは、来ていた人全員に言えるのではないでしょうか。以下は小泉先生の講演の概要です。

これまでの経過

１９８６年4月２６日事故は起きました。８６～８９年は現地での情報も希薄で、今だに事故の全体像ははっきりしたものではありません。１９８９年政治状況の変化が見え始め、コルバチョフによるトップダウンによる変革が始まり、情報公開の方向へと動き出します。そして世界への支援の呼びかけが始まります。１９９０年になると、ヨーロッパから支援が駆けつけ、日本でもＮＧＯ支援グループが結成されます。この年の夏、放射能測定室が現地へ調査に出かけ、年末に測定器を送る会が結成されました。

１９９１年1月から現在まで２０００万円のカンパを集め、５００万円位のシステムの測定機械を３地域へ送りました。その他住民サイドに立った測定器を送りたいと思い、メーカーへ依頼して測定時間を短く改良し使いやすくした“たんぽぽ”を開発してもらい、１００台送りました。

―2―

どんな支援をするのか

私たちの支援が現地の人々にどの程度役に立っているのか、どんな支援をしたらいいのかということについて、大分議論をし考えました。正直に言って現実力強いパワーになっているとは言い切れないものがあります。故松岡信夫さんの言葉を借りると、「事故から７年経って現地の人々は放射能への不安、経済への不安の中におり、誰が救ってくれるのかー苦悩の中に暮らしています。支えるという言葉の意味は、第１に、遠くにいても忘れないでいる人がいるという心の支えということであり、第２には自分で測定し、自主的に判断するきっかけにしてくれれば、という程度のことであり、現実に困っていることへの救いの道にはなり得ないのです。」

私たちは被害特定地域を決め、問題点を住民の側からの一緒に議論をするという姿勢を決め、送る会の活動をすることにしました。チェルノブイリ原発事故では被害地域は、原発１０Ｋｍ圏内の中心地区とそこから２００Ｋｍ離れたゴメリ州など北東部の大きく２か所に別れます。北東部にはチェチェルスク、クリチェフ、クラスノポーリエ、スラブゴロド、コルガなどの町があり、平面地域で長い間戦地になったという歴史を持つ地域です。森林を開墾しながら開拓していった肥沃地帯で、牧場の牛やそのミルクは今だに強い濃度を示し、今後何年も続くと思われ、河川や湖の汚染も目立ちます。

チェチェルスク地区を中心に、主に住民に近いところで仕事をする行政の人達へ測定器を送ってきました。汚染地域に住んでいる被害者が担当者になっているので、家族を含め彼ら自身が被害者で実態をよく知っており、住民からの要請と上部との軋轢に苦しみながら、しかも事故直後のことなどについての行政の守秘義務に悩んでおります。

１９９２年に訪問した時は、移住問題が起きており、３万人の人口が１万９千人へと減少しており、地区として成り立つかどうかの瀬戸際に立たされていました。

その年の夏に来日したチェチェルスクの子供たちの体内汚染検査の結果や、現地での検査結果から見ると、汚染の強い所での暮らしを何年か続けていると、日本に１か月位居ても濃度が下がることはなく、現地でも都市部のように食料を外から取り入れる所は汚染が少なく、農家のように汚染されたものを食べなくてはいけない生活の人々は汚染が高いことがわかります。食料を測ることの重大さが感じられます。

これから自分たちの取っているデータを住民へ知らせるような活動の提案をし、１０年目にむけて『データ集』作りを支援していきたいと思っています。　　（学習部）

—3—

資料14

１９９３年度　測定結果一覧表

(1993.4〜1994.3)

測定品目	件数	原産国	測定結果（ベクレル／kg）
小麦粉（マカロニ・唐揚粉 素麺）	3	日本	0
（スパゲッティ・素麺）	2	イタリア・日本	★検出限界値以下
大麦	1	日本	★検出限界値以下
オートミール	1	日本	0
丸麦	1	日本	0
香辛料（パセリ粉末・バジリコ ローリエ・山椒）	5	不明・ギリシャ 中国	0
（オレガノ）	1	不明	☆０．５１（セシウム134）
＊水道水	3	市内	0
＊葉物（サラダ菜・かき葉）	3	日本・市内	0
乳製品（牛乳・粉末乳酸飲料 粉ミルク・ナチュラルチーズ）	8	日本・ロシア	0
（スキムミルク）	2	日本	★検出限界値以下
きのこ（干し椎茸）	1	日本	０．１１（セシウム137）
（干し椎茸）	1	日本	☆１３．４０（セシウム137）
（干し椎茸）	1	日本	★検出限界値以下
（きくらげ・しめじ 干し椎茸）	5	中国・日本	0
茶（中国茶・ウーロン茶）	2	中国	0
（暴暴茶）	1	中国	★検出限界値以下
魚類（あじ干物）	1	不明	☆５．４６（セシウム134）
（さば文化干し）	1	不明	0
（カニ缶詰）	1	ロシア	★検出限界値以下
切り干し大根	1	日本	0
エビオス	1	日本	0
春雨	1	中国	0
柿ピーナツ	1	中国・タイ	0
いり胡麻	1	日本	0
ウォッカ	2	ポーランド・ロシア	0
チョコレート	1	日本	0
大豆	1	日本	0
メイプルシロップ	1	カナダ	0

★この測定器では放射能の有無を明言できないということ（0に近いが0とはいえない）

＊4月のロシア・トムスクの核施設事故の影響調査のため臨時に測定したもの。

☆通常の6時間測定では誤差値が大きいため、48時間以上測定して、より正確な値を得たもの。

計　５４件（保育園・学校給食食材として、この他に２９件測定しました。）

（セシウム134 はチェルノブイリ事故により大量に放出された放射能、セシウム137 は過去の核実験により地表に蓄積されている放射能です。）

＝'94年度の測定結果は、秋の『消費生活展』で発表します＝

—4—

原子力資料情報室通信 248号（'95.1.30発行）より

検査体制の網の目くぐり都内のレストランに登場した

830ベクレル／kgのフランス産キノコ

東京都衛生局は昨年12月26日、輸入食品の放射能検査で、フランスから輸入された生のキノコ「カノシタ」から、厚生省が定める放射能濃度の暫定限度（セシウム134とセシウム137の合計で1kgあたり370ベクレル）を2倍以上上回る830ベクレルを検出したと発表した。

キノコは都内の輸入業者が12月7日、フランス料理用として24kgを輸入したもので、すでにすべて都内のレストランなどに卸されてしまっていた。

フランスから輸入されるキノコについては現在も全量検査となっているはずなので、厚生省に問い合せたところ、今回の「カノシタ」にはフランスの公的機関による検査結果「50ベクレル／kg以下」が添付されていたので検査なしで通ってしまったらしい。東京都の検査結果を受け、大使館を通して調査中で、現在回答待ちとのことだ。

厚生省では、増大する輸入食品検査の簡便化に対応し、1982年から公的機関制度を採用している。輸入食品に公的機関による検査データが添付されていれば、そのデータを信頼してフリーパスとなるのだ。93年には輸入件数84万8,319件中、公的機関制度によるものは19,242件で、全体の約2.3%にあたる。

フランスの公的機関による検査結果が事実と違っていたことは大きな問題で、公的機関制度そのものの見直しも必要となってくる。今回のカノシタについては、たまたま東京都の検査にひっかかり明らかになったが、93年1月15日から検査体制が大幅に緩和されたこともあわせて、検査体制の網の目をくぐってしまうものも少なくはないだろう。徹底的な究明と検査体制の強化を望みたい。（渡辺美紀子）

1987年3月～1994年3月までの検査結果（東京都衛生局）

食品の分類	品目数	主な産出国	濃度区分（ベクレル／kg）						
			0～50	51～100	101～150	151～100	201～250	251～370	371以上
ナッツ類及び同加工品	141	スペイン、フランス、イタリア、旧ソ連等	139	2					
香辛料	341	フランス、スイス、ギリシャ等	315	14	8	3	1		
ジャム	109	旧ソ連、フランス、スイス等	107	2					
食肉及び食肉製品	537	フランス、ルーマニア、スイス、スウェーデン等	534	1		1			1
魚介類及び同加工品	580	フランス、旧ソ連、アイスランド等	580						
菓子	129	旧ソ連、スイス、ドイツ、フィンランド等	129						
ワイン	158	旧ソ連、ユーゴスラビア、ギリシャ等	158						
穀類及び同加工品	400	旧ソ連、チェコスロバキア、イギリス等	400						
野菜及び同加工品	493	トルコ、イタリア、フランス等	484	5	2		2		
チーズ及び乳製品	201	フランス、スイス、オランダ等	201						
野草加工品（含ホップ）	206	チェコスロバキア、ドイツ、フランス等	194	9		3			
はちみつ	89	フランス、旧ソ連、ハンガリー等	87	1		1			
果実及び同加工品	380	スペイン、フランス、イタリア等	380						
その他	328	フィンランド、スウェーデン、アイスランド等	328						
合計	4092		4036	34	10	8	3	0	1

東京都では、チェルノブイリ事故後1987年から都内に流通する輸入食品について放射能検査を実施しており、89年12月にはスウェーデン産のトナカイ背肉から暫定限度を超える380ベクレル／kgを検出している。

50ベクレル／kgを超えたものは、フランス産キノコ、スウェーデン産トナカイ肉のほか、トルコ産セイジパウダー、スペイン産パプリカパウダー、ギリシア産セイジ、ドイツ産ハーブ。

市民による監視体制が増々重要になってきてしまいましたね…

▶測定依頼をお寄せください!!

申し込み方法等は ↓ です。よろしくお願いします!

なお：実際に測定にかかわってみたい方。
また協議会に参加したい方。いつでも募集していますのでご連絡ください。大歓迎です。

はかってほしい時は

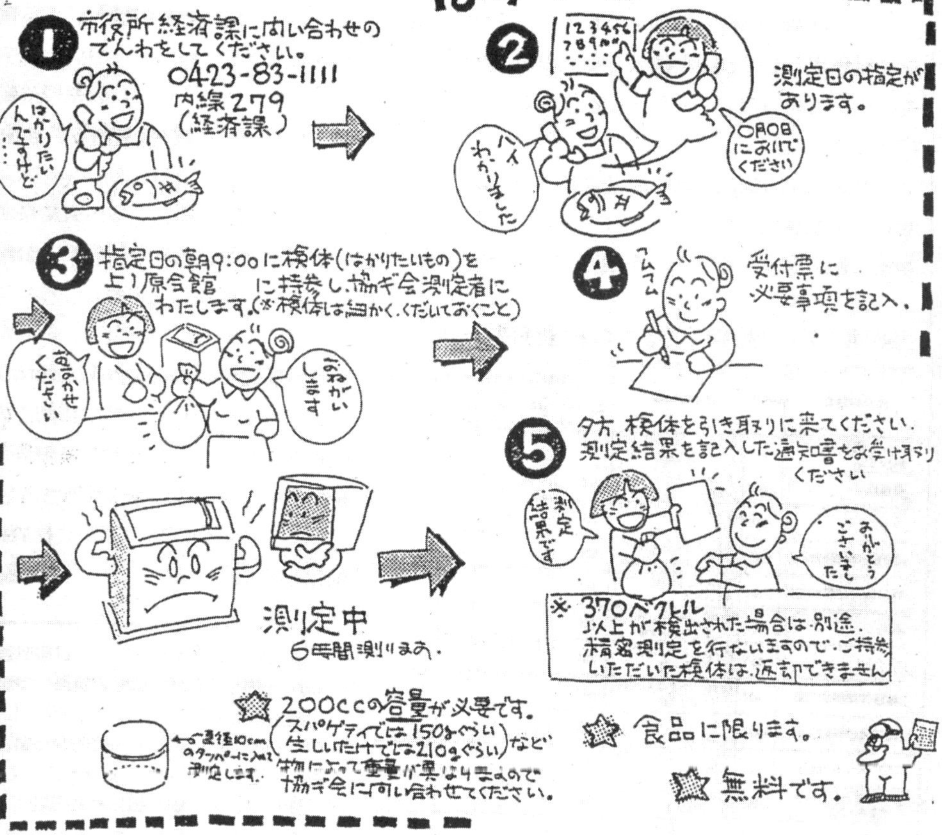

こがねい
放射能測定室だより

1996．4．　第3号

発行　小金井市放射能測定器運営連絡協議会
連絡先　小金井市梶野町1-3-17　大塚荘
Tel．0422-54-0134　（荒木）

『チェルノブイリ』から10年がたちました。

——核被害についての解明は
まだ始まったばかりです。——

早いものでまた一年がめぐり，新しい年度を迎えましたが皆様いかがおすごしでしょうか。

昨年度も阪神大震災のショックに続き，フランスによる核実験，稼働を始めたばかりの高速増殖原型炉“もんじゅ”の事故といろいろなことがありましたが，私達放射能測定室では会員である五十嵐京子さんが4月にチェルノブイリ原発事故被災地チェチェルスクを訪れるという機会に恵まれました。　今年はチェルノブイリの事故から10年目ということで，メデイアでも多く取りあげられておりますが，実際にその足で現地を訪れ，またその報告に接した私達は，当地での暮らしの様子がいかに事故の重さを伝えるかということを改めて実感致しました。

今号は五十嵐さんのレポートを中心にお届けします。

資料15

チェチェルスクを訪問して

小金井市放射能測定器運営連絡協議会　五十嵐　京子

「チェルノブイリに放射能測定機をおくる会」に同行して、4月21日から5月1日にかけて初めて被災地を訪ねてきました。小金井では1986年のチェルノブイリ原発事故を契機として市民が測定作業を行う方式で放射能測定室を設置しており、これまで「おくる会」にカンパ活動をしてきた事もあり、仲間から一度現地を見てきた方がという声に押される形での出発でした。ただそれだけではなく1月に起きた阪神大震災が何となく頭の片隅にあり、原因は異なるとはいえ、被災地の様子を見たいという思いがあったことも、訪問を決心させた要因でした。

ビザを取るために一度モスクワに入り、夜行列車でベラルーシのゴメリへ。そこから車で目的地チェチェルスクに入ったわけですが、始めてみるロシアの広大な自然の風景に目を奪われており、チェチェルスクに着く直前になって汚染地帯だという事を思い出したくらい被災地という言葉とは無縁な風景が目前に広がっているだけだした。

事前に小泉先生から事故当時よりも更にソ連崩壊によっての混乱で必ずしも良い状態ではないと聞いていましたが、ロシアに入ってまず感じたのは経済的な状態が良くないということで、それは最後までついて回りました。

チェチェルスクにて

4月23日にチェチェルスクに着いてから1週間、主に菅井先生や安藤さんと行政の方々に会って事故の被害状況や事故対策や財政状況を聞いて歩きました。日本であれば行政に調査に行けばまず、調査項目に関する資料がなにかしら出てくるものです。その資料がなかなか出ないので、通訳を介して口頭で聞き取りをするわけですが、いまひとつ胸に落

ちる説明が聞きにくいのと、何とか資料が欲しいと頼み込んで手に入れてもコピーがすぐできない、もちろん文字もわからないという予想のつかない不便さを感じつつも何度か行政を訪ね、同じ人と２～３度話をする中で、具体的な農業への影響や事故対策を聞くことができたのは、現地を訪ねた甲斐があったというものでした。

農業が主たる産業なので、事故の汚染が与えた影響は確かに大きく、麦の生産量の事故以前の８０％はまだましにしても、じゃがいもの方は５％以下に、牛も半数以下に減ってしまい、羊は毛の中に放射能が残るために現在はほとんどいなくなり、亜麻の生産もなくなってしまったという説明は、重い事実として事故の大きさを見せつけるものでした。しかもこの汚染はこれからどの位の間続くかわからないのです。

チェチェルスクの人口は１万人から６千人に減り、世帯数でいうと１６００世帯の人々が移住して主にミンスクなど都市に引っ越して行ったそうです。最近になって１０世帯の人が移住先での暮らしがうまく行かず、戻ってきたと聞きました。人間が暮らすということの難しさを思います。仕事や社会的な理由と聞きましたが、暮らすということは場所があれば良いというものではないということでしょう。そうした実態にどこまで行政が対応できるのでしょうか。事故は根本のところから住民の生活を変えてしまったのです。

事故対策について

現地での事故対策としてまず道路の舗装があります。実際に私たちが“たんぽぽ”という測定器で測ったところ舗装された道路の上は値が低く、すぐ脇なのに草原のところが高いというのは不思議でした。そして特に病院や幼稚園など弱い者が集まるところの土を測

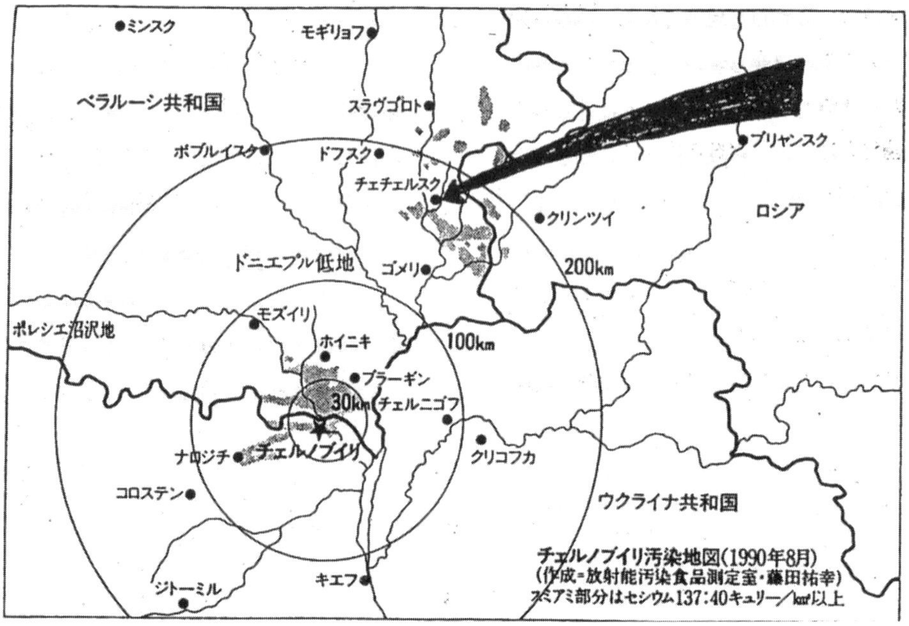

チェルノブイリ汚染地図(1990年8月)
(作成=放射能汚染食品測定室・藤田祐幸)
スミアミ部分はセシウム137：40キュリー／km²以上

り、汚染の高いところの土を入れ替えるという作業や、ペチカに使う木材が汚染されているところから天然ガスへの切り替えを計画しておりパイプラインの工事のことなど汚染対策を聞きました。

子供たちへの対策はできるだけやっているという印象を受けました。子供たちは年２回サナトリウムに出かけます。ちょうど私たちが訪ねた時に出かけるところを見かけましたが、今年は６００人の子供たちがイタリアに出かけるそうです。８６年には２か月間子供たちを移動させたそうですが、事故後３年間はその別れが悲惨な状況だったとか、今では親たちも子供のためと思って整然と送り出すそうです。その他に、学校では給食室が日本のランチルームのような状態で作られており、放射能測定をした安全な食品を食材料にして朝と昼の２度の食事をとるようになっています。

ちょうど丸９年目を現地で迎え、事故に関してはある意味で落ち着いている印象を受けました。子供たちをサナトリウムに送り出すのも整然となされ、事故対策についても行政の説明は淡々となされます。汚染自体がなくなるわけではないにしても対策は一応計画が提示され、移住・除染・ガスパイプラインの設置・住宅政策・子供たちへの対応等々の対応策を聞くことができました。今問題なのは財政です。インフレがひどく特にここ３年位は極端だそうで、昨年は４～５回予算を組み替えたとか。パンが以前の１万倍の値段になっています。汚染対策費はチェルノブイリ基金と言って、全ての事業者が年２％の税金を出して財源としている基金から来ることになっていますが、インフレがひどくてなかなか計画が進まないのが実態でした。

例えばインフレがひどくても、以前であれば豊かな自然の恵みである森のきのこや木の実を採って食べることができたのに、今はそれができない。しかも森は昔と同じように豊かな緑と風景を人々に与えてくれているのに、入ることができない。残酷な事実をこの目で見てきました。ちょっとの間森に入りその美しさに感動を覚えてきましたが、美しければ美しいほど重苦しく事故のことを感じなくてはいけないことは辛いことでした。

「どんな援助を望みますか」と言う私の問いに副市長さんは、自分たちで解決したいとおっしゃいました。もっともだと思います。事故直後は確かにいろんな形で周囲の援助が必要でしょう。しかし復興していく段階になると、結局そこの人達が自分たちでやっていかなければいけないことなのでし

— 4 —

ょう。私たちは隣人としてそこに住む人達の自立を願いたいし、その範囲での協力はしなければと思います。

日本のような開発された豊かさにはない広大な自然がそこにはありました。便利で発達した今の日本には、その便利さと引換えに生じた多くの弊害で悩んでいる姿があります。だからこそよけいに身に見えない放射能という汚染の重さを感じた旅でした。

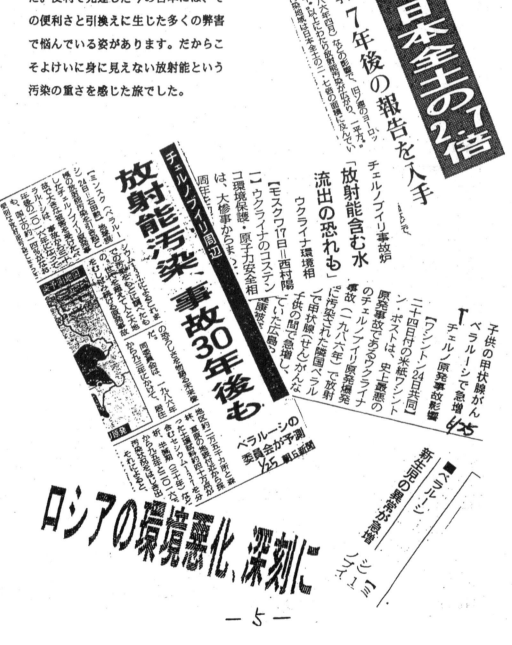

チェルノブイリ事故

汚染地域、日本全土の2.7倍

京大助手 7年後の報告を入手

毎日新聞 7/28

チェルノブイリ原発事故（一九八六年四月）などの影響で、旧ソ連のヨーロッパ部分の東西、南北それぞれ二千㌔以上にわたり放射能汚染が広がり、一平方㍍当たり〇・一キュリー以上の汚染地域は日本全土の二・七倍の面積に及んでい

チェルノブイリ事故炉

「放射能含む水流出の恐れも」

ウクライナ環境相

【モスクワ17日＝西村陽一】ウクライナのコステンコ環境保護・原子力安全相は、大惨事から…

子供の甲状腺がん ベラルーシで急増

チェルノ原発事故影響 4/25

【ワシントン24日共同】二十四日付の米紙ワシントン・ポストは、史上最悪の原発事故であるウクライナのチェルノブイリ原発爆発事故（一九八六年）で放射能に汚染された隣国ベラルーシで甲状腺（せん）がんが子供の間で急増し、…ていた広島…

チェルノブイリ周辺

放射能汚染、事故30年後も

ベラルーシの委員会が予測 4/25 朝日新聞

【ミンスク（ベラルーシ）24日＝石田勲】地球規模の放射能汚染を引き起こしたチェルノブイリ原発事故で大きな被害を受けたベラルーシは、事故から三十年後の二〇一六年になっても、国土の約一四％がなお…

…シウム137によるこれまでの汚染をもとに調べたもの。世代を越えて人と大地をむしばみ続ける原発事故の恐ろしさを物語る未来像だ。

同委員会は、一九八六年から九三年にかけて、居住地区約二万五千カ所と森林、草原の地表付近から採った土壌試料約四十万点が含むセシウム137を分析、半減期（三十年）などから九五年と二〇一六年…汚染状況をはじき出…それによると、

ロシアの環境悪化、深刻に

■ベラルーシ

新生児の異常が急増

—5—

資料15

1994年度&1995年度　測定結果一覧表

(1994. 4～1996. 3)

測定品目	件数	原産国	測定結果（ベクレル／kg）
小麦粉（パン粉・スパゲッティ うどん・ラザニア・パスタ 食パン・マカロニ）	9	イタリア・日本 フィンランド・不明	放射能は 検出されませんでした
香辛料（ローリエ）	1	不明	〃
水道水	1	市内	〃
乳製品（牛乳・乳児用液体ミルク プロセスチーズ・エバミルク 粉ミルク・ナチュラルチーズ）	17	日本・フランス イギリス・アメリカ アイルランド フィンランド・不明	〃
きのこ（干し椎茸・ふくろたけ オイスターマッシュルーム マッシュルーム）	5	日本・マレーシア 台湾・フィンランド	〃
マッシュルームクリームスープ	1	ドイツ	〃
茶（ウーロン茶・中国茶）	4	台湾・中国	〃
（1986年産緑茶）	1	日本	１２．５９（セシウム）
海草（干わかめ・もみのり 岩のり・地のり）	4	日本・不明	放射能は 検出されませんでした
クッキー・ビスケット	5	デンマーク・ラトビア ベラルーシ	〃
メイプルシロップ	1	カナダ	〃
ジャム （ブルーベリー・きいちご）	2	フランス フィンランド	〃
ビーツ水煮	1	ロシア	〃
人参ジュース	1	ロシア	〃
レトルトカレー	1	不明	〃
フレンチオニオンスープ	1	アメリカ	〃
オリーブオイル	1	イタリア	〃
白ごま	1	不明	〃
春雨	1	中国	〃
魚類（さば干物・煮干し）	2	ノルウェー・日本	〃
肉類（豚肉缶詰）	1	リトアニア	〃
（トナカイ燻製）	1	フィンランド	２３２．１３（セシウム）

計　６２件（この他に保育園・学校給食食材として56件測定）

・セシウムはチェルノブイリ事故により大量に放出された放射能です。
（過去のビキニや中国での核実験により地表に蓄積されている放射能でもあります。）

・ＮａＩ検出器にて測定しました。（6時間測定）

—６—

やっぱり起きた

『もんじゅ』事故

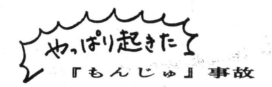

昨年12月8日，高速増殖炉「もんじゅ」（福井県敦賀市）において大量のナトリウムが漏れ炎上する事故が起きました。　ナトリウムの漏洩量は，推定700キログラムとされていますが，運転中の配管からのナトリウム漏れとしては高速増殖炉史上で最大の規模であるということです。　事故後さまざまな問題が明らかになりました。　以下が主なものです。

①事故の安全解析上の問題

原子炉設置許可申請書では二次系配管室でのナトリウム漏洩事故を想定しての安全解析をしていますが，そのシナリオは実際の事故と大きく違いました。想定ではナトリウムは漏れても貯蔵タンクに回収されるとなっていたのに実際にはすべて燃えてしまったのです。

②原子炉を緊急停止しなかった問題

運転員は運転マニュアルに従って対応したということですが，マニュアルが不十分でしかも現場の運転員には緊急停止の権限がなかった為，直ちに原子炉は止められませんでした。

③ナトリウム漏れ後の無対策

ナトリウム用消化器はいっさい役にたたず，また空調もとまらなかったために火災は続きました。

④通報連絡の遅れ

動燃から県や敦賀市への連絡は事故発生から一時間あまり遅れました。通報体制の改善も強く求められています。

⑤事故隠しの問題

動燃は事故現場のビデオの核心部分をカットして編集し，また最初に事故現場を撮影したビデオについては隠していたことがその後明らかになりました。これらの事故かくしについては科学技術庁の責任も問われてきます。

資料
15

『もんじゅ』はこれからどうなるのでしょう。一刻も早く永遠の眠りにつかせてあげたいものです。

高速増殖炉「もんじゅ」の冷却と発電のしくみ

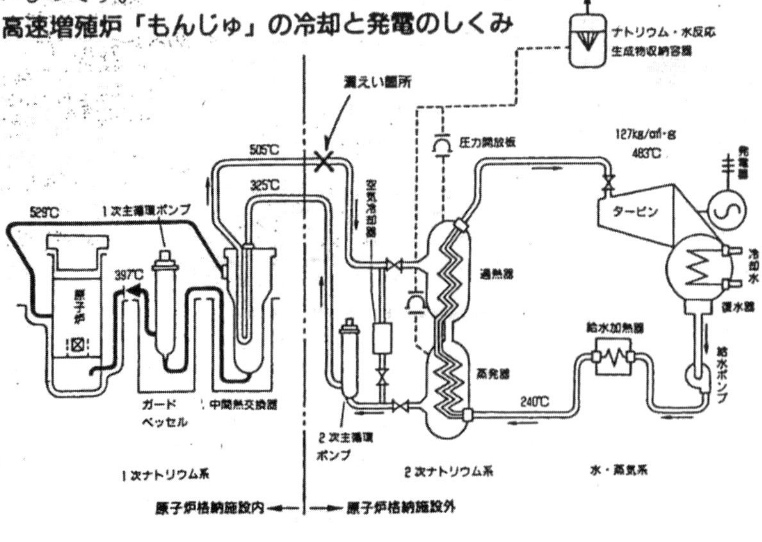

▶測定依頼をお寄せください!!

申し込み方法等は　です。よろしくお願いします！

なお、実際に測定にかかわってみたい方、また協議会に参加したい方、いつでも募集していますのでご連絡ください。大歓迎です。

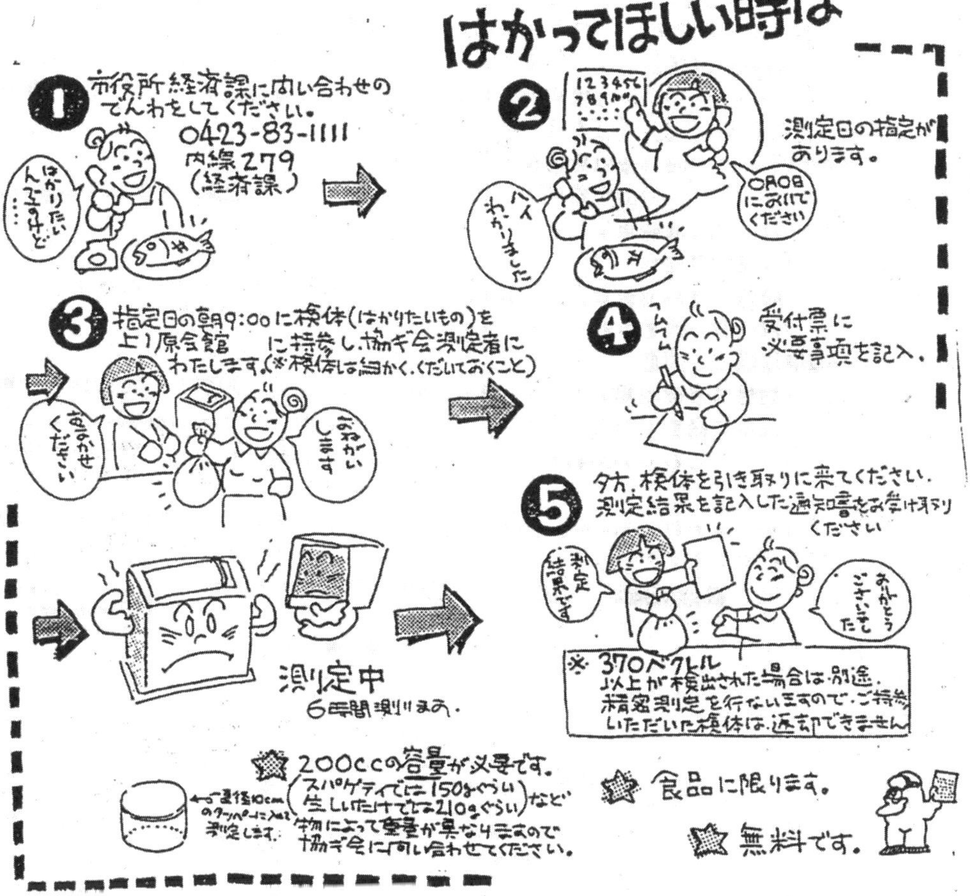

— 8 —

こがねい 1997.4. 第4号

放射能測定室だより

発行　小金井市放射能測定器運営連絡協議会
連絡先　小金井市梶野町1-3-17　大堀荘
Tel. 0422-54-0134　（荒木）

―発足から8年目を迎えます―

新しい年度を迎え，1990年 7月に発足した私達放射能測定器運営連絡協議会の活動も，おかげをもちまして8年目に入ろうとしております。

一般市民の方から依頼を受けた食品の測定をはじめ，学校，保育園給食食材の測定を続けて参りましたが，測定という作業を通して私達も多くのことを学ぶことができました。　また，この間たくさんの方々にご協力，ご教示を戴きましたことを一同心より感謝致しております。

さて，一昨年末の“もんじゅ”事故に続いて，今年 3月に起きた動燃再処理工場での事故は地元住民の方々のみならず，原発に囲まれて暮らす私達にとって大きな衝撃でした。

核実験やチェルノブイリ原発事故の残した汚染の爪痕に心を砕いてきた私達は，今ここで原子力防災のあり方を探っていくことの必要性を切実に感じ，また同時に自分達自身で測定手段をもつことの意義を改めて認識している次第です。

皆様方には今後ともどうか宜しくご指導，ご鞭撻の程を頂戴しますよう，お願い申し上げます。

―1―

『 よくわかる放射能の話 』

ーもしも原発事故が起こったら
小金井での暮らしは.......?ー

3/22
講演会でのお話より

去る2月22日私達協議会では東京都アイソトープ研究所の職員である高田茂さんを講師にお招きし，上記のタイトルで講演会を行いました。以下に伺ったお話をまとめてみました。

★ 放射能と放射線とはどう違う?

放射能と放射線とは混同されることがよくあるのですが,放射能とは放射能力を帯びた物にある性質を言います。放射線とは放射能をもつ物質より発する線の事です。（光源と光線に例えてみると解りやすいようです。）人に害をあたえるのは放射線の方です。

★ 事故の際に窓に隙間テープを貼ることや戸外で口,鼻を覆うことが有効と言われるのは?

放射線による直接の被爆のほかに放射能を帯びた細かいチリを吸い込むことによる被爆が考えられます。体内にはいりこんだチリにより体の内部から放射線をうけることになるので,それらを防ぐことが必要になります。

★ ヨウ素剤を服用することで被爆による障害から身を守るというのは，どういうことでしょうか?

放射性ヨウ素の降下が予想される際にはそれが体内に入り込む前にヨウ素剤（ヨウ素カリウム）を服用することにより,内部被爆に

―2―

よる甲状腺障害を防ぐことが可能です。チェルノブイリでは事故後子どもの甲状腺ガンが多く報告されましたが,子どもは大人の10倍もの影響を受けると言われています。放射性ヨウ素にさらされる前の服用は大変有効ですが,副作用が現れる場合もあります。ヨウ素剤の代わりに海草でも少しは役に立つということです。

★ 事故の際,情報は正しく迅速に得られるのでしょうか?

異常に気がついても事態が正確に把握できない,というのが現場の実情ではないかと考えられます。従って事故が起こっても情報がうまく手に入らない可能性が大きいでしょう。自分達の手で検知する方法としてまず挙げられるのは「測定検知器を購入しておき,常にそれが正常に機能するかチェックを怠らないこと」です。また,外気を掃除機で吸い取りたまったチリを測定器で測ることにより,事故によってどのような放射性物質が放出されたのかを知ることが出来ます。

この講演会から1カ月も経たない3月11日におきた動燃東海再処理工場での事故においては,モニターが外部への放射能漏れを感知していたにもかかわらず動燃側は「放射能漏れはない」との発表をくりかえし,現場周辺には何の報告もありませんでした。早急に事故の詳細を明らかにさせるとともに徹底的な原因の究明,そして動燃の責任を追及することが必要と思われます。

―3―

資料16

１９９６年度 測定結果一覧表

(1996. 4〜1997. 3)

測定品目	件数	原産国	測定結果（ベクレル／kg）
香辛料（1986年産ローリエ）	1	不明	４９４．７１（セシウム）
（ローリエ）	1	〃	２０．５１（セシウム）
乳製品（牛乳・クリームチーズ 粉ミルク・チーズフード ナチュラルチーズ スキムミルク）	14	日本・フランス	放射能は 検出されませんでした
きのこ（干し椎茸・椎茸もどし汁 オイスターマッシュルーム もどし椎茸・椎茸茶）	6	日本・台湾・中国	〃
（干し椎茸）	1		１８．７８（セシウム）
（ 〃 ）	1		４５．７８（ 〃 ）
茶（ウーロン麦茶・緑茶・紅茶）	3	日本・不明	放射能は 検出されませんでした
（1986年産緑茶）	1	日本	２６．６４（セシウム）
海草（あおさのり・わかめ）	3	日本・不明	放射能は 検出されませんでした
小麦粉（スパゲッティ）	1	イタリア	〃
クッキー	2	オランダ・デンマーク	〃
魚類（アジ干物）	1	不明	〃
ワイン	3	ドイツ・フランス・日本	〃
乳酸菌飲料	1	日本	〃
苺ジャム	1	ベルギー	〃

計　４０件　（他に保育園・学校給食材を３０件、
テストとして１９件測定）

＊テストのうち３件は３月の『茨城県東海村の動燃最処理工場の火災事故』の影響を調べるため、市内の葉物などを測定したもので、放射能は検出されませんでした。

☆セシウムはチェルノブイリ事故により大量に放出された放射能です。
（過去のビキニや中国での核実験により地表に蓄積されている放射能でもあります。）

☆ＮａＩ検出器にて６時間測定しました。

—４—

放射能測定器は測定方法を
見学してみたい方は前もって
ご連絡いただければ日時を
打ち合わせの上，ご覧いただく
ことが出来ます。

実際に測定にかかわってみたい方，
また協議会に参加したい方，いつでも
募集していますのでご連絡下さい。

現在協議会は５つの団体会員と
１０名の個人会員とで構成されて
います。

講演会や学習会の開催も行って
います。市民掲示板等でお知らせ
していますので，ぜひご参加下さい。

食品の測定依頼お待ちして
おります。（６ページをみてね。）

会員募集中です❣

▶測定依頼をお寄せください!!

申し込み方法等は です。よろしくお願いします!

なお、実際に測定にかかわってみたい方、また協議会に参加したい方、いつでも募集していますのでご連絡ください。大歓迎です。

はかってほしい時は

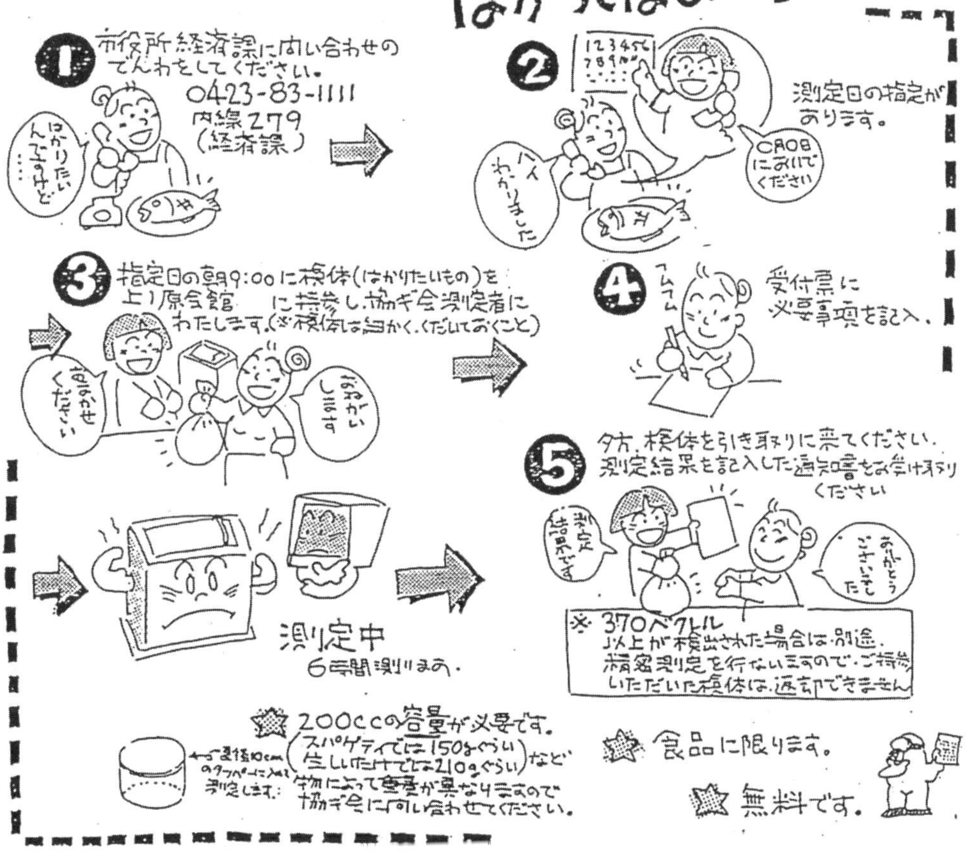

—6—

1998．4月 第5号

こがねい 放射能測定室だより

発行 小金井市放射能測定器運営連絡協議会
連絡先 小金井市梶野町1-3-17 大塩荘
Tel．0422-54-0134 （荒木）

昨年10月の消費生活展において展示の機会を得ました「チェルノブイリの子ども達の絵画展」をご覧になりましたか？ 原発事故から12年目を迎えるチェルノブイリでは小児甲状腺ガンが増加し続けています。犠牲者である子ども達が描いた放射能被害の絵は、その絵筆の跡を通して私たちの胸を強く打つものでした。

汚染を受けた地に暮らす人々を忘れることなく、今年度も測定を続けていきたいと考えております。

’97年度　私達の活動　より

私達協議会では市民の方から測定の依頼を受けた食材を測定するほか市内の学校、保育園での給食材料を測定していくことを中心に活動しています。発足当初は向き合っただけで目が点になった測定器とも８年の付き合いになりました。月に一回の定例会で測定の当番を決め、測定結果の検討、その他活動全般についての細かな打ち合わせ等を行っています。’97年度を振り返り、この１年間の測定外活動の内、主なものをまとめてみました。

’９７年

５月　「アースデー」に参加
動燃東海村の事故について経過等をまとめたパネルを作成、展示。

９月　緊急体制マニュアル作成に着手
三月の動燃事故の際、急遽臨時の測定を行う等の対応をとりましたが、緊急時の体制作りの必要性を強く感じたため、マニュアルを作ってみることになりました。「緊急時」はいつくるか判らない、という現実に備えたいと考えています。

１０月　「消費生活展」に参加
チェルノブイリ子ども基金からお借りしたチェルノブイリの子ども達の絵画(原画)を展示。会場で同基金への募金が9000円近く集まりました。

１０月　「なかよし市民まつり」に参加
毎年おなじみになった協議会のリンゴ売り。リンゴは青森県で低農薬リンゴを作っている伊藤さんから。トリもも肉ともどもおかげ様でほとんど毎年完売です。売上の一部は「チェルノブイリに放射能測定器を送る会」にカンパして参りました。毎度ご協力いただき、有り難うございます。

— 2 —

'98年

1月　　学習会「'97 京都会議の報告」を開催

講師としてＮＧＯの立場から京都会議に出席された市民エネルギー研究所の安藤多恵子さんにおいでいただきました。

お話の内容は…

京都会議がいかに国際的ネゴシエーション（交渉）の場としてあったか、というお話をきくことが出来ました。排出量を減らしたくない国が途上国の排出権を金で買うという排出権売買取り引きの話、環境をビジネスの格好のタネにする先進国の産業界の話、また共同実施活動（排出量を減らせる技術を開発し、その技術を共同プロジェクトで途上国にも使わせた場合は、支援した分途上国の排出権を譲ってもらうという内容）の話等々。これらを聞いていると Co_2 削減に向けて各国は果たして本当の意味で歩み寄っているのだろうか？という疑問を持たざるを得ません。ＮＧＯの一団体として参加した市民エネルギー研究所としては、「Co_2 問題に対しては、こんなにエネルギーを使う今の暮らしに NO と言うことでしかない。原発に対しても同じです。」という考えである、ということです。

参加した会員の感想

安藤さんのお話しはとてもわかりやすく、２時間の学習会があっという間に過ぎました。この日から私自身も新聞とか雑誌で環境の文字が目につくようになり、関心が深まりました。一人一人の自覚がとても大切なことで多くの人にこのような講演会に参加して意識を高めてもらうことがとても大事なことだと思います。

— 3 —

資料 17

９８年

２月　学習会「Co_2の削減とこれからのエネルギーの在り方」を開催

講師として東大アイソトープ総合センター研究員であり「チェルノブイリに放射能測定器を送る会」のメンバーである小泉好延さんにおいでいただきました。

お話の内容は…

Co_2を減らすには、

①エネルギー使用量を抑制し排出量を減らす。

②エネルギー使用量を減らすことなく、効率を上げることにより実質的に排出量を減らす。

③かわりに原子力エネルギーを使うことによりCo_2の排出量を減らす。

といった方法があげられていますが、欧州では現在①の方向に少しずつシフトしています。小泉先生は数々のデータを使って私たちが今現在、過去と比較してどれだけ大量の資源・エネルギーを消費する社会に生きているか、また、今後Co_2を削減しつつ原発をも廃止していくというシミュレーションを試みた場合、電気供給計画に負担をかけずにこれを達成できるということを示して下さいました。

Co_2排出抑制の為には今後原発を２０基程度増設するしかない、とする日本政府の主張は、結果として放射能汚染の拡大につながり、環境総体で考えてみると何の意味もないというお話は強い説得力を持つものでした。

それにしても日本政府が国家予算の内、原発の研究、開発の為に年間 5000億円もの助成金を使っているとのお話には一同びっくり。ちなみに自然エネルギーの研究費は原子力研究費の 8.5％と極めて少ない、というのが現状です。

―４―

'９８年

２月　　「消費者ルームまつり」で測定室を公開

パネルも展示しました。

３月　　講演会「チェルノブイリからの便り」
　　　　　　－その救援活動を聞く－　　を開催

講師として「ＪＣＦ／日本チェルノブイリ連帯基金」（本部：長野県 松本市）事務局で活動されている神谷さだ子さんにおいでいただきました。

お話の内容は‥

'91年からチェルノブイリ救援活動を続けてこられたＪＣＦのこの間の支援活動を現地で撮影したビデオを交えて伝えていただきました。現地では事故後放射能被爆による甲状腺疾患、白血病が年々増加。地中に残った放射能が農作物やミルクを通じて体内に入ることでの被爆もあり、子どもの被害者が多く報告されています。ＪＣＦでは治療上の支援だけでなく、現地の人々との交流を深めるための活動、被害の実態の調査等、信州大学医学部の先生方ほかたくさんの方々の協力を得て、着実な成果を挙げてこられました。今回のビデオでは日本人スタッフと現地スタッフが共同で白血病治療の為の手術に取り組んでいる様子を見せていただくことができました。現地ベラルーシとでは施設、設備事情の相違、医療現場のシステムの違いがある上に、加えて、医薬品、医療物資の欠乏、言葉や習慣の壁等、さまざまな困難とともに７年間の活動があったことがよくわかりました。成果のひとつとして、'91年当時は10％以下だった当地の白血病完快率が'94年には70％を超えた（日本では90％以上だということです。）というお話には胸が熱くなる思いが致しました。ＪＣＦでは、当地の医療レベル全体を上げていくほか、医療技術を向上させていくという面でのバックアップにも力を注いでいきたい、今後は患者の家族のケアも考えていきたい、ということでした。

—５—

資料17

１９９７年度 測定結果一覧表 (1997.4月〜1998.3月)

測定品目	件数	原産国	測定結果（ベクレル/kg）
乳製品（牛乳・モザレラチーズ 粉ミルク・スモークチーズ スキムミルク・珈琲用粉ミルク）	8	日本・ドイツ・オランダ	放射能は 検出されませんでした
きのこ（干し椎茸）	1	中国	〃
（　〃　）	1	日本	３２．８７（セシウム）
（　〃　）	1	日本	２２．５４（　〃　）
茶（薬草茶・ジャスミン茶 紅茶・緑茶）	6	日本・中国 スリランカ・インド	放射能は 検出されませんでした
海草（わかめ・とろろ昆布）	2	韓国・日本	〃
小麦粉（小麦粉・スパゲッティ ふすま・うどん・マカロニ）	8	日本・イタリア	〃
調味料（味噌・ケチャップ）	2	日本	〃
野菜類（干し芋・葉物・米）	3	日本	〃
蜂蜜	1	ニュージーランド	〃
あひる肉缶詰	1	フランス	〃
片栗粉	1	日本	〃
ココア	1	日本	〃
コーヒー	1	日本	〃
クッキー	1	日本	〃
ワイン	1	フランス	〃
煮干し	1	日本	〃
プリンミックス	1	日本	〃
きな粉	1	日本	〃
レトルトきのこリゾット	1	日本	〃
チョコチップ	1	日本	〃
香辛料（胡椒・胡麻）	2	アメリカ・日本	〃
（1986年産ローリエ）	1	不明	４２８．９５（セシウム）

計　４７件（他に保育園給食材を１５件、学校給食材を１４件 計２９件測定）

☆セシウムはチェルノブイリ事故により大量に放出された放射能です。
（過去のビキニや中国での核実験により地表に蓄積されている放射能でもあります。）

☆ＮａＩ検出器にて６時間測定しました。

—６—

資料
17

表紙でご紹介したチェルノブイリの子ども達の描いた絵を、彼らの詩とともにまとめた本が出版されています。

『生きていたい ーチェルノブイリの子ども達の叫びー』

（「チェルノブイリ子ども基金」・編　小学館・刊 ）

印税は治療費、保養費として現地に送られるということです。

昨年末に東京でもロードショー公開された日本・ベラルーシ合作映画「ナージャの村」が話題を呼んでいます。
3月に松本から講演に来て下さった神谷さだ子さん(5頁参照)はこの映画に製作段階から携わってこられました。現在全国各地で上映運動が展開されています。たくさんの方にこの映画と出会ってほしいと願っています。

協議会では会員を募集中です。見学、お問い合わせ等お気軽にどうぞ。

CLIPPINGコーナー

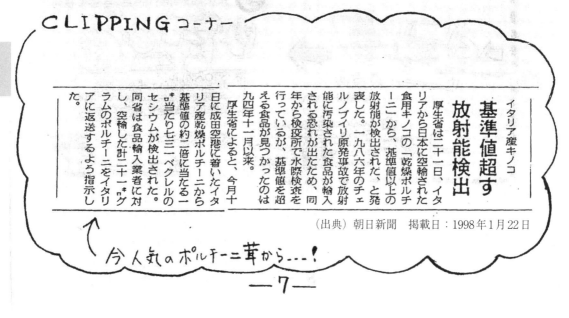

イタリア産キノコ

基準値超す放射能検出

厚生省は二十一日、イタリアから日本に空輸された食用キノコの「乾燥ポルチーニ」から、基準値以上の放射能が検出された、と発表した。一九八六年のチェルノブイリ原発事故で放射能に汚染された食品が輸入される恐れが出たため、同年から検疫所で水際検査を行っているが、基準値を超える食品が見つかったのは九四年十一月以来。

厚生省によると、今月十日に成田空港に着いたイタリア産乾燥ポルチーニから基準値の約二倍に当たる一キロ当たり七三二ベクレルのセシウムが検出された。同省は食品輸入業者に対し、空輸した計二十一キログラムのポルチーニをイタリアに返送するよう指示した。

（出典）朝日新聞　掲載日：1998年1月22日

↑今人気のポルチーニ茸から…！

—7—

▶測定依頼をお寄せください!!

申し込み方法等は　です。よろしくお願いします!

なお、実際に測定にかかわってみたい方、また協議会に参加したい方、いつでも募集していますのでご連絡ください。大歓迎です。

はかってほしい時は

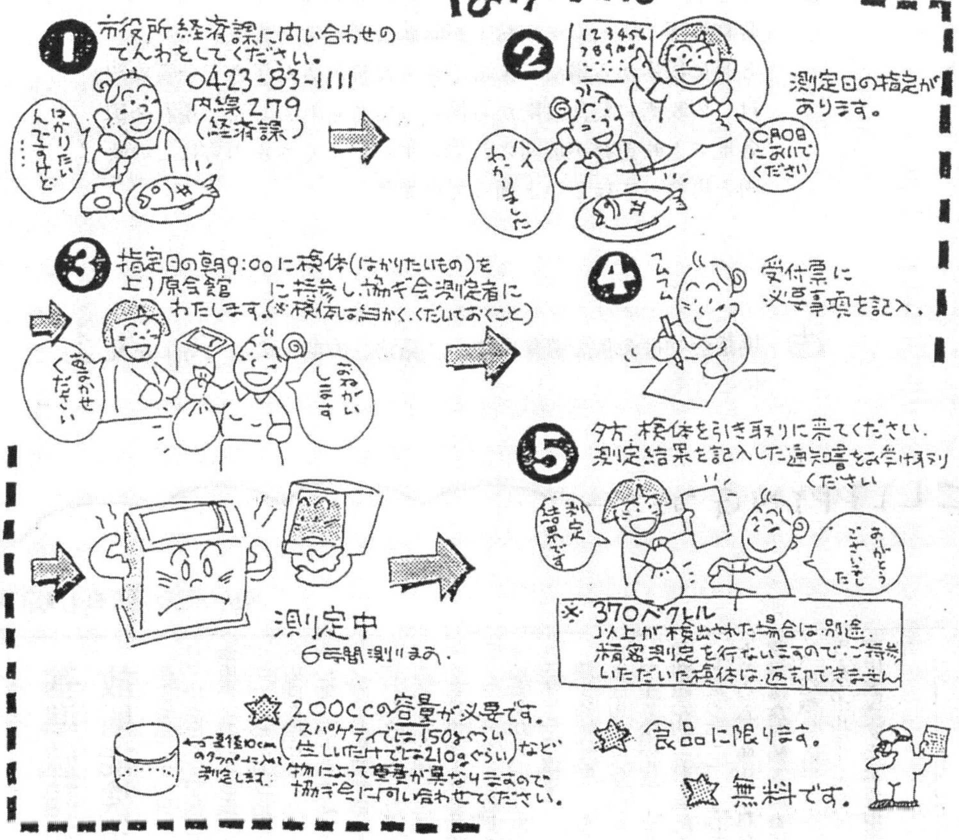

こがねい　1999.4.　オ6号

放射能測定室だより

発行：小金井市放射能測定器運営連絡協議会
連絡先：小金井市 緑町 2-14-29-12
Tel. 042-386-5730　（荒木）

毎年お届けしている「測定室だより」も今号で6号を数えます。おかげさまで私達協議会も実り多い一年を終え、新会員を迎えて新しい年度のスタートを切ろうとしています。今年度もどうかよろしくお願いいたします。

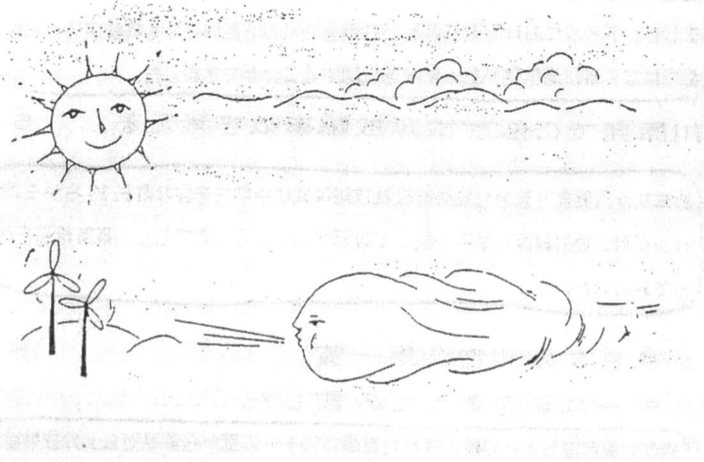

昨年の消費者展においては、自然エネルギー発電をとりあげた広河隆一さんによる写真を展示致しました。太陽光発電や風力発電のほかに地熱発電、潮汐発電等々自然の持つエネルギーをうまく発電に生かした発電施設の写真を見ることができました。阪神大震災でライフラインがストップした際、自然エネルギー発電による電気が役に立ったという話は初めて知りました。海外では随分開発、実用化が進んでいるようです。

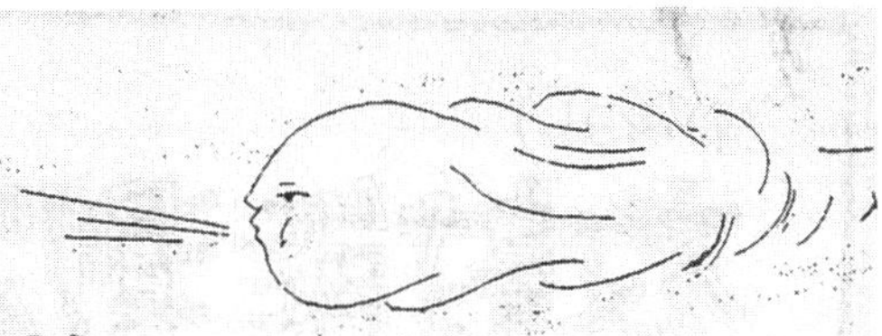

もくじ

● 定例会100回を迎えて 3

協議会の発足より私達は毎月一回の定例会を持ち、次の月の測定体制を整え、測定結果を検討して参りました。今年3月でその定例会も第100回を迎えました。8年半に渡るこれまでの活動が 100 という数字に表われたことに私達は大きな喜びをかくせません。

● 『行政とともに進める市民運動』
―安藤多恵子さんのお話を聞いて― 4

昨年 11 月に市民エネルギー研究所の安藤多恵子さんを講師にお招きし、〈市民運動と行政のあり方〉をテーマにドイツの現状を例にとってお話していただきました。ドイツにおける市民運動、労働をめぐるお話はとても興味深く、また、都ではなく市に測定室がある意味を確認することができました。

● 女川原発での放射線源被曝事故を考える...... 5

昨年末女川原発で起きた放射能線源被曝事故は中学生を含む町民 19 名がモニタリング用の放射線源を素手で触って被曝するというものでした。事実経過をたどってみました。

● １９９８年度測定結果一覧 6

● ポルチーニ茸を測ってみました 7

昨年の測定室だよりで輸入された乾燥ポルチーニ茸から基準値以上の放射能が検出されたという新聞記事を紹介しました。その後私達はいくつかこの食材を測定してみました。

● はかってほしい時は？ 8

資料 18

定例会　100回を迎えて

定例会が 100回になると気付き、古い資料をひっぱり出してみました。1989～1990 年の間、協議会が設立するまでの間の様々な話し合いの記録、意見交換、文書交換、チラシ、メモ書きが出てきました。 それだけ活発な運動があったからでしょう、いろいろ思い出します。 第一回定例会は 90 年 7月21 日。その議事録を見ると、おまつり、講演会の準備等話し合われています。定例会の記憶は議事録を読んでもちょっと思い出せませんが、その他の紙、たとえばメモ書きに当時の会話が聞こえてきそうです。 いろんな人に出会いました。 何度も話し合いました。 そうした中で、放射能測定室運営準備会が出来、今の協議会が設立し、定例会を毎月開いていくことになりました。

第一回から第百回まで話し合われていることは、そんなに変化はないでしょう。 ひたすら会の運営について話し合っています。 こうして 100という数字をみつめますと、よく続いて来たなあ、と自分達を誉めてあげたい気持ちでいっぱいです。

月並みな表現ですが、ここまで続くとは思いませんでした。 一人一人の力でここまで引っ張って来たと思います。 皆さん、これからもどうぞよろしく。

協議会会長　荒木 牧子

—3—

資料18

『行政とともに進める市民運動』

—市民エネルギー研究所員　安藤多恵子さんのお話を聞いて—

環境対策の先進国として知られるドイツですが、その施策には行政と市民の協力が大きな力になっているようです。お話の中から2つだけ紹介すると、大きなものでは『原子力政策』です。チェルノブイリ事故当時のドイツでは、放射能に対する警戒心は、日本よりもずっと薄かったそうです。それが市民が情報を得ることによって、最初は安心して粉ミルクを与えたいという小さな運動が起こり、だんだんに大きくなって国の政策として脱原発を決めるところまできました。

小さなものでは、日本でも導入の待たれるデポジット制。ある州ではこの値段を決めるのに、市民、企業、行政が話し合って2年かかって、商品の半額と決めたそうです。

このようなお話を聞くと、「うらやましー、でも日本じゃとても」と思ってしまう、私たちの行政に対する深ーい不信感。それは水俣病をはじめとする今までの公害問題で、いつも被害者の救済を遅らせてきた『お上』のやり方を見てきたせいなのですが、この不信感をなくすには、「徹底した情報の開示しかない。また開示される情報はデータの取り方等が、比較検討できるものでなければならない」という安藤さんの言葉に、改めて情報公開の意味に気づきました。

ドイツの学校では言葉の教育をとても重視していて、ある言葉の意味がそこにいる皆の共通の認識になるまで徹底して話し合うそうです。事実を正確に把握することを大事にするのです。そのような土台があるので、行政と市民が情報を共有して、問題解決のために話し合うことができるのでしょう。政策を話し合う場に市民が参加できるシステムがつくられているのだそうです。ドイツでは行政は「自分たちのすることを、代わりにしてくれる機関」なのです。

お話を聞いて、私たちはまず『情報』『言葉』をきちんと扱えるようになることが、市民、行政を問わず、話し合いで問題を解決しようとする時に最も基本的なことでは？と思いました。「こうしてあと10年続けられたら本物になります。」と励ましのお言葉もいただき、明日からの元気のもとになるお話でした。

—4—

女川原発での放射線源被曝事故を考える

昨年末の、女川原発のモニタリング用放射線源で中学生９名、教師６名含め１９名の方たちが被曝した事故は、次のような経過をたどって起きました。

●まず、モニタリングポスト（原発周辺の放射線を測定する機械）の点検のために必要な放射線源（放射能を一定量もっている物質）を、業者が鉛容器に入れたままモニタリングステーションの外に放置していた。そこは中学生たちが自由に近づける場所であり、その鉛容器をさわっている内に蓋がはずれ、中の線源が出てしまった。

●その後気づいた業者が探してみたが線源が小片でもあり見つからず、教師と生徒達３０名に探してもらった。線源は生徒たちによって見つけ出され、その際素手で持って生徒から教師、業者へと返されたために被曝したという。

●さらにこの出来事を説明するために女川町へ行った原子力センターの所長が危険はないとしてこの線源を町職員に手渡したために、またここでも４名の町職員が被曝してしまったというものである。

これは長年、原子力防災を考え続けてこられた富山在住の山本定明さんからいただいた資料に基づいたものです。山本さんがおっしゃるようにこの経過の各局面で見えてくるものは、「異常事態を想定する能力の欠如」であり、「放射線被曝の危険を重視することの欠落」であると言えます。「小さな事故であっても、それによって被曝した人にとっては、大事故での被曝と本質的に同様」であるという山本さんの言葉に全く同感です。

今回の事故をきっかけに、教育の現場から原子力防災を見直してほしい、自分たちの命や生活を自分たちで守るということをもう一度考えてみてほしい、そしてそのことが原発を選択しない町づくりへとつながっていってほしい、と考えます。

被曝した若い中学生たちに何の影響も出ないことを心から願っています。

—５—

資料18

【1998年度　測定結果一覧表】

(1998.4月〜1999.3月)

測定品目	件数	原産国	測定結果
乳製品（牛乳・スキムミルク カマンベールチーズ・粉ミルク・バター）	10	日本・フランス	放射能は検出されませんでした
きのこ（干し椎茸・アガリスク ポルチーニ茸・原木まいたけ）	6	日本・ブラジル・中国	〃
（ポルチーニ茸）	1	イタリア	58ベクレル／kg
（ポルチーニ茸）	1	イタリア	82ベクレル／kg
（ポルチーニ茸）	1	イタリア	45ベクレル／kg
海草（寒天・海苔・とろろ昆布）	3	不明	放射能は検出されませんでした
小麦粉（即席麺・スパゲッティ マカロニ・うどん）	5	韓国・イタリア・不明	〃
ワイン	2	イタリア・ブルガリア&日本	〃
飲料水	1	フランス	〃
プルーンエキス	1	アメリカ	〃
卵（鶏・うずら）	2	日本	〃
きのこご飯の素	1	日本	〃
アーティチョーク	1	イタリア	〃
ポップコーン	1	日本	〃
オリーブオイル・オリーブの実	2	イタリア・ブラジル	〃
トマト水煮	1	イタリア	〃
ぜんまい水煮	1	中国	〃
紅茶・麦茶	3	インド・日本	〃
鳥ときのこのトマトソース煮缶	1	不明	〃
あじ干物・ししゃも・かつお節	3	不明	〃
チェリージャム	1	フランス	〃
リゾットソース	1	不明	〃
寒天	1	不明	トラブルにより 測定できませんでした

計　50　件　（他に保育園・学校の給食材を30件測定）

☆セシウムはチェルノブイリ事故により大量に放出された放射能です。
（過去のビキニや中国での核実験により地表に蓄積されている放射能でもあります。）

☆NaI検出器にて6時間測定しました。

★ポルチーニ茸について…98年1月、厚生省はイタリアから空輸された食用きのこの乾燥ポルチーニ茸（ヤマドリタケ）から基準値を超える1キロあたり 731ベクレルのセシウムを検出し積み戻しを指示したとの新聞報道がありました。人気食材ということもあり、市内で購入し測定してみました

—6—

ポルチーニ茸を測ってみました。

'98 年１月、厚生省はイタリアから輸入された食用キノコの乾燥ポルチーニ茸から基準値を超える１キロあたり７３１ベクレルのセシウムを検出し積戻しを指示した、との新聞報道がありました。基準値を超える食品が見つかったのは'94 年以来のことだそうです。私たちはこの乾燥ポルチーニ茸をいくつか購入し、測定してみました。中国産のものからは検出されませんでしたが、イタリア産と明示されたものからは比較的低い値でしたが、検出を確認しました。（６ページの表を参照下さい。）今後も気になる食品については重点的に測定を続けていきたいと考えています。

♥ 協議会では会員を募集中です。興味のある方、
一緒に活動してみませんか？

♥ 見学、お問い合わせ等もお気軽にどうぞ！

♥ 食品の測定~~以来~~依頼はいつでも受け付けています。
測ってみたい食品がありましたら、ぜひお寄せ下さい。

—7—

資料18

▶測定依頼をお寄せください!!

申し込み方法等は → です。よろしくお願いします!

なお、実際に測定にかかわってみたい方、また協議会に参加したい方、いつでも募集していますのでご連絡ください。大歓迎です

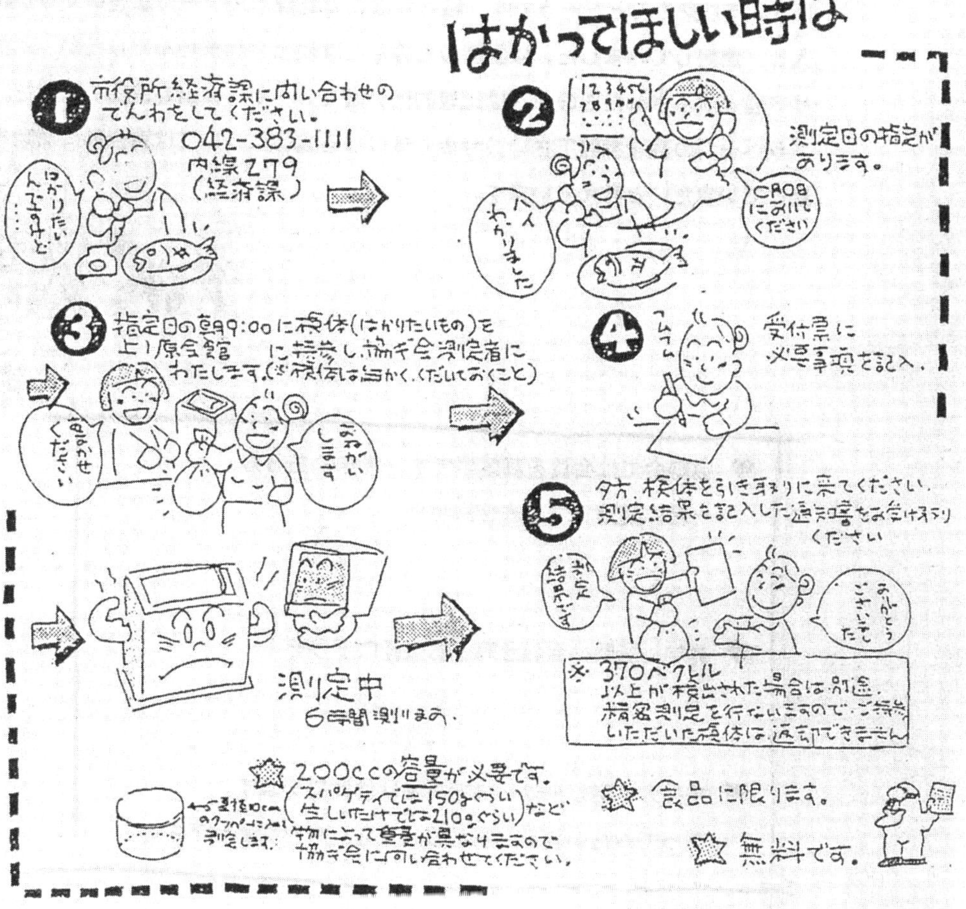

—8—

こがねい　　　　　　　　2000.4.　第7号

放射能測定室だより

発行：小金井市放射能測定器運営連絡協議会
連絡先：小金井市 緑町 2-14-29-12
Tel. 042-386-5730　（荒木）

いよいよ２０世紀最後の年を迎えました。大量殺戮、環境破壊の世紀とされた今世紀もあと数ヶ月となりましたが、今世紀はまた、我々人類自身が地球上のいたる所で放射能汚染を引き起こした世紀であったとも言えるでしょう。来たる新世紀にはもうこれ以上マイナスの遺産を産み出さないことを願いつつ、本年度も測定を中心に活動して参ります。

わたしたちも注目しています

電気の小売自由化ってなあに？

本年3月より大口電力の小売自由化がスタートしました。
電力販売は競争の時代に突入した、と言われています。
建設、運転、維持管理、そして廃炉後にも莫大なコスト
がかかる原子力発電は高い電気料金の犯人！！？

新エネルギーがあちこちで話題になっていますね。新聞、雑誌また国会でもとりあげられるようになりました。それは環境にやさしいエネルギーをという世界的な流れとともに東海村で起きた臨界事故等で原子力への不安も追い風になっていると思います。

そんな中で今年3月21日から大口電力の小売が自由化されました。大口電力の自由化とは簡単に言ってしまえば、いままで電気を売る会社は日本には東京電力など地域分割された電力会社９社しかありませんでしたが、今年３月２１日より他の会社でも電気を売ることができるようになりました。新聞を見てもオリックス、米エンロン、三菱商事、NTT、東京ガス、丸紅等、多くの会社が参加しようとしています。それらの会社は自分で発電設備をつくったり、また自家発電をしている会社から余っている電気を買って現在使われている送電線を電力会社から有料でかりても今の電気代より安くなるとしています。ただし工場、デパート、オフィスビル等たくさんの電気を買う所が対象になりますから、私達一般家庭で使う電気料が安くなるのはまだ先になりそうです。いずれにせよ今の電気代は高いと言えるわけです。

新エネルギーの開発、電力小売自由化が進み日本でもやっと電力供給のありようが多様化していくと思われます。原子力発電に依存してきたエネルギー政策が大きく見直しを迫られる日も近いでしょう。原子力発電所の事故による放射能汚染食品を測り続けている私達はこの大口電力の小売自由化の動きに大きな期待を寄せています。

電力に価格破壊の足音

21日から小売り自由化

大口10—20%安く

NTTなど異業種参入 企業需要の争奪戦に

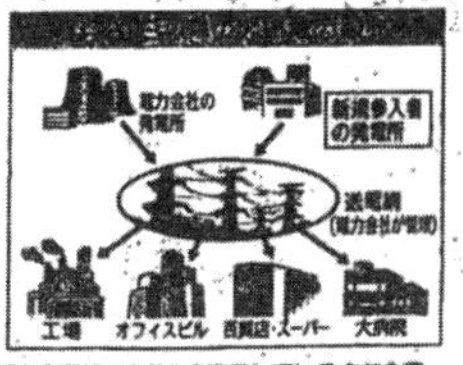

電力小売りへの参入を準備している主な企業

<NTT、東京ガス、大阪ガス>
8月にも共同出資会社を設立。来年度にもNTTグループや大規模施設に売電、将来は自前の発電所建設も視野

<丸紅>
1999年12月、仏複合企業ビベンディと合弁会社を設立。2000年4月に国内電力事業の専門営業組織を本社内に設置

<三菱商事>
2000年3月に電力小売事業会社「ダイヤモンドパワー」を設立。7月にも5万キロワット程度の小売りを開始

<米エンロン、オリックス>
2000年1月、エンロンの日本向け発電事業会社「エンコム」にオリックスが出資。日本法人「Eパワー」を設立

先行の欧米 試行錯誤

英 値決め方式見直し

独 乱売合戦に突入

米 消費者に波及せず

値下げ進まねば 規制緩和加速も 政府

規制緩和の
旗の下にスタートした
電力自由化。

今後はどう
展開していくの
でしょうか。

新エネルギー導入
への
動きも活発に
なってきているよう
です。

(出典）日本経済新聞
掲載日：2000年3月17日

資料19

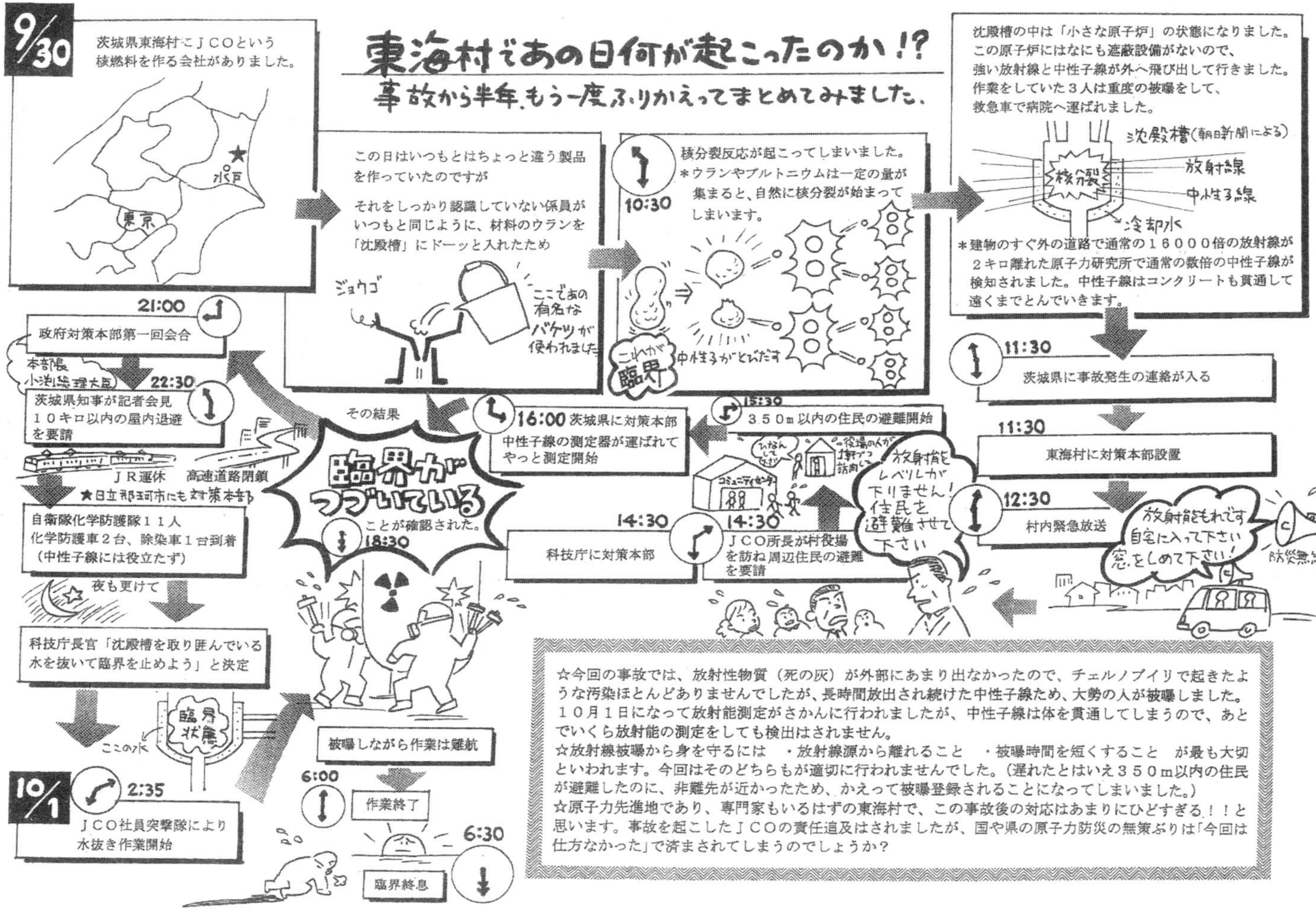
東海村であの日何が起こったのか!?
事故から半年、もう一度ふりかえってまとめてみました。
9/30
茨城県東海村にJCOという
核燃料を作る会社がありました。
水戸
東京
この日はいつもとはちょっと違う製品を作っていたのですが
それをしっかり認識していない係員がいつもと同じように、材料のウランを「沈殿槽」にドーッと入れたため
ジョウゴ
ここであの有名なバケツが使われました
10:30
核分裂反応が起こってしまいました。
＊ウランやプルトニウムは一定の量が集まると、自然に核分裂が始まってしまいます。
これが臨界
中性子がとびだす
沈殿槽の中は「小さな原子炉」の状態になりました。
この原子炉にはなにも遮蔽設備がないので、
強い放射線と中性子線が外へ飛び出して行きました。
作業をしていた３人は重度の被曝をして、
救急車で病院へ運ばれました。
沈殿槽(朝日新聞による)
核分裂
放射線
中性子線
冷却水
＊建物のすぐ外の道路で通常の１６０００倍の放射線が２キロ離れた原子力研究所で通常の数倍の中性子線が検知されました。中性子線はコンクリートも貫通して遠くまでとんでいきます。
11:30
茨城県に事故発生の連絡が入る
11:30
東海村に対策本部設置
12:30
村内緊急放送
放射能もれです
自宅に入って下さい
窓をしめて下さい!
防災無線
15:30
３５０ｍ以内の住民の避難開始
コミュニティセンター
役場の人が
放射能レベルが下りません!住民を避難させて下さい
14:30
JCO所長が村役場を訪ね周辺住民の避難を要請
14:30
科技庁に対策本部
16:00 茨城県に対策本部
中性子線の測定器が運ばれてやっと測定開始
その結果
臨界がつづいている
ことが確認された。
18:30
21:00
政府対策本部第一回会合
本部長
小渕総理大臣
22:30
茨城県知事が記者会見
１０キロ以内の屋内退避を要請
ＪＲ運休
高速道路閉鎖
★日立那珂市にも対策本部
自衛隊化学防護隊１１人
化学防護車２台、除染車１台到着
（中性子線には役立たず）
夜も更けて
科技庁長官「沈殿槽を取り囲んでいる水を抜いて臨界を止めよう」と決定
臨界状態
ここの水
10/1
2:35
JCO社員突撃隊により水抜き作業開始
被曝しながら作業は難航
6:00
作業終了
6:30
臨界終息
☆今回の事故では、放射性物質（死の灰）が外部にあまり出なかったので、チェルノブイリで起きたような汚染ほとんどありませんでしたが、長時間放出され続けた中性子線ため、大勢の人が被曝しました。
１０月１日になって放射能測定がさかんに行われましたが、中性子線は体を貫通してしまうので、あとでいくら放射能の測定をしても検出はされません。
☆放射線被曝から身を守るには ・放射線源から離れること ・被曝時間を短くすること が最も大切といわれます。今回はそのどちらもが適切に行われませんでした。（遅れたとはいえ３５０ｍ以内の住民が避難したのに、非難先が近かったため、かえって被曝登録されることになってしまいました。）
☆原子力先進地であり、専門家もいるはずの東海村で、この事故後の対応はあまりにひどすぎる！！と思います。事故を起こしたJCOの責任追及はされましたが、国や県の原子力防災の無策ぶりは「今回は仕方なかった」で済まされてしまうのでしょうか？

【1999年度　測定結果一覧表】 (1999年4月～2000年3月)

測定品目	件数	原産国	測定結果
乳製品(粉ミルク、牛乳、インスタントコーヒーミックス)	11	日本、不明	放射能は検出されませんでした
きのこ(干し椎茸、ふくろたけ、きくらげ)	4	日本、マレーシア、中国、不明	〃
(ポルチーニ茸)	1	イタリア	82ベクレル／kg
(ポルチーニ茸)	1	イタリア	62ベクレル／kg
(ポルチーニ茸)	1	イタリア	19ベクレル／kg
(干し椎茸)	1	不明	14ベクレル／kg
海草(寒天、こんぶ)	2	日本	放射能は検出されませんでした
小麦粉(生ラビオリ、スパゲッティ)	3	イタリア	〃
ポルチーニ入りスパゲッティ、茸のスパゲッティ	2	イタリア	〃
ドラゴンフルーツ	1	ベトナム	〃
大豆粉乳	1	不明	〃
飲料水	2	日本、フランス	〃
スパイスミックス、ハーブ	3	イタリア、フランス、不明	〃
ココナッツミルク	1	不明	〃
ブルーベリー	1	日本	〃
ミートソース、サラミソーセージ	2	ヨーロッパ、不明	〃
栗ペースト	1	フランス	〃
はちみつ	1	日本	〃
ワイン	1	ブルガリア	〃
さつまいも	1	日本	〃
塩、深層水塩	2	フランス、日本	〃
干し柿	1	日本	〃
乾燥トマト	1	イタリア	〃
米	1	イタリア	〃
干し芋	1	日本	〃

計47件 (他に保育園・学校給食食材を29件測定しました)
*放射能は検出されませんでした

☆セシウムはチェルノブイリ事故により大量に放出された放射能です。
(過去のビキニ環礁や中国での核実験により地表に蓄積されている放射能でもあります。)

☆ヨウ化ナトリウム検出器にて6時間測定しました。

★ポルチーニ茸について…98年1月、厚生省はイタリアから空輸された食用きのこの乾燥ポルチーニ茸(やまどりたけ)から基準値を超える1kgあたり731ベクレルのセシウムを検出し積み戻しを指示しました。人気食材ということもあり、測定をしています。

資料
19

できました！

『コネティカット州原子力発電所非常事態対策ガイド』日本語版

売れてます！

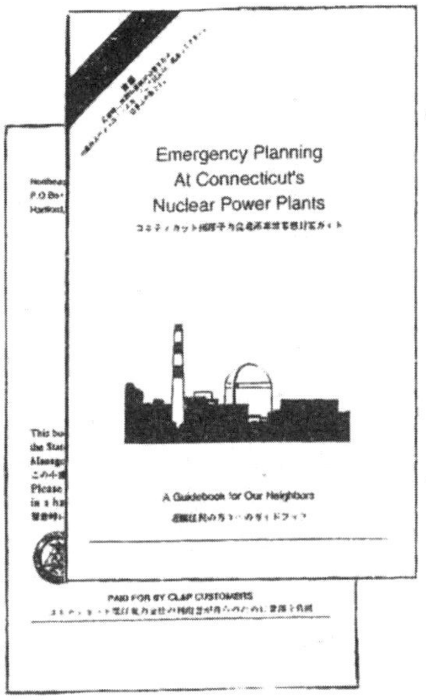

米国で配布された原版とそっくりに作りました。

お申し込み、お問いあわせは協議会まで。

頒価　1部　800円＋送料

小金井市放射能測定器運営連絡協議会の設立準備にかかわった６人のメンバーによる「小金井市に放射能測定室を作った会」で作成しておりました『コネティカット州原子力発電所非常事態対策ガイド』日本語版が昨年９月ようやく完成しました。この小冊子は米国コネティカット州にある原発周辺の住民用に配布されている事故発生時の防災ガイドを日本語に翻訳したもので、米国においてはどのような対策がとられているのかを易しく読み取ることが出来ます。あろうことか、完成の翌日に東海村でのＪＣＯ臨界事故が起こり、あらためて今の日本には住民が自らを守るガイドになるようなものがほとんどないという現実を思い知らされることになりました。この事故のため、売れ行きは予想をはるかに超え、現在までに１０００部以上が全国各地の方々の手に渡っています。また、驚くほどの反響があり、ここでご紹介できないのが残念です。各地で住民自身が自分たちのための防災対策を作りあげていく、その急がれる作業にこの小さなブックレットが少しでもお役に立ってくれたら、と願っています。そしてさらに、このようなガイドなど必要のない世の中が一日も早く来るよう、日本中のたくさんの方々とつながっていきたいと考えております。

▶測定依頼をお寄せください!!

申し込み方法等は→です。よろしくお願いします!

なお、実際に測定にかかわってみたい方、また協議会に参加したい方、いつでも募集していますのでご連絡ください。大歓迎です。

はかってほしい時は

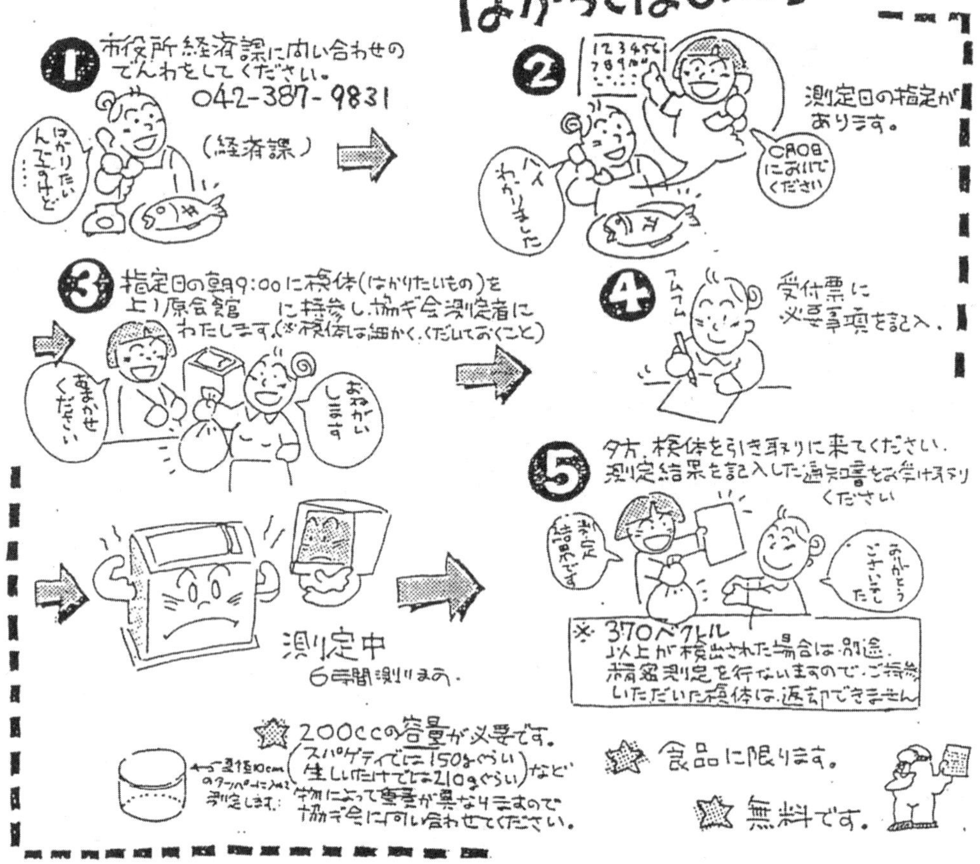

資料19

こがねい　2001.5.　第8号

放射能測定室だより

発行：小金井市放射能測定器運営連絡協議会
連絡先：小金井市 緑町 2-14-29-12
Tel. 042-386-5730 （荒木）

青森県の六ヶ所村から反核燃の思いをこめて栽培されたチューリップの球根が毎年届きます。冬を越し、春の訪れとともに咲いたチューリップの花は、今年も全国に六ヶ所村の人々の願いを伝えてくれました。

さて、発足より１０年目を迎えた私たち協議会ですが、今号ではこれまでを振り返ってみました。今年度もどうかよろしくお願い致します。

小金井でもいかが？

コージェネレーションシステム に注目しよう！

協議会では昨年秋に開催した、大林ミカさんによる講演会「小金井に生かすソフトエネルギー」において、自然エネルギーの利用促進についてのお話を聞きました。その後私たちは、これからのエネルギーを考えていくにあたって小金井においても環境負荷の少ないエネルギーの使い方を実践できないものかと、コージェネレーションシステムに着目し、これについて調べて参りました。　—従来の方法とはどのような違いがあるのか？—　—そのメリットは？—
ここで少しまとめてみました。

コージェネレーションシステムとは？

コージェネレーションシステムは、エネルギーを必要とする建物で発電を行うオンサイトシステムです。そのため送電などエネルギー輸送に伴うロスがなく、また従来の発電方式では廃棄していた排熱を有効に回収利用することができます。このような＜電熱併給＞システムである為、最終的なエネルギー利用効率は商用電力の３８％に対して７０～８０％と非常に高くなり、その結果大幅な省エネルギーを実現できますし、CO_2削減にも貢献します。現在一般的に多く使われているガスコージェネレーションシステムでは、液化天然ガスを原料とした都市ガスを使う常用発電設備をその建物に備え、発電時に発生する排熱を空調、給湯などに利用しています。将来的には家庭用に燃料電池コージェネレーションシステムが増えていくとも考えられます。

資料20

■従来の電力供給システム

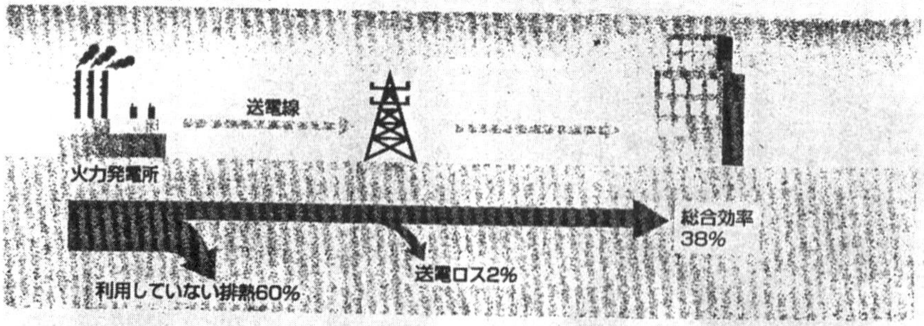

■ガスコージェネレーションシステム

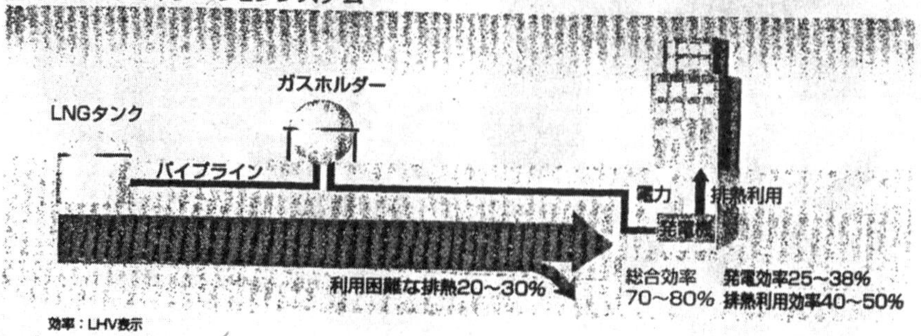

効率：LHV表示

そのメリットは？

１．省エネルギー性

発電と同時に排熱を回収して有効利用するオンサイトシステムなので、大幅な省エネルギーを可能にします。

２．高い環境保全性

天然ガスを原料とした都市ガスを使うガスコージェネレーションシステムは、NO_XやCO_2の発生量が少なく，SO_Xは発生しないので非常にクリーンです。システムの総合効率も高く、従来の発電方式と比べてCO_2排出量を３３％も削減できます。１９９７年には新エネルギー法において、太陽光、太陽熱、風力などとあわせ、天然ガスによるコージェネレーションが利用促進の対象として位置付けられました。

３．すぐれた経済性

常用発電設備を備えるので、契約電力が低減されます。また、排熱利用により他の熱源設備の使用を節約できるため、全体のエネルギーコストは大きく減少します。

４．エネルギー源の安定確保

商用電力とコージェネレーション発電電力の併用により、電源の安定化がはかれます。熱の安定確保も可能となり、建物全体の信頼性が向上します。

どんな建物に適しているの？

１９８１年に国立競技場で第１号機が設置されて以来、１９９９年3月までに設置件数は総数２００件以上にのぼり、全国的に急速に普及してきました。その場で電力を作るオンサイトシステムを導入する為、ある程度の規模をもつ、設備設置に余裕のある建物で、給湯、冷暖房等排熱を無駄なく利用できる施設に向いています。現在までも病院、福祉施設、自治体の建物、宿泊施設等公的な要素の強い建物を中心に採用件数を伸ばしています。

実際に導入を考えてみると？

既存の建物にも設置可能ということが判った為、私たちは東京ガス株式会社の方に市内にある二つの建物、―栗山公園健康運動センターと小金井市立総合体育館―　について費用の試算をお願いしました。施設を実際見ていただいた結果、栗山公園健康運動センターの方は設置場所の問題等で難しい点が多いが、総合体育館については温水プールがあること等考えても、排熱をうまく利用できる施設であり、設置場所もとれるとわかりました。東京ガスの試算によりますと、総合体育館に導入するとした場合、設備設置時にかかる費用は、その後の総エネルギー消費コストが減少するのでだいたい４年半で回収できるということです。コストも低く抑えられ、エネルギーを有効利用できるコージェネレーションシステムが身近にあるといいですね。

協議会は１０歳になりました

・８８年４月放射能測定器設置請願署名運動開始
・８８年６月市議会にて放射能測定器購入を採択
・９０年１月協議会設立準備会発足

＊　毎週金曜日　定期測定
＊　毎月第３土曜日定例会議
＊　毎年保育園・学校給食材測定
＊　合計で約８００検体を測定

＜１０年の歩み＞		＜主な講演会・勉強会＞
協議会設立総会	90/7/7	「４年目のチェルノブイリ」小泉好延
測定器設置	90/9	「１９９０年チェルノブイリ・夏」藤田祐幸
測定開始	90/10	
	91/7	「くらしの中の放射能」槌田敦
保育園・小中学校給食材料測定開始	91/8	
㈱西友との話合い（放射能が検出された無印良品のマカロニについて）	91/11	「コスティン写真展」共催
藤沢市運営連絡協議会との懇談会	92/5	
	92/11	「松岡信夫さんと語ろう」
	93/1	「チェルノブイリ報告を聞く会」大東断
「放射能測定室だより創刊」	93/12	
	94/5	「あの日を忘れないために」山本知佳子
上之原会館に新測定室完成	94/9	
阪神大震災	95/1	
	95/2	「８年目のチェルノブイリ」小泉好延
五十嵐京子さんチェチェルスク訪問	95/4	
もんじゅナトリウム漏れ事故	95/12	
	96/2	「10年目のチェルノブイリ」安藤多恵子
	96/9	「放射能を測ること」高田茂
	97/2	「よくわかる放射能の話―もしも原発事故が起こったら小金井での暮らしは？」高田茂
東海村再処理工場火災・爆発 同事故に対する緊急対応	97/3	「児孫のために自由を律す」福田克彦
	98/1	「'９７京都会議の報告」安藤多恵子
	98/2	「ＣＯ２の削減とこれからのエネルギーの在り方」小泉好延
	98/3	「チェルノブイリからの便り」神谷さだ子
	98/11	「行政とともに進める市民運動」安藤多恵子

女川原発放射線源被曝事故	98/12	「測定値,誤差範囲について」高田茂
定例会 100 回を迎える	99/3	
小金井市との契約書等改定	99/6	
敦賀原発冷却水漏れ	99/7	
東海村 JCO 臨界事故	99/9	
測定器修理		
	99/11	「東海村臨界事故について」高田茂
	00/2	「放射能入門」千村裕子・岡本駿
	00/6	「放射能入門Ⅱ」千村裕子
	00/9	「小金井に生かすソフトエネルギー」大林ミカ
	00/11	「コジェネレーションについて」㈱東京ガス

１０年間測ってきた意味　　会長 荒木牧子

週１回の測定、年１回の学校給食材、保育園食材の測定ですが、積み重ねるとそれなりの数字になります。協議会は、小金井市が機械を管理し、市民が運営という形で始まりました。２者が一緒にひとつの仕事をする、東京都でただ一ケ所市民自治のはじまりとも評価していただきました。でもその当時、この市民が運営する大変さを１０年続けられる、と予想できた人は協議会の中にもいなかったと思います。

放射能だけでなく、環境を測ることは継続することが大切です。ですから私達は１０年測り続けてやっと放射能を測ったといえるだろうと漠然と考えていたと思います。こうして続けてくることができたのは協議会のメンバ-全員の力の結集であり、小金井から引っ越しされた方もふくめ誰一人かけてもできなかったことです。

測り始めたのは９０年からですが、そのころはすでにチェルノブイリ原発事故による放射能汚染は日本では少なくなっているといわれていました。小金井市でも市民からの測定依頼が多かった訳ではありません。ともすると、チェルノブイリ原発事故が忘れられたように思われる中、測り続ける公共的な意味は、食品業界への監視だと思います。小金井で測っている――ただそれだけで食品業界に緊張を与えます。

チェルノブイリ原発事故で汚染された食品はまだあります。協議会では少ない数ですが、乾燥きのこが汚染されているのを測定しました。グラフに表れるその放射能の量は、チェルノブイリ原発事故からもう１５年も経つのにまだ消えないという放射能の恐怖をまのあたりに私達に感じさせます。９９年のＪＣＯ臨界事故を経験しますと、原子力施設、原子力発電所の事故はありうる、そのとき小金井の測定室は別な意味で役にたつでしょう。しかしその時がどうぞこないようにと願いながらこれからも協議会は測り続けます。測定室が必要なくなる時が早く来ますように。

【2000年度　測定結果一覧表】 (2000年4月～2001年3月)

測定品目	件数	原産国	測定結果
乳製品(粉ミルク、牛乳)	16	日本	放射能は検出されませんでした
きのこ			
(干し椎茸、ふくろたけ、きのこ)	7	日本、中国	〃
(干しポルチーニ茸)	1	イタリア	28ベクレル／kg
(干しポルチーニ茸)	1	イタリア	91ベクレル／kg
(干しポルチーニ茸)	1	イタリア	66ベクレル／kg
(干しポルチーニ茸)	1	イタリア	90ベクレル／kg
海草(わかめ)	1	日本	放射能は検出されませんでした
ココア	1	不明	〃
クリームシチュー	1	日本	〃
キャロブパウダー	1	イタリア	〃
魚介類 (貝ふりかけ、削り節、イカ墨ソース、ツナ缶、イワシ、サバ水煮缶、ホタテ、)	8	日本、イギリス、不明	〃
青菜入りパスタ	1	イタリア	〃
米(白米、玄米)	2	日本	〃
カップスープ	1	不明	〃
チーズクラッカー	1	不明	〃
そば粉	1	日本	〃
1986年産ローリエ	1	トルコ	387ベクレル／kg

計 46 件

＊以上の他に保育園・学校給食食材を29件測定しました
　そのうち、干し椎茸(国産)から19ベクレル／kgの放射能が検出されました。

☆セシウムはチェルノブイリ事故により大量に放出された放射能です。
(過去のビキニ環礁や中国での核実験により地表に蓄積されている放射能でもあります)

☆ヨウ化ナトリウム検出器にて6時間測定しました。

★ポルチーニ茸について…98年1月、厚生省はイタリアから空輸された食用きのこの乾燥ポルチーニ茸(やまどりたけ)から基準値を超える1kgあたり731ベクレルのセシウムを検出し積み戻しを指示しました。
人気食材ということもあり、測定をしています。

資料20

放射能測定器ってどんなもの？
検出器
ピカッ
測定したいものをくだいてこの容器の中に入れる
検出器にセットする
●NaI検出器を通過するとき放射能が出す光をつかまえる
※NaI～塩のしんせき
マルチチャンネルアナライザ
●セシウム134やセシウム137など食品中に含まれている放射能の量をかぞえて分析する
光の数をかぞえて
1.2.3
わける
セシウム134
セシウム137
みんな利用してくださいネ..
パソコン
●分析した放射能を見やすく絵にしたり、ベクトル表示したり記録・記憶・プリントする
プリンターで印字
測定結果を記憶媒体（フロッピィディスク）に記録し保存し、必要な時、取り出すことができる
協ぎ会会員ぼしゅうしてます

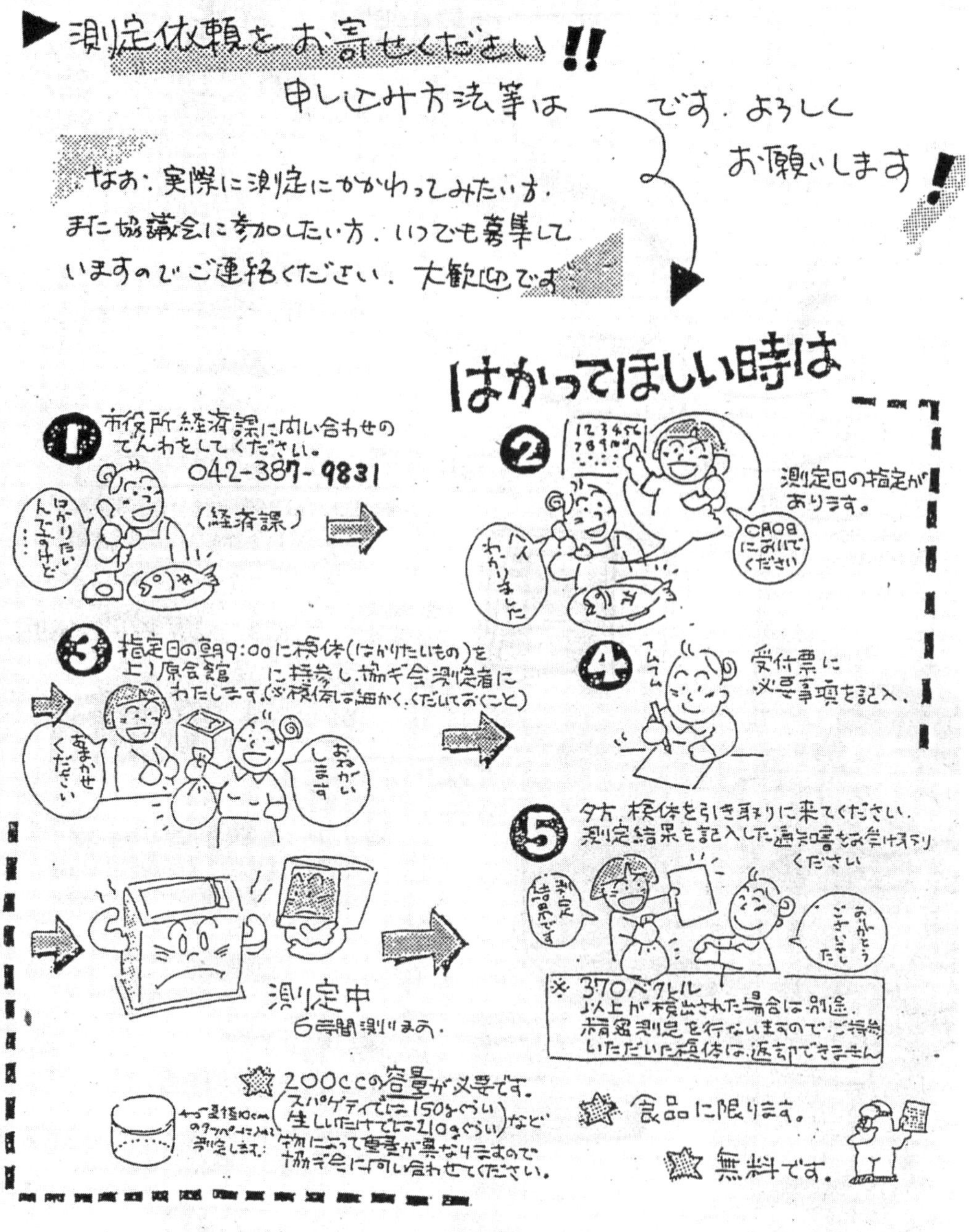

▶測定依頼をお寄せください!!
申し込み方法等は
です．よろしくお願いします!
なお，実際に測定にかかわってみたい方．
また協議会に参加したい方．いつでも募集して
いますのでご連絡ください．大歓迎です
はかってほしい時は
1 市役所経済課に問い合わせのでんわをしてください。
042-387-9831
（経済課）
はかりたいんですけど……
2 測定日の指定があります。
○月○日においでください
ハイわかりました
3 指定日の朝9:00に検体（はかりたいもの）を
上ノ原会館　に持参し，協議会測定者に
わたします．（※検体は細かく，くだいておくこと）
おまかせください
おねがいします
4 受付票に
必要事項を記入．
フムフム
測定中
6時間測ります．
5 夕方，検体を引き取りに来てください．
測定結果を記入した通知書をお受け取りください
測定結果です
ありがとうございました
※ 370ベクレル
以上が検出された場合は別途．
精密測定を行ないますので，ご持参いただいた検体は返却できません
☆ 200ccの容量が必要です。
直径10cmのタッパーに入れて測定します．
（スパゲティでは150gぐらい
生しいたけでは210gぐらい）など
物によって重量が異なりますので
協議会に問い合わせてください。
☆ 食品に限ります。
☆ 無料です。

資料20

こがねい　2002．5．　第9号

放射能測定室だより

発行：小金井市放射能測定器運営連絡協議会
連絡先：小金井市　緑町　5－19－14－605
（事務局）　Tel・Fax 042－385－6650　（江藤）

昨年秋の米国における惨事、それに続く暴力の連鎖、そしてこうしている今も繰り返されるパレスチナでの惨状。　人の命がこの地球上でどれだけ軽く扱われ続けているか、残念ながらこの一年も思い知らされるばかりでした。　今と未来の「いのち」を大切に守っていきたい、と私達は願っています。　今年度もどうかよろしくお願い致します。

"いのちを守りつづけて"

2002.2.23

協議会11周年記念講演会
―川田悦子さんの講演を聞いて―

ご子息の龍平さんとともに薬害エイズ訴訟を闘い、現在は衆議院議員として活躍しておられる川田悦子さんのお話を聞く会を開催することが出来、今でもその幸運に胸が熱くなります。 いつか直接お話を聞けたら....。 川田さんについてはそう思い続けてきました。

生後6ヶ月で次男である龍平さんが血友病であると分かり、血液製剤の投与を始めた川田さん親子は、医師のすすめで米国より輸入された非加熱濃縮製剤に変換、その結果、HIVに感染させられ、その後の長い闘いが始まります。 川田さんが辿った裁判に加わるまでの道のりや訴訟を担ってきた日々のお話、「エイズ予防法」に反対する運動を展開された際のお話、どのようにして「薬害エイズ」が作られていったか等、お聞きしたいことばかりでしたが、とりわけ心を打たれたのは龍平さんご本人にHIV感染を告知した日のお話でした。 嘘をついていたのでは治療はできない、との考えからだったとおしゃっていましたが、大変な決断だったことと思います。

小学校5年生で告知を受けた龍平さんは、「我が子を子どものまま死なせる訳にはいかない。」という悦子さんの強い思いに支えられ、治療を続けます。「国際エイズ会議」で氏名を隠さず闘う海外の患者と出会った龍平さんは、19歳で実名を公表し、薬害エイズの責任を国と製薬会社に問いました。この闘いはこの後、薬害エイズ被害への広い共感を得て、大きなうねりを作り上げていきます。'96年に和解が成立しますが、「謝罪」の場面は日本中から熱い注目を集めました。その年の厚生省前の座り込みには1万人もの人々が参加し、その後、隠されていた事実が明るみに出る度にこの事件は当然のことながら厳しい世論にさらされます。 ―「2度とこのようなことが起こってはならない。」「国と製薬会社はきちんと責任を取るべきではないか。」― 支援に駆けつけた人々は、この叫びを世に問うべき自分たち自身の問題として行動したはずです。

500人以上もの若い命を奪った薬害エイズをめぐる訴訟は悦子さんの捉えた通り、"人間の尊厳を取り戻す"闘いそのものであったと言えるでしょう。

現在、国会議員となった川田さんは、議員としてさまざまな問題に立ち向かっておられます。

―狂牛病についても根は薬害エイズを引き起こした構造と同じなのではないか？ 国や行政の無責任が被害を拡大し、弱い者にしわ寄せをしていくという同じ過ちの繰り返しではないのか？ 企業の中で不正な事が行われている場合、内部からそれを告発した人が不利な立場に追い込まれないよう、『内部告発者保護法』といった法律を作っていく必要があるのではないか？―

利潤追求のために人の命や健康、人権がないがしろにされる今の社会を変えていく活動を、川田さんはこれからも続けていかれることでしょう。

大変お忙しい中を、時間を割いておいで下さった川田さん、ご協力いただいた各団体の方々、参加して下さった皆さんに厚くお礼を申し上げたいと思います。

コージェネレーションシステム関係の学習および活動報告

以前よりコージェネレーションシステムには注目していましたが、協議会の活動として、昨年から、東京ガスの方をお呼びしての学習会を２度行いました。また、その際、当協議会の会員でもある女性市会議員の方々も参加して頂きました。

コージェネレーションシステムが温水を大量に使用する場所に設置すると合理的であるということから、小金井市立体育館にも出向いて担当の方と話し合いの場を持ち、東京ガスの方にもシステムを設置した場合の費用の概算を出して頂き、今後体育館の補修等の時期には、小金井市に提案して頂ける事になりました。

また、昨年東京ガスの方からコージェネレーションシステムや燃料電池等、その他ガス関係の展示説明会への招待を頂き、３名が代表して現物を見たりして学習して来ました。

コージェネレーションシステムは大きな建物等に向いているので、今後は燃料電池に着目してさらに学習等をして行こうと考えています。

ポルチーニ輸入業者への手紙

みなさんも新聞記事などでご存知のようにイタリア産のポルチーニには今なお国の規制値を超える放射能が発見され、水際で送り返される事があります。

いつまでもその身に放射能を宿すポルチーニ。いったいどんな因果でこのようなことになるのか、イタリアの地に飛んでいって見てきたい思いにかられます。輸入業者はこの現実をどれだけ把握しているのだろうか。市販のものの値が気になって私達はずっと測定し続けています。その中でも私達にとっては高濃度と思われる値（国の規制値以下ではあっても）を示した検体の輸入業者である二つの会社に手紙を出してみることにしました。測定結果も同封しておきました。

ここにその手紙を、それに対する返事とともにご紹介します。なお二つのうち一社からは返事をいただけませんでした。また、お返事を下さった会社に再度お手紙にて様々な質問をさせていただいたのですが、それに対してはお返事をいただけませんでした。

－ －

＊＊＊物産㈱　様

拝啓

貴社ますますご清祥のこととお喜び申し上げます。

さて、私ども「小金井市に放射能測定室を作った会」は、1986 年４月に起きたチェルノブイリ原子力発電所の事故の影響で、日本に輸入されている食品にも放射能が検出されたことから、小金井市に食品の放射能測定器を購入してもらい、1990 年「小金井市放射能測定器運営連絡協議会」を設立。小金井市を初め、他団体、個人会員との協力体制の下、食品に含まれる放射能（セシウム 134・137）を測定し続けております。

現地、チェルノブイリ周辺ではまだまだ悲惨な状態が続いており、心を痛めるものでありますが、すでに 15 年が事故から経過しておりますことから、日本ではそれほど心配するような検出結果はでておりません。しかし、現在最も憂慮すべき食品として、イタリア産ポルチーニが上げられます。

私達は、1998 年１月に新聞紙上で乾燥ポルチーニから基準値以上のセシウムが検出されたという事実が発表されて以来、継続してポルチーニを測定（１２検体）してまいりましたが、３年を経た現在もなお、いっこうにセシウムの値が下がるきざしもなく、心配しております。

別紙に７月測定したばかりの結果（４検体分・・内２検体が貴社販売のものです）を同封いたしますのでご覧いただければ幸いに存じます。測定方法は、ヨウ化ナトリウムを使った検出器を使用し、６時間測定したものです。

ご存知の通り、国の基準は 367 ベクレルであり、そこから比べれば別紙の結果は基準以下ではありますが、私達は食品に人工的な放射能が含まれる事自体、あってはならないことと考えております。ご参考までに、生活クラブ生協では、独自の基準を持ち、食品に含まれる放射能として

資料21

は37ベクレルまでとしていると聞いております。

お忙しい中、大変恐縮ではございますが、別紙の測定結果をご覧いただいた上での御社のお考えを伺いたく、お返事をいただければありがたく存じます。

どうぞよろしくお願いいたします。

敬具

2001年9月

小金井市に放射能測定器を作った会

伏屋　弓子

伏屋　弓子　様

拝啓

お手紙をありがとうございました。ご指摘の点につきましては、弊社も承知しております。

基準値はそれなりの理由があってのことと思いますが、国の基準と貴女の所属する生活クラブとでは10倍も違うのはどういうことでしょうか。もちろんのことですが、弊社は国の基準に沿って仕事をしています。日本に限らず、各国では自国の農業を守る為に、輸入食品排除のさまざまな防衛策を打ち出しています。食品検査基準などもそのひとつです。高い検査費用を出して、輸入のたびに検査をしています。また米や肉などは高額な関税を掛け、輸入しにくくなっています。

国産の食品は流通のたびに食品の検査があるのでしょうか？
また国産には許される防腐剤が輸入品には許されないのはなぜでしょうか？
輸入のキノコは検査をして、国産のキノコは検査をしないのはなぜでしょうか？チェルノブイリの直後、日本国内でも放射能は問題になった筈です。
添付頂いたデータの「試料量」を見ますと、弊社が販売しているものは20g袋と200g袋です。４つの検体はそのどれにも当てはまらないのですが？

なお、イタリアから輸入されているポルチーニの原料は全てイタリア国内産とは限りませんのでご注意下さい。

今後とも気がつかれたことがありましたら、ご指摘下さいますようお願い申し上げます。

敬具

平成13年9月5日

×××　物産株式会社

高木学校との交流会

「高木学校」をご存知ですか？
故高木仁三郎さんが、1997年ライト・ライブリフット賞を受賞されたのを機に、その賞金を基に創設された，校舎のない「学校」です。高木さんは校長となって、この「学校」に情熱を注がれましたが、惜しくも2000年秋に癌のために亡くなりました。現在、高木さんの思いを受け継ぎ、活動を続けている「高木学校」をご紹介します。

☆高木学校は「環境、核、人権などの問題に、市民と同じ立場から取り組むことができ、市民活動と連携して研究、活動ができる科学者」の養成を目的としています。
＊ オルターナティブ（これまでとは別の枠組みの）な科学者
あわせて、そのような科学の在り方を提言する場、実際に仕事をするNGOを創ることを目指しています。

☆現在3つのコースに分かれて活動が行われています。

Aコース・・・ オルターナティブな科学者を目指す人々が対象。現在、様々な専門分野の50人くらいの人が、テーマ別のグループを作って調査、研究、発表など活動しています。

Bコース・・・ Aコースのメンバーが中心になって、科学技術関連の社会問題に関して、手作りの連続講座を提供するコース。こちらは講座ごとに、誰もが参加できます。Aコースメンバーと市民とが交流、意見交換をする場でもあります。
「化学物質と生活」「エネルギーと生活」「リサイクル」「これからの原子力問題」などのテーマで4回の講座を開催してきました。

Cコース ・・・ 小学生から高校生を対象にした講座。高木さんが病床で大変心に懸けられていたもので、野外活動、実験など環境教育を通して、「高木学校」の志を伝えています。

ほか資金面から「学校」を援助する「サポートの会」もあります。

協議会では、今年3月17日に上之原会館で「高木学校」のメンバーの方3人と交流会を行いました。最初の試みでもあり、測定室を見ていただいたり、活動の紹介をしているうちに時間がたってしまったのですが、これからも様々な形で交流を続けて行きたいと思います。

「高木学校」について詳しいことをお知りになりたいときは
TEL 03－5332－3227（原子力資料情報室内）
HP http://www.jca.apc.org/takasas/（高木学校） までどうぞ

資料21

【2001年度　測定結果一覧表】　（2001年4月～2002年3月）

測定品目	件数	原産国	測定結果
乳製品（牛乳、ヨーグルト）	3	日本	放射能は検出されませんでした
きのこ　キクラゲ	3	中国	〃
茸狩のおみやげ	1	日本	〃
干しポルチーニ茸	1	イタリア	73,08ﾍﾞｸﾚﾙ/kg
干しポルチーニ茸	1	〃	55.23ﾍﾞｸﾚﾙ/kg
干しポルチーニ茸	1	〃	40.44ﾍﾞｸﾚﾙ/kg
干しポルチーニ茸	1	〃	90.82ﾍﾞｸﾚﾙ/kg
干しポルチーニ茸	1	不明	放射能は検出されませんでした
ミネラルウォーター、水道水	3	フランス、日本	〃
黒砂糖	1	沖縄	〃
塩	2	フランス、日本	〃
カレー粉	1	不明	〃
カツオ節	1	日本	〃
トマト製品			
ｹﾁｬｯﾌﾟ、ﾋﾟｭｰﾚｰ、ｼﾞｭｰｽ	3	不明	〃
マカロニ	1	アメリカ	〃
ワイン	1	フランス	〃
すりごま	1	不明	〃
オリーブ	2	不明	〃
コーン缶詰	1	アメリカ	〃
お茶類			
日本茶、マテ茶、ｳｰﾛﾝ茶	5	日本、不明	〃
岩のり、糸昆布	3	日本	〃
ゼンマイ	1	〃	〃
ジュース（リンゴ、ブドウ）	2	〃	〃
1986年産ローリエ	1	トルコ	387.54ﾍﾞｸﾚﾙ/kg

計　41　件

＊以上の他に保育園、学校給食材２９件を測定し、いずれからも放射能は検出されませんでした。

＊9月、10月と測定器に不具合がおきて測定を休止したため、前年より４件程度少なくなっています。

☆ セシウムはチェルノブイリ事故により大量に放出された放射能です。
過去の核実験により地表に蓄積されている放射能でもあります。分解されるのに時間がかかるので（半分の量になるのに約30年）いったん環境に出てしまうと長く残ります。

☆ヨウ化ナトリウム検出器にて6時間測定しました。

★イタリア産ポルチーニ茸から基準値（370ﾍﾞｸﾚﾙ/kg）以下ではありますが、引き続きセシウムが検出されているので、測定を継続していきます。

▶測定依頼をお寄せください!!

申し込み方法等は（→）です。よろしくお願いします!

なお、実際に測定にかかわってみたい方、また協議会に参加したい方、いつでも募集していますのでご連絡ください。大歓迎です。

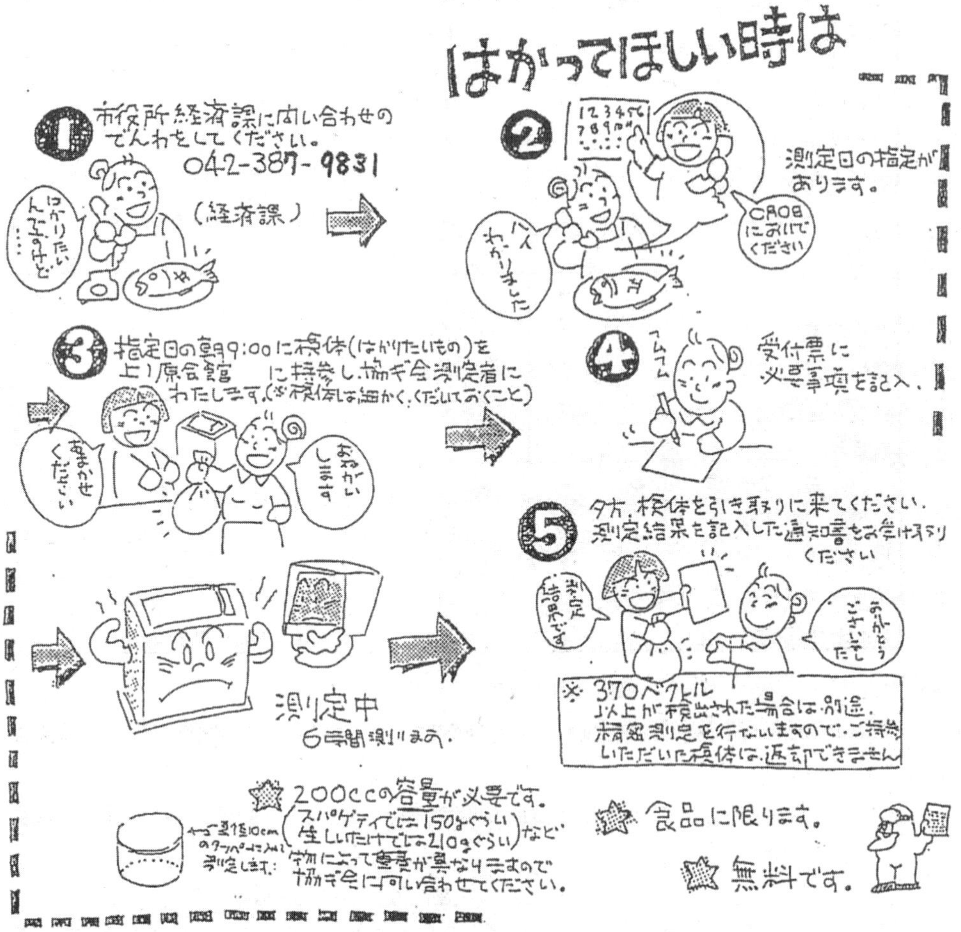

資料21

こがねい 2003.5. 第10号

放射能測定室だより

発行：小金井市放射能測定器運営連絡協議会
連絡先：小金井市 緑町 5-19-14-608
（事務局） Tel·Fax 042-385-6650 （江藤）

勉強会

『日本における原子力発電の現状』に参加して

2003年2月8日
上の原会館にて

講師：東井 怜（あずまい・れい）さん

この一年においても私たち協議会は、またまたいくつかの素晴らしい出会いを持つことができました。 その一つとして、去る2月8日、浜岡原発に近い熱海にお住まいを持ち、原子力発電所をめぐる国内各地の運動に精力的にかかわっておられる 東井 怜 さんにおいでいただいて、現地での取り組み、ここ数年の動き等についてお話を聞く機会を持ちました。 盛りだくさんの話題に、エッ？！とびっくりしたり、ワクワクしたり…。 大変内容の濃い、また楽しい時間をすごさせていただきました。 度重なる不祥事やゾッとするような事故の数々、またトラブル隠し等を通し、原子力行政、関係者に対する不信感、不満が高まっていく中で、着実に原子力発電への人々の意識が変わっている事実をこの日のお話により実感として受け止め、各地域において日々活動している方々の様子を伺うにあたって、目の前が明るくなっていく思いが致しました。ここに少しですがご紹介させていただきます。

福島県においての取り組み

わが国最大の発電県であり、現在１０基の原子炉を有する福島県では、県知事である佐藤栄佐久氏が率先し、国のエネルギー政策を問い、今後の方向を探るという目的で、「福島県エネルギー政策検討会」を設置しました。 検討会では県民の意見を聴く一方でさまざまな立場の学識経験者と意見交換を行い、浮かびあがった疑問点を原子力委員会へ提示していったということです。 この間の経過や成果を整理したものは「中間とりまとめ」として刊行されています。また検討会はすべて公開で開催され、その内容はだれでも知ることのできるよ

資料22

う、随時インターネット等を通じ広く一般に公表されています。　過去に「三県知事提言」として平成８年１月、新潟県知事、福井県知事とともに「改めて国の明確な責任において国民の合意形成を図ることが重要である」と原子力政策を根本から見直すよう訴えた経緯がありましたが、その後も事業者がプルマ－サルを実施する計画である旨を一方的に発表する等、立地地域の意向などおかまいなしの進め方に直面するにあたり、地方自治体である県が自らを主体としてこのような取り組みに至ったとのことです。　今後の福島県の動きにはこれからも大いに注目していきたいものです。

浜岡原発周辺地域においての取り組み

起こることが予見されている巨大地震としてはまず東海地震が挙げられますが、その震源になるとされる地域には４機もの原発があり、しかも老朽化しています。　地震の規模は阪神淡路大震災の１０倍と言われ、地震の被害に加えて原発震災が起これば周辺はおろか日本全体が深刻な影響を受けることになります。浜岡原発１号機は着工より３１年、最も新しい４号機でも１３年を経過しています。　東海地震が起こると言われる前に建てられたこれらは、相次いで明らかになった事故隠しの報道でもわかるように、もう心臓部までがキズだらけになっていると考えられます。　現在調査の為、停止していますが、せめて地震が過ぎ去るまで稼動を止めて、放射能災害をくい止めたいという切実な思いから、さまざまな運動が巻き起こっています。

『2003　笑う富士山フェスティバル』へ行きませんか？

2003年7月25日より8月25日まで、富士山に世界中から人々が集まり、フェスティバルが開催されます。　「東海地震がすぎるまで浜岡原発を止めておこう」を共通項に一ヶ月にわたって多彩なイベント、集いがくりひろげられるということです。この夏、富士山へ行ってみませんか？

話してきました！小金井市放射能測定室のこと

高木学校シンポジウム'03.02.01

くらしの中から変える

■『身の周りを取り巻く様々な問題に対して、家族の健康や命への危険を取り除きたい、あるいは少しでも健康的に暮らしたい、あるいは地域の環境を守りたい、などの思いを持ったとき、**それをどう行動につなげたらいいでしょうか**。この答えを探すため、シンポジウムを企画しました。』との高木学校からの要請に応えてシンポジウムで小金井市における食品の放射能測定活動についてお話してきました。

■他に発表なさったのは**『沼南町ダイオキシンを考える会』**の加藤和美さん、**『杉並病をなくす会』**の津谷裕子さん、**『練馬母親連絡会』**世話人の堤園子さんでした。

資料22

■沼南町は1999年の市民による「松葉ダイオキシン調査」で全国ワースト3の値を記録。加藤さんご自身も健康障害を覚え、子どもの健康を守るためにもと、生活クラブ千葉のバックアップを受け、この会を立ち上げたのだそうです。カンパをつのり、黒松の松葉を集め、ダイオキシンを測定しています。2002年の測定結果は01年より悪く、汚染源とは特定されてはいないものの、その焼却排煙に危機感を持ち、廃材処理センターを議員や県職員らと見学したり、操業改善について県に申し入れなどしているそうです。
測定という意味では大いに私たちと通じるものがあり、**市民が「データ」を持つことの強み**を感じました。

■津谷さんは定年退職後に移り住んだ杉並で環境保護のために活発に

運動していらしたが、ゴミ中継所（プラスチック主体）ができてから、「名状し難い苦しみに襲われる」ようになり、ついには気を失い救急車で運ばれ入院するという事態になりました。それまでも毎日のように区に連絡をとり汚染状況の調査を要求したり、地域住民へのアンケートをとったりしていたそうです。「総理府　公害等調整委員会」は中継所作業に伴う化学物質による被害があったことは認めましたが、現在も続く被害は認めないので、差し止め請求裁判、賠償請求裁判の準備をしているとのことでした。

■ご自身被害を受けているお体で、大変な勉強を重ねられ運動を継続されている姿に感銘を受けました。「忍耐力がないと運動はできない」という、体験に基づく重い言葉と、どれが有害なのか調べ尽くすのは不可能といわれるくらいの化学物質は驚くなかれなんと**２７００万種**もあるという事実が心に残りました。

■堤園子さんはＰＴＡ活動を契機に地域の問題に取り組むようになり、環七の歩道橋獲得運動、放射36号道路問題など都市問題に関わったり、教育・福祉・環境などに関する学習と改善のための運動を統一的に捉え活動をなさってきたそうです。「世の中を変えていくためには地域を変えていかなくてはいけない。住民自治が必要」とおっしゃっていました。

■私たち協議会は上の原会館の測定室や測定器・検体などの写真、測定結果一覧・グラフ等を皆さんにご紹介したり、若かりしころ署名運動から始まって現在にいたるまでの活動をおはなししてきました。
とてもうれしかったのは遠く柏市から「柏市放射能測定器運営協議会」の方たちがおみえくださったことです。しかし残念ながらあまり話し合う時間もなく今後の交流を約束してお別れしました。いままで連絡を取り合っていなかったことが不思議にさえ思われます。
■市民運動グループが交流することの意義と、困難さ（高木学校のよびかけで初めて実現したという意味で）を感じた一日でした。

ファイル式冊子

『T家の原子力事故避難マニュアル』 つくりました！

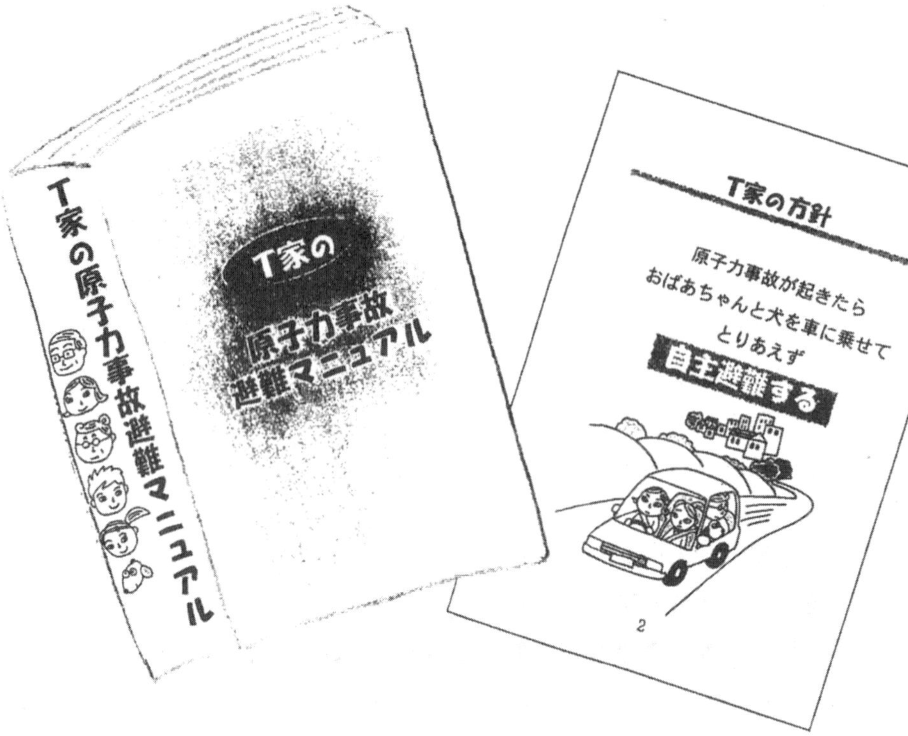

資料22

私たちは『コネティカット州原子力発電所非常事態対策ガイド』を翻訳作成した後、“実行性のある原子力防災対策”を探し求めてきました。 正直言って答えはみつかっていません。 また、この地震大国の日本ではみつけられるはずもありません。 しかし、今日も原発が稼動し続けている中で、万が一の時に私たちだったらどうするだろうと考え、悩み、形にしたのがこのマニュアルです。

このマニュアルの基本的な考えは、**「とりあえず」**、**「自分で」**、**「避難」**するということです。 それぞれどういうことか提示されています。 わかりやすく、紛失しにくいようファイル式です。 お問い合わせ、ご質問等ご遠慮なくお寄せ下さい。

「小金井市に放射能測定室を作った会」

【2002年度 放射能測定結果一覧表】 （2002年4月～2003年3月）

	測定品目	件数	原産国	測定結果(単位:ベクレル/kg)
乳製品	粉ミルク チーズ他	7		検出されませんでした。
海産物	カニ ワカメ他	3		〃
穀類	玄米 アワ オートミール	3		〃
	スパゲッティ	3		〃
きのこ	ポルチーニ	1	イタリア	34.69
	ポルチーニ	1	イタリア	169.39
	ポルチーニ	1	イタリア	89.81
	ポルチーニ	1	イタリア	32.74
	干し椎茸	1	日本	検出されませんでした。
	生椎茸	1	日本	〃
香辛料	ローリエ'86	1	トルコ	378.99
	ローリエ	2		検出されませんでした。
お茶	紅茶 麦茶 マテ茶	3		〃
その他	ビーフジャーキー	1		〃
	パスタソース	1	アメリカ	〃
	リゾット	1	イタリア	〃
	水道水	1	日本	〃
	オリーブオイル	1	スペイン	〃
	ハヤシルウ	1	日本	〃
	ワイン	1	スペイン	〃
	クッキーミックス	1	日本	〃
	ヘーゼルナッツ入り菓子	2		〃
	ヘーゼルナッツ入りチョコレート	2		〃
	ブラックチョコ	1	フランス	〃
	合計	41		

＊以上のほか保育園、学校給食材29件を測定し、いずれからも放射能は検出されませんでした。
＊2月末～3月パソコン故障のため測定ができませんでした。

☆セシウム チェルノブイリ事故によって大量に放出された放射能です。
過去の核実験により地表に蓄積もされています。分解されるのに時間がかかるので（半分の量になるのに約30年）いったん環境に出てしまうと長く残ります。

☆ヨウ化ナトリウム検出器にて200cc6時間測定しています。

測定依頼をお寄せください!!

申し込み方法等は → です。よろしくお願いします!

なお、実際に測定にかかわってみたい方、また協議会に参加したい方、いつでも募集していますのでご連絡ください。大歓迎です。

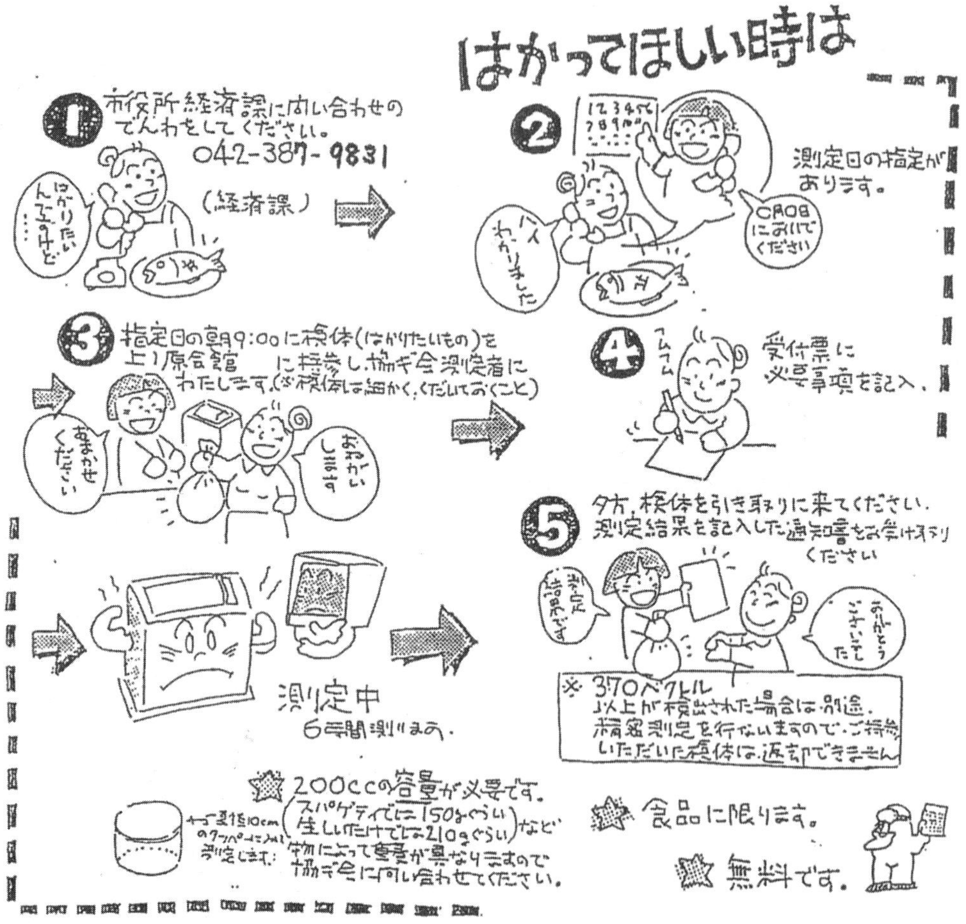

こがねい 2004.5. 第11号

放射能測定室だより

発行：小金井市放射能測定器運営連絡協議会
連絡先：小金井市 緑町 5-19-14-608
（事務局） Tel.Fax 042-385-6650 （江藤）

お礼と報告

映画『HIBAKUSHA（ヒバクシャ）』上映会
&
監督　鎌仲ひとみ さん 講演会

2004年2月22日
小金井市公民館本館にて

去る2月22日ここ小金井において今話題の映画「ヒバクシャ」の上映を実現させることが出来、また、同映画の監督である鎌仲ひとみさんに直接おいでいただいて貴重なお話を伺う機会を持ちましたことをご報告致します。私たち協議会は、『小金井で「ヒバクシャ」を観る会』の賛同団体として他団体の方々とともに上映に向けての準備、運営を行なって参りました。当日は午前·午後·夜の部と3回に渡っての上映に、監督の講演会と、一日を通しての上映会になりましたが、100名を越す方々が来場して下さいました。お越しいただいた皆様、並びに上映会に協力し、支えて下さった方々に厚くお礼を申し上げます。

映画「ヒバクシャ」について

資料23

1998年に取材でイラクを訪れた鎌仲監督は、湾岸戦争時に使用された劣化ウラン弾が原因としか考えられない白血病やガンと闘う子ども達と出会い、それをきっかけとして、国境のない核汚染にさらされている我々の今日を描いた映画「ヒバクシャ」を完成させました。体内被曝の危険にさらされ続けるイラクの人々、原爆によって被爆した日本の人々、米国ハンフォード核施設周辺に暮らす核汚染被害者、主にこれらの人々の姿が、この映画では丹念に描かれています。観ていくうちに私達は目に見えない低線量被曝の恐ろしさを思い知らされ、更にこれらの汚染はさまざまな形で拡がっていることに気づきます。この映画は第9回平和·共同ジャーナリスト基金賞を受賞し、自主上映によって全国各地で上映されています。その数は2004年2月現在170ヶ所を上回っているそうです。海外においても韓国の釜山をはじめイタリアでも上映され、この後台湾、香港、ドイツで上映の予定があります。また、外国向けに 90 分の英語バージョンを作ることも検討中ということでした。映画のホームページは以下の通りです。今後の上映予定等も載っています。

映画 HP……http：//www.g - gendai.co.jp/hibakusha

監督 鎌仲ひとみさんのお話

映像の作り手である鎌仲さんは、この映画を自由に観て欲しいと話されました。この映画は現在全国各地で自主上映されていますが、受け手が自主上映という形をもって、自分達の手で観る場を設け、自分の意志でこの映画に向き合い、自由に感じて欲しいというのが監督の願いであるということでした。また、世界中の人達にこの映画を観て欲しい、その為にこの映画では、新しい被曝の形である低線量被曝についてのみ、的を絞って描いた、とも伺いました。映像作家としての今までのお仕事のお話、イラクでの闘病する子ども達との出会いからこの映画の完成に至るまでのお話や、兵器としての劣化ウラン弾が帰還兵にも与えている健康被害のお話、また今後の予定として、ボスニアを題材としたもの、青森·六ヶ所村の再処理工場稼動を扱ったものを考えているというお話を 1 時間半に渡って聞くことが出来ました。

「劣化ウラン廃絶キャンペーン·東京」が設立されました。

鎌仲監督、写真家の森住卓さんらの呼びかけにより、劣化ウラン弾の廃絶を訴え、廃絶条約締結に向けて活動する団体「劣化ウラン廃絶キャンペーン·東京」がこの度設立されました。今後市民団体とも連携し、全国的な運動につなげていくということです。『小金井で「ヒバクシャ」を観る会』では、今回の上映会での収益金 38387 円を同団体にカンパ致しました。活動を紹介したホームページは以下の通りです。

「劣化ウラン廃絶キャンペーン·東京」HP

http：//popup12.tok2.com/home2/rekkauran/

劣化ウラン弾の話

劣化ウランとは

天然に存在するウランには核分裂をおこすウラン 235 が 0.7%しか含まれていないため、そのままでは原子力発電にも核兵器にも使うことができません。そこでウラン 235 の割合を 3～4%に増やして(これを濃縮といいます)、原子力発電の燃料や核兵器に使えるようにします。その時余ったものを「劣化ウラン(主にウラン 238)」といいます。

「劣化」とは言っても、れっきとした放射性物質です。

この劣化ウラン、ゴミ同然のものですが(だから値段が安い！)、砲弾として利用すると威力を発揮します。非常に硬く、重いので、貫通力が抜群で、戦車をも撃ち抜きます。さらにその際の衝撃力で発火し、内部で激しく燃焼します。その温度は 3000 度を越えるそうです。

戦車やトラックに射ち込まれて爆発、炎上した劣化ウラン弾は、ウランの微粒子(1ミクロンほど)になって空中にばらまかれます。これを吸いこめば肺に付着し、血液に入れば全身をめぐって様々な部位に定着し、放射線を出しつづけます。どのくらいの時間出しつづけているかといえば、その力が半分(半減期)になるのに 45 億年かかるということですから、ほとんど永久にと言って良いでしょう。また、劣化ウランは重金属としての強い毒性もあり、末梢神経障害や腎臓障害を引き起こします。

どのように使われたか

劣化ウラン弾が最初に大規模に使用されたのが 91 年の湾岸戦争です。多国籍軍によって少なくとも 300トン以上の劣化ウランが使用されました。その後、95 年のボスニア・ヘルツェゴビナ紛争、99 年のコソボ紛争で使用されています。

イラク・クウェートでは、湾岸戦争以前はめずらしい病気だった小児白血病が湾岸戦争後増え続け、死産や先天性異常も多発しています。また、湾岸戦争の従軍兵士やその子どもにも、様々な健康障害が数多く出ており、「湾岸戦争症候群」と名づけられ、その原因が劣化ウラン弾ではないかと疑われています。

しかしこのような状況があるにもかかわらず、アメリカは劣化ウランの害を認めようとはせず、今回のイラク戦争では湾岸戦争をはるかに上まわる量の劣化ウランを使用しました。

今、イラクでは

バグダッドの中心街にある国家計画省の建物にも、今回のイラク戦争で劣化ウラン弾が撃ち込まれた跡があります。劣化ウラン弾は戦車の、10 ㎝厚さの装甲板をも撃ち抜く力のあるものなので、通常の建造物であれば　スポンスポンと突き抜けるだけ。爆発もせず、壁に穴をあけるだけです。しかしそこらへんにころがって放射線を出しつづけます。ガンマ線測定器で測ると、通常の 100 倍の値を示す所もあるそうです。

イラクの子ども達にとって戦車はかっこうの遊び場です。よじのぼったり、かくれんぼしたり、鉄棒がわりにしたり・・・・

今も劣化ウラン弾によって破壊され被曝した戦車がうちすてられたままになっているところがあります。

戦車などにあたらず爆発・炎上しなかった劣化ウラン弾はそのまま地中にとどまります。ウランは水溶性ですので、埋まったまま土中の水分に溶けて大地や地下水を汚染していきます。

資料
23

舗装された道路などに穴があいていればわかるので、掘り起こして回収することもできるかもしれませんが、砂漠などにもぐりこんだものは、ひとたび砂嵐でも吹けば穴はかくれ、みつけることがむずかしくなります。地下 1.5～2mの深さにある劣化ウラン弾をすべて回収するのはほとんど不可能ではないかと言われています。

せめてアメリカやイギリスはどこで、どれだけの劣化ウラン弾を使用したか公表すべきでしょう。その害を否定しながらもアメリカ軍には「劣化ウランマニュアル」があり、兵士たちに「ウランのチリには注意するように。汚染には近付かないように」と注意をうながしているのです。

私たちにできること

イラクにとって、わたしたち日本人ができる最も良いことは、人類史上唯一の被曝国として、これまでの被曝者治療経験を生かすことではないでしょうか。

現在、10年前の湾岸戦争で使用された劣化ウラン弾の影響と考えられる白血病をはじめとするガンに苦しむ子どもたちが増えつづけています。

これまでの経済封鎖や今回の戦争のために治るべき子どもも、むなしく死においやられていると聞きます。

今回のイラク戦争で使用された劣化ウラン弾も加わり、今後さらに長期にわたって子どもたちは苦しむことになるでしょう。

武器に「人道的」も「非人道的」もないと思いますが、劣化ウラン弾のような、半永久的に放射能で環境を汚染し、そこに住む子どもたちや胎児が被曝しつづけるような兵器は即刻使用禁止にすべきでしょう。

軍隊を送る経済力があるのなら、どうしてそれを薬や医療設備のために使えないのでしょうか？

「米兵から劣化ウラン」

元軍医報告 サマワ駐留の4人

イラク南部のサマワに米憲兵隊員として駐留して帰国した9人が体調不良を訴え、4人の尿から劣化ウラン（DU）が検出されていたことがわかった。来日した元米陸軍軍医のアサフ・ドラコビッチ博士が12日、東京の市民集会で報告した。「米軍の砲弾の燃焼ダストによる被曝によるもので、現在、駐留中の自衛隊員も被曝の可能性は極めて高い」と警告した。

核医学を専門とするドラコビッチ博士は91年の湾岸戦争でのDU弾の使用を批判して米軍当局と対立。97年に軍を離れ、ウラニウム医療研究センター（UMRC）を設立した。

報告によると、昨年4月から8月にかけ、オランダ軍に引き継ぐまでサマワで警備任務などに就いていた軍曹(37)ら9人は、慢性的な頭痛、吐き気、腎不全、免疫障害などに悩まされUMRCに相談した。

昨年12月、9人から採尿してドイツの研究所で分析した結果、9人中7人から自然界では存在しないウラン236が、うち4人から他の劣化ウランの同位体が検出された。

博士は「ウラン236は核実験の影響などでごくまれに尿から検出されることはあるが、核廃棄物のDUとの組み合わせで検出された以上、4人がDU弾で被曝したことは間違いない」と結論づけた。

これまで米国防総省が認めているDU被害は交戦中でのDU弾の破片の被弾によるものなどだけだ。

（出典）朝日新聞
掲載日：2004年4月13日
（レイアウト一部改変）

〈東京都の食品安全条例について〉

この春に東京都で東京都食品安全条例が制定されました。　この条例の特徴は、食品の安全を守る為、①事業者責任を基礎とする安全確保　②科学的知見に基づく安全確保　③関係者の相互理解と協力に基づく安全確保　の３本柱を基本理念としている点です。

都の方の説明によると、以下のような都独自の未然防止策を創設するとのことでした。

① 安全性調査・措置勧告……基準等が定められていない食品など法で対処できない課題に対し必要な調査を実施します(拒否等は 20 万円以下の罰金)。また、調査の結果、健康への悪影響が懸念され、法的な対応が困難な場合には事業者に必要な措置をとるよう勧告し、その内容を公表することができます。

② 自主回収報告制度…………事業者の責任で問題のある食品を回収した場合、都への報告を義務づけ、都はその情報を公表し、回収を促進します。

また、安全性についての情報を都独自に集め、多角的に判断し、分析・評価する機関として「食品安全情報評価委員会」を設置し、条例の附属機関とするそうです。　消費者、業者、都の三者が食品について同じ価値観を持ち、納得できる安全なレベルを探っていける、デスクコミュニケーションを作って行きたい、ということですが、このような見地から、審議する機関として「食品安全審議会」も設置されます。

なお、この条例では、口に入る“食品”だけではなく、添加物、器具、容器、包装、食品の原料、材料として使われる農林水産物、農林漁業で使われる肥料、農薬、飼料、飼料添加物、動物用の医薬品他、食品の安全性に影響する恐れのある物も取り上げています。

私達協議会では、測定結果を都に伝えるなどして、東京都が条例を進めていくのに参加して行けたらいいと考えています。

【2003年度 放射能測定結果一覧表】 （2003年4月～2004年3月）

	測定品目	件数	原産国	測定結果(単位:ベクレル/kg)
乳製品	粉ミルク他	5		検出されませんでした。
ナッツ類	生ヘーゼルナッツ	3		〃
	ヘーゼルナッツ	1	トルコ	10.00
	ヘーゼルナッツ	1	トルコ	11.40
	カシューナッツ アーモンド他	3		検出されませんでした。
海産物	昆布 干しエビ他	5		〃
穀類	米 スパゲッティ シリアル	3		〃
きのこ	ポルチーニ	1	イタリア	31.22
	ポルチーニ	1	イタリア	53.82
	ポルチーニ	1	イタリア	83.3
	乾燥マツタケ	2	中国	検出されませんでした。
	乾燥キノコ3種	3	フランス	〃
	乾燥キノコ	1	フィンランド	123.53
	干しシイタケ	2	日本	検出されませんでした。
	干しシイタケ	1	日本	24.44
	キクラゲ	1	中国	検出されませんでした。
お茶	ウーロン茶 ブレンド茶	2		〃
その他	86ローリエ	1	トルコ	390.82
	塩	2		検出されませんでした。
	ナツメヤシ	1	イラク	〃
	ビーフジャーキー	1	アメリカ	〃
	飲料水	1	日本	〃
	ココナッツパウダー	1	タイ	〃
	ケーキミックス	1		〃
	ピーナッツバター	1	アメリカ	〃
	メープルシロップ	1	カナダ	〃
	スパイス	1	イタリア	〃
	合計	47		

＊以上のほか保育園、学校給食材29件を測定し、いずれからも放射能は検出されませんでした。
＊年度始めパソコン故障のため3回測定ができませんでした。

☆**セシウム**はチェルノブイリ事故によって大量に放出された放射能です。
過去の核実験により地表に蓄積もされています。分解されるのに時間がかかるので（半分の量になるのに約30年）いったん環境に出てしまうと長く残ります。

☆ヨウ化ナトリウム検出器にて200cc6時間測定しています。

測定依頼をお寄せください!!

申し込み方法等は です．よろしくお願いします！

なお，実際に測定にかかわってみたい方，また協議会に参加したい方，いつでも募集していますのでご連絡ください．大歓迎です．

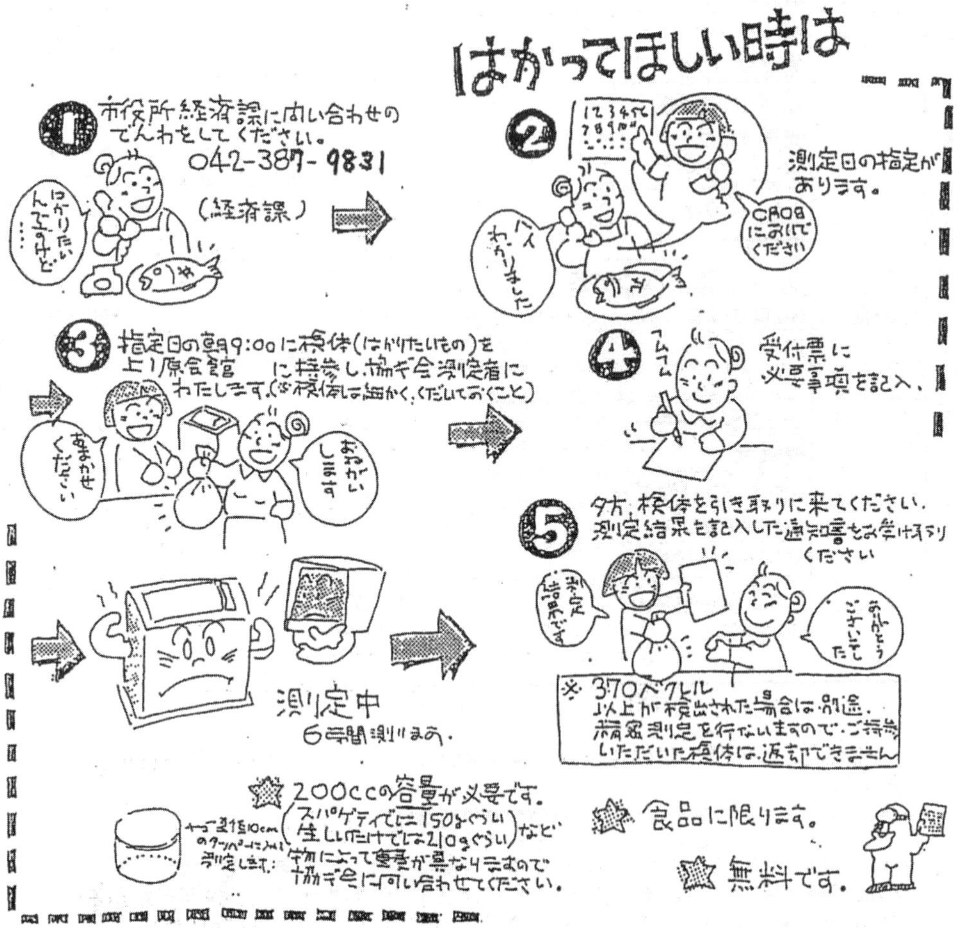

こがねい　2005.7　第12号

放射能測定室だより

発行：小金井市放射能測定器運営連絡協議会
連絡先：小金井市 緑町 5-19-14-608
（事務局）　Tel.Fax 042-385-6650　（江藤）

尊き不戦の誓いよ　永遠に

【2004年度　放射能測定結果一覧表】　（2004年4月～2005年3月）

	測定品目	件数	原産国	測定結果(単位:ベクレル/kg)
乳製品	粉ミルク他	7		検出されませんでした。
海産物	昆布　貝類他	9		〃
穀類	小麦粉　スパゲッティ他	5		〃
きのこ	ポルチーニ　2003年産	1	イタリア	37.40
	ポルチーニ　2004年産	1	イタリア	69.34
	ポルチーニ	1	イタリア	検出されませんでした。
	乾燥キノコ	2		〃
	干しシイタケ	2	日本	〃
	マイタケ	1	日本	〃
お茶	ウーロン茶　番茶　緑茶	3		〃
乾燥果実	アンズ　プルーン　ブルーベリー	3		
菓子	グミ　チョコレート	2		〃
その他	86ローリエ	1	トルコ	361.53
	カップスープ	1	日本	検出されませんでした。
	チーズ	1	フランス	〃
	ワイン	1	イタリア	〃
	はちみつ	1	ニュージーランド	〃
	合計	42		

＊以上のほか保育園、学校給食材29件を測定し、いずれからも放射能は検出されませんでした。
＊05年1月末より測定器不具合のため、一般検体による測定は休止して、テスト測定のみとしたため測定検体数が少なくなりました。

☆**セシウム**はチェルノブイリ事故によって大量に放出された放射能です。
過去の核実験により地表に蓄積もされています。分解されるのに時間がかかるので（半分の量になるのに約30年）いったん環境に出てしまうと長く残ります。

☆ヨウ化ナトリウム検出器にて200cc6時間測定しています。

資料24

「測定実施の見直し」って？！！

「平成16年度　第2回　定期監査報告書」の監査結果の「検討要望事項」のひとつとして、「放射能測定実施の見直しについて」という文章があることがわかりました。これは監査委員（3人の合議制）が、3月24日に市長と議長に提出したものです。

（３）放射能測定実施の見直しについて（経済課）
平成２年度に４３２万６，０００円で購入した放射能測定装置を毎年２０万円以上かけて保守点検を実施してきている。平成１６年度当初予算でも、放射能測定器保守点検委託料を２７万6，０００円計上しており、この間３００万円以上を保守点検費用にかけている。
週１回市民団体が、放射能測定装置が置いてある上之原会館で食品関係の放射能測定を実施していて、平成１５年度は測定件数７６件、測定品目１２種類について実施したということであるが、参加メンバーは固定されており、その結果について、これまでに異常が認められたことはないということである。
実施当初はそれなりの意義があって始められたと思われるが、実績から見ても費用対効果は少いと思われる。
また、事業実施から１４年以上が経過し、装置も老朽化してきており、全国の市町村で放射能測定装置を自前で持っている市は他に数市という状況からしても、これを機会に放射能測定実施の見直しを検討されたい。

最近、トラブルも多くなり、測定器の寿命が近づいていることは私たちも承知していて、その後についての話し合いもしていました。そんなところに現れた「費用対効果が少ないから見直しを」というこの監査委員の指摘には、この間の小金井市の測定事業の経過や、食品の放射能汚染をめぐる現状への認識があまりにも不十分なことが残念です。

これからどうなるの？

測定事業担当の経済課によると、今年度については重大なトラブルさえなければ従来通りに継続。来年度以降に向けては、まず、夏に開かれる「消費生活審議会」に監査結果を報告し、最終的には来年度予算案が決定する2月を目途に検討するそうです。また、検討の過程では、測定に当たっている私たち協議会との話し合いも十分に持ちますとのこと。

財政難の小金井市が、数百万円の測定機をポンと買えるとは思っていません。でも、どんな結論になるにしろ、充分な現状認識を私たちと共有して方向性を出してほしいという思いです。

そのようななわけで、次ページの申入書を提出しました。

私たちの思いをまとめた申入書です！

2005年6月27日

小金井市長　稲葉孝彦　様
小金井市消費生活審議会委員の皆様

小金井市放射能測定器運営連絡協議会
会長　勝沼由美子

食品の放射能測定についての申入書

小金井市民の消費生活の安定と向上に向けてのみなさまのご尽力に感謝いたします。

3月24日付けの「定期監査結果の報告」の「検討要望事項」の中で、「放射能測定実施の見直しについて」の記載があることを知りました。市長としては監査の指摘を受けて事業の検討を行うことになり、その際、消費生活審議会のみなさまの専門的立場からのご意見は重要な判断材料になることと思い、申し入れさせていただくこととしました。

私たち放射能測定器運営連絡協議会は、1990年の事業開始以来、市との契約と協定書に基づいた食品の放射能測定を行ってきた市民団体です。当時、1300人を超える署名による陳情を市議会が採択したものの、市としては測定機の購入はできても人的配置は困難という中で、市民として測定業務を請け負い、以来15年間にわたり全くのボランティアによる活動を続けてきました。

資料24

このたびの監査委員からのご指摘については、行財政運営が適切に行われているかをチェックする立場からのものとは思いますが、残念ながら小金井市における「食品の放射能測定事業」の経過や意義、現状などについての充分なご理解に基づくものとは思えません。

審議会委員のみなさまからの適切なご助言と、市長の慎重なご判断の参考としていただきますよう、下記の通り、監査結果の報告に関する私たちの考えをお伝えします。

また、検討の過程では私たちとの協議も十分に持っていただきますようお願いいたします。

記

1.「実績から見ても費用対効果は少ないと思われる」について

監査に立ち会った経済課によると「実績」とは測定件数が少ないこと（週1回、15年度は76件）ではないかということです。けれども、市民の依頼による検体を測定する定期測定を週1回とし、保育園・学校給食食材の測定を定期測定日以外に行うというのは、市が協定書で指定した測定のあり方です。また、実績報告として上げられている件数の他にも、疑問のある測定結果が出た場合には長時間かけて再測定するなど随時対応していることは測定記録でお分かりいただけます。

2.「その結果について、これまでに異常が認められたことはない」について

異常な結果が出ないから測定が不要ということにはなりません。行政や市民による測定が輸入商社や食品業界の自己規制を強化させることとなり、汚染食品が流通しないという抑止効果を果たしています。

3.「実施当初はそれなりの意義があって始められたと思われる」について

測定事業を始めることとなった「市民の健康を守るため、市として食品の放射能測定ができるようにしてもらうことを求める陳情」の採択は、1986年の旧ソ連のチェルノブイリ原子力発電所の事故による放射能汚染食品の輸入への心配の声を背景としていました。

事故から19年が経過しましたが、チェルノブイリから飛散した放射能セシウム 137 の半減期は30年ですから、汚染された農畜産物はまだまだ存在しています。測定検査体制が流通を防いでいるという側面もあります。

また、国内57基の原子力発電所は老朽化が進み、今年の末には9基が運転30年を超えようとしています。東京電力の相次ぐトラブルも美浜原子力発電所の配管破裂事故も老朽化が原因です。各地の大震災、東海地震の可能性など、新たな放射能汚染事故の発生が心配されて当然な状況です。

さらに、この5月には原子炉等規制法が改正され、今後、廃炉などに伴って大量に発生する放射性廃棄物の一部を、一般の廃棄物と同様に処分や再生利用ができるようになりました。思わぬところで放射能汚染にさらされることになるかもしれません。

4.「全国の市町村で放射能測定装置を自前で持っている市は他に数市」について

1988年の市議会での陳情採択、測定器の購入は、そもそも他市に追随した取り組みではありません。同様の取り組みを行ってきた藤沢市では、2001年に老朽化による測定器の一部更新をし、食品の安全を市民の手で確かめるための測定を続けています。

5.「平成2年度に432万6，000円で購入」「装置も老朽化してきており」について

この間、測定器の故障も増え装置の老朽化は明らかです。本来なら、とっくに更新されているべきものですが、市財政の窮状からすれば、使える限り使うべきものと考えます。私たちは可能な限り現在の測定器による測定を続けていくことを望んでいます。

しかし、重大な故障等が発生した場合の更新のご検討もお願いします。藤沢市では機器の一部の交換で足りたことなどにより、当初より100万円程安く更新できたようです。

また、更新に時間がかかる場合の市民からの測定希望や学校・保育園の給食食材の測定への対応についてもご検討ください。

以上。

講演会の報告

『地震・津波と原発』

２００５．３．６．
「地震がよくわかる会」（たんぽぽ舎内）
柳田　真　さんのお話より

今回は「たんぽぽ舎」における研究会のひとつ、「地震がよくわかる会」のメンバーである柳田真さんに講師としておいでいただきました。「たんぽぽ舎」では、1995年の阪神淡路大震災を契機として越生忠さんほかを中心に「地震・環境・原発研究会」が結成され、100回余の研究会並びに3回の全国集会が開かれたそうですが、2002年よりこれを前身とする「地震がよくわかる会」が活動を引き継ぎ、現在毎月１回、地震と原発についての勉強会をもっておられます。　昨年末のスマトラ沖地震による大津波は、かつてない規模の被害をもたらし、全世界に大きな衝撃を与えました。　その少し前に起きた新潟県中越地震においても、たくさんの方が被災され、「今の日本列島は、どこで大地震が起きてもおかしくない。」という警告が、決して誇張ではないことを思い知らされました。地震と聞けば、「原発は大丈夫？」と心配になる私達ですが、今回のスマトラ沖地震では、地震の際には津波による原発災害の危険性をも考えるべきであるという教訓を得ました。

2004年10月の新潟中越地震では？

新潟での地震とあって、柏崎刈羽原発は大丈夫だろうか？と、気になった人が多いはずですが、柏崎付近の震度はなかなか発表されなかった、ということです。　震源地と柏崎刈羽原発は３０キロメートルくらいしか離れておらず、地元新潟の方々はかなり不安だったようです。　余震のゆれで、7号機が停止（タービンの軸がずれて自動停止）した、との報道がありましたが、強い余震が続く中でも、自発的な停止は考えられなかったのでしょうか。

2004年12月のスマトラ沖地震による津波の際には？

インド洋に面する13の国で23万人以上の死者を出したこの地震は、マグニチュード9を越す大きな規模のものであり、その際の地震波は地球を5回以上も周回するほどの巨大な地震でした。　これは、阪神淡路大震災の1400倍の大きさだということです。　インド南部カルパカムにある原子力発電所では、この大津波を受け、原子炉が緊急停止した、という話ですが、詳細は発表されなかったそうで、これについての報道は日本でもあまりありませんでした。　周辺住民は津波の恐怖に加えて放射能漏れに対する不安にもさらされました。　近い将来起きると言われている東海地震、東南海地震、南海地震は、この地震と同じプレート境界型の地震であり、予想される震源域はスマトラ沖地震の際のものよりずっと陸に近い為、早いところでは10分以内に津波が到達すると想定されています。　警報システムを強化する、堤防のあり方を見直す等、津波対策が現在各地で進められていますが、原発を津波が襲った場合はどうなるのでしょうか？　日本では、53基の原発が海岸線に建てられており、中でも、浜松原発は東海地震の震源域とされる場所、プレート境界の真上に建設されています。

地震・大津波が襲ったら浜岡原発は？

浜岡原発では現在５基の原発が存在しています（５号基は今年に入ってから運転を開始）。　津波対策は取っている、とされていますが、津波の波高や最高到達点をあらかじめ知ることは不可能ですし、今回のスマトラ沖地震に見られるように、津波はコンクリートの建物をも根こそぎ破壊するほどの力を持ちます。原発の前面には高さ１０メートル長さ８０メートルの砂丘があるから大丈夫、とする中部電力の説明も、液状化の可能性を考えれば安心できるものではありません。　今回中部電力は５基の原発全てに耐震補強工事を実施すると発表しました。　しかし、津波によって取水口が塞がったり、電気系統が破壊される等、想定外の事態が起こることはないのでしょうか？　仮に原発が停止していても、燃料がある限り冷却を続けなければメルトダウンの危険は回避出来ません。　冷却用の水が引き込めなくなれば、「メルトダウンするよりはまし」として、放射能を含んだ蒸気の大気放出により、原子炉を冷却せざるを得ず、更に大事故になれば、わずか半日で放射能は日本列島を覆うことになります。　ご存知のように現在各界の重鎮も呼びかけ人となって、「原発震災を防ぐ全国署名」運動が展開されています。　浜岡原発の運転停止を求める声は全国に広がっています。

測定依頼をお寄せください!!

申し込み方法等は→です。よろしくお願いします!

なお、実際に測定にかかわってみたい方、また協議会に参加したい方、いつでも募集していますのでご連絡ください。大歓迎です。

こがねい 2006年7月 第13号

放射能測定室だより

発行 ： 小金井市放射能測定器運営連絡協議会
<事務局>小金井市緑町5-19-14-608 Tel/fax：042-385-6650（江藤）

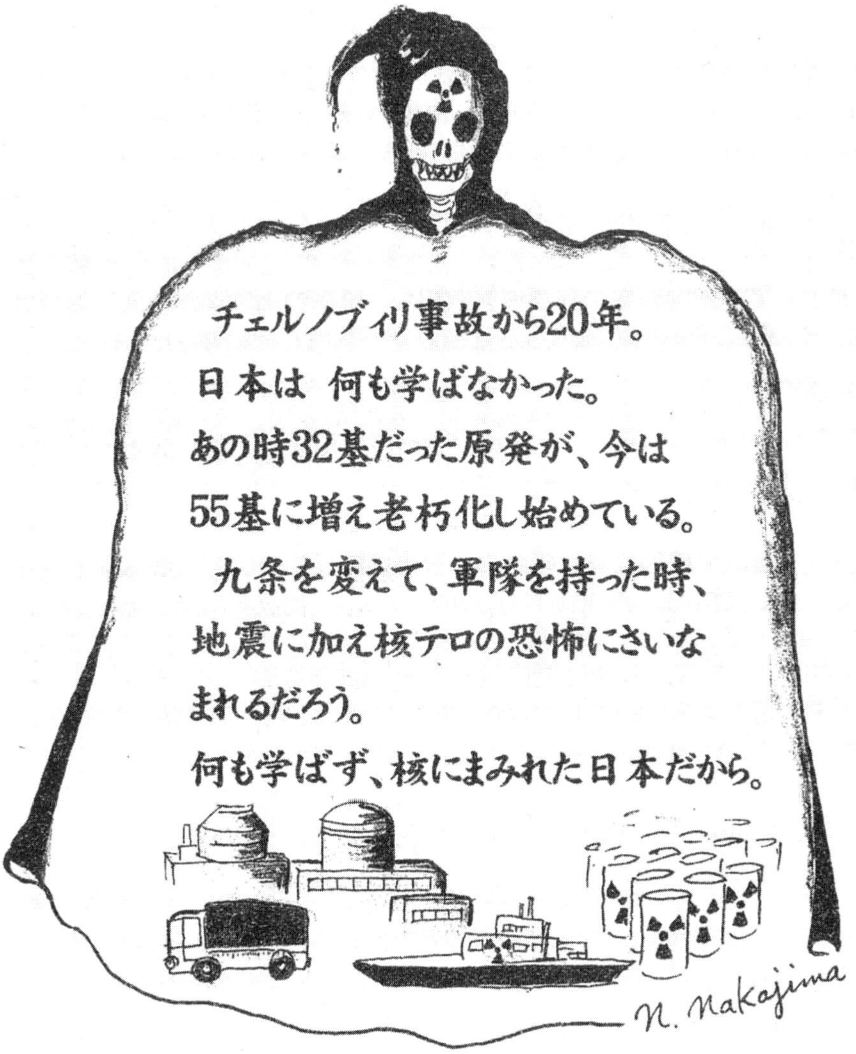
チェルノブィリ事故から20年。
日本は 何も学ばなかった。
あの時32基だった原発が、今は
55基に増え老朽化し始めている。
九条を変えて、軍隊を持った時、
地震に加え核テロの恐怖にさいな
まれるだろう。
何も学ばず、核にまみれた日本だから。
N. Nakajima

「測定実施の見直し」をめぐる1年

2005年度は、市が「放射能測定の見直し（廃止？）」をするかもしれない、という私たちの活動の土台が大きく揺るぎかねない動きがありました。この1年を振り返りってみます。

2005年3月　**「放射能測定実施の見直しについて」という監査報告**が出されました。「費用対効果が低いから見直しを」という指摘を含むものです。測定器の老朽化に伴ってトラブルは多くなってはいますが、市の監査委員の指摘は小金井市の測定事業の経過や、食品の放射能汚染をめぐる現状への認識があまりにも不十分なものでした。

6月　そのため、**「食品の放射能測定についての申入書」を、市長と消費生活審議会委員のみなさんに提出**。チェルノブイリ事故を受けて、1300人を超える署名の陳情の採択によって始まった測定事業の経過や、現在でも安全とは言えない食品の放射能汚染をめぐる状況を説明し、十分な理解の上で適切に判断していただきたいという内容です。

7月　11月　市の担当の経済課は消費生活審議会（島田和夫会長）の意見を聞いて方向性を出すことにしました。2回の放射能測定事業に関する審議を経て、**消費生活審議会は、市としての測定事業の必要性を確認し、現在の測定器が使える限りは測定を続け、その間にその後の継続方法を検討するべきとの結論**を出しました。

6月～11月　一方で、市は371の事業を対象に「行政評価」を行い、その結果を11月に発表しました。ところが、その**行政評価では放射能測定事業は来年度廃止すべき事業のひとつ**となっていたのです。

2006年1月　**「食品の放射能測定事業の行政評価結果についての要望書」を市長に提出**しました。内容は行政評価システムの問題点（①放射能測定のような専門的知識を要する事業については消費生活審議会のような専門的見地を持った機関の意見も含めての評価を。②市民との協働も評価に含むべき。③評価結果となった理由などの詳しい説明と、会議録の整備）を指摘し、放射能測定事業については消費生活審議会の結論に沿った事業継続を求めたものです。

3月　現状の放射能測定を継続する予算が議会に提出され、可決されました。

というわけで、消費生活審議会の意見もあり、現在の測定器が使える限りは「放射能測定事業を継続する」ということになりました。でも、測定器の老朽化が進んでいるため、今後も避けて通ることのできない課題です。同様な測定器の老朽化を受けて、新しい機器に買い替えた藤沢市、測定事業をやめた柏市などの情報も集めて今後の対応を考えていきます。　（漢人）

資料
25

【2005年度　放射能測定結果一覧表】　（2005年4月～2006年3月）

	測定品目	件数	原産国	測定結果（単位　ベクレル/Kg）
乳製品	粉ミルクほか	4	日本	検出されませんでした
海産物	まぐろ	1	〃	〃
	ワカメ	1	中国	〃
	干しエビ	1	〃	〃
穀類	素麺	1		〃
	パスタ	2	イタリア	〃
	米	1	日本	〃
きのこ	干しシイタケ	2	〃	〃
	ポルチーニ	1	イタリア	〃
	ナメコ缶	1		〃
	ヤマブシタケ	1	日本	〃
お茶	煎茶　紅茶	2		〃
果実	クコ　ゴマ　杏種	3	中国	〃
その他	インスタントスープ	3		〃
	砂糖　黒砂糖	2		〃
	味噌	1		〃
	飲料水	3		〃
	合計	30		

＊　以上の他、保育園、学校給食材29件を測定し、いずれからも放射能は検出されませんでした。

＊　測定器等の不具合のため一般検体の測定が少なくなりました。

☆　セシウムは
チェルノブイリ原発事故によって大量に放出された放射能です。
過去の核実験により蓄積もされています。分解されるのに時間がかかるので（半分になるのに約30年）いったん環境に出てしまうと長く残ります。

☆　ヨウ化ナトリウム検出器で200cc6時間測定しています。

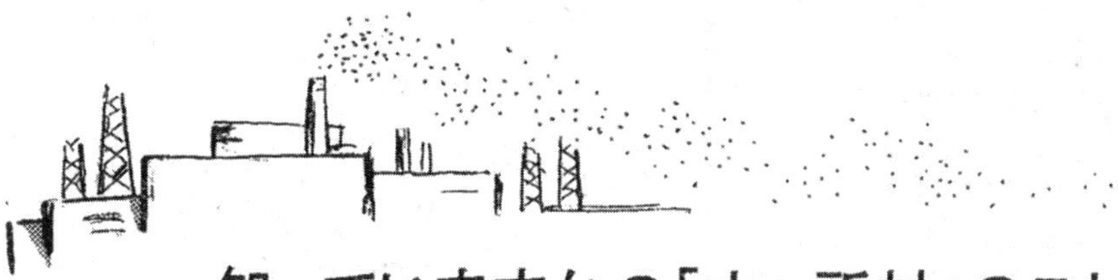

知っていますか？「六ヶ所村」のこと。

青森県六ヶ所村の名前をお聞きになったことがありますか？

この村は日本中の原子力発電所が使い終わった核燃料のゴミが集まってくることで有名です。どうして集めるかといえば、そのゴミ(使用済核燃料)からプルトニウムを取り出してもう一回原発の燃料にするためです。

そしてこの春、その再処理工場が実質的に操業を開始しました。始まった日の夜、排気筒からクリプトン85という放射性物質が出るのが確認されたそうです。再処理工場から一日に排出される放射性物質の量は、ひとつの原発の一年分です。海にもトリチウムやヨウ素129やプルトニウムを放出しつつ動き続けます。
すでに稼動しているフランスやイギリスの再処理工場のまわりでは小児白血病の発生率が通常より高いという報告があります。

この事態に対して、著名人たちから緊急アピールが出されています。というのも、この再処理工場は単に放射能による環境汚染のみならず、核兵器の原料になることが IAEA(国際原子力機関)から指摘されているからです。
「六ヶ所再処理工場の稼動が他国の再処理正当化の理由として利用され、結果として核拡散を促すことがつよく懸念」されています。
また、ひとたび「大地震に襲われたら、結果としての放射能災害は通常の原発の比ではないことになる可能性が」あります。(緊急アピールより)

緊急アピールには石牟礼道子さん、鎌田慧さん、黒田洋一郎さん、澤地久枝さん、柳澤桂子さんら27名の方々が参加し、「青森県民、岩手県民だけの問題ではない」と国民全体で真摯に考えるように求めています。
素直に考えれば誰だってこんな工場がすぐそばで操業することには賛成しないでしょう。
なぜ六ヶ所村にこんな施設が出来る事になったのでしょうか？
そのなぜに答えてくれるのが映画「六ヶ所村ラプソディー」です。

見てみませんか？映画「六ヶ所村ラプソディー」

前作『ヒバクシャ　世界の終わりに』で劣化ウラン弾によって被曝し、白血病に苦しむイラクの子どもたちのことを伝えてくれた鎌仲ひとみ監督が、自分の足元を見据え行き着いた六ヶ所村の世界を映画化しました。

皆さんもご存知のように劣化ウランは原発で使う核燃料を作るときに出る「核のゴミ」です。原発が動いている限り出続ける「核のゴミ」。
日本では国中の「核のゴミ」を今、六ヶ所村に押し付けているのです。

六ヶ所村でも始めは多くの人が反対しました。しかし今、村に仕事が無い中原子力産業でしか職を得られないという現状がこの工場を受け入れさせています。
それでも六ヶ所村には美しい花々や、無農薬のお米を作って、原子力産業に頼らず生きていこうとしている人たちがいます。
そんな様々な立場の人々に「核のゴミ」を押し付けている私たち・・・・

鎌仲監督は言います。
『 自分たちの暮らしの根っこに核を抱えながら、あたかも良いものであると振舞う不思議議なありかたを多くの村民が選び取っています。・・・・ ここには私たち日本人の暮らしがそのままあります。彼らの選択は私たち自身の選択である、と感じています』

小金井市放射能測定器運営連絡協議会では小金井市の他のグループの皆さんと力を合わせて上映会を開催しようと準備中です。
ぜひこの映画をご覧になって、
「なぜ六ヶ所村に？・・・」
「私たちはどのような未来を選択したいか？」
を共に考えましょう。

この秋　小金井市で上映予定です！

本当に必要なX線（レントゲン）なのか 撮る前に考えよう！

現在の法律のもとでは　被曝線量の限度は一般人で、**1年間　1ミリシーベルト**です。しかし、X線検査などの医療にはこの規制は適用されていません。

そのため医療機関にとり大きな収入源であるX線撮影が安易に行われる傾向があります。

エックス線検査で受ける
平均実効線量（ミリシーベルト）

部位	線量
胸部（直接撮影）	0.14
胸部（間接撮影）	0.65
腰椎	1.8
胸椎	1.4
骨盤・股関節	0.83
頭部	0.1
腹部	0.5
上部消化管	3.6
下部消化管	6.4
乳房	0.5
CT	8.8
血管造影	12
歯科	0.02

国連放射線影響科学委員会報告（2000）より抜粋

おすすめします

故高木仁三郎さんの遺志を継いで活動している「高木学校」が発行している

医療被ばく記録手帳

記録し、被曝量を知ろう！
X線を勧められ迷ったら
この手帳を医者に見せ相談しよう！

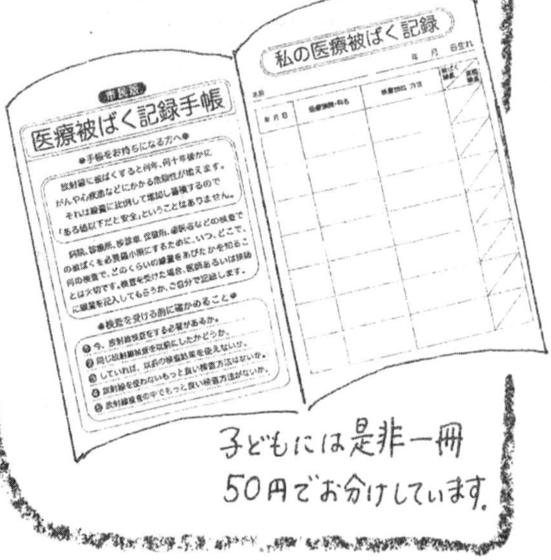

子どもには是非一冊
50円でお分けしています。

実話 フェレット君の医療被曝

急に吐き気をもよおして元気をなくしたフェレット君は、心配した買い主に連れられて動物病院へ。

X線撮影で、食いちぎったクッションの切れ端が胃の中にあることがわかった。

切れ端が排泄されるまで入院ということに。

3日後、無事排泄し元気になったフェレット君を迎えに行った買い主に請求された金額は七万円！

その中には三万五千円のX線撮影代金が･･･。

なんと、20枚もX線を撮られていた･････

資料 25

お花見シーズン浮かれてばかりでは…

原発周辺サクラ 花びら7枚も

NPO調査

お花見シーズンが到来した。宴(うたげ)の会場の一角で、花を丹念に見比べている一群がいたら「サクラ調査ネットワーク」の人たちかもしれない。一昨年から原発がサクラにもたらす影響を調べてきた。その結果は酔いさましになりそうだが—。

今月下旬から、原発をめぐる状況は騒がしい。二十四日には、金沢地裁が耐震性に不安があるとして、北陸電力志賀原発2号機の運転差し止めを求める住民側の主張を認めた。全国で初めてのケースだった。

一方で、二十六日には佐賀県が、九州電力玄海原発3号機での全国初のプルサーマル発電計画の受け入れを決定。さらに青森県六ケ所村の再処理工場では、今月中にもプルトニウム抽出の試運転が始まりそうだ。

そんな中、ことしもサクラ調査の季節を迎えた。そもそも、この調査はどう始まったのか。同ネットワークの世話人で原子力・環境問題のNPO（民間非営利団体）「たんぽぽ舎」の柳田真さんはこう紹介する。

「二〇〇三年に中部電力浜岡原発（静岡県）を見学するツアーで、浜岡町役場周辺のカンツバキの雄しべが軒並み、花弁になっているのを見つけて驚いた。こうした自然の異変が各地の原発周辺部で起きていないか、調べてみようと」

対象には日本全国に分布し、突然変異が少なく、かつ素人でも調べやすいソメイヨシノが選ばれた。花見のついでに短時間でできるという利点もあった。

調査は比較のために原発周辺部と都市部双方で実施した。一回目の〇四年は三十七カ所で、延べ八十人が参加。昨年は四十七カ所で百四十人が加わった。

結果はどうだったのか。昨年の場合、全国九地域の原発周辺部で観察した約七万五千の花のうち、1・96%の花に通常より小さな花びらや、枚数が四枚、七枚であるといった違いが見つかった。一方、原発から遠い都市部では約五万九千の花のうち、異常が見つかった割合は0・86%。双方に二・三倍の格差があった。

ただ、原発とは遠い地域でも、自動車の通行量が多い道の脇や農薬を散布したとみられる土地では花の異常が多く見つかった。このため、原発とサクラの異常の因果関係について、同ネットワークでは「科学的にはまだ特定できていない」とあくまで慎重だ。

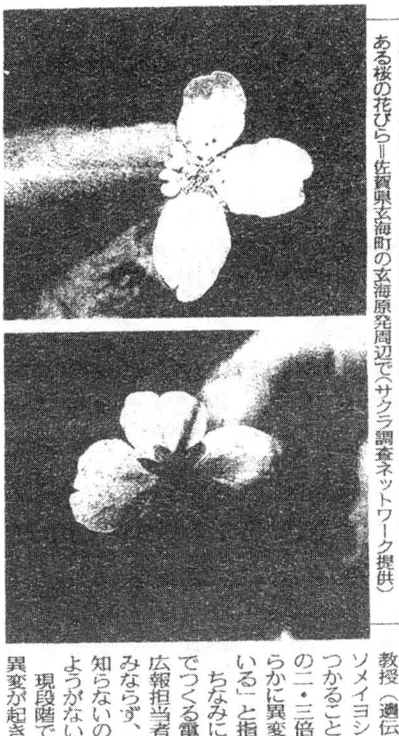

㊤花びら5枚のうち2枚（左側）が異常に小さい桜＝福井県おおい町で ㊦ガクが6枚ある桜の花びら＝佐賀県玄海町の玄海原発周辺で（サクラ調査ネットワーク提供）

因果関係は特定できず 市民の観察呼びかけ

遺伝子の情報を放射線が損傷？

とはいえ、この調査に携わる埼玉大の市川定夫名誉教授（遺伝学）は「昔からソメイヨシノに異常花が見つかることはあったが、この二・三倍という数字は明らかに異変の発生を示している」と指摘している。

ちなみに全国の電力会社でつくる電気事業連合会の広報担当者は「調査方法のみならず、その調査自体を知らないのでコメントのしようがない」と話した。

現段階では原発によって異変が起きているかもしれないという推論の域を出ていないが、慶応大の藤田祐幸助教授（環境論）は「だから安全と考えることは早計だ」と主張する。

「この異常花率のデータは、遺伝子情報が人工放射線により損傷を受けている可能性を示唆している。リスクが立証できないのでリスクがないという考え方がある一方で、危険性がある以上、警戒すべきという予防原則もある。水俣病も科学的立証までに長い時間を要したが、その間に被害者は次々と増えていった」

前出の柳田さんも「科学的調査というと専門家の世界と考えがちだが、市民自ら手がけることが大切。今後は、同じ木を数年単位で調べていきたい」と話す。

同ネットワークでは、ことしは全国五十五カ所での調査を予定しているが「データの拡充のためにも都市部も含めて調査地点は多い方がよい」とボランティアの参加を呼びかけている。

サクラ調査ネットワークの連絡先は、たんぽぽ舎＝電03（3238）9035、午後一時以降＝へ。

東京新聞より '06・3・28

測定依頼をお寄せください!!

申しこみ方法等は → です．よろしく お願いします！

なお：実際に測定にかかわってみたい方．
また協議会に参加したい方．いつでも募集して
いますのでご連絡ください．大歓迎です．

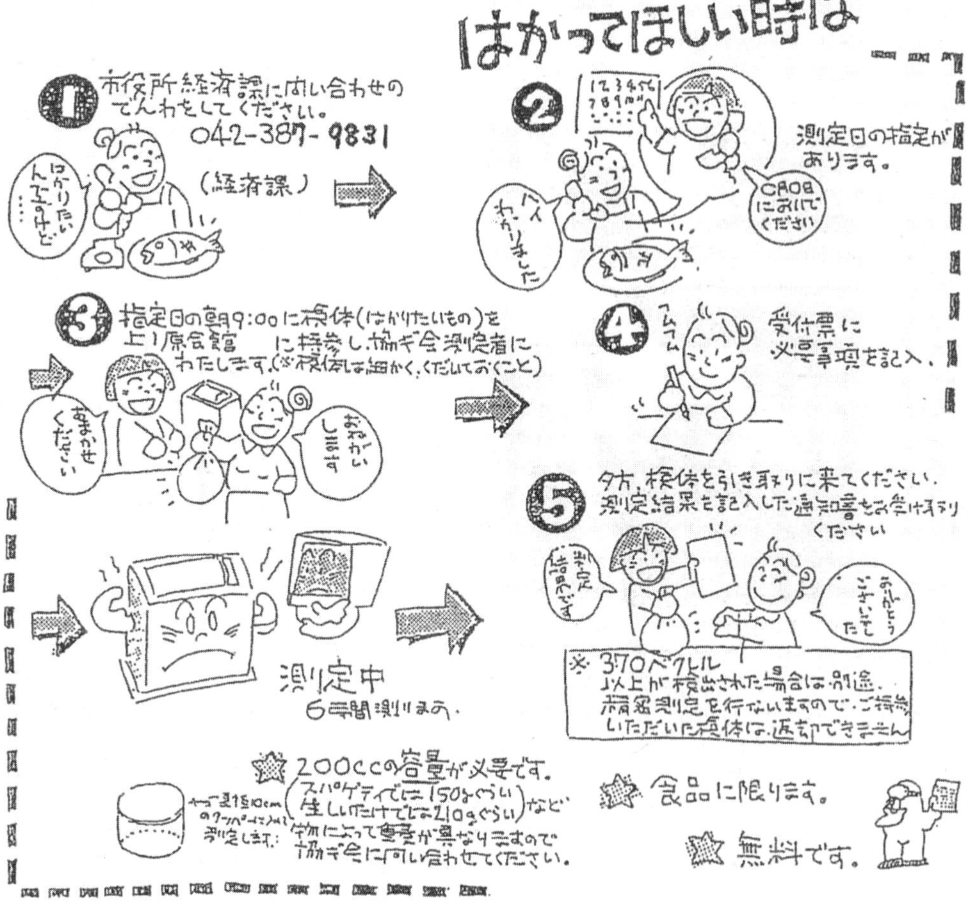

2007年5月 第14号

こがねい 放射能測定室だより

発行 ： 小金井市放射能測定器運営連絡協議会
<事務局>小金井市緑町5-19-14-608 Tel/fax:042-385-6650(江藤)

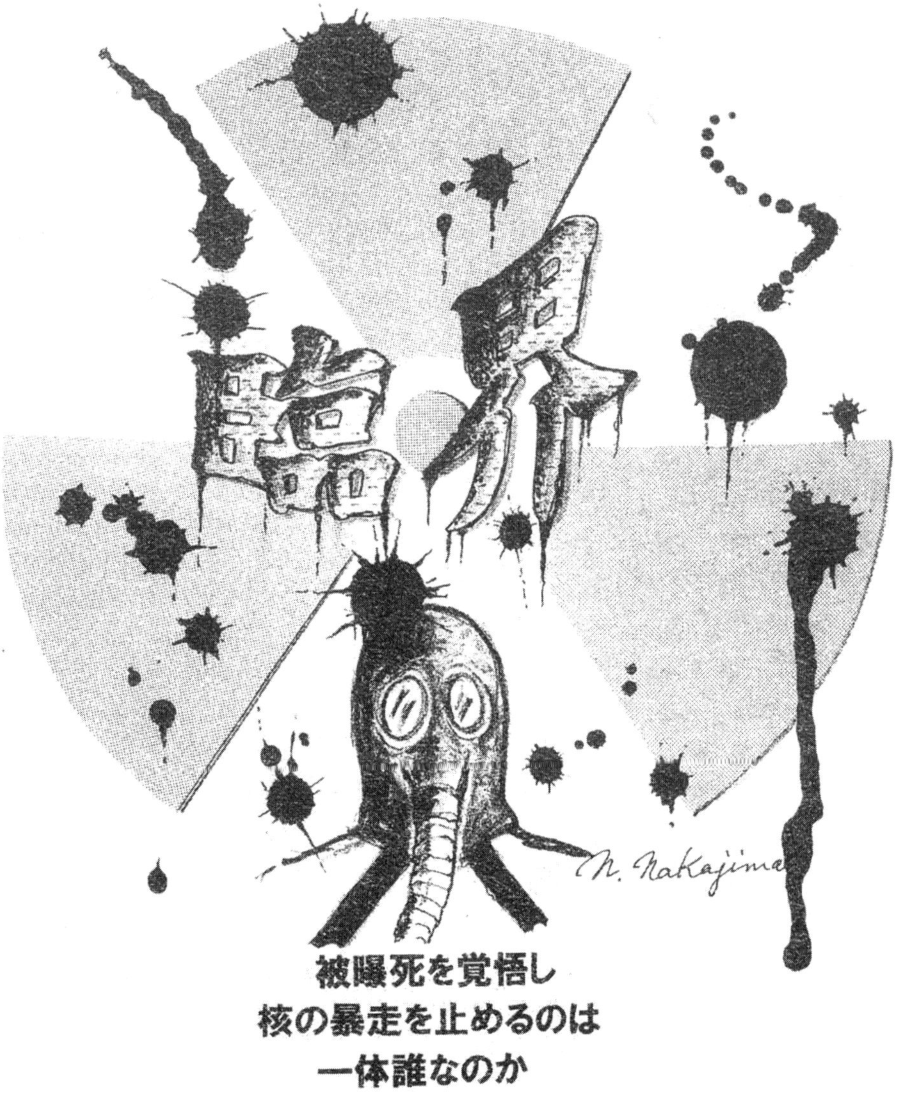

被曝死を覚悟し
核の暴走を止めるのは
一体誰なのか

ぞくぞく発覚

原発事故隠し

えっ？！　臨界事故も？！

こんなにたくさんの不正が発覚！

昨年末より次々と発電所におけるデータ改ざん、偽装、捏造、トラブル隠しが明らかにされましたが、全国の12電力会社が３月末迄に経済産業省原子力安全・保安院に提出した不適切事例は4518件。 そのうち原発関連は100件近くありました。 トラブルがあった際にすぐに詳細を公表し、情報が共有されていたら、その後の事故を防ぐことができたのではないでしょうか。

緊急自動停止、制御棒脱落、そして臨界事故も！

北陸電力志賀原発１号炉において1999年に起きていた臨界事故も今回公表されました。　定期検査中に89本ある制御棒の内の３本が誤って抜け、しかも緊急停止に失敗して、15分間臨界状態が続いたというものです。 さらに古いものでは1978年に福島第一３号炉で定期検査中に制御棒５本が抜け、臨界状態が７時間半も継続した、という事故が発覚。　その他にも10件以上の制御棒トラブルが今回明らかになりました。

2002年「東電原発事故隠し事件」の際にも隠し続けたの？

技術者の内部告発から原発の運転を一時止めるに至った2002年の「トラブル隠し事件」は記憶に新しいものです。　その際にも、今回報告されたこれらの事故は隠され続けていたということでしょうか？ 事故に限らず、都合の悪い部分を隠し続けなければ原発は存在できないものなのかも知れません。

３月末に起きた能登半島地震の震度は想定以上

震源から約 18ｋｍしか離れていない志賀原発では、１号炉は臨界事故隠しによる停止命令を受けて止まっており、２号炉もタービン事故で止まっていましたが、激しい揺れの為、放射性物質を含んだ水が原子炉建屋内に飛び散ったそうです。 自動停止設定値以上の揺れだった、ということで、評価対象から外れていた断層がもう一本を連動して動いた可能性が高い、との発表もなされました。　地震の活動期に入ったと言われるこの日本では、今や原発震災はどこで起こっても不思議ではありません。

資料26

廃食油から、燃料をつくる
―全国に広がる菜の花プロジェクトの取り組み―

一面の菜の花畑は、人の心を癒し、収穫したら搾油してナタネ油に。そのナタネ油は家庭や学校給食で使い、絞りかすは肥料や飼料として使う。また、廃食油は回収して、せっけんやバイオディーゼル燃料（ＢＤＦ）にしてリサイクル。二酸化炭素の排出も少ない地域での資源循環で、持続可能な地球環境を目指す取り組みは全国に広がり、100 団体を超えています。「愛・地球博」の開会式では、未来プロジェクトとして取り上げられました。環境への負荷が少なく、資源を循環する取り組みを紹介します。

●あいとうエコプラザ ―菜の花館―

菜の花館の屋根には、上から見ると菜の花の形のサイロと、太陽光発電パネルが設置されている。

1998 年、滋賀県東近江市にある愛東（あいとう）の地から、「菜の花プロジェクト」の取り組みが始まりました。

転作田に菜種を栽培し、油を搾って販売しています。そして、使った後の廃食油は、地区ごとに回収されて菜の花館に運ばれてきます。プラントの機械に入れられた廃食油はバイオディーゼル燃料になり、トラクターやコミュニティバスを走らせているそうです。

また、琵琶湖の浄化運動から、住民の活動で廃油の一部は粉石けんにもリサイクルされています。その販売容器は、資源回収された形も様々なペットボトルが使われています。

●西東京でも、菜の花の栽培を開始

2003 年、西東京市でも「菜の花エコプロジェクト」が発足しました。まずは行動からと、菜の花栽培の試行を始め、そこからの人と人のつながりが地域をつくっているとのことです。05 年、草の根市民基金の助成金で搾油機を購入し、環境学習にも使うなど、活動内容にも具体性を持ってきました。06 年（昨年）は、農家２軒のトラクターをバイオディーゼル燃料で運行を開始しています。

現在、廃食油のＢＤＦ化を模索中。廃食油の処理の現状や使用先などについての調査活動を開始しています。廃食油回収のＢＤＦを公共交通に利用するだけでなく、「作物による自然環境の基本である「農」を、菜の花を通し実体験をし、保全に努める」ことや、「各作業段階において、障害者やシニア世代の雇用の場の創出」にも、展望を持っています。　（小山美香）

チェルノブイリ救援・中部の新しい活動

『菜の花プロジェクト』 に注目！！

□ チェルノブイリ救援・中部とは？

名古屋市のNPO法人で、チェルノブイリ原発事故の被災者支援を16年にわたり、続けています。
医薬品や医療機器・汚染されていない粉ミルクの支援、現地の医師や医療技術者の養成、被災者の子ども達への奨学金制度など多岐にわたる支援を、深い交流を基盤に行なっています。

□ 『菜の花プロジェクト』とは？

チェルノブイリ原発の南西70kmのウクライナ北部のナロジチに、菜の花を栽培し、セシウム１３７やストロンチウム９０を吸収させ、土壌を浄化し、非汚染地域を拡大しようとする試みです。
さらに、なたね油からは安全なバイオディーゼル油を、根や茎からは、メタン醗酵させてバイオガスを取り出す考えです。

□ なぜ《なたね》はセシウム137やストロンチウム90を吸収するの？

セシウム137はカリウムと、ストロンチウム90はカルシウムと元素の性質が似ているので、なたねは栄養分と区別できずに吸収してしまうのです。

□ なぜ《なたね》なの？

セシウムもストロンチウムもバランスよく吸収するのはなたねの仲間。また、なたね油からディーゼル油を作ることが出来ます。

□ バイオエネルギーとは？

植物から作る燃料のこと。この4/27から首都圏50ヶ所のガソリンスタンドでも「バイオガソリン（バイオエタノールが３％混ざっている）」の販売が試験的に始まっていますね。
持続可能なエネルギーとして注目されていますが、食料（トウモロコシや大豆）から作ることにたいしては価格の高騰を招いたり，食糧難につながるとして疑問の声が上がっています。

□ ディーゼル油に放射能は残らないの？

吸収された放射能は根や茎・葉・種皮に蓄積されますが、種には蓄積されません。
なたねに吸収される段階で水溶性になっているため油と混ざらないからだそうです。

□ 放射能を蓄えた根や茎はどうするの？

メタン菌の働きで分解し、メタン醗酵させ、メタンガスを取り出します。これもまた、ディーゼルエンジンによる発電やボイラーの熱源に利用できます。
最後に残った汚泥はウクライナ政府の基準に従い「低レベル放射性廃棄物」として特定の場所に永久保存します。その後は半減期にしたがって放射能が減っていくのを待つしかありません。

□ 『菜の花プロジェクト』に期待！！

今年４月に種をまいて、成果を見ることができるのはまだまだこれからですが、現地の農業大学や行政とも連携し、着実に計画を進めているのは長年地道な救援活動を続けてきた「チェルノブイリ救援・中部」ならではの実績の表れだと思います。
バイオエネルギー生産と放射能除去・土壌浄化を一緒に考えているところが本当にすばらしいですね。

□ 原発事故から２１年ですね

『私たちは事故から２１年経った今だからこそ、ナロジチの人々に復興の息吹を感じてほしいのです。』（チェルノブイリ救援・中部）

□ もっと詳しく知りたい方は・・・

チェルノブイリ救援・中部
〒466-0822 名古屋市昭和区楽園町137 1-10
TEL 052-836-1073（月・水・金 10:00-17:00）
chqchubu@muc.biglobe.ne.jp
www.chernobyl-chubu-jp.org

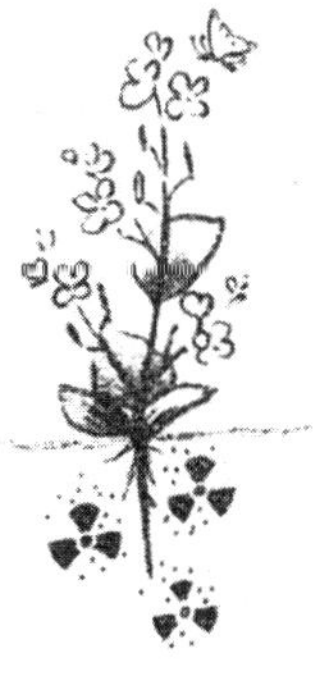

今年も咲きました！

六ヶ所村のチューリップ

六ヶ所村の核燃(全国の原発から運び込まれる核廃棄物を再処理する巨大施設)は、今年11月に本格稼動を始めます。

体を張って反対していた人達も、老い、疲れ、諦め、受け入れるしかなくなったこの村で、ほんの数人、反対運動を続けている人達が、います。その一人が菊川慶子さん。

ドキュメンタリー映画「六ヶ所村ラプソディー」をご覧になった方は、その中に出てくる彼女の飾らない穏やかな人柄や、気負わず自然体で反核燃の活動を続ける姿に心惹かれるものを感じられたのではないでしょうか。

六ヶ所に根を下ろし、核燃に頼らない暮らしをするために、無農薬球根の栽培を行っており、毎年5月開催のチューリップ祭りは今年で14回を数えるとのこと。

荒涼とした核の大地に、春の訪れと共に出現する色とりどりのチューリップ畑は、各地から訪れる人々の心をなごませ、村人との交流の場としても定着しているようです。

私共の協議会でも毎年秋の小金井市民祭りや消費生活展で菊川さんの球根を販売しています。早いものでもう10年になります。

チューリップが咲くたびに、六ヶ所でねばり強くたくましく活動を続けている菊川さん達に思いを馳せ、日本が危険な原子力発電から1日も早く脱却し、核燃が不要のものとなるよう願わずにはいられません。

菊川さんお勧めの**本**

「聞き書き　小泉金吾　われ一粒の籾なれど」

東風舎出版 / 加藤 鉄 編著 <付録・村の記録のDVD>

六ヶ所村の語り部ともいうべき小泉金吾さん(78歳)は核燃開発用地内で、ただ1軒、移転に応ぜず今も抵抗を続けています。一貫した姿勢・意志から熱く語り出される豊富な話と思想は、貴重な記録であるだけでなく、読む人に勇気と希望を与えてくれるでしょう。

【2006年度測定結果一覧表】 (2006年4月～2007年3月)

	測定品目	件数	原産国	測定結果(単位・ベクレル/kg)
乳製品	スキムミルク他	2	不明	検出されませんでした
小麦製品	お好み焼き粉	1	日本	〃
	ホットケーキミックス	1	不明	〃
	天ぷら粉	1	〃	〃
	クッキー、クッキーミックス	2	フランス他	〃
	スパゲッティ	1	イタリア	〃
お茶	コーヒー	1	ブラジル	〃
	紅茶	2	不明	〃
	ウーロン茶	1	中国	〃
	健康茶他	3	不明	〃
海産物	焼きノリ	1	日本	〃
	かつお節	1	〃	〃
	ワカメ	2	〃	〃
その他	カレールウ	2	不明	〃
	ワイン	2	イタリア他	〃
	干しプルーン	1	日本	〃
	干しシイタケ	1	中国	〃
	サラダ油	1	不明	〃
	ヨモギ	1	日本	〃
	チョコレート	1	不明	〃
	合計	28		

☆以上の他、保育園、学校給食材29件を測定し、いずれからも放射能は検出されませんでした。

☆4月7日～6月22日、10月13日～1月18日 測定器不調、修繕のため測定を休止しました。

☆セシウムはチェルノブイリ原発事故によって大量に放出された放射能です。過去の核実験によって地表に蓄積もされています。分解されるのに時間がかかるので(半分の量のなるのに約30年)いったん環境に出てしまうと長く残ります。

☆ヨウ化ナトリウム検出器で200cc6時間測定しています。

測定依頼をお寄せください!!

申しこみ方法等は→です．よろしくお願いします!

なお，実際に測定にかかわってみたい方．また協議会に参加したい方，いつでも募集していますのでご連絡ください．大歓迎です．

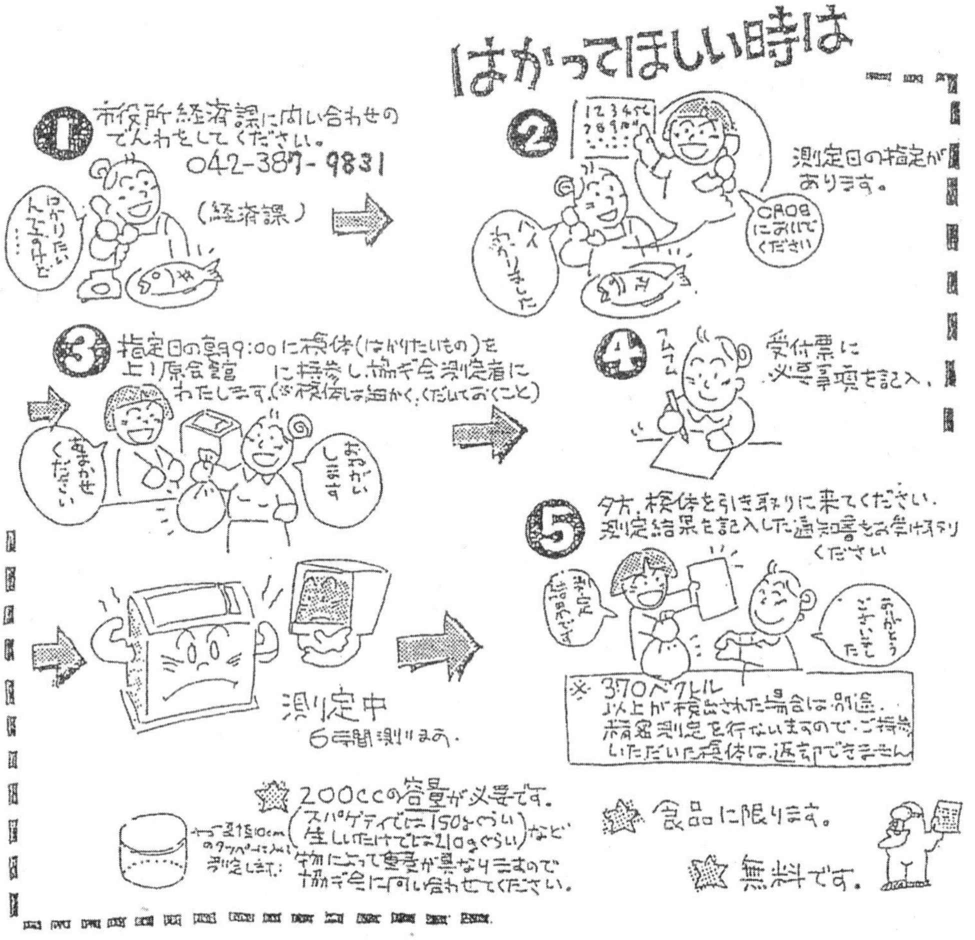

2008年6月 第15号

こがねい 放射能測定室だより

発行 ： 小金井市放射能測定器運営連絡協議会
〈事務局〉小金井市緑町5-19-14-608 Tel/fax:042-385-6650（江藤）

イラク攻撃でアメリカは2200トンもの劣化ウラン弾を使用したといわれている。劣化ウランの半減期は45億年。

半永久的に核汚染されたイラクでは、被曝し白血病などで苦しむ子どもたちが増えている。

柏崎刈羽原発に永遠の眠りを！

マグニチュード6.8

―中越沖地震でズタズタ―

2007年7月16日に起きた中越沖地震は世界最大規模と言われる東京電力柏崎刈羽原発を直撃しました。今回の地震の揺れは国内の原発が受けたものでは過去最大であり、世界でも前例のないものだったことが明らかになる一方、地震と原発をめぐるさまざまな問題があぶり出されました。

◆ 地震による損傷

黒々と煙を上げる地震直後の映像は日本中に大きな衝撃と不安を与えました。煙の正体は3号機変圧器の火災でしたが、「想定外」の事態に消化活動は手間取り、鎮火までに2時間かかりました。また、6号機では放射能物質を含む水が漏えいし、誤って海へ放出されました。更に7号機では2日間にわたり、微量のヨウ素が大気中に放出されたことがわかりました。東京電力は当初「放射能漏れはない」と発表し、地元住民の方々は一層不信感を募らせました。危機管理、放射能管理の面で甘さを露呈するにとどまらず、情報開示には迅速さを欠き、地元説明は後手に回る等、東京電力の初期対応には批判が集まりました。

今回の地震では原発の敷地全体が10センチも隆起し、敷地内には亀裂が錯綜しています。また、万が一の想定（限界地震）の約2.5倍を超える揺れに襲われた為、多くの施設や機器、配管に、見てもわからない、元にもどせない「永久ひずみ（塑性変形）」が発生した、と考えられます。このヒビまでいかない「ひずみ」については計算によって安全性を推測するしかなく、実際に次回揺れを受けた際には弱い揺れであっても同時多発の大事故が発生する危険性があります。明らかになっただけでも3000ヵ所近くの損傷トラブルを抱え、敷地も施設も機器もボロボロになった柏崎刈羽原発はもはや眠りにつかせる以外ありません。

◆ 断層はやっぱり動いた

長年にわたって地盤・地震論争が繰り広げられてきた柏崎刈羽原発ですが、1977年に東京電力が設置許可を取得する数年前から地元では地盤や断層について安全性を疑問視する動きがありました。当時東京電力は約100億円を使って用地買収や漁業補償を済ませた後、土地の本格的な調査を始めており、35キロメートルに及ぶ活断層は「見逃されて」設置許可を受けたのです。原子炉設置許可取り消しを求めた訴訟においても地裁、高裁ともに「活動するおそれのない断層」として住民の訴えを退けてきました。今回の地震で動いた断層は原発の直下まで及んでいる可能性があり、震源の東に位置する「長岡平野西縁断層帯」は将来マグニチュード8程度の地震を起こす危険性があるとされています。

◆ 原発立地には完全に不適格

東京電力は柏崎刈羽原発について「基準地振動」（耐震設計の前提となる直下の地震の揺れの想定）を建設時の約5倍にするとの報告書を国に提出し、この新たな基準地震動に基づいて耐震補強工事に入る、と発表しています。あくまで運転の再開を前提とするこの動きには疑問の声が上がっています。

もともと日本で一番悪い地盤に建つ原発と言われた柏崎刈羽原発は「豆腐の上に建つ原発」と呼ばれてきました。その上、今回の地震によって大規模な地盤の変状が広範囲に発生した今、柏崎刈羽原発の敷地地盤は「建物・構築物は十分な支持性能を持つ地盤に設置されなければならない」と規定された「発電用原子炉施設に関する耐震設計審査指針」に違反することになり、この地は原発立地には完全に不適格であることが明白になりました。

そもそもこの地には原発を建てるべきではなかった、ということを今回の地震は実証し、広く深く私たちに示しました。震源域がもう少しだけ南西よりであったり、マグニチュードが1964年の新潟地震並みの7.5程度であったりすれば、もっと激しい地震動が原発を襲い、「止める、冷やす、閉じ込める」機能も破壊されて、環境への放射能大量放出が起こっていたかもしれません。そして、私たちは今後そのような事態を絶対に避けなくてはなりません。日本列島のほぼ全域が地震の活動期に入った、と言われる現在、今回の地震を大きな警告と受け止めて、発電事業のこれからを考えていくべきではないでしょうか。

（香田）

原発は地球温暖化の解決策!?
・・・にはなりません

地球温暖化による気候変動を、多くの人が大変深刻な問題として受け止めるようになりました。そのために、いまできる最大限のことに取り組もう！という機運になってきています。これは遅ればせながらも歓迎するべきことです。ところが…

■ 地球温暖化対策には原発も必要！？

日本政府は以前から、温暖化対策として、原発を増やして火力・石炭発電を減らしていくことが有効だと主張してきました。そして、世界的にも原発には慎重だった国々までもが、その主張を変え始めています。地球温暖化の科学的な裏付けとなってきたIPCC（気候変動に関する政府間パネル）第四次調査報告書は、昨年の会議の中で、安全性や核拡散、核廃棄物への懸念の指摘はあるものの、地球温暖化防止の手段として、原発を初めて位置づけてしまいました。原子力産業は、地球温暖化対策のサポートを装って原子炉を発展途上国に輸出しようとしています。地球温暖化対策として、多くの国々が原発促進に向かって動きかねない状況です。

地球温暖化の危機の前には、原発の危険性や問題には目をつぶるべきなのでしょうか。

■ 地球温暖化のリスクも、放射能汚染のリスクも、NO！

いいえ、そんなことはありません。

まず、大事故の可能性を考えないわけにはいきません。気候変動によるリスクを緩和するために、何で放射能汚染のリスクを引き受けなければならないのでしょう。昨年の柏崎刈羽原発の震災被害は想定を超えたものでしたし、今回の中国四川省大地震でも核施設の状態が心配です。また、私たちは食品の放射能測活動によってチェルノブイリ事故による放射能汚染がいまだに続いている現実から目をそらすこともできません。

あまりに大きなリスクを抱えた原子力には頼らない未来を選択したい、というのが私の素朴なそして強い思いです。

■ 原発はCO2を出さないクリーンエネルギーではありません

でも、そんな選択を迫る以前に、そもそも原発は地球温暖化を解決するクリーンなエネルギーなのでしょうか。

原子力発電は発電所そのものだけでは成り立ちません。ウラン採掘に始まり、燃料輸送、発電関連施設の建設と解体、発電所からの温水の排泄、関連システムの維持、そして放射性廃棄物の半永久的な管理など、温室効果ガス・CO2の排出が少ないとは言えません。

資料
27

また、発電出力コントロールの難しさによる電気の浪費、事故やトラブルによる稼働率の不安定さのために火力発電の補完に依存している現状など、計画通りに操作することが困難なこともすでに明らかです。

■ 省エネ社会と分散型の再生可能エネルギーを

原発に依存していると省エネや再生可能エネルギーには不熱心になり、地球温暖化を阻止する本当の解決策を逃してしまう心配もあります。

すでに日本における再生可能エネルギーの普及は大きく遅れています。太陽光発電や風力発電など地域ごとに適した分散型のエネルギー供給を、税制や補助金などで誘導する政策が選択されていないからです。

すでに進行している地球温暖化による環境破壊を緩和し、原子力による新たな放射能汚染を回避するために、再生可能なエネルギー供給に基づく暮らしや社会に向かうことは、いま、ほんとうに緊急課題です。

漢人明子（緑町）

●学習会のお知らせ

原発なくても
電気はだいじょうぶ

お話：安藤多恵子さん
（市民エネルギー研究所所長）
日時：９月６日（土）13:30～
会場：上の原会館
主催：放射能測定器運営連絡協議会

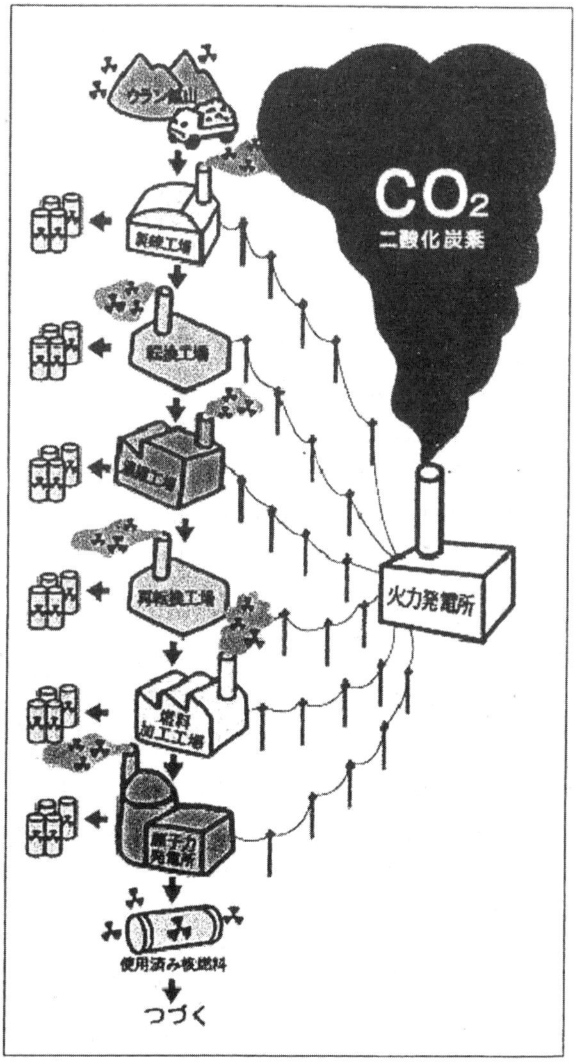

＊ウラン鉱山→精錬工場→転換工場→濃縮工場→再転換工場→燃料加工工場→原子力発電所→使用済み核燃料→つづく
http://www.greenpeace.or.jp/campaign/energy/basics/nuke_html
「グリンピース・ジャパン」ホームページより

六ヶ所再処理工場は、いらない!!

―学習会、反対集会からの声―

青森県六ヶ所村に建設され、日本国内の原子力発電所で燃やされた使用済み核燃料から、ウランとプルトニウムを取り出すための「六ヶ所再処理工場」。本格稼動が何度も延期になりながらも試運転が続く中で、全国から放射能汚染に対する不安の声が大きくなっています。

本格稼動が始まれば、原子力発電所が１年間に放出する量の放射性物質をたった１日で海と空に排出し続け、農業・漁業に与える影響は大きく、環境破壊も計り知れません。工場はいらないと訴える集会を報告します。

●六ヶ所再処理工場は必要なの？　―学習会から―

2008年1月20日、「原発と私たち―六ヶ所再処理工場は必要なの？」と題し、原子力資料情報室の渡辺美紀子さんを迎えて学習会が行われました。会場の小金井市公民館には、関心を持つ多くの人が集まりました。

この再処理工場は放射能汚染だけでなく、再処理の過程でできる高レベル放射性廃棄物の処分方法も問題になっています。ガラス固化体にして地下数百メートルに埋めることになっていますが、その放射能が原発で使用する前の燃料棒と同程度になるのに100万年はかかるとのこと。また、再処理にかかる総費用は19兆円とか。負担するのは、私たち市民なのです。

●放射能汚染を阻止！　―反対集会から―

また、1月27日には、「六ヶ所再処理工場に反対し放射能汚染を阻止する全国ネットワーク」が、日比谷野外大音楽堂で市民集会を開催しました。

全国各地の生協や漁業・農業の協同組合、市民団体などが呼びかけ、食品メーカーや海を守りたいサーファーなど、596団体が賛同、全国から2,000人を越える賛同者が集まりました。

大漁旗やメッセージボードで六ヶ所工場の稼動反対をアピール

集会後の日比谷公園から東京駅までのパレードにも2,500人が参加しました。「放射能汚染はＮＯ！」「安全な魚や野菜を食べたい！」という言葉に耳を傾け、「がんばって」と手を振る沿道の人も大勢いました。六ヶ所再処理工場の本格稼動の中止を求める署名は８１万筆を超え、1月28日に国会に提出されています。（小山美香）

資料 27

【2007年度測定結果一覧表】（2007年4月～2008年3月）

	測定品目	件数	原産国	測定結果（単位・ベクレル/kg）
乳製品	粉ミルク	1	不明	検出されませんでした
小麦製品	小麦粉・てんぷら粉	4	不明	〃
お茶	ドクダミ茶他	2	日本	〃
	プーアール茶	3	中国	〃
	紅茶	1	スリランカ	〃
	ルイボスティ	1	不明	〃
海産物	スルメ	1	日本	〃
	ワカメ他	4	〃	〃
	カツオ節	1	〃	〃
	煮干し	2	〃	〃
野菜	切干大根他	3	日本	〃
	根生姜他	2	中国	〃
キノコ	ポルチーニ	1	イタリア	セシウム137　81.24
	ポルチーニ	1	イタリア	セシウム137　6.65
	干シイタケ	2	日本・中国	検出されませんでした
穀類	オートミール	1	オーストラリア	〃
	うるち粟	1	日本	〃
	白米他	4	〃	〃
豆・種製品	ゴマ	2	日本・中国	〃
	コーヒー豆	1	ブラジル	〃
	エゴマ	1	日本	〃
	アーモンド粉	1	不明	〃
	凍り豆腐	1	日本	〃
	きな粉	1	中国	〃
その他	ワイン	1	チリ	〃
	ベビーフード	1	不明	〃
	カレー粉	1	不明	〃
	タピオカ	1	不明	〃
	チョコレート	1	不明	〃
	合計	47		

☆以上の他、保育園、学校給食材29件を測定し、いずれからも放射能は検出されませんでした。

☆セシウムはチェルノブイリ原発事故によって大量に放出された放射能です。過去の核実験によって地表に蓄積もされています。分解されるのに時間がかかるので（半分の量のなるのに約30年）いったん環境に出てしまうと長く残ります。

☆ヨウ化ナトリウム検出器で200cc6時間測定しています。

▶ 測定依頼をお寄せください!!

申し込み方法等は → です。よろしくお願いします!

なお、実際に測定にかかわってみたい方、
また協議会に参加したい方、いつでも募集していますのでご連絡ください。大歓迎です。

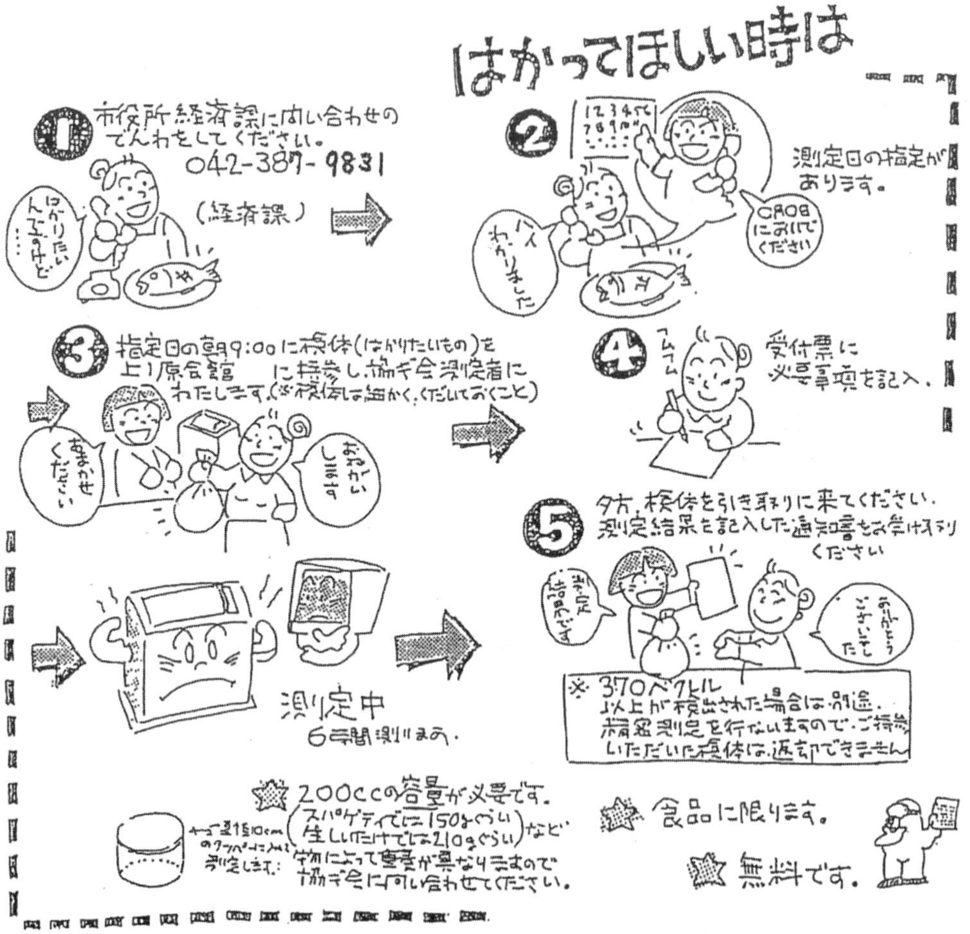

2009年8月 第16号

こがねい 放射能測定室だより

発行 ： 小金井市放射能測定器運営連絡協議会
<事務局>小金井市緑町5-19-14-608 Tel/fax：042-385-6650（江藤）

地球上には既に432基の原発がある。

更に52基が建設中。66基が計画中。（内アジアは75基）

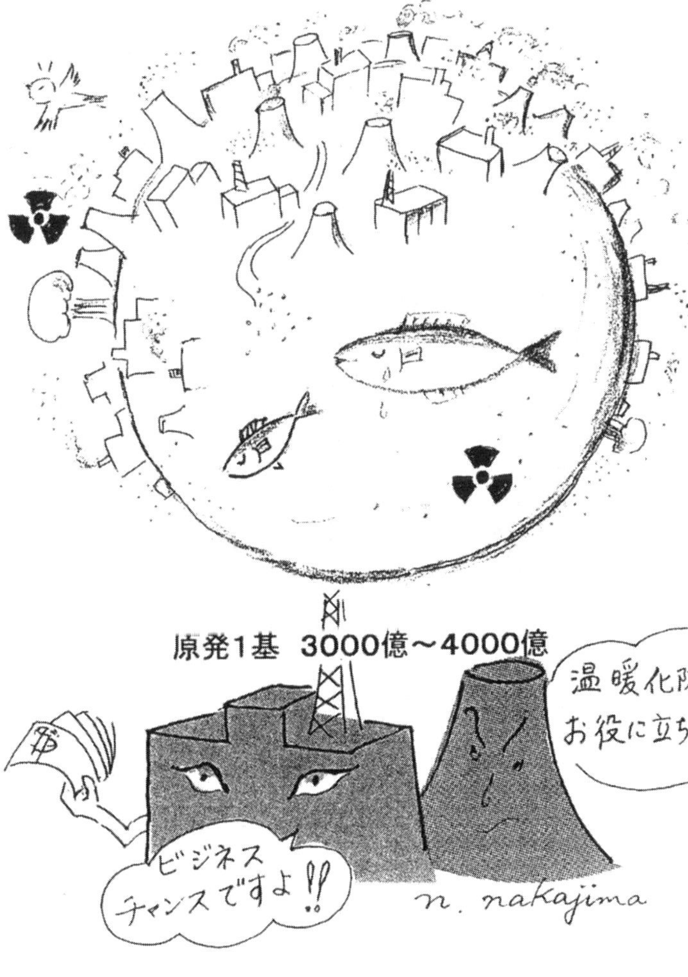

ブルーベリー物語

それはブルーベリーワインの測定から偶然始まりました。セシウムが検出されたことを知った時は「なぜブルーベリーワインから？」と半信半疑でしたが、ブルーベリーを原料とした様々な食品を1年かけて測定していくうちにそれは確信へと変化していきました。

明らかにフランス以北のヨーロッパのブルーベリー製品にセシウム137が検出されるという傾向が見てとれます。（測定一覧参照）

その謎については右のページに仮説を載せてありますが、この記事をお読みになったみなさんはどのようにお考えになるでしょうか。

ちょうどチェルノブイリ原発事故が起きたのと同じ年、同じ月に生まれた息子が２３歳になる今になって、遠く北欧からやって来たこのおいしそうなジャムの中にひっそりと放射能がふくまれているという事実に、何とも言い表しようのない痛みを感じます。（伏屋）

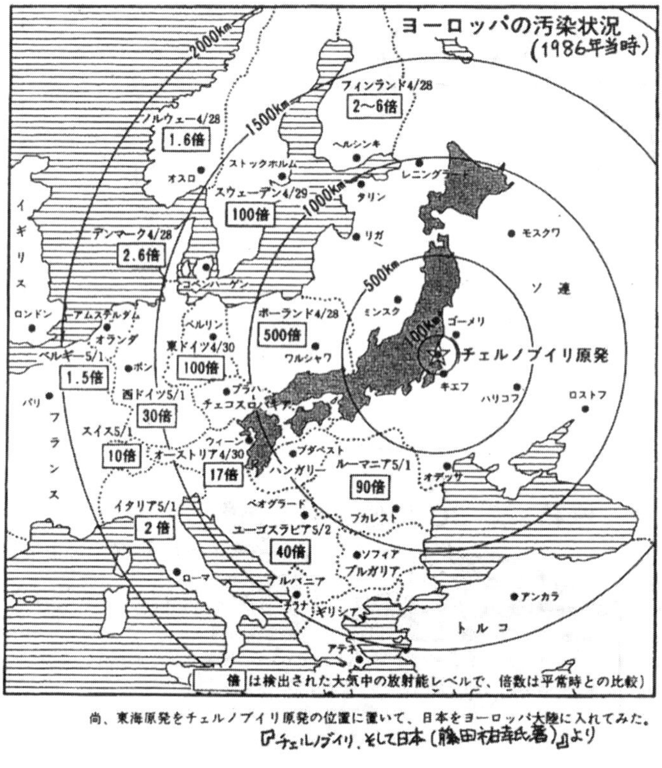

尚、東海原発をチェルノブイリ原発の位置に置いて、日本をヨーロッパ大陸に入れてみた。

『チェルノブイリ、そして日本（藤田祐幸氏著）』より

資料28

ブルーベリーって？

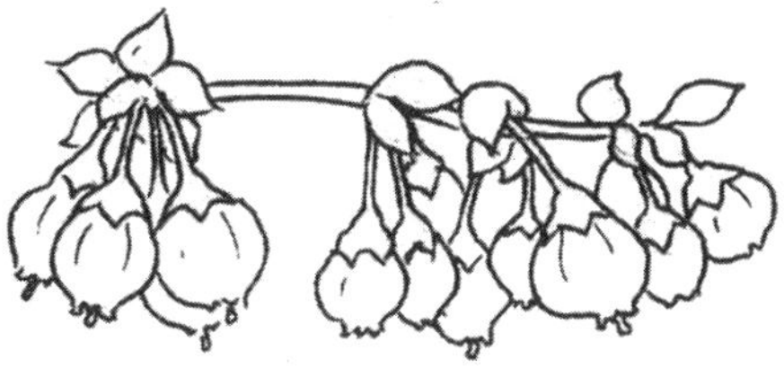

ツツジ科スノキ属の小果樹。春に釣鐘形の白やピンクの花をつけ、夏に濃い青紫色の実が熟します。北半球各地に自生し、日本にも、クロマメノキ、ナツハゼ、シャシャンボなどの仲間がいます。　欧米では、古くから果実を生薬、食用として利用してきました。サプリメントなどでよく目にする「ビルベリー」は北欧に自生する野生種です。各地の野生種のなかから、北米原産のものが２０世紀初めから品種改良が進められ、世界中で広く栽培されるようになりました。現在も北米産は世界の産出量の 90 %近くをしめています。栽培ブルーベリー産業が現在のような形になり、各種の加工品、そのまま食べても美味しい果物として、手軽に手に入るようになったのは 1990 年頃からの更なる改良の成果だそうです。目に良いといわれるアントシアニン、強い抗酸化作用、ビタミンなどの健康効果が確認されて、ますます人気上昇中です。

どうして放射能が？

ブルーベリーは酸性の土壌を好みます。栽培にはピートモスなどを土に入れて調整します。ピートモスはミズゴケ、アシ、スゲなどの植物が堆積し、長い時間のうちに泥炭化したもので、北欧、ロシア、北米、中国などの寒冷な地域に分布し、園芸資材として広く使われています。主にミズゴケからなる北欧のピートモスが採れる地域は、またチェルノブイリ事故の際に最も深刻な汚染にに見舞われた地域でもありました。

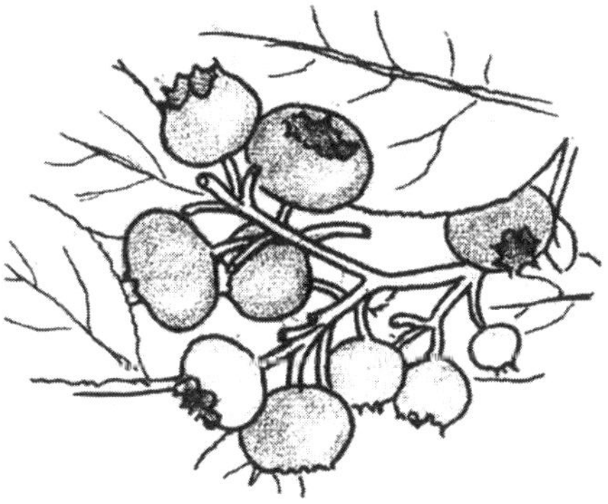

現在ヨーロッパのブルーベリー製品から検出されるセシウムはここから運ばれたのかもしれません。

（江藤）

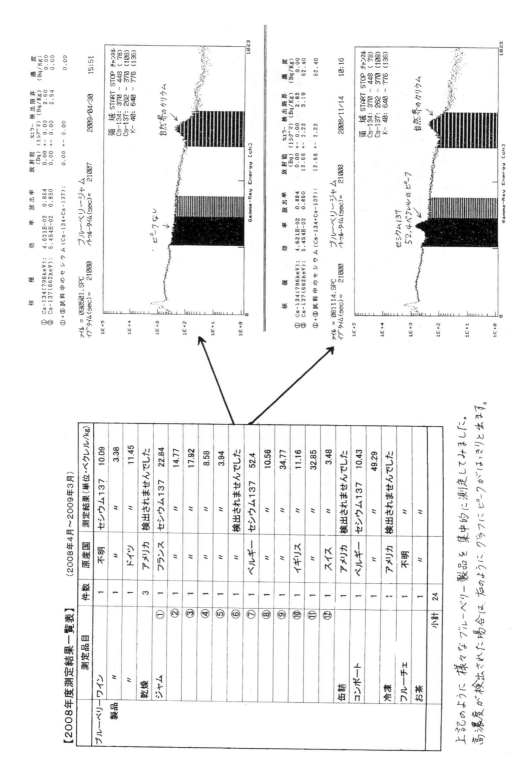

【2008年度測定結果一覧表】　（2008年4月～2009年3月）

測定品目			件数	原産国	測定結果（単位・ベクレル/kg）
ブルーベリー製品	ワイン		1	不明	セシウム137　10.09
	〃		1	〃	〃　3.38
	〃		1	ドイツ	〃　11.45
	乾燥		3	アメリカ	検出されませんでした
	ジャム	①	1	フランス	セシウム137　22.84
		②	1	〃	〃　14.77
		③	1	〃	〃　17.92
		④	1	〃	〃　8.58
		⑤	1	〃	〃　3.94
		⑥	1	〃	検出されませんでした
		⑦	1	ベルギー	セシウム137　52.4
		⑧	1	〃	〃　10.56
		⑨	1	〃	〃　34.77
		⑩	1	イギリス	〃　11.16
		⑪	1	〃	〃　32.85
		⑫	1	スイス	〃　3.48
	缶詰		1	アメリカ	検出されませんでした
	コンポート		1	ベルギー	セシウム137　10.43
			1	〃	〃　49.29
	冷凍		1	アメリカ	検出されませんでした
	フルーチェ		1	不明	〃
	お茶		1	〃	〃
		小計	24		

上記のように様々なブルーベリー製品を集中的に測定してみました。
高濃度が検出された場合は、右のように、グラフにピークがはっきりと出ます。

核種	効率	放出率	放射能 (Bq)	%エラー (1シグマ)	検出限界 (Bq/Kg)	濃度 (Bq/Kg)
① Cs-134(796keV):	4.621E-02	0.854	0.00	+- 0.00	2.60	0.00
② Cs-137(662keV):	5.454E-02	0.850	0.00	+- 0.00	2.94	0.00
①+②試料中のセシウム(Cs-134+Cs-137):			0.00	+- 0.00		0.00

ファイル = 090501.SPC　ブルーベリージャム
イブタイム(sec)= 21000　ノトゥルータイム(sec)= 21007　2009/04/30　15:51

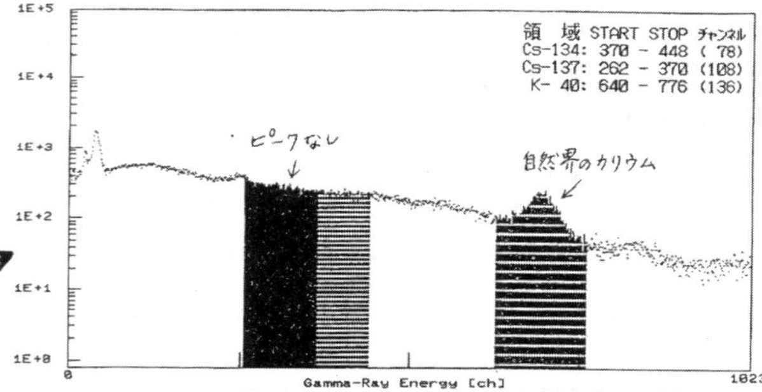

核種	効率	放出率	放射能 (Bq)	%エラー (1シグマ)	検出限界 (Bq/Kg)	濃度 (Bq/Kg)
① Cs-134(796keV):	4.621E-02	0.854	0.00	+- 0.00	2.82	0.00
② Cs-137(662keV):	5.454E-02	0.850	12.68	+- 2.22	3.19	52.40
①+②試料中のセシウム(Cs-134+Cs-137):			12.68	+- 2.22		52.40

ファイル = 081114.SPC　ブルーベリージャム
イブタイム(sec)= 21000　ノトゥルータイム(sec)= 21003　2008/11/14　10:16

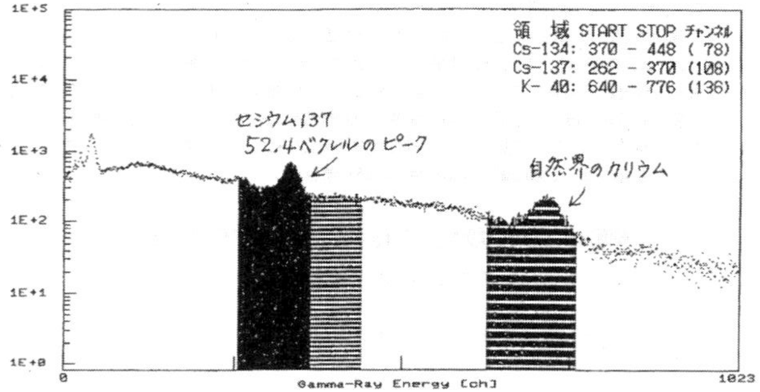

上関原発建設計画を即時中止へ！

瀬戸内海の南西端に位置する山口県上関町に原発建設計画が浮上したのは 1982 年のことでした。現地では30年近くにわたり地元住民による長い反対運動が続いていますが、山口県による埋め立て許可を受け、中国電力は今春より敷地の造成に着手しています。瀬戸内海でも有数の漁場であり豊かな自然を残すこの海に原発が建設されれば、貴重なこの地の生態系は大変なダメージを受けます。毎秒 190 トンもの温排水が海に流されていくことを考えるならば失うものの大きさは計り知れないものとなるでしょう。２基建設の計画である為、合計で274万6000KWの出力が予定され、稼働すれば一年間に広島型原爆3000 発分の死の灰を生みだし続けます。

■ 希少生物の生息する自然の宝庫

この海域では世界最小のクジラ「スナメリ」が棲み、動物の進化を知る上で貴重とされている希少生物「ナメクジウオ」や、「ヤシマイシン」をはじめとする数々の希少貝類が発見されています。また環境省が絶滅危惧種に指定している海鳥「カンムリウミスズメ」の生息が確認されています。埋め立てによる環境の変化に加え、放射能のみならず化学薬品をも含んだ温排水が海に流されることになればこれらの生物がこの海で生きていくことは難しいでしょう。

■ 地震の多発地帯である上に地盤は「積み木細工・寄木細工」

建設予定地は「伊予灘および日向灘周辺地震特定観測地域」に入っており、M=7.4 の大地震が 30 年以内に起きる可能性は 40%とされています。それに加え予定地は安芸灘断層群の南西に位置しています。活断層の可能性を持つ複数の断層が確認されている為、現在地質の追加調査が行われています。また、当地の地盤は「積み木細工・寄木細工」と言われる、隙間のある岩盤であることがわかっています。その上、海を埋め立てて原発を建設する、というのですから、地震の際に揺れが増大する危険性も考えなくてはなりません。更に軍事基地である米軍岩国基地が近いことも忘れてはなりません。

■ 地元住民の反対運動

建設予定地の対岸にある祝島は朝日新聞社と森林文化協会が今回選定した「にほんの里100 選」に選ばれるほどその景観、人々の豊かな営み、生物の多様性という面において高く評価される美しい島です。この島の漁師さんは総額 10 億円以上にのぼる漁業補償金の受け取りを一貫して拒否し、漁業補償契約の無効と祝島漁業者の漁業権の確認を求めて裁判を続けています。また、予定地内には未買収地もあり、地元の合意を得られていない現状では埋め立て工事に着手するべきではありません。　（香田）

上関町の「原発建設中止！」を求める署名運動が始まっています。

全国署名にぜひご協力下さい。

用紙は「上関原発を建てさせない祝島島民の会」のホームページ http://shimabito.net/ **よりダウンロードできます。**

【2008年度測定結果一覧表】　(2008年4月～2009年3月)

	測定品目	件数	原産国	測定結果（単位・ベクレル/kg）
乳製品	粉ミルク	2	不明	検出されませんでした
	牛乳	1	日本	〃
穀類など	そば粉	1	不明	〃
	全粉粒	1	〃	〃
	五穀米	1	日本	〃
	ホットケーキミックス	1	不明	〃
お茶	ほうじ茶	1	日本	〃
	フルーツティー	1	ドイツ	〃
	紅茶	1	スリランカ	〃
海産物	乾燥ヒジキ	1	日本	〃
キノコ	干アンズタケ他	2	ドイツ	〃
	干ポルチーニ	1	フランス	〃
	干シイタケ	1	日本	〃
その他	ワイン	4	不明	〃
	カシスジャム	1	フランス	〃
	イチゴジャム	1	ベルギー	〃
	アメ	1	アメリカ	〃
	シロップ	1	不明	〃
	クリームシチュー顆粒	1	〃	〃
	干ブドウ	1	ギリシャ	〃
	ピザソース	1	日本	〃
ブルーベリー製品	別紙詳細	24		
合　計		50		

☆以上の他、保育園、学校給食材29件を測定し、いずれからも放射能は検出されませんでした。

☆セシウムはチェルノブイリ原発事故によって大量に放出された放射能です。過去の核実験によって地表に蓄積もされています。分解されるのに時間がかかるので(半分の量のなるのに約30年)いったん環境に出てしまうと長く残ります。

☆ヨウ化ナトリウム検出器で200cc6時間測定しています。

資料28

測定依頼をお寄せください!!

申し込み方法等は → です。よろしくお願いします!

なお、実際に測定にかかわってみたい方・また協議会に参加したい方、いつでも募集していますのでご連絡ください。大歓迎です!

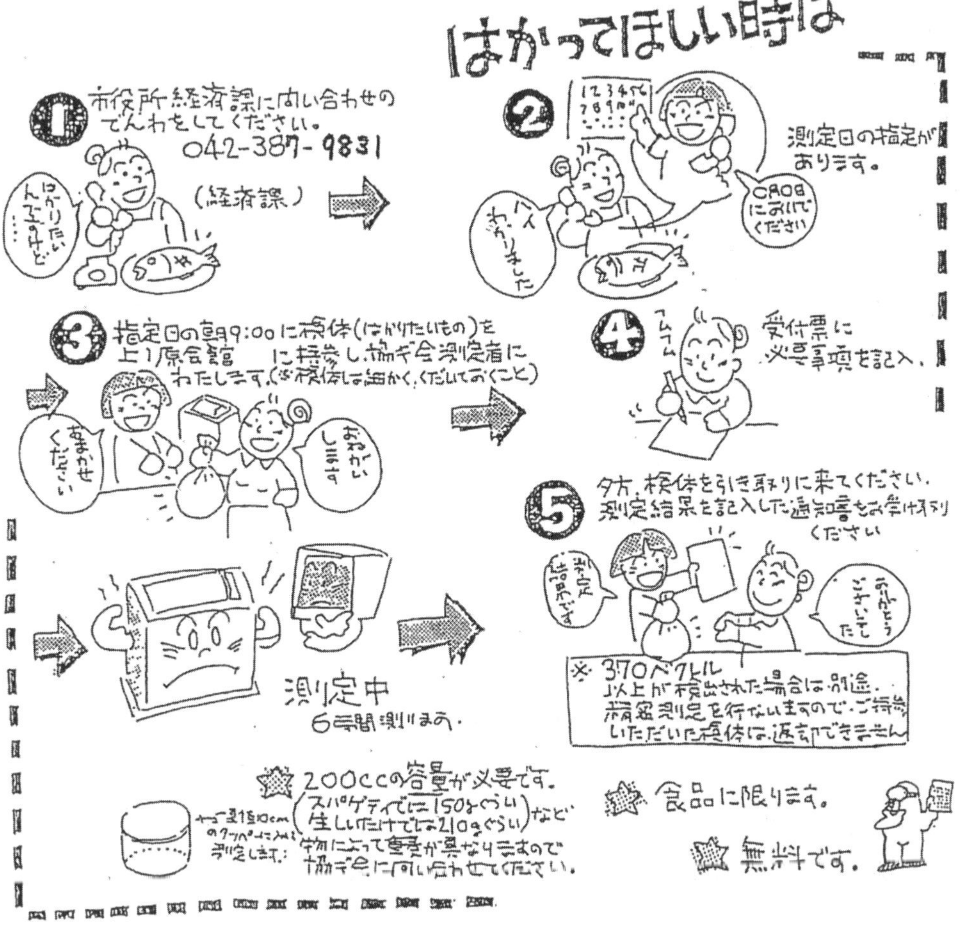

こがねい　2010 年8月 第17号

放射能測定室だより

発行 ： 小金井市放射能測定器運営連絡協議会
<事務局>小金井市緑町5-19-14-608 Tel/fax:042-385-6650（江藤）

原発の宿命

それは、地球上に
無限の放射能を蓄積すること。

そして、
子ども達の未来に
底知れぬ不安を残すこと。

資料29

ブルーベリー物語 その後

「それはブルーベリーワインの測定から偶然始まりました。〜」と昨年の測定室だよりに掲載したブルーベリー製品の放射能汚染の報告には大きな反響がありました。

その中で、国でも500ベクレルもの高濃度の汚染を検出し、輸入食品の検査基準を強化していたことが分かりました。また、小金井の測定器でも、下の表にあるように今年に入って100ベクレルを超える高濃度の汚染が検出されています（3ページ参照）。

これらの状況を「非核ネットワーク通信」に書かせていただいたところ、「原子力資料情報室通信」のコラムなど、複数の市民メディアがとりあげてくださり、日本消費者連盟の「消費者リポート」にも報告を書きました。原発リスクに関する情報は電力業界の影響の強いマスメディアではとりあげにくいようですが、小金井からの発信がジワジワと広がっていることを感じています。

この貴重な測定器も老朽化は免れません。そろそろその後のことも模索しなければならない時期に来ていますが、今年も可能な限り地道な測定活動を続けていきます。（漢人）

【ブルーベリー製品 2009年度測定結果一覧表】2009.4 月〜2010.3 月

測定品目	件数	原産国	測定結果（単位・ベクレル/kg）
ジャム	5	フランス	検出されませんでした
	1	〃	セシウム 137 6.02
	1	〃	〃 59.91
	1	〃	〃 19.15
	1	〃	〃 67.78
	1	スイス	検出されませんでした
	1	イギリス	〃
	1	イタリア	〃
	1	アメリカ	〃
	1	日本	〃
	1	ドイツ	セシウム 137 12.82
	1	ベルギー	〃 43.63
サプリメント	2	フィンランド他	検出されませんでした
コンポート	1	ベルギー	セシウム137 116.02
	1	〃	〃 114.83
ヨーグルト	1	日本	検出されませんでした
計	21		

2010年3月31日　第138号　非核ネットワーク通信

再来！ 食卓のチェルノブイリ ブルーベリーの放射能汚染

漢人（かんど）明子（小金井市放射能測定器運営連絡協議会）

市民による放射能測定

小金井市では1986年のチェルノブイリ原発事故を背景とした市民運動の盛り上がりの中で、食品の放射能測定を求める陳情を議会が採択し1990年に市が放射能測定器を購入しました。以来足かけ20年間、市民による「放射能測定器運営連絡協議会」が食品に含まれる放射能を測定しています。

ブルーベリー製品から高濃度放射能

私たちは毎年80件ほどの食材の測定をしていますが、昨年度はブルーベリーワインからのセシウム検出をきっかけに、ブルーベリー製品24検体を測定しました。その結果、12検体から10ベクレル

を超え…

制基準370ベクレルをも大きく上回る数値です。

国もベリー類加工品の検査を強化

この２件の結果を受けて、厚労省の医薬食品局食品安全部監視安全課は昨年12月、各検疫所長に対して検査強化の指導をしています。「旧ソ連原子力発電所事故に係る輸入食品の監視指導について」を改正し、検査対象に「ポーランド、ウクライナ及びスウェーデンから輸入される『ベリー類濃縮加工品』の全ロット検査」を追加したのです。ちなみに、昨年はきのこ３件も規制対象となり、ヨーロッパ地域から輸入される「きのこ及びきのこ乾製品」「トナカイ肉」も全ロット検査の対象になっています。

ただし「全ロット検査」とは、ロットの単位が例え数万個でも、そのうち１個の抜き取り検査であるため、強化と言えるかは疑問との指摘もあります。

知らされない原発のリスク

ブルーベリー製品から規制値を超える汚染

昨年８月、ブルーベリー果汁から490ベクレル／リットルのセシウム137が検出され、積戻しされていたことを、『非核ネットワーク通信』138号（2010.3.31発行）で知った。

小金井市議で小金井市放射能測定器運営連絡協議会のメンバーでもある漢人（かんど）明子さんが「再来！ 食卓のチェルノブイリ ブルーベリーの放射能汚染」を報告している。

チェルノブイリ事故後、日本各地に市民が行動することでさまざまなかたちの「放射能測定室」が誕生したが、測定器に寿命がきて買い換える経済的基盤がなかったり、自治体から継続する予算が取れずにやむをえず閉鎖したところもある。

小金井市では1990年に測定器を導入して以来20年間、市民による測定が実施されている。放射能測定器運営連絡協議会では、毎年約80件の測定をして、『はがきニュース 放射能ってどんな味？』などで広報活動をしている。

2008年４月から09年３月の測定では、ブルーベリー製品（ワイン、ジャム、砂糖煮など）24検体を測定した結果、12検体から10ベクレルを超えるセシウム（最高52ベクレル）が検出された。今年に入って購入したブルーベリーコンポート２検体からも100ベクレルを超えたという。

昨年12月、東京都が実施している市場での抜き取り検査でも、ブルーベリージャムから500ベクレルが検出され、横浜の輸入業者が市内、東京、青森、石川のスーパーから356個の製品の回収を命じられたという。

国の輸入規制の基準値370ベクレル／kg、リットルを大きく上回る製品が、検査をすり抜け、市場に出回っている。これらの事実は、いっさい報道されなかった。20年間、コツコツ測定作業を重ねてきた市民グループが知らせてくれた貴重な情報だ。　（渡辺美紀子）

2010.5.1「原子力資料情報室通信」No.431

資料29

2010年7月21日発行 消費者リポートより

hot news

再来！食卓のチェルノブイリ

市民による放射能測定でブルーベリーから汚染検出！

小金井市放射能測定器運営連絡協議会 漢人明子

東京・小金井市では、1986年のチェルノブイリ原発事故を背景とした市民運動の盛り上がりの中で、食品の放射能測定を求める陳情を議会が採択し、90年に市が放射能測定器を購入しました。以来20年間、市民による「放射能測定器運営連絡協議会」が、市との協定に基づいて、食品に含まれる放射能を測定しています。

私たち協議会では、毎年80件ほどの食材の測定をしていますが、2008年度は、市民からの依頼で行なう週1回の定期測定でブルーベリーワインからセシウム137を検出したことをきっかけに、ブルーベリー製品24検体を測定しました。

その結果、12検体から10Bq（ベクレル）を超えるセシウム（最高52Bq）が検出されました。10年に入ってブルーベリーコンポート2検体から100Bqを超える高い値も検出されました。身近なお店で入手できる食品、それも最近安売りされている銘柄から複数の高い値が出ています。

■国や都の検査でも汚染検出

一方、09年8月には、ブルーベリー果汁からセシウムが490Bq検出され輸入規制の対象としたことを、厚生労働省が公表。さらに12月には、東京都などが実施した抜き取り検査によって、ブルーベリージャムから500Bqが検出され、横浜の輸入業者が市内のほか東京、青森、石川のスーパーから356個の製品の回収を命じられています。いずれも、甘すぎる国の輸入規制基準370Bqを大きく上回る数値です。

この2件の結果を受けて、厚労省医薬食品局食品安全部監視安全課は09年12月、各検疫所長に対して検査強化の指導をしています。09年12月18日、通知「旧ソ連原子力発電所事故に係る輸入食品の監視指導について」を改正し、検査対象に「ポーランド、ウクライナ及びスウェーデンから輸入される『ベリー類濃縮加工品』の全ロット検査」を追加したのです。ちなみに、09年はキノコ3件も規制対象となり、ヨーロッパ地域から輸入される「きのこ及びきのこ乾製品」「トナカイ肉」も全ロット検査の対象になっています。

ただし「全ロット検査」とは、ロットの単位がたとえ数万個でも、そのうち1個の抜き取り検査であるため、強化と言えるかは疑問との指摘もあります。

ブルーベリー製品のセシウム測定結果
（2008年4月～2009年3月）

[illegible]	[illegible]	[illegible]	[illegible]
ワイン①	1	不明	10.09
ワイン②	1	不明	≦10
ワイン③	1	ドイツ	11.45
乾燥	3	アメリカ	不検出
ジャム①	1	フランス	22.84
ジャム②	1	フランス	14.77
ジャム③	1	フランス	17.92
ジャム④	1	フランス	≦10
ジャム⑤	1	フランス	≦10
ジャム⑥	1	フランス	不検出
ジャム⑦	1	ベルギー	52.4
ジャム⑧	1	ベルギー	10.56
ジャム⑨	1	ベルギー	34.77
ジャム⑩	1	イギリス	11.16
ジャム⑪	1	イギリス	32.85
ジャム⑫	1	スイス	≦10
缶詰	1	アメリカ	不検出
コンポート①	1	ベルギー	10.43
コンポート②	1	ベルギー	49.29
冷凍	1	アメリカ	不検出
フルーチェ	1	不明	不検出
お茶	1	不明	不検出

小金井市放射能測定器運営連絡協議会調べ

■ブルーベリーが教える未来

チェルノブイリ原発事故で放出された放射性セシウム137の半減期は30年で、ヨーロッパではいまだに高濃度の汚染地域があります。近頃のブルーベリーブームで、それらの地域のものが出回っているのではないか、あるいは栽培に必須のピートモス（泥炭の一種）に、この地域の高濃度汚染のものが使われているのではないかと推測することができます。

事故から24年が経とうとする中、放射能汚染食品は再び遠く離れた私たちの食卓にまで登場しようとしています。ところが、これらの情報はほとんど報道もされず、問題にされ難くなっています。

地球温暖化防止を口実にした原発増設の動きもあるいま、その未来にはどんなリスクが伴うのか、ブルーベリーが教えてくれようとしています。

【2009年度測定結果一覧表】 （2009年4月～2010年3月）

	測定品目	件数	原産国	測定結果（単位・ベクレル/kg）
乳製品	粉ミルク	2	不明	検出されませんでした
	スキムミルク他	3	日本など	〃
穀類など	雑穀	1	日本	〃
	米	1	〃	〃
	小麦粉	1	〃	〃
	くず粉	1	〃	〃
お茶など	茶葉	1	〃	〃
	ほうじ茶	1	〃	
	紅茶	2	ブルンジ他	〃
	コーヒー粉	1	不明	〃
	粉末アップルティー	1	トルコ	〃
	ココア	1	不明	
海産物	チリメン昆布	1	日本	〃
キノコ	干ポルチーニ	1	イタリア	セシウム137　44.01ベクレル
	干シイタケ	1	日本	セシウム137　18.49ベクレル
その他	ローリエ	1	〃	検出されませんでした
	煎りゴマ	1	不明	〃
	シリアル	2	ドイツ他	〃
	即席麺	1	不明	〃
	カレールウ	1	〃	〃
	コーンスターチ	1	〃	〃
	塩	1	〃	〃
	ビスケット	1	オーストラリア	〃
ブルーベリー製品	別紙詳細	21		
合計		49		

☆以上の他、保育園、学校給食材29件を測定しました。内1件から10ベクレルを越える放射能を検出しました。
保育園給食材　干しシイタケ（大分）　セシウム　25．91ベクレル

☆セシウムはチェルノブイリ原発事故によって大量に放出された放射能です。
国産干しシイタケの放射能は、チェルノブイリ事故以前の核実験による蓄積とされています。干しシイタケの場合は水戻しなど調理がされますし、一度に大量に食べるものではないので、ただちに問題になる数値ではありませんが、いったん環境中に出てしまった放射能は、セシウムの場合でも半分の量になるの30年の時間がかかり、その間つねに、食物を通じて体に取り込まれます。

☆ヨウ化ナトリウム検出器で200cc6時間測定しています。

ドキュメンタリー映画

ミツバチの羽音と地球の回転

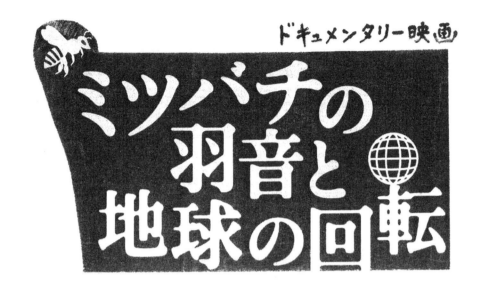

映画「ヒバクシャ　世界の終りに（2003年公開）」、「六ヶ所村ラプソディー（2006年公開）」を世に出し、核・放射能とともにある今の私たちの姿を追い続けている鎌仲ひとみ監督の最新作、**「ミツバチの羽音と地球の回転」**が今春完成しました。今回監督が撮ったのは遠い北欧の国 - スウェーデンと、30年近くも対岸での上関原子力発電所建設計画に対し反対運動をねばり強く続けてきた瀬戸内海の小さな島 - 祝島の人々です。5月から6月にかけてのお披露目上映会においては3日間で1100名を超える入場者を集め、多くの人々より熱い支持を受けました。現在全国各地で自主上映会が展開されています。

◆ 舞台は・・・スウェーデンと祝島

瀬戸内海に浮かぶ小さな島 - 祝島ではその先わずか4キロメートルの対岸に原子力発電所建設計画が浮上した1982年より住民が一貫して建設に反対し続けてきました。カメラは島の人々の暮らしに寄り添います。

一方スウェーデンでは国民投票によって脱原発を決め、2020年までに石油にも依存しない社会づくりをめざしています。スウェーデンでの取り組みは大変興味深いものとして私たちに多くを投げかけます。

この映画を通して「持続可能」という言葉を問い直し、未来を探って行こうとする監督の眼差しの先には新たな一歩への可能性が強く感じられます。

◆ 上関原発建設計画とは？

祝島の対岸に建設予定の上関原子力発電所は貴重な海を埋め立てて建設される計画です。祝島の漁業従事者は補償金の受け取りを拒否し続けており、地元の合意が得られていない中で、中国電力は昨年埋め立て工事に着手しました。開発が進んだ瀬戸内海で自然の海岸が残っているのは約２割ですが、建設予定地である上関町には実に７割以上自然の海岸が残っているのです。豊かな自然とそれを大切にしてきた人々の暮らしは何としても守られなければなりません。

上関原発計画

◆ ひきつづき署名を集めています。

上関原発建設計画の中止を求める署名活動においては、たくさんの方が高い関心と計画に対する反対の意思を寄せて下さいました。この間全国で集められた合計 85 万 1488 人分の署名は、昨年の５月と 10 月の２回にわたり、経済産業省に対して提出されました。引き続き 100 万人署名を目指して署名活動が続けられています。上映会会場でも集めますので、ぜひご協力下さい。

自主上映会をやります！

日程: 2010 年 11 月 14 日 （日）

会場: 小金井市公民館本館(福祉会館内) 視聴覚室

上映予定時間: 第１回上映・・・ 10：00 ～

第２回上映・・・ 13：00 ～

トークタイム・・・ 15：30 ～

（監督のミニトークを予定しています。）

第３回上映・・・ 17：30 ～

上映協力券: 前売 1000円

当日 1200円

主催: 小金井市放射能測定器運営連絡協議会

測定依頼をお寄せください!!

申しこみ方法等は です。よろしくお願いします!

なお、実際に測定にかかわってみたい方、また協議会に参加したい方、いつでも募集していますのでご連絡ください。大歓迎です。

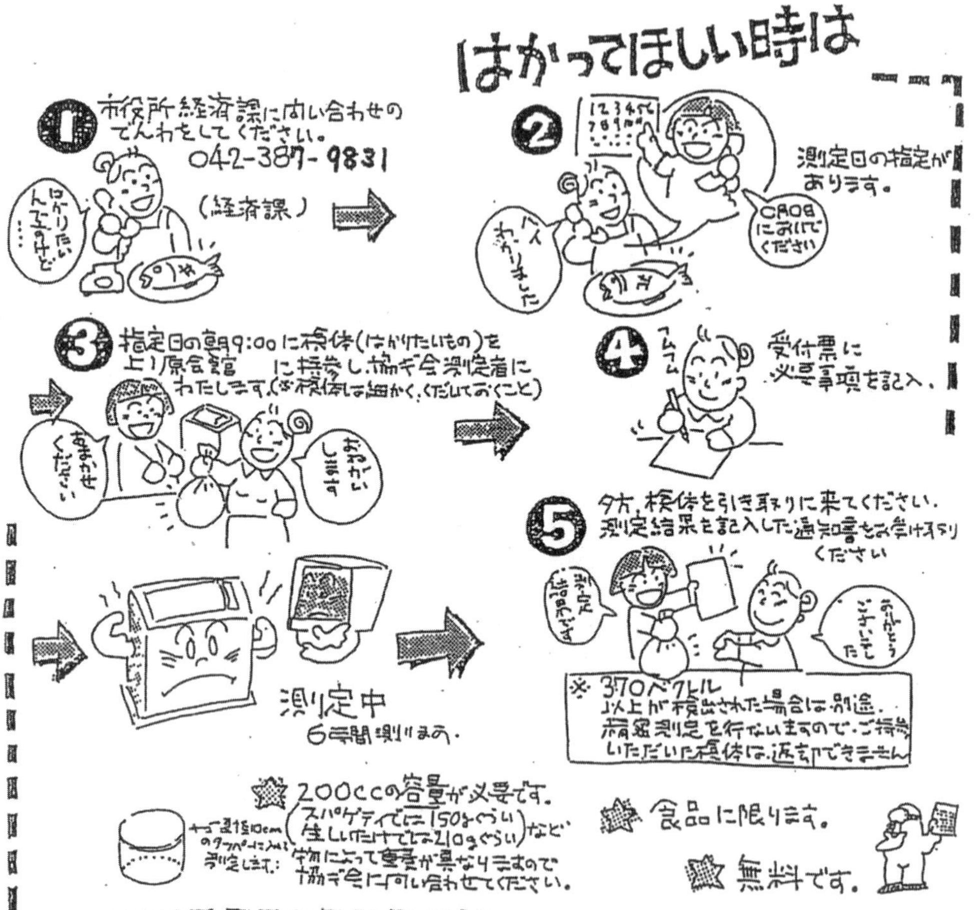

資料 29

2011年10月　第18号

こがねい 放射能測定室だより

発行 ： 小金井市放射能測定器運営連絡協議会
〈事務局〉小金井市緑町3-14-13 TEL/FAX 042-384-5266（中嶋）

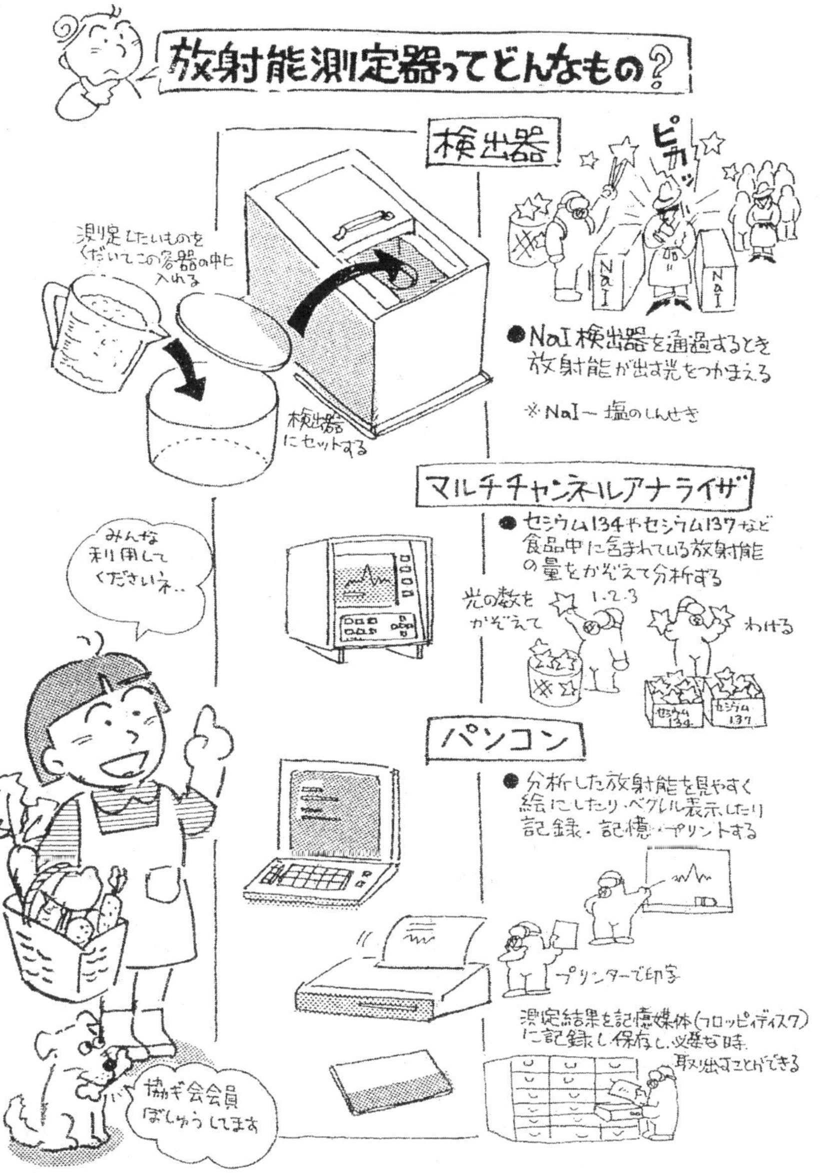

福島第一原子力発電所の事故後を測り続ける

― ともにこの先を歩んでいくために ―

本年３月１１日に東日本を襲った大震災においては夥しい数の人命が奪われ、広い範囲に亘って甚大な被害がもたらされました。それに続く東京電力福島第一原発での事故による大規模な放射線放出・放射能物質の拡散は、我が国のみならず世界各国に大きな衝撃を与え、汚染は日を追うごとに思わぬところまでにも拡がりをみせています。同発電所は今なお放射性物質を流し続けており、事故はいまだに収束するに至っておりません。

この事故は、チェルノブイリ原発事故後の放射能汚染、ひいては原発とともに生きている私たちの時代そのものを、自身の手による測定を通して考え続けていきたい、と願ってきた私たち協議会にとっても、また新たな一歩を踏み出させるものとなりました。事故後、小金井市民からの食品測定依頼件数は増え続け、また給食食材についても例年の測定時期を早めての対応となる等、さらに幅広く、奥行きのある測定が求められています。私たち協議会は今、この求めに精一杯応えていきたい、と新たな思いで測定に臨み、そしてこの後をどのように測定していくのか、汚染に対して何をしていくべきなのか、を考えていきたい、と捉えています。

この間、事故を受けて、各地のさまざまなグループから、お問い合わせや測定室見学のお申込みがあり、実際にたくさんの方々に測定器と測定の様子を見ていただくことができました。また、いろいろな場所で、測定活動についてお話をさせていただく機会も持ちました。汚染が現実のものとなった今、〈市民が測定の手段を持ち、汚染についての身近な情報を素早く発信していく〉という意味での私たち協議会の活動のあり方が、少しでもこれから測定を始めようとする方々の参考になるとしたら、それは私たちにとって大きな励みとなり、巡り巡って私たちに学びの場を与えてくれるものとなるでしょう。

今回の事故により、私たちはかつて経験したことのない放射能汚染の中を生きていくことになりました。知恵も力も出し合い、横へ横へと繋がることによって、ともにこの先を歩んでいくしかありません。私たち協議会もこれまでの経験を踏まえ、この先長く続くであろう汚染としっかり向き合ってまいります。そしてこのことが、これらの足跡とともに次の世代へ原発のない世の中を残してゆくのだ、と信じております。

今後ともどうかよろしくお願い致します。

２０１１年　夏

小金井市放射能測定器運営連絡協議会
会長　香田頼子

資料30

～　測定結果の発表にあたって ～

2011年5月
小金井市放射能測定器運営連絡協議会

○福島原発事故を踏まえて政府が暫定的に設定した食品に関する放射能の基準値（汚染された食品の出荷や販売を規制する基準。規制値とも言う。）は、セシウムの場合、水、牛乳、乳製品は 200 ベクレル、野菜、穀類、肉、魚などは 500 ベクレルです。

○事故以前、日本には基準値というものはなく、チェルノブイリ事故の後出回った放射能汚染輸入食品を規制する暫定限度 370 ベクレルが設定されていました。
この値はアジアの周辺国に比べると高いものです。それが、今回の事故で更に引き上げられてしまいました。

○放射能には、これ以下なら安全という「しきい値」はありません。

○私達の周囲には食品添加物、農薬、化学物質、電磁波など身体に悪影響を及ぼす有害物質が数多くあります。放射能もその一つと捉えその特性を知り、対処していくことが望まれます。

○人間には有害物質によって傷つけられた細胞を修復する力が備わっています。放射能を取り込まないようにすることも大切ですが、あまり神経質になり過ぎず、抵抗力や免疫力を高めることでリスクを減らすことも大事です。

○放射能の影響が大きい乳幼児や子ども、妊婦に一般の大人と同じ基準値を用いることには、批判も多く反対の声が上がっています。できる限り取り込まないようにすることが大切です。

○国や東京都の機関が行っている測定だけでは全く不十分です。各市町村単位などで測定器を設置して、きめ細かな測定と情報発信を行うことが求められています。

小金井市放射能測定室 21＋2 年のあゆみ

あゆみ	年/月	主な講演会・勉強会
測定室設置陳情書署名開始	88/4	
市議会にて陳情採択	88/6	
	89/7	「放射能ってどんな味？脱原発に向けて、今、私たちができること」藤田祐幸
協議会設立準備会発足	90/1	
協議会設立総会	90/7/7	「4 年目のチェルノブイリ」小泉好延
測定器設置	90/9	「1990 年チェルノブイリ・夏」藤田祐幸
測定開始	90/10	
	91/7	「くらしの中の放射能」槌田 敦
保育園・小中学校給食食材測定開始	91/8	
無印良品マカロニから放射能が検出され（株）西友と話し合い	91/11	
藤沢市放射能測定器協議会との懇談会	92/5	
	92/11	「松岡信夫さんと語ろう」松岡信夫
	93/1	「チェルノブイリ報告を聞く会」大東 断
「放射能測定室だより」創刊	93/12	
	94/5	「あの日を忘れないために」山本知佳子
上之原会館に測定室完成	94/9	
阪神大震災	95/1	
	95/2	「8 年目のチェルノブイリ」小泉好延
協議会メンバーがチェチェルスク訪問	95/4	
もんじゅナトリウム漏れ事故	95/12	
	96/2	「10 年目のチェルノブイリ」」安藤多恵子
	96/9	「放射能を測ること」高田 茂
	96/10	広河隆一写真展（放射能の爪あと）＊1
	97/2	「よくわかる放射能の話」高田 茂
東海村再処理工場火災・爆発 同事故に対する緊急測定対応	97/3	「児孫のために自由を律す」福田克彦
	97/10	チェルノブイリの子ども達の絵画展＊1
	98/1	「97 京都会議の報告」安藤多恵子
	98/2	「CO_2 削減とこれからのエネルギー」小泉好延
	98/3	「チェルノブイリからの便り」神谷さだ子
	98/10	広河隆一写真展＊1
	98/11	「行政とともに進める市民運動」安藤多恵子
女川原発放射線源被ばく事故	98/12	「測定値、誤差範囲について」高田 茂
小金井市との契約書等改定	99/6	
敦賀原発冷却水漏れ事故	99/7	
東海村ＪＣＯ核燃料加工施設臨界事故 測定器修理	99/9	「コネティカット州原子力発電所非常事態対策ガイド」発行 ＊2
	99/11	「東海村臨界事故について」高田茂
	00/2,6	「放射能入門」千村裕子、岡本勉
	00/9	「小金井に生かすソフトエネルギー」大林ミカ
	00/11,01/4	「コージェネレーションについて」東京ガス
測定器不調のため測定受付休止	01/8-10	
ポルチーニ茸高濃度汚染検出。イタリア料理食材輸入業者に問い合わせ	01/9	

資料 30

	02/2	「いのちを守り続けて」川田悦子
	02/7	「子どもでもわかる放射能入門」 嵜山比早子
測定器保守点検業務、東洋テクニカ社から日本キャンベラ社に移管	02/8	
高木学校シンポジウム「くらしの中から変える」に参加、活動報告	03/2	「日本における原発の現状」東井 怜
測定器不調のため測定受付休止	03/2-3	
	03/4	「T家の原子力事故避難マニュアル」発行 *2
東京都食品安全条例策定に向けた「都民の意見を聞く会」に参加し、意見を述べる	03/9	
柏市放射能測定室、職員との交流会	03/11	
	04/2	「ヒバクシャ」上映&監督トーク鎌仲ひとみ
柏市測定器故障の為測定終了、協議会解散	04/9	
	05/3	「地震・津波と原発」柳田 真
測定器不調のため測定受付休止	05/4〜	
監査委員の「事業見直し」の指摘を受け、市長、消費生活審議会宛に「申入書」提出	05/6	
環境市民会議HPに測定結果掲載	05/11	
行政評価で「廃止事業」とされたことを受けて市長に「要望書」提出	06/1	
測定事業継続の予算可決	06/3	
測定器不調のため測定受付を休止	06/4-6	
	06/10-07/1	
	06/11	「六ヶ所村ラプソディー」上映&監督トーク
中越沖地震・柏崎刈羽原発事故	07/7	
	08/1	「原発と私たち」渡辺美紀子
ブルーベリーワインより放射能検出（以降、ブルーベリー製品を重点測定）	08/4	
	08/9	「原発なくても電気は大丈夫」安藤多恵子
ブルーベリーの高濃度汚染について東京都福祉保健局食品監視課に問い合わせ	09/9	
ブルーベリーの高濃度汚染について関係市民団体にお知らせ	10/1	
ブルーベリー製品について東京都産業技術研究センターにて精密測定	10/9	
	10/11	「ミツバチの羽音と地球の回転」上映会&監督トーク
東日本大震災・福島第1原発事故	11/3	
同事故を受けて緊急測定体制 HP開設	11/5	「測定データ読み取りについて」小笠原強二
測定受付を週1回から3回に増加 小中学校・保育園給食測定を前倒しで実施	11/7	

＊1　小金井市消費生活展にて

＊2　「小金井に放射能測定室を作った会」メンバーが企画・翻訳して発行

☆作った会発行「はがきニュース　放射能ってどんな味？」　最後号（No.71「ブルーベリー物語」）

【2010年度測定結果一覧表】　2010.4月～2011.3月

測定品目		件数	原産国	測定結果(Bq/Kg)
乳製品	粉ミルク	3	不明	10未満
穀類など	上新粉	1	日本	〃
	米ぬか	1	不明	〃
	ホットケーキミックス	1	日本	〃
	オートミール	1	不明	〃
	米	1	日本	〃
お茶など	紅茶	1	ブルンジ	〃
	インスタントコーヒー	1	不明	〃
	カモミール	1	エジプト	〃
	ジャスミンティー	1	中国	〃
海産物	ひじき、わかめ	2	日本	〃
キノコ	干し椎茸	1	日本	〃
	干し椎茸	1	日本	12
	ポリチーニ茸	1	イタリア	60
その他	ママレード	1	不明	10未満
	ミネラルウォーター	2	日本	〃
	ローリエ	2	日本	〃
	アーモンドプードル	1	不明	〃
	かんぴょう	1	日本	〃
	塩	1	日本	〃
ブルーベリー製品	ジャム	4	フランス	〃
		1	フランス	50
		1	ベルギー	10未満
		4	ベルギー	29、181、45、24
		1	北欧	42
		1	ドイツ	173
		1	イタリア	45
		2	日本	10未満
		5	不明	〃
		1	不明	40
	サプリメント	1	不明	10未満
	ブドウ混合酢	1	不明	〃
合　計		48		

☆以上の他、保育園、学校給食食材29件を測定しました。
☆3/11後の測定は、1回は計画停電のため中断し、もう1回は昨年収穫された米でした。

【注】
10未満・・・10Bq/kgが検出限界(数値測定できる下限値)です。
測定結果・・・セシウム134とセシウム137の合計値です。

＊1　国の暫定基準値(500ベクレル)を超えたため、市との協定に基づき協議会としては測定結果を公表できません。なお、市HPには「国の基準値を超えたものの公表は、公の機関で再検査を行い公表についての判断をすることとしています。今回についても再検査を依頼しましたが、国からの検査等で忙しく、市町村の検査は行うことができないとのことでした。そのため、判断する数値が得られない状況があり、残念ながら公表するという結論には至りませんでした」と掲載されています。

＊2　8/24測定の製茶が、国の暫定基準値を超えたため、24時間の再測定を行いました。その後、市が、一般検査機関(一般社団法人 日本海事検定協会 食品衛生分析センター)に依頼した検査では、1,240(Bq/kg)という結果が出ています。なお、測定結果は市との協定に基づき公表しています。

【2011年度 4～8 月の測定結果】

測定日	測定品目	産地	測定結果 (Bq/kg)
4／8	----------	----------	※1
4／15	ルッコラ	市内	55
4／22	ほうれん草	市内	21
5／6	キャベツ	日本(詳細不明)	13
5／11	ネギ	市内	15
5／13	三つ葉	市内(家庭菜園)	195
5／18	ルッコラ	不明	容量不足
5／20	うるい(山菜)	新潟県	12
5／24	桑の実	市内	19
6／7	あしたば	市内(庭に自生)	17
6／10	生茶葉	市内	96
6／27	ほうれん草	東京都日野市	31

測定日	測定品目	産地	測定結果 (Bq/kg)
6／28	なす	福島県	24
7／1	キャベツ	群馬県	15
7／8	いちご	市内(5/14採取)	16
7／12	シソの葉	市内	26
7／26	製茶飲料 (2煎目)	埼玉県飯能市 (家庭菜園)	33
7／26	みょうが	福島県いわき市	70
8／17	麦(もみ殻付き)	市内(家庭菜園)	86
8／19	製茶(8月購入)	静岡県	217
8／24	製茶(新茶)	埼玉県	1569
8／27	製茶(新茶)※2	埼玉県	1579
8／30	製茶	静岡県	229

測定日、測定品目、産地		測定結果 (Bq/kg)
米類	4/1 米(日本、詳細不明)、8/16 玄米(高知県)	10未満
野菜	5/10 春菊(市内)、5/17 大根葉(市内・家庭菜園)、6/1 小松菜(市内) 6/3 きゅうり(埼玉県)、6/8 キャベツ(千葉県)、6/21 サニーレタス(市内) 6/24 よもぎ(新潟県)、7/6 じゃがいも(市内・家庭菜園) 7/15 きゅうり(市内)、8/2 プチトマト(市内・家庭菜園) 8/23 よもぎ(8/22採取・市内)、8/26 青じそ葉(東京都府中市・家庭菜園)	
母乳など	5/25、6/14、17、7/13、8/9、10 母乳(市内)、7/27 粉ミルク(日本、詳細不明)	
牛乳	8/12 牛乳(日本、詳細不明)	
水	5/27、8/3 水道水(市内)、6/16 井戸水(市内)	
乾物	5/31 干し芋(茨城県)	
卵	6/22 卵(岐阜県)	
魚、海藻	7/5 あじ(長崎県)、8/5 背黒イワシ(千葉県)、8/31 刺身わかめ(韓国)	
肉	7/27 鶏肉(宮崎県)、7/28 鶏肉(岩手県)	
お茶など	7/28 製茶(5月購入、静岡県藤枝市)	

以上の他、保育園、学校給食食材27件を測定しました。
27検体全て10(Bq/kg)未満(検出限界値以下)でした。

はかってほしい時は

1 市役所経済課に問い合わせの電話をしてください。

042-387-9831

2 測定日の指定があります。

3 指定日の朝9:00に検体（測りたいもの）を上之原会館に持参し、協議会測定者に渡します。

＊検体は細かく砕いておくこと

＊上之原会館　武蔵小金井駅北口5分

042-381-9911

4 受付表に必要事項を記入

5 検体と測定結果を記入した通知表を受け取ってください

（受け取り方法は協議会と相談してください）

＊測定結果が国の暫定基準値を超えた場合は、別途精密測定を行いますので、持参いただいた検体は返却できません。

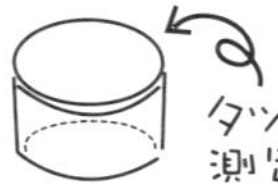

タッパーに入れて測定します。

☆200ccの容量が必要です
（スパゲッティでは150gくらい、生しいたけでは210gくらいなど、食品によって重量が異なります。）

☆食品に限ります

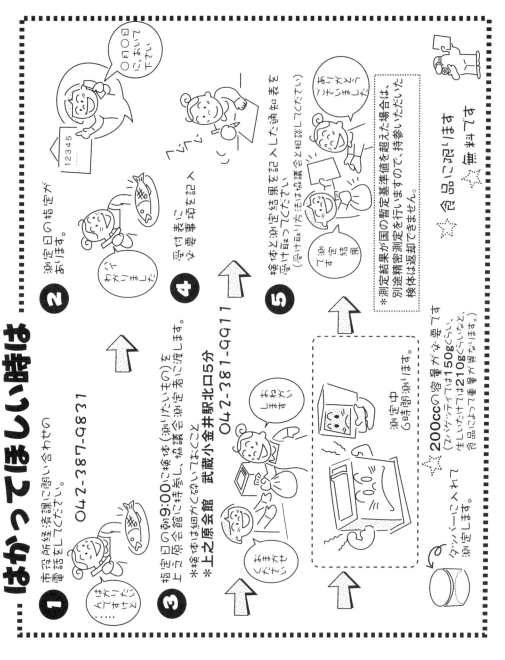

☆無料です

2012年10月　第19号

こがねい 放射能測定室だより

小金井市放射能測定器運営連絡協議会

きっと、自然が力を与えてくれる。

子ども達よ

原発のない未来を生きなさい！

― この一年を振り返って ―

昨年3月に発生した福島第一原子力発電所の事故から、およそ一年半という時間が経過しました。いまだに事故は収束するに程遠く、流れ出た放射能は容赦なく大地を汚し、水を伝わり、海の中へも影響を与えています。

この間私たちは、事故前には思い至らなかった数々の現実を、自身のものとして引き受けることになりました。環境や食べものの汚染は言うに及ばず、福島の子どもたちへの責任、現場作業員の被ばく、汚染された瓦礫の処理、原子力防災の見直し・・・・・・。この後も、きりもないほどに向かうべき課題はその数を増していくのかもしれません。また、何よりこの事故の後明らかになり、私たちを揺さぶり動かしたのは**「原発を稼働させなくても、電気は足りている。」**という事実でした。日を追うごとに脱原発を求める動きが拡がっています。この国の人々は**「原発とは本質的に〈命〉をないがしろにすることによって成り立っていたのだ。」**ということにはっきりと気づいたと言えるでしょう。この一年は、これまでのまやかしやごまかしが暴露され、原発がNOをつきつけられるに至った、重い一年であったと思えてなりません。

そして、私たち協議会にとっては、忙しくありつつも、新しい出会いやたくさんの励ましに支えられ、測定のあり方や意味をあらためて確かめていった、長い一年でした。増えていく測定依頼に体制強化して対応し、少しでも依頼者の不安の声に応えられるよう学習の機会を持つ一方で、見学にみえた他地域の方々と交流ができたことは大きな収穫であり、お互いを励ましあうものとなりました。

放射能測定を自分たちの手で担っていこうとする仲間も、あちらこちらで増えていきました。ここ数か月の間に市民による測定所が都内にもいくつかオープンし、測定活動を開始しています。測ることで被ばくを避けたい、地域の健康を守りたい、という一心で集まり、測定所の運営に力を尽くされている方々に、私たちは心からエールを送りたいと思います。そして、共に学びあい、知識や情報を共有していけたら、と望んでいます。

私たち協議会も、粘り強く、地域に根差した測定を続けてまいります。次の一年も、またその先へも、確かな歩みをつなげていけるように。

2012年　夏

小金井市放射能測定器運営連絡協議会
会長　香田頼子

2

鎌仲ひとみ監督最新作　映画『内部被ばくを生き抜く』上映会＆監督トークご報告

http://www.naibuhibaku-ikinuku.com/

7月6日、鎌仲ひとみ監督最新作、映画「内部被ばくを生き抜く」上映会を小金井市公民館本館で開催いたしました。これまでも小金井市放射能測定器運営連絡協議会では鎌仲ひとみ監督作品を上映し、放射能汚染に対する意識啓発を続けてきました。今回の作品は原発事故後の社会をどう生き抜くか、４人の医師の話と福島県二本松市で暮らす人々の日々の思いを聞き取りながら、放射能測定の必要性を説く、まさに測定室の活動とリンクした作品であり、早急な上映が必要と考えました。

当日は予想を大きく超える 90 名以上のご来場となり、関心の高さを伺う事が出来ました。上映会終了後の監督のトークでは、現在までの全国の原発をめぐる状況、「内部被ばくを生き抜く」をつくった経緯、補足説明、内部被ばくを避けるためのポイントなどのお話があり、質疑応答も活発に行われました。

「内部被ばくを生き抜く」の DVD は、放射能問題に関して心配を持っている方々で、「放射能なんか気にする事はない、大丈夫」という家族を持つ方に一緒に家で見ていただき、意識を共有出来るようにとの思いでつくられたそうです。映画をご覧になっていない方にも是非購入いただき、ご家族でご覧いただけたらと思います。（上記 WEB サイトから購入可能）

放射能測定室ご紹介

福島第一原子力発電所事故以来、各地に新しく市民の手による放射能測定室が立ち上げられています。協議会会員で見学した小金井市近隣の測定室をご紹介します。

新宿代々木市民測定所

2012年4月、新宿･渋谷のお子さんを持つ方々が中心になって始めた会員制の市民測定所で、JR 新宿駅から徒歩 10 分のマンションの一室にあります。会員の方は食品・土壌・空間線量などの測定結果を共有することが出来ます。また、一般の方向けに勉強会や見学会も随時開催しています。

測定器：ガンマデータ社 GDM-20, ATOMTEX 社 AT1320a
所在：東京都渋谷区代々木 2-23- 1 ニューステイトメナー 1049
HP：http://www.sy-sokutei.info
m ail:info@sy-sokutei.info

八王子市民放射能測定室　ハカルワカル広場

2012 年 1 月オープン。八王子市民講座での小金井の協議会講演がきっかけで始まりました。一検体 1000 円で測定。維持会員は 500 円。食品および食品以外も測定。容量は 1L で測定時間 30 分が基本。検体を持ち込み、その場で測り結果を説明するという一連の流れの間に、様々な不安や疑問を話し合い交流できる雰囲気です。数人のボランティアスタッフが交代で常駐、交流しやすいようにコタツも設置されています。

測定器：ATOMTEX 社 AT1320a
所在：東京都八王子市八幡町 5-11 八中ビル2F
電話：042-686-0820
HP：http://hachisoku.org/blog/
m ail: hachisoku@gmail.com

【2011年9月～2012年9月】10Bq/kg以上の測定結果

測定日	測定品目	産地	測定結果 (Bq/kg)
10.14	びわ	市内（自生）	21.9
10.14	タラの芽の葉	市内	11.93
11.18	製茶	静岡県	190.48
12.2	製茶	静岡県	183.52
12.20	りんご	福島県福島市	15.15
12.21	製茶	静岡県	189.44
1.24	製茶	静岡県	344.11
1.27	干ししいたけ	日本※1	761.72
1.30	干ししいたけ（1/27分と同検体を長時間測定）	日本※1	766.54
2.10	ローズマリー(花・枝含む)	市内(自宅庭)	143.52
2.17	りんご(皮・芯含まず)	福島県	44.07
3.6	しいたけ（原木栽培）	千葉県（自宅庭）	79.3
3.13	製茶	静岡県富士宮市	49.46
3.24	飲料茶（煮出し）	静岡県	53.53
3.25	茶がら	静岡県	85.29
3.28	ブルーベリージャム(自家製)	市内自宅庭ブルーベリー,沖縄県産きび砂糖	19.29
4.4	製茶	埼玉県入間市	1228.29
4.20	たけのこ	市内（庭に自生）	11.48
4.27	ローズマリー（小枝除き洗浄）	市内	58.83
5.11	筍	市内（自宅庭）	10.3
5.11	みつ葉	福島県	14.63
5.22	玄米（ひとめぼれ・2012.2）	宮城県栗原市	39.65
6.13	どくだみ	市内	10.24
6.1	たけのこ	東京都調布市	14.69
6.15	しいたけ（室外）	東京都調布市	97.66
7.17	製葉茶	静岡県	21.7
7.27	麦茶用焙煎大麦（六条大麦）	埼玉県	24.95
8.1	梅干し（2012.5購入）	群馬県	13.77
8.3	佃煮	霞ヶ浦産えび　利根川河口 川あみ	34.87
8.7	製葉茶（2012.7）	東京都府中市	111.77
9.4	フキ（2012.8.15採取）	長野県北佐久郡	16.65
9.19	干ししいたけ	長野県北佐久郡	147.69
9.21	れんこん	茨城県	10.46
9.26	シソの葉と実（未洗浄）	市内（家庭菜園）	17.41

＊検体は洗浄・未洗浄に関わらず依頼者が持ち込んだ状態で測定しています
＊10未満/10（Bq/kg)が検出限界（数値測定できる下限値）です
＊測定結果はセシウム134とセシウム137の合計です　(Bq/kg)

※1　暫定規制値を超える放射性物質が検出された乾しいたけについて(長野県プレスリリース)
http://www.city.koganei.lg.jp/kakuka/shiminbu/keizaika/info/housyanousiitake.files/kansiitake240202.pdf　抜粋

平成 24 年2月1日、東京都から「市民団体が食品の放射性物質を検査していたところ、 暫定規制値を超えるおそれのある乾しいたけ(長野県内製造品)を発見した。」旨の連絡がありました。この情報に基づき、調査したところ、当該品は長野県内の製造業者(フルタヤ椎茸株式会 社)が茨城県産及び岩手県産の乾しいたけを仕入れて袋詰めしていたことが判明しました。調査時に製造所に保管されていた乾しいたけの放射性物質検査を実施したところ、岩手県産を除く茨城県産の5検体から食品衛生法上の暫定規制値を超える放射性セシウムが検出 されました。
なお、製造業者は茨城県産の乾しいたけを袋詰めした全ての製品について、既に自主回収に着手しています。
この自主回収の対象となっている製品には長野県産の乾しいたけは使用されていません。

4

【2011年９月～2012年9月】10Bq/kg未満検体 月別一覧　※（/数字は日付）

9月	/2 もずく（沖縄県） /6 卵（群馬県） /7 しその葉（市内家庭菜園） /9 母乳（市内） /13 ニラ（市内家庭菜園） /14 モロヘイヤ（市内家庭菜園） /16 きゅうり（福島県） /20 いちじくヨーグルト（出雲産牛乳・多伎産いちじく） /21 えごまの葉（市内） /28 梅ジュース（自家製・東京都武蔵野市産梅） /30 柿（市内　庭に自生）
10月	/4 さつまいも（東京都町田市） /5 白米（茨城県） /13 白菜（東京都小平市） /13 人参（東京都小平市） /18 胚芽米（山形県） /19 母乳（市内） /21 柿（市内　庭に自生） /25 青汁（三重県茶葉　九州の水） /26 白米（茨城県） /28 卵（東京都）
11月	/1 マヨネーズ（日本） /2 しらす（静岡県） /4 レーズンパン（日本） /8 じゃがいも（東京都日野市） /9 じゃがいも（市内家庭菜園） /11 はちみつ（東京都青梅市） /15 米（佐賀県） /15 柿（市内） /16 母乳（市内） /16 米（茨城県筑西市） /18 粉ミルク（日本） /22 人参（市内家庭菜園） /25 水菜（市内） /25 長ネギ（埼玉県川越市） /29 母乳（市内） /29 大根（東京都三鷹市） /30 柿（福島県）
12月	/2 玄米（岩手県） /6 牛乳（北海道） /7 井戸水（千葉県柏市） /7 米（炊飯後・富山県） /9 しめじ（新潟県） /9 玄米（関東） /12 米［2011年産］（新潟県大沼市） /13 母乳（市内） /14 玄米（2011年産・茨城県大子町） /14 スキムミルク（北海道） /16 玄米（日本） /20 米（2011年産・熊本県） /21 米（茨城県） /27 粉末抹茶飲料（静岡県） /27 クランベリージュース（産地不明）
1月	/6 ぬか（不明） /8 米（兵庫県） /11 小松菜・サンチェ（市内家庭菜園） /11 牛乳（熊本県） /13 ぬか（自家製・埼玉県下呂山町） /17 玄米［2011年産］（青森県） /17 玄米（2011年産・長野県佐久市） /18 米ぬか（不明） /18 野菜ジュース（不明） /20 いわし（千葉県） /24 小麦粉（家庭菜園・神奈川県相模原市） /25 井戸水（山梨県） /25 米飯（不明） /26 野沢菜漬物（日本） /27 天然なめたけ（長野県鬼無村） /31 玄米（不明） /31 大根葉（東京都小平市）
2月	/1 キウイ（東京都小平市） /1 ほうれん草（東京都小平市） /3 牛乳（日本） /3 玄米（秋田県能代市） /7 玄米（2011年度・（大分県） /7 米ぬか（2010年・福島県） /8 ヨーグルト（島根県） /8 米（新米・福島県西郷村） /10 焼き芋（自家製 焚火・（千葉県香取市） /14 米（新潟県） /14 豆腐（愛知県） /15 お弁当（糖尿病用・不明） /15 原木しいたけ（生・（岩手県） /17 りんご（皮 芯含む・（山形県） /21 生たら（北海道） /22 小松菜（埼玉県上尾市） /22 米（2011年産・（新潟県北区） /24 米（2011年産・宮城県） /24 京いも（2011.11・（東京都日の出町） /28 米（福島県伊達郡） /28 なめたかれい（宮城県） /29 水道水（市内） /29 にしん（北海道）
3月	/2 玄米（2010年産・（岩手県一関市） /2 生しいたけ（菌床・（岩手県） /6 母乳（市内） /7 水道水（市内） /7 玄米（福島県古殿町） /9 井戸水（小金の水・（市内） /10 玄米（2011.10・（岩手県一関市） /13 卵（福島県） /14 キウイフルーツ（静岡県） /14 米飯（2011.12・（宮城県登米市） /16 白米（山形県） /16 白米（千葉県） /21 干ししいたけ（福岡県筑後市） /21 米（2011秋・（福島県） /23 ヨーグルト（日本） /27 米（茨城県） /28 スライス干ししいたけ（中国） /30 米ぬか（広島県） /30 牛乳（日本）
4月	/1 米（日本） /3 米（宮城県 ） /4 飲料茶（埼玉県入間市） /6 米（秋田県） /6 ハーブ（市内自宅庭） /10 小麦粉（強力粉）（不明） /10 ブロッコリー（小平市） /11 ぶり（大分県） /11 チーズ（オーストラリア） /13 米（栃木県） /13 ベーコン（自家製）（不明） /17 めんつゆ（不明） /17 ビスケット（不明） /18 バナナクッキー（不明） /18 玄米（2012.4）（京都府京都市） /20 米（新潟県佐渡市） /24 米（福島県本宮市） /25 母乳（市内） /25 ブルーベリーシロップ漬け（アメリカ） /26 菜花（福島県本宮市） /28 れんこん（茨城県）
5月	/1ブルーベリージャム（フランス） /1みそ（茨城県） /2じゃがいも（不明） /2ほうれんそう（不明） /8製茶（鹿児島県）/8とうもろこしレトルトスープ（兵庫県神戸市） /9米（2011年）（栃木県） /15ミネラルウォーター（日本） /15米（新潟県） /16米（福島県） /16だいだい果汁（しぼり汁・市内家庭菜園） /22米（新潟県魚沼市） /23ブルーベリー（2011夏収穫）（長野県長野市） /23豆腐（国産大豆） /25天然水（埼玉県飯能市） /25かぶ（千葉県） /29母乳（市内） /29冷凍ハンバーグ（栃木県産牛肉） /30米（2011秋）（栃木県大田原市） /30米（2011）（栃木県）
6月	/1 玄米（宮城県石巻市） /5 米[炊飯後]（広島県） /6 ソフトぼうろ（不明） /8 米（群馬県みどり市） /8 しいたけ（室内）（東京都調布市） /12 キャベツ（東京都小平市） /12 精製水（日本） /13 どくだみ（市内） /13 しいたけ甘辛煮（不明） /15 青梅（市内自宅庭） /19 玄米[いろいろ米]栃木県 /19 アイスクリーム（不明） /20 ニラ（市内家庭菜園） /20 わかめ(岩手県) /22 アスパラガス（市内家庭菜園） /22 ヨモギ（栃木県） /26 きゅうり（市内） /26 たけのこ（東京都立川市） /27 梅（埼玉県上尾市） /27 栗（埼玉県上尾市） /29 皮つきジャガイモ[自家農園]（山梨県大月市）/29　シリアル（不明）
7月	/3じゃがいも（市内） /3ローズマリー若葉の煮出し（市内自宅） /4ブルーベリー（市内自宅庭） /5ティーバッグ麦茶（日本） /6玄米（2011新米・栃木県） /6深蒸し煎茶（熊本県） /10保育園給食（お昼とおやつ・不明） /10米（コシヒカリ・兵庫県） /11ティーバッグ麦茶（日本） /12皮むきトマトジュース入り缶詰（イタリア） /13米（山梨県北杜市） /17干し椎茸（戻し汁・不明） /18飲料茶（2011年度・静岡県） /18飲料茶（2012年度・静岡県） /20じゃがいも（7/13収穫・市内） /20枝豆（市内家庭菜園） /24南部小麦（2011年度産・岩手県） /24梅（自家製・市内） /25ネギ（埼玉県上尾市） /25梅ジャム（自家製・神奈川県横浜市） /27ビール（2012.7購入・岩手県） /31ゆずジャム（市内）
8月	/1ブルーベリー（ホームベル種・市内自宅庭） /3トマト（東京都小平市） /7製茶飲料（東京都府中市） /8なす（市内家庭菜園） /8飲用茶（ごうや茶・市内家庭菜園） /10小麦粉（日本） /10ブルーベリー（市内自宅庭） /14製茶葉（加工地愛知県） /14ルバーブ（市内） /15母乳（市内） /15ミニトマト（市内自宅） /17桃（2012.8.3購入・山梨県） /17ぶどう（デラウェア・山梨県） /21飲料茶（ほうじ茶・加工地石川県） /21きゅうりのぬか漬け（自家製・小金井産きゅうり 沖縄県産塩 山形県酒田市産ぬか） /22ブラックベリー（市内自宅庭） /22ブラックベリーコンポート（2312.7.30購入・ベルギー） /22びわの葉（2012.8採取・市内自宅庭） /24ローズマリー（2012.8.22採取・市内自宅庭） /28椎茸ぬか（国産米ぬか） /28トマト（市内家庭菜園） /29キウイフルーツ（2012.8.29購入・埼玉県上尾市） /29柿（埼玉県上尾市） /31ヨーグルト（広島県廿日市市） /31ニラ（市内自宅庭）
9月	/4ブルーベリー（市内自宅庭） /5いちじく（2012.9.3・埼玉県上尾市家庭菜園） /5地粉うどん（半生・群馬県） /7井戸水（山梨県南都留郡） /7玄米トースト（2012.9.5購入・日本） /11じゃがいも（生・栃木県真岡市家庭菜園） /11かぼちゃ（レンジ加熱・栃木県真岡市家庭菜園） /12しそ（市内自宅庭） /12ラズベリー（市内自宅庭） /14飲料茶（ほうじ茶・長野県） /14ニジマス甘露煮（静岡県）/18あじ（焼いたもの・東京湾） /18ごうや（市内家庭菜園） /19ブルーベリー（長野県） /21水道水（市内） /25ココナッツミルク（缶詰・フィリピン） /25かぼちゃ（小平市庭先販売） /26栗（埼玉県上尾市） /28玄米（埼玉県上尾市） /28米ぬか（埼玉県上尾市）

3.11から1年半～測定結果について

年季の入った測定器と新しいメンバーも加わった「測定」の概要を報告します。

■測定受付 週1回から週6回へ　―最長3か月待ち

1990年の測定開始以来、毎週金曜日を測定日として活動してきましたが、昨年の3.11後、測定申込みが急増し、測定日まで数カ月待ちという状況になりました。そのため、5月から週3回、11月からは週6回（2回×3日）と、測定受付を増やしました。

今年4月以降は少し落ち着いてきましたが、新たな“長い監視活動”は始まったばかりです。

（※2012年9月現在、測定の待ち時間は約2週間程度です）

■規制値を超えた検体　―1569bq/kg 製茶、762bq/kg 干しいたけ

2011年度は国の暫定規制値を超える汚染を検出した検体は3件ありました。暫定規制値を超えた第1号の4月の検体は、3.11後の混乱の中で市との調整や体制が整わず、検体名や測定値を公表する事が出来ませんでした。8月には製茶から1569bq/kg検出され、市から産地の埼玉県に連絡し同県HPでも公表されました。1月には干しいたけから762bq/kg検出され、同じく市から業者のある長野県に連絡。これを受け県が調査したところ同社の商品から2000bq/kgを超える茨城県産の干しいたけの在庫も確認され、自主回収されたようです。(2012.3.7 東京新聞に記事)

2012年度は、都内の干しいたけから98bq/kgが検出されました。一般食品は4月から100bq/kg以上が規制値となりましたが、干しいたけなどの乾物では水戻しした状態でこの基準値が適用となります。水戻しをすると約5.7倍の重量になりますので、乾物の状態で100bq/kg含まれていても出荷規制になりません。また、都内の製茶からは111bq/kg検出されましたが、お茶については、飲む状態で飲料水の基準（10Bq/kg）を適用するとしています。茶葉は必ずしも飲用とはせず、そのまま食べるケースもあるため、この新基準には疑問も残ります。

■申込みの多かった検体　―家庭菜園、ハーブ類、母乳、お米、たけのこ

製茶や干しいたけの申し込みは多く、規制値を超えた上記のもの以外からも多くの検体から検出されています。家庭菜園の葉物やハーブ類では、最高で昨年5月に三つ葉から195bq/kg、今年の2月にローズマリーから144bq/kgなど。今年の春は数検体のたけのこから最高で15bq/kg。とても心配して持参する方の多かった母乳からの検出はありませんでした。また、やはり多くの申し込みのあったお米は宮城県産の1件からの40bq/kgのみで、福島県産も含む他の検体からは検出されませんでした。

■気になる測定結果＆今後の課題

8月に霞ヶ浦産えびと利根川河口川あみの佃煮から34bq/kgが検出されました。福島県や北関東の湖沼のセシウム汚染が進み、魚介類からの基準値を超える検出も増えていますし、東京湾の汚染ピークは2014年で21年まで濃度は下がらないとの試算も発表されています。 魚介類の汚染はこれからが心配です。

また、汚染食品の流通は一定控えられているようですが、監視体制が緩めば、抑制も効かなくなります。市民測定室による継続的なチェックは重要です。（漢人明子）

資料31

放射能測定結果はこのように出力されます

原則依頼を受けた測定結果はセシウム134とセシウム137の合計値のみ（合計値10bq/kg未満は検出限界以下と見なし、10bq/kg未満とお伝えしています）を依頼者にお伝えしていますが、検体を測定すると、測定器からは下記ような結果が出力されます。

セシウム不検出の例

検体：トマト
セシウム134　0bq/kg（検出限界0bq/kg）
セシウム137　0bq/kg（検出限界0bq/kg）　　セシウム合計値：0bq/kg

核種	効率	放出率	放射能 (Bq)	%エラー (1シグマ)	検出限界 (Bq/Kg)	濃度 (Bq/Kg)
① Cs-134(796keV):	4.621E-02	0.854	0.00	+- 0.00	0.00	0.00
② Cs-137(662keV):	5.454E-02	0.850	0.00	+- 0.00	0.00	0.00
①+②試料中のセシウム(Cs-134+Cs-137):			0.00	+- 0.00		0.00

ファイル = 1208031.SPC　　トマト
ライブタイム(sec)= 21600　/トゥルータイム(sec)= 21607　　2012/08/03　09:20

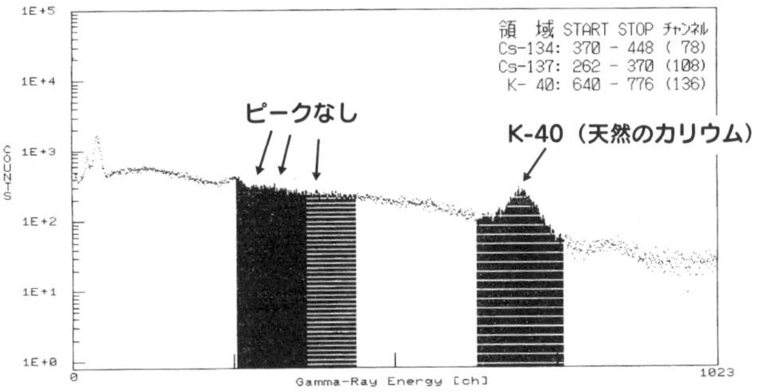

セシウム検出の例

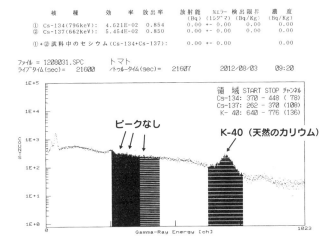

検体：生しいたけ
セシウム134　31.27bq/kg（検出限界2.76bq/kg）
セシウム137　66.40bq/kg（検出限界3.12bq/kg）　　セシウム合計値：97.66bq/kg

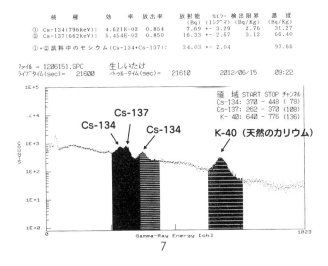

核種	効率	放出率	放射能 (Bq)	%エラー (1シグマ)	検出限界 (Bq/Kg)	濃度 (Bq/Kg)
① Cs-134(796keV):	4.621E-02	0.854	7.69	+- 3.29	2.76	31.27
② Cs-137(662keV):	5.454E-02	0.850	16.33	+- 2.57	3.12	66.40
①+②試料中のセシウム(Cs-134+Cs-137):			24.03	+- 2.04		97.66

ファイル = 1206151.SPC　　生しいたけ
ライブタイム(sec)= 21600　/トゥルータイム(sec)= 21610　　2012/06/15　09:22

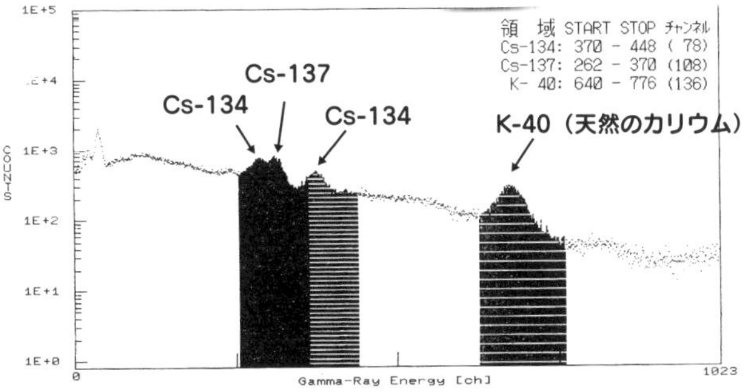

会員募集中

会員募集中 小金井市放射能測定器運営連絡協議会の活動はボランティアの会員によって行われています。協議会では、現在会員募集中です。現在会員は20名程度、毎月の定例ミーティングでは、測定結果の詳細な内容などを確認したり放射能問題に関する情報交換等も行っています。測定は各自出来る範囲のスケジュールで交代で行っています。測定員にならなくても、WEBや事務作業その他の作業などを分担する場合もあります。自ら測定したり、情報交換する事で、放射能についての知識が深まります。原発、放射能問題に関心の高い方は会員になってみませんか？興味のある方、ご質問のある方は下記までご連絡下さい。

・年会費：1500円
・基本的に、月一回のミーティングに参加出来る方
・まずは測定室やミーティングをご見学いただき、その上で考えていただく事も可能です

小金井市放射能測定器運営連絡協議会事務局

電話番号：042-384-0053（香田 頼子）
e-mail：koganei.sokutei@gmail.com
公式サイト：http://hosyanousokuteishitsu-koganei.jimdo.com/

はかってほしい時は

❶ 市役所経済課にお問い合わせください 042-387-9831

➡ ❷ 測定日の指定があります。

➡ ❸ 指定日の朝に検体（測りたいもの）を上之原会館に持参し、協議会測定者に渡します。

➡ ❹ 受付表に必要事項を記入

➡ **測定** 6時間測ります。

タッパーに入れて測定します。

➡ ❺ 検体と測定結果を記入した通知表を受け取ってください

●検体は200ccの容量が必要です
（スパゲッティでは150gくらい、生しいたけでは210gくらいなど、食品によって重量が異なります。）
●検体はミキサーなどで細かく砕いておいてください
●測定済み検体と測定結果の受け取り方法は協議会とご相談ください
●食品に限ります
●無料です

測定場所：
小金井市立上之原会館
武蔵小金井駅北口5分

〒184-0004
東京都小金井市本町5-6-19

2013年10月　第20号

こがねい
放射能測定室だより

小金井市放射能測定器運営連絡協議会

イラスト：中学2年生　菊地亮介

- 事故から3度目の夏が過ぎて -

ことのほか厳しい暑さが続いた2013年の夏も過ぎようとしています。あの福島第一原子力発電所の事故から早くも2年半もの時間が経ちました。振り返ってみれば、事故以前の日々は別の世界のように遠く感じられ、事故後を生きる私たちは背負ってしまった荷の重さから逃れられない現実の中にいるのだ、ということをあらためて思い知らされています。

この夏はまた、「汚染水の漏洩・流出」から目の離せない毎日を過ごさなければなりませんでした。今、こうしている間にも汚染水は絶え間なく海洋を汚し、汚染は拡がる一方です。この先、どれほどの汚染を経験することになるのか、どうしたら汚染から身を守っていけるのか、これ以上の核汚染を避けるにはどうすればよいのか、大きな問いを私たちは諦めることなく追っていかざるを得ません。私達協議会の続けている「自身の手で身近な食べ物を測っていく」という活動も、常にその問いと共に在ると言えるでしょう。

被災地では、もうすぐ3度目の冬が訪れます。自宅を離れてまた冬を迎える方々、不安を抱えながら現地で生活する方々、厳しい環境のなかで生産や漁に携わる方々のことが思いうかびます。チェルノブイリを最後にするべきであった「深刻な原発事故」は、ほかならぬこの国で起きてしまいました。協議会では、この地道な測定活動が小さいながらも、原発からの卒業を実現させていく力のひとつとなることを強く望んでいます。
一方、長い間私達と伴走してきた測定器は、購入・設置から23年が経過し、部品の交換も難しくなっています。この測定器が寿命を迎えた際の測定継続については、いずれにしても考えていかねばなりません。その日が来ないことを祈りつつの測定が続いていますが、今まで通り「協議会会員が自身の手で測定し、結果を公開していく」というスタイルを守っていきたい、というのも私達の数ある望みの一つです。

私達協議会のホームページをご覧になったことがありますか?測定結果のほか、測定以外の活動も紹介されています。ぜひホームページへおいで下さい。お待ちしております。

2013年　夏を送る頃に

小金井市放射能測定器運営連絡協議会
会長　香田頼子

小金井市放射能測定器運営連絡協議会　公式サイト
http://hosyanousokuteishitsu-koganei.jimdo.com

2

「原発の街で 40年」 - 福井 原発銀座の住職のおはなし -

6／22 中嶌 哲演氏講演会を開催しました

15基もの原発が立ち並ぶ福井県、若狭湾。国の原子力規制委員会により、直下に活断層があると指摘されている「敦賀原発」や、最近一万件に及ぶ点検漏れが発覚した高速増殖炉「もんじゅ」もここにあります。原発銀座と言われるこの地で、長年に渡り地域のリーダーとして原発反対の運動を続けてこられた、中嶌 哲演氏の講演会を協議会主催で開催しました。今回は住職のお話という事もあってか、少し年齢層の高い方に多くご参加いただきました。

「末期の眼で観ているような」

お話は若狭湾周辺地域に原発が次々に立地していく中、小浜市がどのようにして原発立地に反対しはねつけてきたかの生々しい経緯が中心となりました。また、福島の事故があった際には、原発が集中する若狭湾周辺に住む者として、自分たちの街もいつか災害に見舞われる事を意識し「末期の眼で観ているような気持ち」と表現されました。

脱原発のために、都市部の人間がすべきことは

哲演氏は、「原発を止めていく為に、わたしたち都市部の住民はこれからどういう行動をしたらよいでしょうか?」という質問には次のように答えられています。

哲演氏:小浜市や福島県浪江町、他にも原発を押し付けられた地域はユニークな戦い方をしてきています。市町村レベルの必死になった地を這うような運動の仕方、体験を共有してもらい、都市部の方々もそこから闘い方を学びとっていただきたい。原発推進の立役者に根本的な責任もある、必要神話、安全神話を普及してきた行政、大企業にも責任があるが、本当にそれだけでしょうか?大量輸送、大量消費、大量廃棄の便利で豊かな生活を享受してきた、この問題の責任がどこにあったか、わたし達には毛筋ほどの責任がないと言っていて果たして原発は止まるでしょうか?この講演でお話したことを踏まえて、これからみなさんがどういうアクションをしていただけるかにかかっています。わたしは時間がないと思っています。東海地震、南海トラフもしかり、本気になって国に思い知らせていくべきではないでしょうか。

中嶌哲演氏(なかじま てつえん)

1942年福井県小浜市生まれ。1200年以上の歴史を誇る小浜市、真言宗寺院･棡山明通寺の住職。

「原発設置反対小浜市民の会」を結成、事務局長を務める。

協議会のHPブログでは当日の録音データも公開しておりますので、興味のある方は是非お聞き下さい。

http://koganei-sokutei.seesaa.net/article/368660329.html

3

資料 32

【2012年10月～2013年9月】10Bq/kg以上の測定結果

測定日	測定品目	産地	測定結果(Bq/kg)
1/22	タラ	岩手県	13.10
4/12	どくだみ	市内	13.95
4/16	たけのこ	市内	10.88
4/16	どくだみ(全草)	市内	110.76※1
7/2	どくだみ(全草)	市内	87.11
7/2	乾燥どくだみ	東京都板橋区	71.90
7/5	青じそ(全草)	市内	20.95
8/2	どくだみ(乾燥)	市内	10.36
8/7	干ししいたけ(乾燥状態)	千葉県市原市	195.08※2
8/22	製茶	静岡県	59.23
8/30	生しいたけ(原木)	静岡県	12.19

*測定結果はセシウム134とセシウム137の合計です (Bq/kg)
*検体は洗浄・未洗浄に関わらず依頼者が持ち込んだ状態で測定しています
*10(Bq/kg)が検出限界(数値測定できる下限値)です
※1 ドクダミは雨樋の下に自生しているものを採取し、
市民が持ち込んだ生の状態をそのまま粉砕し測定しています。
※2 干ししいたけは乾燥状態の場合、厚労省の基準値は適用されません。

下記測定結果の公表を控えます。ご了承ください。
10/17しそ(大葉・実入り)(市内)…測定器への入力ミスのため
4/3緑茶(日本) 7/24やまもも(市内) 7/31きゅうり(宮城県)…測定容量不足のため

【2012年10月～2013年9月】10Bq/kg未満検体　月別一覧　(/数字は測定日)

10月	/2 納豆 (日本) /2 全粒粉 (2012.4.11 製造) (日本) /3 レンコン (茨城県) /3 水道水 (市内) /5 さんま (北海道・青森沖太平洋) /5 熟成ぬか床 (日本) /10 牛乳 (北海道十勝地方) /10 いか (青森県) /12 スキムミルク (北海道産生乳) /12 はったい粉 (日本) /16 麦こがし (日本) /16 うぐいすきな粉 (日本) /17 しそ (大葉・実入り) (市内) /17 パン用米粉 (日本) /19 甲州ぶどう (山梨県) /19 じゃがいも (市内) /23 米 (市内) /23 玄米 (市内) /24 栗 (渋皮つき) (市内) /24 すだちジュース (日本) /26 プロテイン (粉末状) (日本) /26 さつまいも (ふかした状態) (日本) /30 抹茶 (日本) /30 舞茸 (新潟県魚沼市) /31 みかん (東京都調布市) /31 たまねぎ (日本)
11月	/2 栗の渋皮煮(東京都あきるの市) /2 柿(山形県) /6 白米(新潟県魚沼市) /6 玄米(福島県会津地方) /7 米ぬか(滋賀県) /7 麦茶(不明) /9 干しいも(茨城県) /9 小麦粉(長野県長野市) /13 じゃがいも(東京都小平市) /13 柿(市内自宅庭) /14 手打ちうどん (東京都清瀬市) /15 柿 (市内自宅庭) /16 塩こぶ (不明) /16 みかん (不明) /20 ゆず (埼玉県上尾市・家庭菜園) /20 里芋 (埼玉県上尾市・家庭菜園) /21 さつまいも (埼玉県上尾市・家庭菜園) /21 柿 (市内) /27 米飯 (五分づき) (神奈川県相模原市) /27 米飯 (茨城県) /28 柿ジャム (自家製) (柿：市内自宅庭) /28 米 (北海道) /30 レンコン (茨城県) /30 ウインナーソーセージ (不明)
12月	/4 みかん (熊本県) /4 オレンジジュース (不明) /5 梨 (栃木県) /5 キウイ (栃木県) /7 原木しいたけ (群馬県) /7 春菊 (埼玉県) /11 りんご (岩手県) /11 みかん (埼玉県上尾市・家庭菜園) /12 栗 (しぶ皮煮) (茨城県) /12 白米 (新潟県柏崎市) /14 柿 (福島県) /14 りんご (皮つき) (福島県) /18 柿 (不明) /18 白米 (新米) (山形県東田川郡・余目) /19 白米 (秋田県三種町) /19 レンコン (茨城県) /21 山菜わさび漬け (不明) /21 りんご (東北地方) /25 白米 (静岡県静岡市・新間) /25 原木しいたけ (東京都青梅市成木) /26 酒かす (不明) /27 にんじん (千葉県)

4

1月	/8 せんべい(岩手県) /8 シリアル(日本) /9 米(宮城県柴田郡) /9 甘えび(北海道) /11 生しいたけ(千葉県) /11 いずし(紅鮭)(北海道) /16 製茶(狭山茶)(埼玉県狭山市) /16 抹茶入り製茶(日本) /18 大根(市内) /18 エリンギ(福島県いわき市) /22 ブリ(不明) /23 豚肉(埼玉県) /23 米ぬか(日本) /25 鮭(北海道) /25 水(千葉県) /29 米(宮城県岩沼市) /29 米(宮城県名取市) /30 すけそうだら(北海道) /30 牛肉(日本)
2月	/1 あしたば(東京・神津島) /1 かぶ(千葉県) /5 白菜(新潟県・家庭菜園) /5 生わかめ(宮城県石巻市) /6 もやし(茨城県) /6 鶏肉(日本) /8 ブリ(養殖)(鹿児島県) /8 さけフレーク(北海道) /13 乳酸菌飲料(不明) /13 たまご(東京都瑞穂町) /15 ウエハース(愛知県犬山市) /15 小麦はいが(日本) /19 サニーレタス(千葉県八千代市・家庭菜園) /19 大根(千葉県八千代市(家庭菜園)) /20 いか(千葉県・釣ったもの) /20 乾うどん(不明) /22 あん肝(新潟県佐渡市) /26 お魚ソーセージ(不明) /27 ローズマリー(市内) /28 牛肉(北海道)
3月	/1 米飯(秋田県) /1 みそ(不明) /5 小いわし生姜煮(日本) /5 菌床しいたけ(中国) /6 枝豆(北海道) /6 小麦粉(全粒粉)(千葉県成田市) /8 しいたけご飯(不明) /8 真サバ(神奈川県) /12 牛肉(栃木県) /12 フルーツ缶詰(青森県・山形県) /13 里芋(千葉県) /13 大根(千葉県) /15 にぼし(瀬戸内海) /15 粉ミルク(不明) /19 乳酸菌飲料(白桃)(不明) /19 シリアル(不明) /22 生しいたけ(長野県) /22 生卵(福島県) /26 鶏肉(山形県) /26 鶏肉(宮城県白石市) /27 粉ミルク(不明) /27 おから(北海道) /29 ヨーグルト(福島県福島市) /29 製茶(埼玉県狭山市)
4月	/2 菜の花(東京都荒川区) /2 ちくわ(不明) /3 ふきのとう(長野県) /5 サワーチェリージャム(オーストリア) /5 ブルーベリーゼリー(東北産) /9 シリアル(不明) /9 切干大根(岩手県) /10 のぶき(市内) /10 菜の花(群馬県みどり市) /12 ゆきのした(市内) /17 玄米(福島県) /17 はこべ(市内) /19 お茶の葉(東京都武蔵野市) /19 夏みかん(東京都武蔵野市) /23 水道水(市内) /23 母乳(市内) /24 甘夏みかん(市内) /24 にじます(養殖)(宮城県) /26 ラフランスジュース(山形県) /26 たけのこ(ゆで)(千葉県) /30 生茶葉(東京都武蔵野市) /30 どくだみ草(市内)
5月	/1 たけのこ(市内) /1 小麦粉(熊本県) /7 ニジマス甘露煮(埼玉県) /7 おぼろ昆布(北海道) /8 干しさば(千葉県) /8 ちりめんくるみ(茨城県) /10 小麦粉(熊本県) /14 漬物用加工ぬか(日本) /14 どくだみ(生葉)(市内) /15 たけのこ(市内) /15 ラジウム玉子(福島県飯坂町) /17 米ぬか(イセヒカリ)(埼玉県北埼玉郡大利根町) /17 そうめん(富山県) /21 米ぬか(イセヒカリ)(埼玉県北埼玉郡大利根町) /21 揚げかまぼこ(宮城県塩釜市) /22 ネギ(埼玉県上尾市) /22 フキ(埼玉県上尾市) /24 ブロッコリー(埼玉県上尾市) /24 柿の葉(不明) /28 こごみ(新潟県魚沼市六日町) /28 桑の実(市内) /29 水道水(群馬県川場村) /29 湧き水(群馬県川場村) /31 桑の実(市内) /31 お好み焼き粉(日本)
6月	/4 ローズマリー(市内) /4 沢の水(群馬県川場村) /5 ブロッコリー(東京都国立市) /5 ジューン・ベリー(市内) /7 ママレード(神奈川県) /28 はちみつ(東京都)
7月	/3 ほうじ茶(日本) /3 水道水(市内) /5 梅酵素(日本) /9 ローズマリー(市内) /9 精米ひとめぼれ(宮城県栗原市) /10 精米こしひかり(宮城県魚沼市) /10 精米あきたこまち(秋田県) /12 ミント(国立市) /12 レモンバーム(市内) /16 こんにゃく(群馬県) /16 麦茶(宮城県) /17 わらび(山形県) /17 大根(市内) /19 新じゃが(市内) /19 お茶(飲用)(東京都府中市) /24 さくらんぼ(山形県) /26 製茶(静岡県) /26 ルバーブ(市内) /29 離乳食(日本) /30 梅ジュース(2013年)(東京都三鷹市) /30 梅ジュース(2011年)(東京都三鷹市) /31 干ししいたけ(水戻し)(千葉県市原市)
8月	/2 青じそ(市内・家庭菜園) /6 はとむぎ(岩手県) /6 なす(市内) /7 よもぎ(世田谷区・自宅庭) /9 大麦乾麺(大麦粉：富山県 小麦粉：アメリカ、カナダ) /9 ローズマリー(市内) /21 マコロン(落花生)(千葉県) /21 レンコン(茨城県) /22 蒸し大豆(北海道) /23 背黒めごし(千葉県) /23 なめたかれい干し(北海道) /27 白桃(缶詰)(日本) /27 飲料茶(静岡県) /28 乾燥しいたけ(原木)(九州) /28 にぼし(日本) /30 水戻ししいたけ(千葉県市原市)
9月	/3 ローズマリー(市内) /3 シリアル(不明) /4 しじみ(東京都) /4 舞茸(新潟県) /6 パン粉(不明) /6 みそ汁の素(不明) /10 おかき(もち米：日本) /10 そば茶(不明) /11 にじます(神奈川県丹沢) /11 水道水(市内) /13 青じそ(乾燥)(市内) /13 乾そば(新潟県) /17 かぶ(市内) /17 巨峰(福島県福島市) /18 椎茸入りうどん(不明) /18 素麺(香川県) /20 つるむらさき(市内) /20 空芯菜(市内) /25 玄米グラノーラ(不明) /25 とちの実せんべい(不明) /27 栗(市内) /27 長ねぎ(千葉県)

2011年から2年半　- 測定結果から見えること思うこと -

原発事故をきっかけに入会し、昨年からは測定も担当している新米メンバーからの報告です

■セシウム134の減衰

セシウムのような放射性物質は、特に除染をしなくとも「崩壊」しながら線量は減っていきます。2013年9月現在、セシウム全体量としては計算上では事故直後の6割ほどに減っています。セシウムには134と137という2種類がありますが、このうちセシウム134が2年ほどで半分の量まで減る（半減期）ためです。測定室ではセシウム合計10bq/kg以上の検出を公表することにしていますが、昨年10月から今年9月までの測定結果をみると、10bq/kg以上の検出となったのは10件ほど。それはこのセシウムの減衰のためだと思われます。

■検出されたもの

2012年10月～2013年9月までにセシウム濃度が検出された検体は、「タラ」「干し椎茸」「生しいたけ」「製茶」「竹の子」「どくだみ」「青じそ」です。

「タラ」

海洋汚染はこれからピークを迎えるといわれています。食物連鎖によって今後も魚介類からの検出が懸念されます。汚染の検出したタラはスーパーで購入された岩手産の流通ものでした。

「干し椎茸」「製茶」

測定室では、検体は依頼者の要望のまま測定しています。干し椎茸は戻し汁と椎茸の両方を料理に使うので、乾燥状態で測りたい、製茶もお菓子や料理に使ったり、粉砕して食べるということから、飲用状態ではなくお茶の葉のまま測定しました。
原発事故前にも干し椎茸からはセシウム137が検出されていました。これは1950～60年代の核実験や1986年のチェルノブイリ事故の影響と思われます。私たちの測定室でも事故前の2010年度に国産干し椎茸から12ベクレルが検出されています。

「竹の子」「どくだみ」「青じそ」

いずれも流通品ではなく野生の竹の子、家庭菜園のどくだみと青じそでした。酵素ジュースや化粧水をつくる、お茶にするなど事故前なら問題なく手作りしていたが今はどうなのか？　と心配しての申し込みでした。汚染が検出された現実は、まだ事態は収束していないことを訴えているようでした。

■測定を続けること

測定回数は週6回（火、水、金、各2回）のまま続けています。2012年度の測定回数は292回。福島第一原発から高濃度汚染水の流出や食物連鎖による濃縮など、放射能の危険からはまだまだ解放されません。汚染食品の流通の抑制とともに放射性物質が身近に存在している、という現実を確認するためにも、私たちはコツコツと測定を続けていく必要があると思っています。現在それほど待たずに測定予約がとれますので、ぜひ市民の方々は気になる食品を測定してみてください。（矢澤朋香）

6

小金井市の給食食材の測定について

■現在は市役所にて給食食材の測定を行っています

市内の保育園・小中学校の給食食材の放射能測定は、1991年8月から協議会で行ってきましたが、2012年9月からは小金井市が消費者庁から貸与された測定器を使って市役所本庁舎内、地域安全課で測定しています。結果は小金井市のHPで「給食食材の放射性物質検査結果」として公表しています。

協議会では昨年10月と本年8月に、市役所本庁舎内の貸与測定器での測定の様子を見学させていただきました。

■測定は週に16検体

測定器はATOMTEX　AT 1320C（株式会社アドフューテック）というNaI（Tl）シンチレーション検出器です。測定下限値は、セシウム134とセシウム137の合計が10Bq/kg以下になるように設定されています。

測定は女性2名が専属で行っています。その日の検体を各保育園等や学校に測定員が受け取りに行き、1リットル分の検体を細かく切るなど測定できる状態にして測定。測定後の検体は、学校などのコンポストに持って行って廃棄する、という流れで仕事をされています。

保育園等は毎週月・火曜日、小・中学校は毎週木・金曜日に各日4検体ずつ測定しています。小金井市では使用前に食材ごとに測定しています。

測定した結果、10Bq/kg以上の食材があった場合は、その食材は給食には使用しない方針になっています。これまでに市の給食測定で10Bq/kg以上検出されたものは下記の4検体となります。

2012年

10/29　れんこん（茨城産）13.79Bq/kg

10/30　舞茸（群馬産）11.48Bq/kg

2013年

4/16　白桃缶（山形産）11.76Bq/kg

7/29　舞茸（群馬産）12.56Bq/kg

会員募集中

小金井市放射能測定器運営連絡協議会の活動は、ボランティアの会員によって行われています。協議会では、現在会員募集中です。現在会員は20名程度、毎月の定例ミーティングでは、測定結果の詳細な内容などを確認したり放射能問題に関する情報交換等も行っています。測定は各自出来る範囲のスケジュールで交代で行っています。測定員にならなくても、WEBや事務作業その他の作業などを分担する場合もあります。自ら測定したり、情報交換する事で、放射能についての知識が深まります。原発、放射能問題に関心の高い方は会員になってみませんか？　興味のある方、ご質問のある方は下記までご連絡下さい。

・年会費:1500円
・基本的に、月一回のミーティングに参加出来る方
・まずは測定室やミーティングをご見学いただき、その上で考えていただく事も可能です

小金井市放射能測定器運営連絡協議会事務局

電話番号：042-384-0053（香田 頼子）
e-mail：koganei.sokutei@gmail.com
公式サイト：http://hosyanousokuteishitsu-koganei.jimdo.com/

測りたい食品　募集中

小金井市に在住・在勤・在学の方で、気になる食品の放射能測定をしたい方はどなたでも無料で利用出来ます。下記の手順で小金井市役所経済課にお申し込み下さい。(非営利目的に限ります)

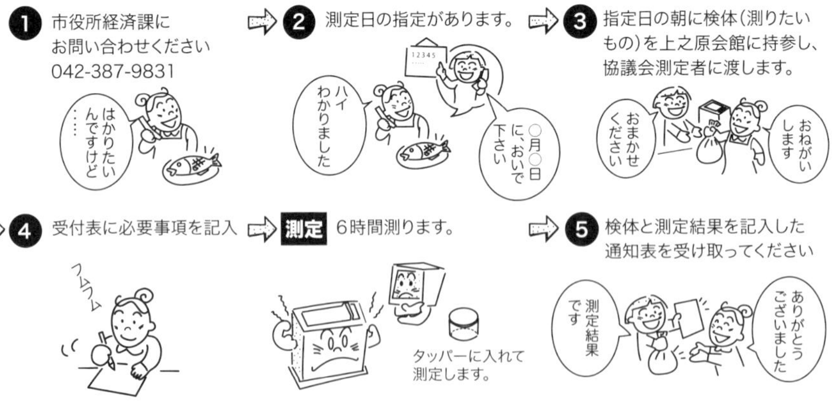
1 市役所経済課にお問い合わせください 042-387-9831
はかりたいんですけど……
2 測定日の指定があります。
ハイわかりました
○月○日に、おいで下さい
3 指定日の朝に検体(測りたいもの)を上之原会館に持参し、協議会測定者に渡します。
おまかせください
おねがいします
4 受付表に必要事項を記入
フムフム
測定 6時間測ります。
タッパーに入れて測定します。
5 検体と測定結果を記入した通知表を受け取ってください
測定結果です
ありがとうございました

●検体は200ccの**容量**が必要です(重さではなく、容量なのでご注意ください。スパゲッティでは150gくらい、生しいたけでは210gくらいなど、同じ容量でも食品によって重量が異なります。)
●検体はミキサーなどで細かく砕いておいてください
●測定済み検体と測定結果の受け取り方法は協議会とご相談ください
●食品に限ります
●無料です

測定場所：
小金井市立上之原会館
武蔵小金井駅北口5分
〒184-0004
東京都小金井市本町5-6-19

8

2014年10月　第21号

こがねい
放射能測定室だより

小金井市放射能測定器運営連絡協議会

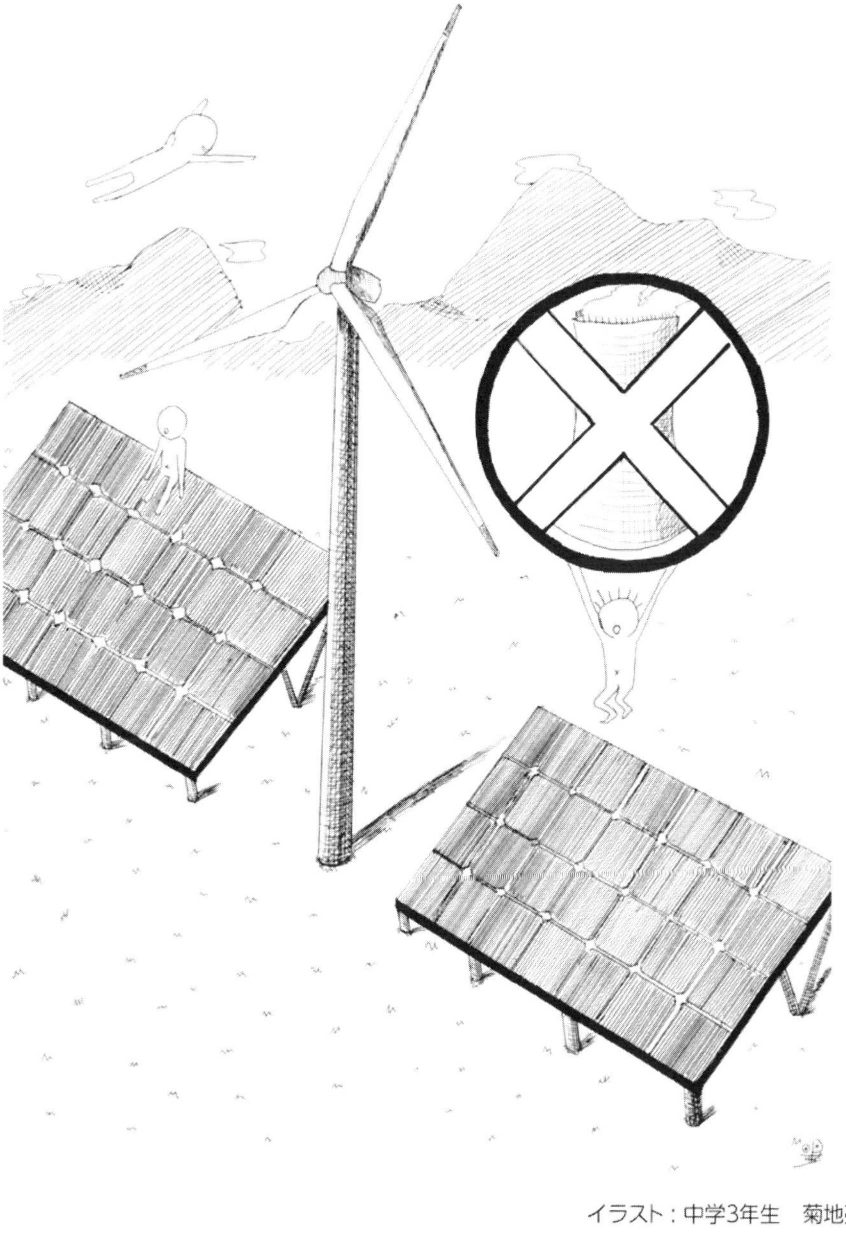

イラスト：中学3年生　菊地亮介

- 小金井市での放射能測定事業を継続させていくために -

私達小金井市放射能測定器運営連絡協議会は、小金井市からの委託を受け、食品の放射能測定を24年間に亘って続けてまいりました。1990年にスタートした小金井市の放射能測定事業は、市が測定機器を購入・維持管理し測定の申込みを受付ける一方、測定業務については市民である協議会会員が報酬を受け取らない、いわゆるボランティアとして担う、という形で進められてきました。行政と市民が力を合わせ、測定事業を絶えることなく長い期間続けてきたという事実とその成果は、内外に対して誇ってよいものと言えるのではないでしょうか。

2011年3月の福島第一原発事故の後、小金井市の測定事業は全国各地から、そして海外のメディアからも大きな関心を集め、視察や取材、見学の申込みが殺到しました。さらには消費者庁からも、自治体への放射能測定器貸与事業の開始に際して小金井市の取り組みを参考にしたいという意向により、視察を受けました。注目すべき活動としていくつものメディアで紹介され、自分たちの力で放射能測定を始めたいと願う各地の市民グループの多くから「うらやましい」との言葉をかけられるごとに、私達は「行政と協力しあってやってきたからこそ長く続いたのです。」と答えてまいりましたが、何より疑いないことでしょう。しかし、24年間も使い続けた測定機器は、耐用年数をはるかに超え、ここのところ故障が続いています。今現在(2014年9月)も、故障により測定ができない状況にあります。修理が完了するまで測定が中断し、お申込みをされた市民の方にお待ちいただくのは大変心苦しく、残念なことです。また、この先いつまでも修理が可能とはとても考えられません。早急に「新しい測定器での測定」を実現させていかなければなりません。事故による汚染を受け、流通する食品に関しては国の定めた基準値を超えるものは店頭に並ばないしくみが設けられました。しかしながら、自分で栽培したものや庭先で生ったもの、自生のハーブや野草、草木の実、釣った魚等、測定してみなければ汚染の有無を確認できず、口にするのが不安なものは身近にたくさんあります。自宅の近くで、しかも無料で食品の放射能を測定でき、安心して食べることのできる有難さを我々小金井市民は手離すわけにはまいりません。さらに、今後の原発や核施設の事故の可能性もないとは言えません。国内ならずとも海の向こうにも原発がたくさん建設されています。事故が再び現実のものとなるとすれば、迅速に身のまわりの放射能を測定できる体制を確保しておくことが何より重要であり、守っていくべきものであるはずです。

私達協議会は、市民のための放射能測定がこの小金井でずっと継続されていくことをめざし、根気強く活動してきました。この先も測定を続けていくことに力を尽くしたいと考えています。そのためには、新しい測定器がぜひとも必要です。多くの市民が、一日も早く安定した測定ができる日を迎えたい、と願っています。市の前向きな検討を望みます。
参考となる情報やご意見がありましたらお寄せ下さい。宜しくお願い致します。

2014年　9月

小金井市放射能測定器運営連絡協議会　会長　香田頼子
小金井市放射能測定器運営連絡協議会　公式サイト
http://hosyanousokuteishitsu-koganei.jimdo.com

2

資料33

協議会を支え続ける『小金井市に放射能測定室を作った会』

小金井市放射能測定器運営連絡協議会(以下『協議会』)は90年7月に発足。その誕生の母体が「小金井市に放射能測定室を作る会」です(以下『作った会』)。小金井市から測定業務を受託(無償)する『協議会』とは違い、『作った会』は独自の活動により『協議会』を物心両面で支え続けてきました。(とは言え両者のメンバーはほとんど重なっていたのですが‥)いくら私達が放射能に問題意識を持っていようと、ほとんど毎回「検出せず」の測定を10年、20年と続けていくことは大変根気の要ることです。その根気を支えたものは『作った会』としての二つの活動だったと思います。そのひとつは学習です。『協議会』主催の講演会などの他に『作った会』では水俣病・地球温暖化・原発事故防災などの学習を続けました。

そんな学習の中から生まれたのが「コネティカット州原子力発電所非常事態対策ガイド」です。「チェルノブイリ救援・中部」の河田昌東さんからいただいた原本を『作った会』で翻訳。発行した時に偶然、東海村のJCO核燃料臨界事故が起きたことも重なり、新聞・ラジオで取り上げられましたが3.11後の参議院行政監視委員会でも石橋克彦教授(神戸大学)がこれを例に挙げ「原発周辺の人々に配る必要」を主張しました。

「コネティカット」に続き、日本の住民の立場で作成したのが『T家の原子力事故避難マニュアル』です。そもそも原発事故の被害はマニュアルなどで防ぎきれるものではありませんが、少しでも実効性のあるものが絶対に必要であると考え取組みました。当時は底なし沼のような原発事故の被害の大きさを思い、それに比してあまりにつたないマニュアルしかできないことが苦しくて眠れない時もありました。原発事故防災は放射能を測定する者として避けては通れないテーマであること、事故の可能性が私達の測定への意思を支えていることは今も変わりありません。

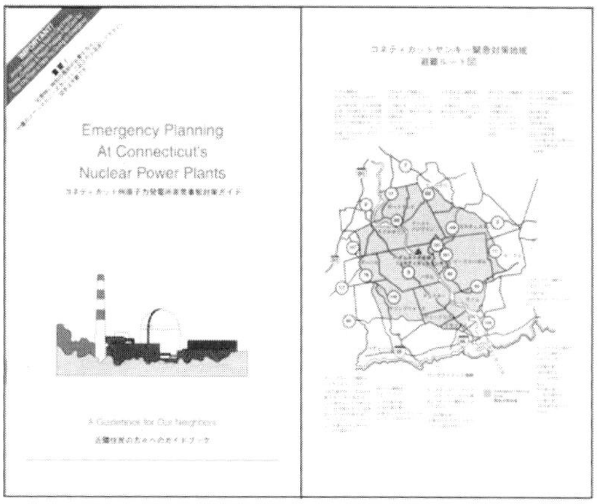

コネティカット州原子力発電所非常事態対策ガイド　日本語版

T家の原子力事故避難マニュアル

測定への思いを支えたもうひとつは情報発信、『はがきニュース・放射能ってどんな味?』の発行です。『協議会』発足を契機に発行を始め、その時々の測定結果・原発事故・環境問題など放射能と原発に関わる様々な話題をはがき1枚に収めて、小金井市民を中心に縁のできた全国の方々に無償で送り続けました。書くことは勉強になり、また読者からの反響にも励まされ、測定を続けていく大きな原動力になりました。

私達は放射能を「なぜ測るのか?結果から何を読み取るのか?」を考え続け、それを人々と共有し、暮らし良い世の中になってくれることを願って測定し続けています。『協議会』には3.11後再び若いママ・パパ達が自発的に集い、確実に測定業務を荷ってくれていて本当にうれしく有難いことと思っています。その昔若くて美しいママ達だった『作った会』のメンバーはこれからも命あるかぎり『協議会』を支え続けます!

『作った会』メンバー・NPO法人　新宿代々木市民測定所　伏屋　弓子

3

【2013年10月～2014年7月】10Bq/kg以上の測定結果

測定日	測定品目	産地	測定結果(Bq/kg)
11/15	れんこん	茨城県	12.17
12/18	キウイ	福島県	11.11
1/10	柿(2013年)	福島県川俣町	19.57
1/15	ゆず(2013年)	福島県川俣町	63.70
2/25	生しいたけ	東京都調布市	25.93
2/28	※1乾燥まいたけ	群馬県	156.68
3/7	製茶	日本	23.37
3/11	鬼くるみ	新潟県	24.47
4/1	鬼くるみ	新潟県	20.56
4/2	乾燥まいたけ(水戻し)	群馬県	28.40
4/11	はこべ	市内	14.75
5/20	どくだみ	市内	25.64
6/3	たけのこ(生)	岩手県大船渡市	21.15
6/10	どくだみ	市内	29.81
6/25	どくだみ	市内	49.12
7/9	※2ローリエ(86年度産)	トルコ	294.01

＊測定結果はセシウム134とセシウム137の合計です　(Bq/kg)
＊検体は洗浄・未洗浄に関わらず依頼者が持ち込んだ状態で測定しています
＊10(Bq/kg)が検出限界(数値測定できる下限値)です

※1 乾燥まいたけは乾燥状態の場合、厚労省の基準値は適用されません。
※2　チェルノブイリ原発事故で汚染されたトルコ産ローリエを1990年から数年おきに測定しています。セシウム137の測定値は1990年:477Bq/kg、1997年:428.95 Bq/kg、2004年:361.53Bq/kgです。セシウム137の半減期は30年といわれています。計算通りとすると、このローリエのセシウム137は2170年に10Bq/kg以下になります。

下記測定結果の公表を控えます。ご了承ください。
3/19 乾燥まいたけ(水戻し)群馬県…測定容量不足のため

4

【2013年10月～2014年7月】10Bq/kg未満検体　月別一覧 （/数字は測定日）

10月	/1 さんま（北海道） /1 ちらし寿司の素 不明） /2 焼きいも（茨城県行方市） /2 たら（宮城県） /4 まいたけ（福島県会津地方） /4 さつまいも（市内） /8 栗渋皮煮（山梨県大月市） /8 じゃがいも（山梨県大月市） /9 生イカ内臓（北海道） /9 しいたけ（徳島県） /11 しその実（市内） /11 赤しその実（市内） /16 原木まいたけ（徳島県） /16 焼きいも（茨城県） /18 柿（東京都東村山市） /18 りんご（青森県弘前市） /22 生イカ（千葉県） /22 ほうじ茶（日本） /23 アップルミント（市内） /23 玄米（市内） /25 玄米（市内） /25 さつまいも（市内） /29 みかん（市内） /29 ぎんなん（市内） /30 チョコパン（小麦粉：カナダ、アメリカ） /30 ブルーベリーパン（小麦粉：カナダ、アメリカ）
11月	/1 メープルパン（小麦粉：カナダ、アメリカ） /1 黒豆抹茶パン（小麦粉：カナダ、アメリカ） /5 コンビーフ（不明） /5 空芯菜（市内） /6 もみのり（有明海） /6 マッシュルーム（千葉県香取市） /8 ビスケット（フランス） /8 キャットフード（日本） /12 里いも（栃木県那須塩原市） /12 麦芽入り豆乳飲料（大豆：カナダ） /13 梅干し（福島県） /13 青汁（不明） /15 揚げもち（茨城県桜川市） /19 柿（市内） /19 どくだみ生茶葉絞り液（日本） /20 柿（市内） /20 米（福島市） /22 食酢（不明） /22 麦焼酎（麦：オーストラリア） /26 玄米（北海道） /26 マカロニグラタン（岩手県） /27 みかん（東京都武蔵野市） /27 柿（市内） /29 ラーメン（不明） /29 柿（市内）
12月	/3 米（宮城県） /3 果実、野菜ミックスジュース（リンゴ、ブロッコリー：長野県、ほうれん草：岐阜県、小松菜：愛知、徳島） /4 玄米（鳥取県） /4 米ぬか（長野県小諸市） /6 玄米（まんぷくもち）（群馬県） /6 玄米（ひとめぼれ）（不明） /10 製茶（日本） /11 柿（市内） /11 水（RO 水）（市内） /13 玄米（群馬県） /13 かつお節（不明） /17 油ぼうず（深海魚）（茨城県） /17 りんご（群馬県） /18 生たら（岩手県） /20 ほうれん草（市内） /20 夏みかん（市内）
1月	/8 水道水（市内） /8 いりこ（不明） /10 米（茨城県大田原市） /17 落花生（2013 年）（千葉県） /17 ピーナッツバター（スプレッド）（不明） /21 乾燥きのこ（中国） /21 お茶（鹿児島県） /22 焼きのり（千葉県） /22 めんつゆ（不明） /24 スパゲッティ（イタリア） /24 菜花（千葉県館山市） /28 ゆず（市内） /28 大根（茨城県取手市） /29 生たら（岩手県） /29 スズキ（神奈川県） /31 ウィスキー（不明） /31 小麦粉（日本）
2月	/4 きな粉（日本） /4 押麦（日本） /5 ごぼう（市内） /5 素干しあみ（三陸産） /7 まいたけ（新潟県） /7 菌床しいたけ（群馬県） /12 煮干（日本） /12 めかぶ（宮城県） /14 抹茶ビスケット（不明） /14 ドライパック大豆（北海道） /18 生たら（青森県） /18 わかさぎ甘露煮（中国） /19 ふきのとう（福島県） /19 南三陸チャウダー（不明） /21 いかの塩辛（南太平洋、日本） /21 粉ミルク（群馬県） /25 干しいも（中国） /26 梅干し（東京都江戸川区） /26 米（千葉県） /28 れんこん（茨城県）
3月	/4 ふかしさつま芋ペースト（茨城県） /5 玄米（千葉県成田市） /5 はちみつ（群馬県） /7 きな粉（北海道） /11 しろざけ中骨缶詰（北海道東北沖） /12 原木しいたけ（東京都奥多摩町） /12 麦こがし（日本） /14 にじます甘露煮（不明） /14 干しいも（茨城県） /18 おぼろ昆布（北海道） /19 干しいも（茨城県） /25 米（新潟県） /25 菜の花（大阪府） /26 ブルーベリージャム（フランス） /26 えのき茸（長野県） /28 もやし（茨城県） /28 豆もやし（不明）
4月	/1 黒五きなこ（不明） /2 乾燥まいたけ（戻し汁）（群馬県） /4 姫くるみ（新潟県） /4 お茶（日本） /8 干しそば（不明） /8 こおなご佃煮（不明） /9 ふきのとう佃煮（日本） /9 ブルーベリージャム（欧州産） /11 米（不明） /15 豚肉（山梨県） /15 小麦ふすま（日本） /16 たけのこ（生）（市内） /16 よもぎ（市内） /18 たんぽぽ（全草）（市内） /18 はこべ（市内） /22 のびる（東京都府中市） /22 たけのこ（市内） /23 のびる（市内） /23 緑茶（日本） /25 たけのこ（東京都小平市） /25 スギナ（市内） /30 絹さや（千葉県）
5月	/2 どくだみ（市内） /2 ふき（不明） /7 たけのこ（市内） /7 たけのこ（水煮）（千葉県市原市） /9 抹茶入り干しそば（日本） /9 煮干し（千葉県） /13 さくらんぼ（市内） /13 よもぎ（市内） /14 豆乳（日本） /14 おからクッキー（不明） /16 どくだみ（市内） /16 よもぎ（市内） /20 ゆで山菜（山形県最上地方） /21 れんこん（茨城県） /21 赤飯（不明） /23 はこべ（市内） /23 黒豆菓子（日本） /27 ごぼ（千葉県） /27 桑の実（市内） /28 大豆水煮缶（日本） /30 粉末凍り豆腐（不明） /30 笹かまぼこ（アメリカ、インド、マレーシア）
6月	/3 ライ麦（ドイツ） /4 よもぎ（乾燥）（市内） /4 煎茶（静岡県） /6 さば水煮（日本） /6 牛乳（不明） /10 ブルーベリージャム（デンマーク） /11 しいたけ（徳島県） /11 わらび（山形県） /13 水道水（市内） /13 しらす（鹿児島県） /17 びわ（市内） /17 どくだみ（市内） /18 びわ（市内） /18 桑の実（市内） /20 原木しいたけ（九州産） /20 ローズマリー（市内） /24 煎茶（不明） /24 ゆすらうめ（市内） /25 ミックスフルーツ（缶詰）（東北産） /27 すもも（市内）
7月	/2 やまもも（市内） /2 干ししいたけ（日本） /4 さんま（北海道） /4 天然ぶり（北海道） /9 赤しそ（市内） /11 なめ茸（不明） /11 だしパック（不明） /16 水道水（市内）

5

2011年から3年半　-測定結果から見えること思うこと-

2014年の測定結果考察と、現在の測定器の状況についてご報告します。

■検出された検体数の推移

測定室ではセシウム134と137を測り、合計10Bq/Kg以上の検体を公表しています。
事故が起こった2011年度に10Bq/Kgを超えた検体は37件ありました。2012年度は19件、2013年度は17件です。減少傾向にありますが、これはセシウム134の半減期(放射性物質の数が半分になるまでの時間)が2年のため、事故で放出された時に比べて計算上ではセシウム全体の数が2014年9月現在、半分程度に下がっているからです。セシウム全体の数は今後も減っていきますが、半減期が30年のセシウム137はあとあとまで残ります。長い年月に渡って注意が必要です。

■検出されたものと主な原因

2013年10月〜2014年7月までに10Bq/KG以上検出された検体は、ユズ、キウイ、柿、鬼くるみ、生しいたけ、乾燥まいたけ(水で戻したもの)、タケノコ、れんこん、製茶、はこべ、どくだみです。
主な原因は検体によります。

ユズ・キウイ・柿・鬼クルミ…多年生植物(特に常緑樹)の種実類※
生しいたけ・乾燥まいたけ…非粘土質に育つもの※
タケノコ…カリウムを多く含む作物。未熟な有機物腐植層での生育※
れんこん…水や泥の中で育つ作物※
製茶…多年生植物であり、カリウムが多い※
はこべ・どくだみ…根が浅い植物。市内に生えているどくだみを数回測定していますが、セシウム濃度にかなりばらつきがあります。狭い範囲でも汚染が均一ではないということです。
ローリエ(トルコ産)…1986年産。協議会が保存していたものです。28年前に起こったチェルノブイリ事故により汚染されました。
(※参考資料:食物からセシウムが検出される主な原因の分類表-国分寺こどもみらい測定所)

■測定器の故障

24年間市民が申し込んだ食品や、2012年までは市内の保育園・小中学校の給食を測り続けてきた測定器が7月に故障し、測定の申込み受付を中止しています。
事故直後からしばらくは測定の申込みが殺到していました。家庭菜園で採れたもの、お米、製茶などが多く、その他色々な流通食品、子どもに飲ませて良いのか不安で母乳を持参したお母さんもいらっしゃいました。その後徐々に申込み件数が落ち着いてきて、今年7月から、週6回の測定回数を、4回に変更した矢先の故障でした。現在、市が修理の依頼を進めていますが費用の問題などがあり時間がかかっています。落ち着いたとは言っても、放出された放射性物質は年月とともに移行して、この先何を汚染していくのか分りません。福島第一原発からは未だに汚染水が流出し続け、海洋の汚染をますます深刻なものにしています。今後も測定を継続して結果を公表していくことは必要だと思います。
測定を早急に再開し、小金井市の誇れる市民協働事業として、私たちはこれからも測定室の活動を続けていきたいと思っています。(菊地)

6

国分寺「こどもみらい測定所」見学記

JR国分寺駅南口から徒歩10分ほどの場所に、2012年12月に開設した放射線市民測定所「こどもみらい測定所」はあります。今年7月、かねてから情報交換をしたかったことから測定室のメンバーで測定所に伺い、代表の石丸偉丈さんにお話を聞きました。

■NaIシンチレーション検出器での測定

こちらではベラルーシの　ATOMTEX社製AT1320Aを2台保有し測定されてます。この測定器は、小金井市では給食の測定に使用している、消費者庁から貸与された測定器と同じタイプの測定器です。これまでに2000検体以上を測定してきたそうです。私たちと同様の「NaIシンチレーション検出器」という簡易測定器ですので、測定の限界や間違いやすい点など、市民が測るということの意味、意義を再確認しました。

例えば、事故後の2012年1月の雪をシンチレーション検出器で測定した方が「ヨウ素が検出された!」と公表して話題になったことがありますが、これは天然核種の「鉛214」と「ヨウ素131」が似たエネルギーであるために間違ってしまったのが原因でした。また、空気・土壌中にはセシウムに似た「ビスマス214」という物質もあり、天候などの条件によってはセシウムと間違って検出の数値が出てしまうこともあります。

■安心して食べるための測定へ

また石丸さんは、事故後3年半経って市民測定所としての役割が変わってきたと言います。持ち込まれた食品からセシウムが検出されることが少なくなり、検出される食品の種類や傾向がかなりわかってきました。そこで、汚染された土地で栽培し収穫された野菜なども、測定することによってセシウムの心配のないものがあることを皆さんに知ってもらえるのではないか、とおっしゃっていました。

私たちの測定室でも同じ状況で、市内の畑や庭で収穫した野菜、果物から検出されることが少なくなりました。その結果、小金井市内の畑の庭先販売所の野菜も安心して購入できる、という声も寄せられています。

今後もこどもみらい測定所とは情報交換など協力をしながら、小さい測定所でもコツコツ測り続けることで、地元だけでなく福島など被災地へ何らか役立つことができたらと思っています。（矢澤）

こどもみらい測定所では食品のほか土壌の測定もしており、HPにて測定結果も公開しています。
また、全国の市民放射能測定所が測定した結果を検索・閲覧できるサイトも立ち上がっています。
みんなのデータサイト http://www.minnanods.net

こどもみらい測定所

測定は1件3000円～。できるだけ低い検出下限値を目指して延長測定を実施することも。
隣接するカフェ「カフェスロー」では月に一度お話会を開催。測定情報の提供や、放射能に関する不安や質問などにも答えていただけます。

〒185－0022
東京都国分寺市東元町2-20-10　memoli内
tel.& fax: 042-312-4414
http://kodomira.com
info@kodomira.com

会員募集中

小金井市放射能測定器運営連絡協議会の活動は、ボランティアの会員によって行われています。協議会では、現在会員募集中です。現在会員は20名程度、毎月の定例ミーティングでは、測定結果の詳細な内容などを確認したり放射能問題に関する情報交換等も行っています。測定は各自出来る範囲のスケジュールで交代で行っています。測定員にならなくても、WEBや事務作業その他の作業などを分担する場合もあります。自ら測定したり、情報交換する事で、放射能についての知識が深まります。原発、放射能問題に関心の高い方は会員になってみませんか？　興味のある方、ご質問のある方は下記までご連絡下さい。

・年会費:1500円
・基本的に、月一回のミーティングに参加出来る方
・まずは測定室やミーティングをご見学いただき、その上で考えていただく事も可能です

小金井市放射能測定器運営連絡協議会事務局

電話番号：042-384-0053（香田 頼子）
e-mail：koganei.sokutei@gmail.com
公式サイト：http://hosyanousokuteishitsu-koganei.jimdo.com/

放射能測定　検体募集中（※測定機器故障のため、2014年10月現在、募集休止中）

小金井市に在住・在勤・在学の方で、気になる食品の放射能測定をしたい方はどなたでも無料で利用出来ます。下記の手順で小金井市役所経済課にお申し込み下さい。（非営利目的に限ります）

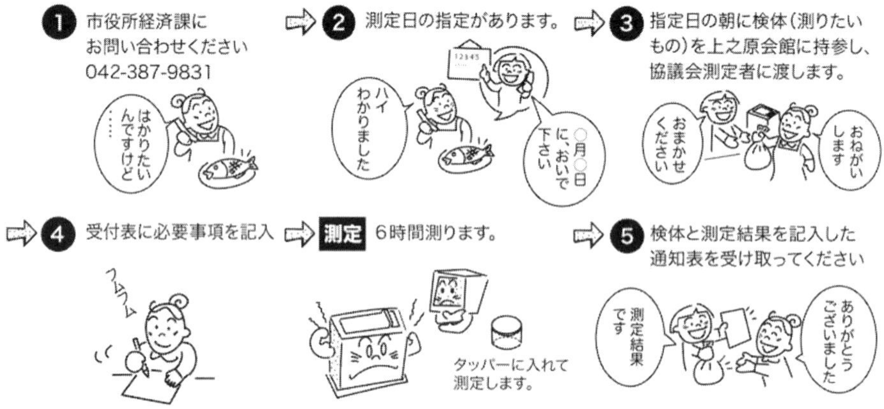

1 市役所経済課にお問い合わせください 042-387-9831
はかりたいんですけど……
2 測定日の指定があります。
ハイわかりました
○月○日に、おいで下さい
3 指定日の朝に検体（測りたいもの）を上之原会館に持参し、協議会測定者に渡します。
おまかせください
おねがいします
4 受付表に必要事項を記入
フムフム
測定 6時間測ります。
タッパーに入れて測定します。
5 検体と測定結果を記入した通知表を受け取ってください
測定結果です
ありがとうございました

●検体は200ccの容量が必要です（**重さではなく、容量なのでご注意ください。** スパゲッティでは150gくらい、生しいたけでは210gくらいなど、同じ容量でも食品によって重量が異なります。）
●検体はミキサーなどで細かく砕いておいてください
●測定済み検体と測定結果の受け取り方法は協議会とご相談ください
●食品に限ります
●無料です

測定場所：
小金井市立上之原会館
武蔵小金井駅北口5分
〒184-0004
東京都小金井市本町5-6-19
申し込み・問い合わせ
小金井市役所　経済課
042-387-9831

2015年10月　第22号

こがねい
放射能測定室だより
小金井市放射能測定器運営連絡協議会

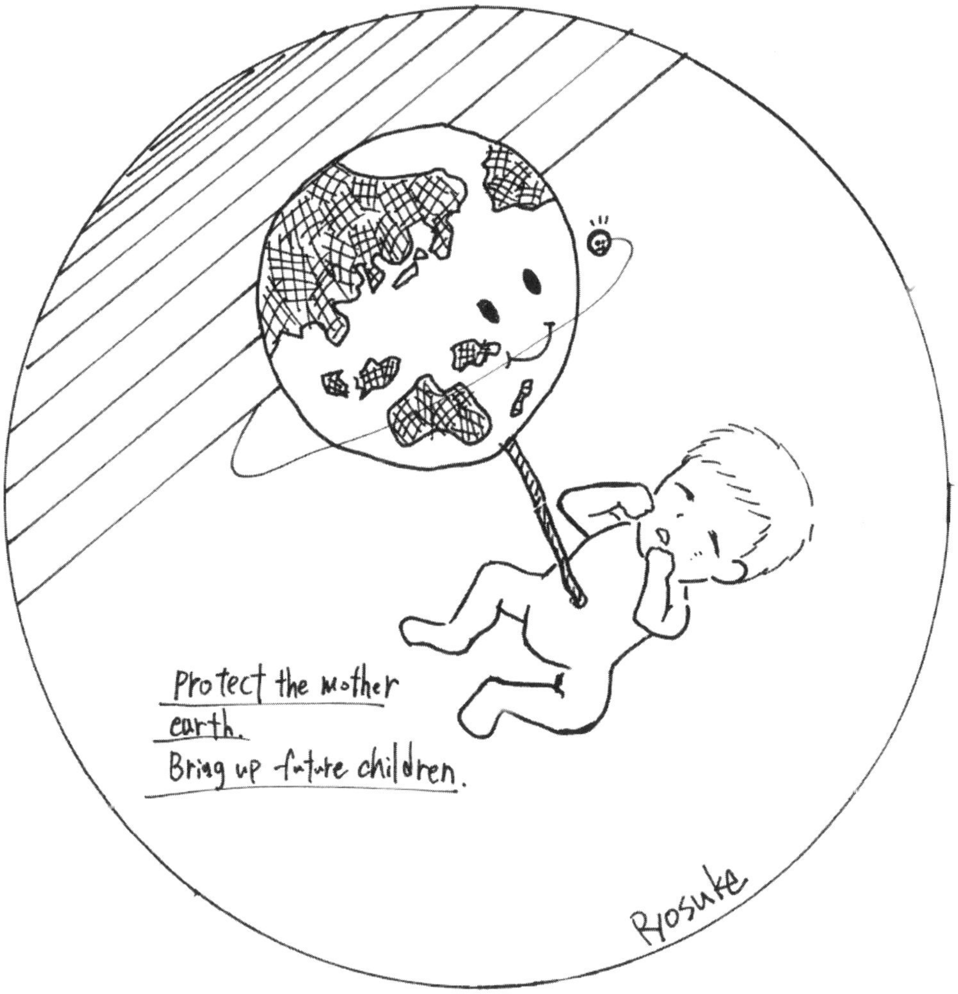

イラスト：菊地亮介(高校生)

測定室25周年によせて

小金井市放射能測定器運営連絡協議会は2015年で活動開始から25周年となりました。
そこで今回は、これまで会に関わった方々にメッセージを寄せていただきました。(順不同)

■ 4半世紀の活動に心底感謝である。福一原発事故後、測定室が私を「放射脳ママ」から解放してくれた。小金井の汚染状況を知り、気になる食品を自分で測ることがこれほど安心につながるとは、メンバーになってみてわかったこと。一度放射能で汚れたら元にはなかなか戻らない怖さも実感している。(矢澤朋香)

■ 2011年の原発事故後にこの協議会の存在を知りました。小金井市ですでに食品の放射能を測っているところがあったなんて驚きましたが、発足が1990年と聞いてさらに驚きました。放射能に関する情報が知りたいという安直な思いで会員になりましたが、原発や放射能の問題があるかぎり、コツコツと活動を続けることの大事さを感じます。(菊地)

■ 25年間の活動の中で、福島原発大事故後の目まぐるしい日々のことは忘れられません。あの時、「地震大国日本での原発稼働は絶対に許されない」と心に刻みました。命(子どもたちの未来)より目先の経済優先で原発依存を続け、再稼働を強行する国に対し抗議の声を上げ続けたいと思います。(緑町・中嶋直子)

■「小金井に放射能測定室を」という考えは、無認可保育園に子どもを預ける母数人と 当時保育者だった伏屋さんとのおしゃべりの中で生まれた。私たちの頭の中にあった のは、「もし福島原発でチェルノブイリのような事故が起きたら、東京はどうなる?　子どもたちはどうなる?」という不安だった。それが20数年後にこんな形で役立つ とは……。測定を続けてきてくださった方々への感謝と、原発を止められなかったこ とへの後悔がめぐり続ける。(可知めぐみ/東町)
*1988年市議会陳情提出メンバー

■ チェルノブイリ事故から29年で小金井測定室が25年目。311からは、まだたったの4年半。とにかく長〜く続けてきた私たちの実績と経験には、これからもきっと必要とされる何かがある。そのポイントは…、市民自治の心意気と市民参加の仕掛けと仕組みだ!と、私は秘かに確信しています。(漢人明子)

■ 初めての出産をして1ヶ月後、福島の原発事故がおきました。当時あまりにも少ない情報をかき集め、緊張感や警戒心の連続のような日々でした。食べ物•土壌•空気•水...。数ヶ月過ぎた頃、測定室の事を知り、放射能に危機感を抱いている同志に出会えた事が、今もとても励みになっています。(湯川)

■ 3.11の時に息子の高校のお茶から高濃度のセシウムが検出され他人事ではないと思い、参加させていただきました。今は仕事の都合でなかなか出ることができませんが、よろしくお願いいたします。(西田)

■ 初めて参加した会議は、数字が読み上げられてクラクラ…机に置いてある食べ物を検体だと思って睨んでいたらお茶菓子でした。深刻な課題を丁寧に穏やかに話し合う会議がとても印象的でした。25年間積み重ねられた日々の測定と定例会、活動を支えて下さったみなさんに感謝しています。(さかいみほ)

■ 震災の少し前から原発はやはり危ないのではないか…と思い始めていたところでの福島原発事故。あまりにも原発や放射能について知らない事が多い事に愕然としていたところ、なんと小金井市で無料で食品の放射能を測定している団体があることを知り、参加を決めました。活動を通し、たくさんの事を学んでいます。(諏訪間)

2

資料34

■ 25年前、娘が生まれた3か月後に『放射能測定室』が誕生していたとは!存在すら知らなかったあの頃。漠然と感じていたチェルノブイリ原発事故の不安。そして四半世紀後、測定メンバーとなった私に来月初孫が生まれる。25年前の先輩ママ達の『放射能から子どもを守る!』決意に改めて感謝します。(田頭祐子)

■ 原発事故以降「測定室」に関わり「不安ならば測れば良い」ということを知った。現状がわかれば、どう対応していくか決めることができます。それは身を守ることでもあり、食べ物を大切にするということでもある。25年間、測定を続けてこられた皆さんに敬意を表します。(坂井えつ子)

■ 福島原発事故後、地震火山大国日本の海岸線が原発だらけになるのを止められなかった大人のひとりとして、「負の遺産」を次世代に負わせた責任を痛感する日々でした。測定室のメンバーになり、食品の残留放射能を測ることで「放射能の見える化」ができるようになり、少しずつ心が軽くなっています。(安藤能子)

■ 福島原発事故は私の人生を大きく変えた。福島から助けを求める声は未だ続く。小金井の親たちの必死の思いも受けとめてきた。事故後、急ぎ集まった測定室の会議を忘れられない。国内で最大級の過酷事故が起こってしまった無念。それでも諦めない測定室の人たちにいつも力をもらっている。(片山かおる)

■ 福島の原発の事故のあと、小金井市に測定室があることを知りました。状況が良くなっているわけではなく、記憶が薄れてきてしまっている今こそ、長年、測定してきた結果や活動が少しでも生活の安全に繋がっていったらと思い活動してます。(阿南)

■ これまで地道に市民が活動を積み重ねて、25年。その一時に関わることができ、嬉しく思います。その気持ちを込めて、短歌を二首。

・日々暮らす内の不安に市民立ち放射能測定は二十五年経つ

・原発の事故ありてなお活動の意義の大きさ感じ入りたり　(小山美香)　＊OB:1997～2009

■ 25年もよくがんばった!設立当初、10年やれば署名集めた責任が果たせるかな?とこわごわ一歩を踏み出し、続ける自信など全く無しでした。原発や放射能をとりまく酷い現実にずっと背中を押されてきた。3.11直前に小金井から転居したけれど古い仲間と若い人達がいるから私も新宿でがんばるぞー(伏屋)

■ 身近な人に甲状腺癌が発覚し、同じ頃『小さき声のカノン』を観て、東京にいる大人もその犠牲になりうるのだと、放射能の脅威を自分の事として認識しました。今後どう生きていくのか考える中で測定室と出会いました。積極的に行動することは苦手ですが、マイペースで参加したいと思っています。(今川M)

■『小さき声のカノン』上映会で「測定室」の存在を知りました。放射性物質による汚染状況や被ばく対策について、地域・生活に根差した情報に接したいと思い入会したばかりです。メンバーの皆さんが魅力的で学べることが多く、入会できてよかったと思っています。よろしくお願いします。(今川恭一)

■ 活動を通して数々の出会いに恵まれた幸運を今かみしめています。幾度かの故障はあったものの25年間測定機器が動き続けてくれたこともまた大きな幸運でした。しかし長い間働いた測定器はもう悲鳴をあげています。次の測定器との交代を一日も早く実現させたいと願っています。(香田)

■ 私が協議会に参加したきっかけは、生活クラブ生協の支部委員をした時に[放射能測定室]という担当が有り、当時 測定室の在る上之原会館に家が近かった事と、月一回の定例会の出席で子連れでも良いと聞いて引き受けました。そして、一年間の任期終了の3月末に「個人会員で残りませんか?」と声かけ頂き個人参加になり、測定器の使い方などを教えて頂き測定業務もさせて頂いてます。
2011年の震災後に会員も増えて、今後も測定を主体に協議会の皆さんと活動を続けて行きたいと思っています。(勝沼)

3

【2014年8月～2015年8月】10Bq/kg未満検体　月別一覧 (/数字は測定日)

2月	/13 花豆(長野県)　/18 しその実(福島県川俣町)　/18 ナス(福島県伊達町)　/20 ニンニク(福島県川俣町) /20 鶏肉(福島県川俣町)　/25 ギンナン(不明)　/27 白米(山形県)　/27 麦茶(カナダ産)
3月	/4 ほうれん草(東京都小平市)　/4 柿(市内)　/6 みかん(市内)　/6 米(福島県白河市)　/11 柿(市内)　/11 米・2013年産(栃木県)　/16 柿 (市内(2014年)　/20 米(福島県)　/20 しょうゆ(福島県)　/25 玉露茶(佐賀県(2014年)　/27 せんべい(日本)　/27 せんべい(日本)
4月	/1 まいたけ(茨城県)　/1 びわの葉 市内)　/8 白米・炊飯(青森県)　/8 自家製味噌(不明)　/13 たけのこ (市内)　/13 たけのこ (市内)　/15 おかき (日本・もち米)　/15 せんべい(日本・うるち米)　/20 ポテトチップス(不明)　/20 みかん(愛媛県)　/22 ナチュラルミネラルウォーター(三重県)　/22 玄米・炊飯(熊本県)　/27 金柑(市内)　/27 桑の実(市内・くじら山)　/29 菌床しいたけ(群馬県)　/29 麦茶(日本)
5月	/3 赤魚西京漬 (ロシア)　/3 びわの実 (市内)　/5 たけのこ(千葉県)　/5 あじ(千葉県)　/10 納豆(日本)　/10　真いわし焼き魚(宮城県)　/12 柿の葉(福島県)　/17 胚芽米(福島県)　/17 味付きのり(有明産)　/19 おせんべい (不明)　/24 ぬかどこ(不明)　/24　味噌(不明)　/26　焼き銀鮭(宮城県)　/26　菌床しいたけ(新潟県)
6月	/1　じゃがいも(埼玉県)　/1　緑茶(日本)　/3　ニジマス甘露煮(不明)　/8　やまも も(市内本町)　/8　麦茶　日本　/10　ラーメンの麺(不明)　/10　どくだみ草(市内緑町)　/15　桃ジュース(福島県)　/15　たら・焼き魚(北海道)　/17　押し麦(日本)　/17　乾めん(不明)　/22　ぶり・天然(千葉県)　/24　ライスミルク・玄米飲料(日本)　/24　じゃがいも (東京都江戸川区)　/29　ブルーベリージャム (フランス)　/29　スズキ・焼き(神奈川県)　/31　ニジマス甘露煮(埼玉県)　/31 粉末茶(静岡県)
7月	/5　ピーマン(青梅市)　/5 ビワの葉(市内)　/7 れんこん(茨城県)　/19 じゃがいも(東京都江戸川区)　/19 せんべい (不明)　/21 パエリアソース (タイ)　/21 ブルーベリー (東京都青梅市)　/26 白米 (岩手県宮古市)　/28 きのこ惣菜 (ぶなしめじ・なめこ、日本)　/28　子持ちわささぎ甘露煮(わかさぎ、中国)
8月	/1 黒五きなこ (不明)　/2 乾燥まいたけ (戻し汁) (群馬県)　/4 姫くるみ (新潟県)　/4 お茶 (日本)　/8 干しそば (不明)　/8 こおなご佃煮 (不明)　/9 ふきのとう佃煮 (日本)　/9 ブルーベリージャム (欧州産)　/11 米 (不明)　/15 豚肉 (山梨県)　/15 小麦ふすま (日本)　/16 たけのこ (生) (市内)　/16 よもぎ (市内)　/18 たんぽぽ (全草)(市内)　/18 はこべ (市内)　/22 のびる (東京都府中市)　/22 たけのこ (市内)　/23 のびる (市内)　/23 緑茶 (日本)　/25 たけのこ (東京都小平市)　/25 スギナ (市内)　/30 絹さや (千葉県)

4

資料34

【2014年8月～2015年8月】10Bq/kg以上の測定結果

測定日	測定品目	産地	測定結果(Bq/kg)
3/13	干ししいたけ	山口県(原木:栃木県)	56.13
3/21	梅干し	福島県	11.12
4/15	びわの葉	市内	10.44
6/19	どくだみ草	市内桜町	43.59
7/3	製茶	埼玉県	30.71
7/22	梅酒	梅(福島県)	19.69
8/26	どくだみ草	東京都東久留米市	35.23

＊※2014年7月中旬～2015年2月中旬までの期間は、測定機器の故障のため測定募集を中止しており、測定結果がありません。
(2015年2月から測定募集再開)
＊測定結果はセシウム134とセシウム137の合計です (Bq/kg)
＊検体は洗浄・未洗浄に関わらず依頼者が持ち込んだ状態で測定しています
＊10(Bq/kg)が検出下限値です

下記測定結果の公表を控えます。ご了承ください。
2/25 梅(福島県)…容量不足のため

測定機種
【NaI検出器】
CANBERRA 802-4
結晶サイズ:3×3インチ
【マルチチャンネルアナライザ】
CANBERRA シリーズ20

25年間の測定結果から、見えること思うこと

■25年前からの測定結果

1990年の7月に発足した当測定室は今年で25周年。測定スタート当時はチェルノブイリ原発事故から4年を超えていたので、ちょうど福島第一原発事故後の現在と同じ状況である。そこで当時の測定結果を見てみたところ、その数値の高さに驚いてしまった。その貴重な記録の一部を紹介する。

1990年頃の日本はイタリアのデザート「ティラミス」が大ブームで、イタリア料理が大流行。パスタも輸入物のイタリア産を日本国中がありがたがって食べていた。

しかし測定室の記録を見ると、一般に流通していた「スパゲティ」から32Bq/kg、「マカロニ」から16 Bq/kgのセシウムが検出されていたのだ。今なら大問題になりそうだが当時の国の基準値は370Bq/kgだったこともあり、業者に通知してもほとんど問題視されない対応だったと記録が残っている。また国内産の食品にも汚染の記録はいくつも残っており、1986年三重県産の「わたらい茶」を1990年に測定した結果は48 Bq/kgであった。

5

■1986年トルコ産ローリエの経年測定

また、「1986年トルコ産ローリエ」の測定結果からは、セシウムの減衰状況が一目でわかる。この定点観測的な測定結果は、一度汚染されてしまったら容易には消えないセシウムを可視化する意味もあり、今後も測定を継続し結果を公表していきたいと思っている。

1986年産ローリエ(トルコ)の経年測定結果(Bq/kg)

測定年	月日	セシウム134+137	セシウム134	セシウム137
1990	11月2日	540.2	63.03	477.17
1991	4月26日	534.91	47.73	487.18
1996	6月28日	494.71	21.39	473.32
1997	8月8日	428.95	16.83	412.12
2001	3月30日	387.54	10Bq/kg以下	387.54
2005	3月29日	371.91	10Bq/kg以下	371.91
2014	7月9日	294.01	10Bq/kg以下	294.01
2015	9月16日	304.75	10Bq/kg以下	304.75

■2015年の測定結果

現在に戻って、2015年に測定した結果から10 Bq/kg以上のセシウムが検出されたものを見てみる。**干し椎茸(栽培:山口県/原木:群馬県)59 Bq/kg　、梅干し(福島県産)11 Bq/kg　、びわの葉(小金井市産)15 Bq/kg、ドクダミ草(小金井市産)43 Bq/kg、狭山茶(埼玉県産)30 Bq/kg、梅酒(福島県産)19 Bq/kg、ドクダミ草(東久留米市産)35 Bq/kg**であった。
放射性物質が残留しやすい食品(きのこ、果実、野草)の特徴がよく出た結果となった。

この内「びわの葉」については、検体の重量が軽いこと(測定が難しい)、小金井市産のびわの葉から10 Bq/kg以上の検出が疑問視されたことから、外部機関のゲルマニウム半導体検出器での測定を依頼した。その結果13.9 Bq/kgが検出され、市内にもまだまだセシウム濃度の高い場所があることがわかった。また、25年ものの測定器ではあるが、その性能には衰えがないことも確認された。

しかしながら機器の劣化は止めようがなく、昨年の7月から測定値を解析するパソコンのフロッピーディスクドライブ部分が故障し、その修理に半年かかった。今後の故障箇所によっては修理不能の場合も考えられ、25年間続いている測定活動の先行きが大変心配である。(矢澤)

【小さき声のカノン】

上映会を開催しました

梅雨明けも近い7月17日、私たち協議会が主催する「小さき声のカノン」上映会が市内宮地楽器ホールにて開かれました。悪天候にもかかわらず午前、午後、夜の3回の上映に合計で253名もの方々が来場されました。用意したパンフレットがすぐに売り切れてしまった為、ミニトークに駆けつけて下さっていた鎌仲ひとみ監督が自ら追加分を取りに事務所まで往復され、その後もたくさんの方にパンフレット、書籍等を購入いただくことが出来ました。重いパンフレットを持って到着した鎌仲さんがミニトークを2回目上映終了後に特別にもう一回聴かせて下さり、予定外の思いがけない監督再登場に会場は沸きました。参加下さった皆さま、この上映会を支えて下さった皆さまに厚く御礼を申し上げます。まだこの映画を観ておられない方、今後も各地で自主上映が続きますので、ぜひご覧になって下さい。

■ミニトークでの鎌仲監督

【海の中から地球が見える】

～今、日本の海はどうなっているの？
武本匡弘氏講演会を開催しました

2015年2月、プロダイバーの武本氏の講演会を開催しました。武本氏は現在葉山市ご在住ですが、小金井市にある劇団、「現代座」の元俳優でもあり、現代座の方もたくさんお越しいただき、ご協力もいただきました。

原発温排水の影響、マーシャル諸島、ロンゲラップ島で被曝した人々の歴史、くらし。日本人は、ビキニ水爆実験では第五福竜丸の事がすぐ頭にうかびますが、もっとたくさんの人々がこの場所で直接爆風を受け、死の灰を浴びて被曝しているという現実。実際にマーシャル諸島の海にもぐり、現地の人々に会って話を聞いている武本さんならではの視点で語っていただきました。

■世界各地で精力的に活動する武本氏

会員募集中

小金井市放射能測定器運営連絡協議会の活動は、ボランティアの会員によって行われています。協議会では、現在会員募集中です。現在会員は20名程度、毎月の定例ミーティングでは、測定結果の詳細な内容などを確認したり放射能問題に関する情報交換等も行っています。測定は各自出来る範囲のスケジュールで交代で行っています。測定員にならなくても、WEBや事務作業その他の作業などを分担する場合もあります。自ら測定したり、情報交換する事で、放射能についての知識が深まります。原発、放射能問題に関心の高い方は会員になってみませんか？　興味のある方、ご質問のある方は下記までご連絡下さい。

・年会費:1500円
・基本的に、月一回のミーティングに参加出来る方
・まずは測定室やミーティングをご見学いただき、その上で考えていただく事も可能です

小金井市放射能測定器運営連絡協議会事務局

電話番号：042-384-0053（香田 頼子）
e-mail：koganei.sokutei@gmail.com
公式サイト：http://hosyanousokuteishitsu-koganei.jimdo.com/

放射能測定　検体募集中

小金井市に在住・在勤・在学の方で、気になる食品の放射能測定をしたい方はどなたでも無料で利用出来ます。下記の手順で小金井市役所経済課にお申し込み下さい。(非営利目的に限ります)

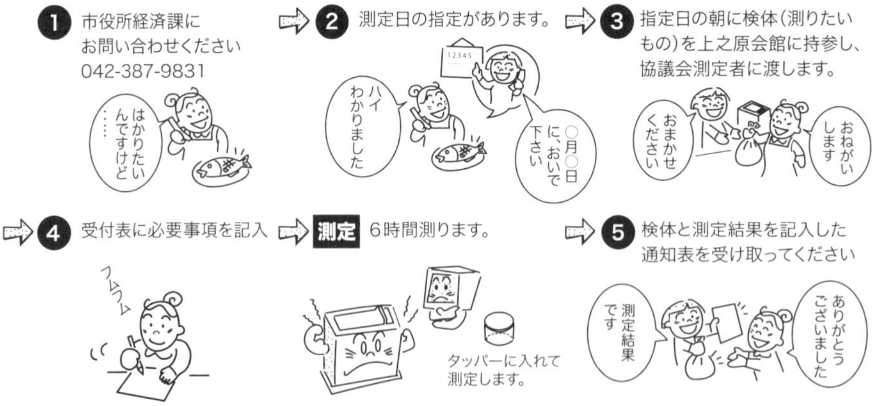
1 市役所経済課にお問い合わせください 042-387-9831
はかりたいんですけど……
2 測定日の指定があります。
ハイわかりました
○月○日に、おいで下さい
3 指定日の朝に検体(測りたいもの)を上之原会館に持参し、協議会測定者に渡します。
おまかせください
おねがいします
4 受付表に必要事項を記入
フムフム
測定 6時間測ります。
タッパーに入れて測定します。
5 検体と測定結果を記入した通知表を受け取ってください
測定結果です
ありがとうございました

●検体は200ccの**容量**が必要です(**重さではなく、容量なのでご注意ください。**スパゲッティでは150gくらい、生しいたけでは210gくらいなど、同じ容量でも食品によって重量が異なります。)
●検体はミキサーなどで細かく砕いておいてください
●測定済み検体と測定結果の受け取り方法は協議会とご相談ください
●食品に限ります
●無料です

測定場所：
小金井市立上之原会館
武蔵小金井駅北口5分
〒184-0004
東京都小金井市本町5-6-19
申し込み・問い合わせ
小金井市役所　経済課
042-387-9831

Ⅳ
国による食品中の放射性物質の基準値と検査体制2011－2015年

35 放射能汚染された食品の取り扱いについて 食安発0317第3号 2011年3月17日

食安発０３１７第３号
平成２３年３月１７日

各（都道府県知事、保健所設置市長、特別区長）殿

厚生労働省医薬食品局食品安全部長

放射能汚染された食品の取り扱いについて

平成２３年３月１１日、東京電力株式会社福島第一原子力発電所事故に係る内閣総理大臣による原子力緊急事態宣言が発出されたところである。

このため、飲食に起因する衛生上の危害の発生を防止し、もって国民の健康の保護を図ることを目的とする食品衛生法の観点から、当分の間、別添の原子力安全委員会により示された指標値を暫定規制値とし、これを上回る食品については、食品衛生法第６条第２号に当たるものとして食用に供されることがないよう販売その他について十分処置されたい。

なお、検査に当たっては、平成１４年５月９日付け事務連絡「緊急時における食品の放射能測定マニュアルの送付について」を参照し、実施すること。

別添

○飲食物摂取制限に関する指標

核 種	原子力施設等の防災対策に係る指針における摂取制限に関する指標値（Bq/kg）	
放射性ヨウ素 （混合核種の代表核種：^{131}I）	飲料水	300
	牛乳・乳製品　注）	
	野菜類 （根菜、芋類を除く。）	2,000
放射性セシウム	飲料水	200
	牛乳・乳製品	
	野菜類	500
	穀類	
	肉・卵・魚・その他	
ウラン	乳幼児用食品	20
	飲料水	
	牛乳・乳製品	
	野菜類	100
	穀類	
	肉・卵・魚・その他	
プルトニウム及び超ウラン元素のアルファ核種 （^{238}Pu, ^{239}Pu, ^{240}Pu, ^{242}Pu, ^{241}Am, ^{242}Cm, ^{243}Cm, ^{244}Cm 放射能濃度の合計）	乳幼児用食品	1
	飲料水	
	牛乳・乳製品	
	野菜類	10
	穀類	
	肉・卵・魚・その他	

注）100 Bq/kg を超えるものは、乳児用調製粉乳及び直接飲用に供する乳に使用しないよう指導すること。

36 乳及び乳製品の成分規格等に関する省令の一部を改正する省令、乳及び乳製品の成分規格等に関する省令別表の二の（一）の(1)の規定に基づき厚生労働大臣が定める放射性物質を定める件及び食品、添加物等の規格基準の一部を改正する件について 食安発0315第1号 2012年3月15日

食安発０３１５第１号
平成２４年３月１５日

各 都道府県知事 保健所設置市長 特別区長 殿

厚生労働省医薬食品局食品安全部長

乳及び乳製品の成分規格等に関する省令の一部を改正する省令、乳及び乳製品の成分規格等に関する省令別表の二の（一）の(1)の規定に基づき厚生労働大臣が定める放射性物質を定める件及び食品、添加物等の規格基準の一部を改正する件について

乳及び乳製品の成分規格等に関する省令の一部を改正する省令（平成24年厚生労働省令第31号）、乳及び乳製品の成分規格等に関する省令別表の二の（一）の(1)の規定に基づき厚生労働大臣が定める放射性物質を定める件（平成24年厚生労働省告示第129号。以下「乳等告示」という。）及び食品、添加物等の規格基準の一部を改正する件（平成24年厚生労働省告示第130号）が本日公布され、これにより乳及び乳製品の成分規格等に関する省令（昭和26年厚生省令第52号。以下「乳等省令」という。）及び食品、添加物等の規格基準（昭和34年厚生省告示第370号。以下「規格基準告示」という。）の一部が改正されたところであるが、その改正の概要等は下記のとおりであるので、当該改正の概要等につき、関係者への周知徹底を図るとともに、その運用に遺憾なきよう取り計らわれたい。

記

第１　改正の概要

平成 23 年３月の東京電力（株）福島第一原子力発電所の事故を受けて、厚生労働省は食品の安全性を確保する観点から、食品中の放射性物質の暫定規制値を設定し、これを上回る放射性物質が検出された食品については、食品衛生法（昭和 22 年法律第 233 号。以下「法」という。）第６条第２号に該当するものとして取り扱ってきた。

暫定規制値に適合している食品については、健康への影響はないと一般的に評価され、安全は確保されているが、厚生労働省としては、より一層、食品の安全と安心を確保するため、食品から許容することのできる放射性セシウムの線量を、現在の年間５ミリシーベルトから年間１ミリシーベルトに引き下げることを基本として、薬事・食品衛生審議会において新たな基準値設定のための検討を進めてきた。平成 24 年２月 24 日に行われた同審議会食品衛生分科会において、食品中の放射性物質に係る基準値案が了承されたことを受け、法第 11 条第１項に基づき、乳等省令及び告示の一部の改正等を行い、食品中の放射性物質の規格基準を設定するものである。

第２　改正等の内容

１　乳及び乳製品の成分規格等に関する省令の一部を改正する省令

別表の二の（一）の(1)の乳等（乳等省令第１条に規定する乳等をいう。）に含有してはならない物質として、厚生労働大臣が定める放射性物質を加えたこと。

２　乳及び乳製品の成分規格等に関する省令別表の二の（一）の(1)の規定に基づき厚生労働大臣が定める放射性物質を定める件

次の各号に掲げる乳等の区分に応じ、含有してはならない放射性物質として、それぞれ当該各号に定める濃度を超えるセシウム（放射性物質のうち、セシウム 134 及びセシウム 137 をいう。以下同じ。）を以下のとおり、規定したこと。

（１）乳等省令第２条第１項に規定する乳（以下「乳」という。）及び同条第 40 項に規定する乳飲料（以下「乳飲料」という。）の濃度は、50Bq/kg。

（２）乳児の飲食に供することを目的として販売するものであって、乳等省令第２条第 12 項に規定する乳製品（以下「乳製品」という。）（乳飲料を除く。）並びに乳及び乳製品を主要原料とする食品の濃度は、50Bq/kg。

（３）前２号に掲げる食品以外の乳製品並びに乳及び乳製品を主要原料とする食品の濃度は、100Bq/kg。

３　食品、添加物等の規格基準の一部を改正する件

（１）第１食品の部Ａ食品一般の成分規格の項の１の食品に含有してはならない物質として放射性物質を加えたこと。

（２）食品に含有されるセシウムは、次の表の第１欄に掲げる食品の区分に応じ、それぞれ同表の第２欄に定める濃度を超えるものであってはならないとしたこと。

第１欄	第２欄
ミネラルウォーター類（水のみを原料とする清涼飲料水をいう。）	10Bq/kg
原料に茶を含む清涼飲料水	10Bq/kg
飲用に供する茶	10Bq/kg
乳児の飲食に供することを目的として販売する食品（乳及び乳製品の成分規格等に関する省令（昭和26年厚生省令第52号）第２条第１項に規定する乳及び同条第12項に規定する乳製品並びにこれらを主要原料とする食品（以下この表において「乳等」という。）であって、乳児の飲食に供することを目的として販売するものを除く。）	50Bq/kg
上記以外の食品（乳等を除く。）	100Bq/kg

なお、第２欄に定める濃度の測定については、以下の状態で行わなければならないとしたこと。

① 製造し、又は加工した食品については、原材料だけでなく、製造し、又は加工された状態

② 飲用に供する茶にあっては、飲用に供する状態

③ 食用植物油脂品質表示基準（平成12年農林水産省告示第1672号）第２条に規定する食用サフラワー油、食用綿実油、食用こめ油及び食用なたね油にあっては、油脂の状態

④ 原材料を乾燥し、通常水戻しをして摂取する食品のうち、加工食品品質表示基準（平成12年農林水産省告示第513号）別表２に規定する乾燥きのこ類及び乾燥野菜並びに乾燥させた海藻類及び乾燥させた魚介類等にあっては、水戻しをして食用に供する状態

乾燥きのこ類は、日本標準商品分類（以下「商品分類」という。）に示された乾燥きのこ類のうち、しいたけ、きくらげなどが該当する。乾燥野菜は、商品分類に示された乾燥野菜のうち、フレーク及びパウダーを除くものとし、かんぴょう、割り干しだいこん、切り干しだいこん、ぜんまい、わらび、いもがらなどが該当する。乾燥させた海藻類は、商品分類に示された加工海藻類のうち、こんぶ、干わかめ類、干ひじき、干あらめ、寒天などが該当する。乾燥させた魚介類は、商品分類に示された素干魚介類のうち、本干みがきにしん、棒たら、さめひれなど、煮干魚介類のうち、干あわび、干なまこなどが該当する。

第３　施行・適用期日

１　乳等省令

平成24年４月１日から施行すること。

２　告示関係

平成24年４月１日から適用すること。

ただし、乳等告示の本文の規定にかかわらず、平成24年３月31日までに製造され、加工され、又は輸入された乳及び乳製品並びにこれらを主要原料とする食品のうち、乳及び乳製品に係る放射性物質にあっては200Bq/kgを超える濃度

のセシウムを、乳及び乳製品を主要原料とする食品に係る放射性物質にあっては500Bq/kgを超える濃度のセシウムを含有してはならないこと。

また、規格基準告示の第1食品の部A食品一般の成分規格の項の規定にかかわらず、平成24年3月31日までに製造され、加工され、又は輸入された食品のうち、清涼飲料水（果実飲料品質表示基準（平成12年農林水産省告示第1683号）第2条に規定する果実飲料、にんじんジュース及びにんじんミックスジュース品質表示基準（平成12年農林水産省告示第1634号）第2条に規定するにんじんジュース及びにんじんミックスジュース並びにトマト加工品品質表示基準（平成12年農林水産省告示第1632号）第2条に規定するトマトジュース、トマトミックスジュース及びトマト果汁飲料を除く。以下同じ。）及び酒税法（昭和28年法律第6号）第2条第1項に規定する酒類（以下「酒類」という。）にあっては200Bq/kg、同日までに製造され、加工され、又は輸入された食品（清涼飲料水、酒類、米、牛の筋肉、脂肪、肝臓、腎臓及び食用に供される部分（筋肉、脂肪、肝臓及び腎臓を除く。以下「食用部分」という。）並びに大豆並びに米、牛の筋肉、脂肪、肝臓、腎臓及び食用部分並びに大豆を原材料として製造され、加工され、又は輸入された食品を除く。）にあっては500Bq/kg、米並びに牛の筋肉、脂肪、肝臓、腎臓及び食用部分にあっては500Bq/kg（平成24年9月30日までの間に限る。）、米並びに牛の筋肉、脂肪、肝臓、腎臓及び食用部分を原材料として平成24年9月30日までに製造され、加工され、又は輸入された食品にあっては500Bq/kg、大豆にあっては500Bq/kg（平成24年12月31日までの間に限る。）、大豆を原材料として平成24年12月31日までに製造され、加工され、又は輸入された食品にあっては500Bq/kgを超える濃度のセシウムを含有するものであってはならないものとしたこと。

第4　その他の留意事項

1　規格基準告示の第1欄に定める茶の範囲

チャノキの茶葉とすること。ただし、発酵工程を経た茶葉は除くものとしたこと。

2　「乳児用食品」の範囲

（1）法に基づく規格基準において規定された「乳児用食品」の対象となる「乳児」の年齢については、児童福祉法等に準じて「1歳未満」をその対象とすること。

（2）一般消費者がその表示内容等により乳児（1歳未満）向けの食品であると認識する可能性が高いものとすること。

（3）消費者庁において、法に基づく乳児用食品の表示に関する基準が設定される予定であること。

3　食品取扱施設で使用する水は、水道水中の放射性物質に係る管理目標値の設定がされることを踏まえ、適切に管理されたいこと。

4　試験法関係

食品中の放射性物質の試験法については、別途通知することとしていること。

第５　消費者等への情報提供

食品中の放射性物質については、厚生労働省ホームページにおいてＱ＆Ａを掲載し、消費者等に対して情報提供を行う予定であるので、貴職においても情報提供に際し活用されたいこと。

資料36

37 ダイジェスト版 食品中の放射性物質の新たな基準値を設定しました 2012年3月

ダイジェスト版

食品中の放射性物質の新たな基準値を設定しました

〜より一層の食品の安全と安心のために〜

東京電力福島第一原子力発電所の事故後、厚生労働省では、食品中の放射性物質の暫定規制値を設定し、原子力災害対策本部の決定に基づき、暫定規制値を超える食品が市場に流通しないよう出荷制限などの措置をとってきました。暫定規制値を下回っている食品は、健康への影響はないと一般的に評価され、安全性は確保されています。しかし、**より一層、食品の安全と安心を確保するために、**事故後の緊急的な対応としてではなく、**長期的な観点から新たな基準値**を設定しました（**平成24年4月1日から**施行）。

新たな基準値の概要

放射性物質を含む食品からの被ばく**線量の上限**を、年間５ミリシーベルトから**年間１ミリシーベルト**に引き下げ、これをもとに放射性セシウムの基準値を設定しました。

○放射性セシウムの暫定規制値

食品群	規制値（単位:ベクレル/kg）
野菜類	500
穀類	
肉・卵・魚・その他	
牛乳・乳製品	200
飲料水	200

※ 放射性ストロンチウムを含めて規制値を設定

●食品の区分を変更
●年間線量の上限を引き下げ

○放射性セシウムの新基準値

食品群	基準値（単位:ベクレル/kg）
一般食品	１００
乳児用食品	５０
牛乳	５０
飲料水	１０

※放射性ストロンチウム、プルトニウムなどを含めて基準値を設定

シーベルト：放射線による人体への影響の大きさを表す単位　ベクレル：放射性物質が放射線を出す能力の強さを表す単位

新たな基準値設定の考え方

年間の線量の上限値１ミリシーベルトから、飲料水による線量（約0.1ミリシーベルト）を引き、残りの線量を一般食品（乳児用食品、牛乳を含む）に割り当てます。

①「一般食品」の基準値

まず、年齢や性別などにより10区分に分け、それぞれの区分ごとに一般食品の摂取量と体格や代謝を考慮した係数を使って限度値を算出しました。その結果から、最も厳しい値（13～18歳の男性：120ベクレル/kg）を下回る、**100ベクレル/kg**を全区分の基準としました。これは、**乳幼児をはじめ、すべての世代に配慮した基準**です。

食品からの線量の上限値
１ミリシーベルト/年

★飲料水の線量（約0.1ﾐﾘｼｰﾍﾞﾙﾄ）を引く

一般食品に割り当てる線量を決定

年齢区分	性別	限度値 (ﾍﾞｸﾚﾙ/kg)
1歳未満	男女	460
1歳～6歳	男	310
	女	320
7歳～12歳	男	190
	女	210
13歳～18歳	男	120
	女	150
19歳以上	男	130
	女	160
妊婦	女	160
	最小値	**120**

各年齢層等ごとに、通常の食生活を送れば、年間線量の上限値を十分に下回る水準に設定

100ベクレル/kg に基準値を設定

★すべての年齢区分の限度値のうち最も厳しい値（120）を下回る数値に設定

厚生労働省　医薬食品局食品安全部

②「乳児用食品」「牛乳」の基準値

放射線への感受性が高い可能性があるとされる子どもへの配慮から、独立の区分とし、「一般食品」の半分の**50ベクレル/kg**としています。

乳児用食品の範囲

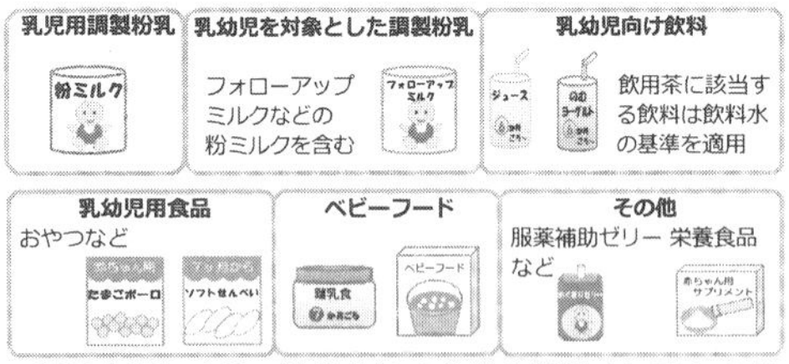

●表示内容により、乳児向けの食品と認識されるものは、「乳児用食品」の区分に含みます。

牛乳の範囲

●消費者から牛乳と同類の商品と認識されている乳飲料(牛乳や加工乳にビタミン類やミネラル類を添加したもの)は、「牛乳」の区分に含みます。
●乳酸菌飲料、ヨーグルトなどの発酵乳、チーズなどは「一般食品」の区分に含みます。

③「飲料水」の基準値

すべての人が摂取し代替がきかず、摂取量が多いことから、WHO（世界保健機関）が示している基準を踏まえ、**10ベクレル/kg**としています。

Q & A

Q１　セシウム以外の放射性物質は対象にしていないの？

A１　今回の新たな基準値では、福島原発事故で放出された放射性物質のうち、半減期が１年以上のすべての放射性核種※（セシウム134、セシウム137、ストロンチウム90、プルトニウム、ルテニウム106）を考慮しています。セシウム以外は、測定に非常に時間がかかるため、新たな基準値では、セシウムと他の核種の比率を用いて、すべてを含めても被ばく線量が１ミリシーベルトを超えないように設定しています。

※核種とは、元素の同位体を区別するための呼称です。核種のうち放射線を発するものを放射性核種といいます。

Q２　実際には、食品からどのくらい被ばくしているの？

A２　平成23年の９月と11月に東京都、宮城県、福島県で実際に流通している食品を調査し、推計したところ、今後の食品からの放射性セシウムによる被ばく線量は、**年間に換算して0.002～0.02ミリシーベルト程度**でした（下図の青色部分）。これは、自然界に存在する放射性カリウムによる被ばく線量0.2ミリシーベルト程度（黄色部分）と比べても、非常に小さい値です。

食品からの放射性物質の年間摂取量の推定値

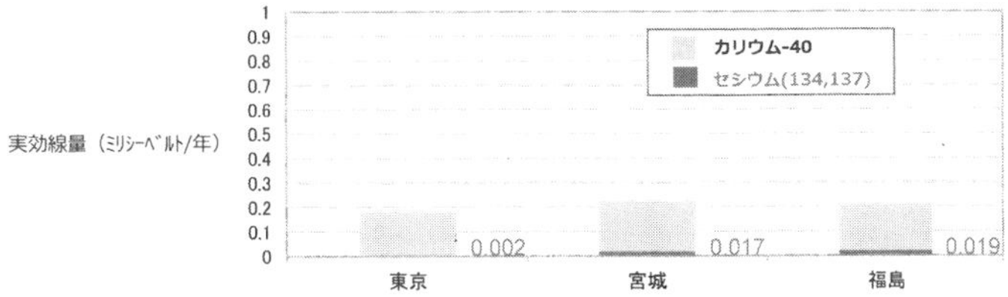

Q３　食品中の放射性物質の検査体制はどうなっているの？

A３　地方自治体では、これまでに暫定規制値を超えた食品、食べられる量の多い食品、主要な農産物などを中心に検査を行っています。また、国も流通段階における買い上げ調査を実施しています。これらの検査結果と自治体の検査計画は、厚生労働省のホームページに掲載しています。（http://www.mhlw.go.jp/shinsai_jouhou/shokuhin.html）

38　農畜産物等の放射性物質検査について 事務連絡　2011年4月4日

事　務　連　絡
平成２３年４月４日

各 都道府県・保健所設置市・特別区 衛生主管部（局）御中

厚生労働省医薬食品局食品安全部監視安全課

農畜水産物等の放射性物質検査について

標記の件については、平成２３年３月１１日の福島第一原子力発電所の災害の発生後、各自治体において、４月３日までに912件の検査が実施され、137件の暫定規制値を超える食品が確認されているところです。

このような状況の中、原子力災害対策本部より、食品の出荷制限等の品目・区域の設定・解除の考え方が示され、その中で、地方自治体における検査計画について盛り込まれたところです（別紙１）。

ついては、対象自治体におかれては適切に検査計画を策定し実施するようお願いします。

なお、厚生労働省においては、農林水産省、文部科学省等の協力を得ながら、検疫所、研究所、大学等における検査機器の配置状況を把握した上で、必要な検査機器を食品衛生検査施設に有しない都道府県等に対し、その近隣で検査機器を有する検疫所、研究所、大学等を紹介する仕組みを構築していることを申し添えます（別紙２）。

別紙１

平成２３年４月４日
厚生労働省

地方自治体の検査計画について

１　基本的考え方

「緊急時における食品の放射能測定マニュアル」（平成１４年３月）の追加要件を設定。

２　対象自治体

総理指示対象自治体（福島県、茨城県、栃木県、群馬県）及びその隣接自治体（宮城県、山形県、新潟県、長野県、埼玉県、千葉県）並びに暫定規制値を超えた食品の生産自治体（東京都）

３　対象品目の選定

１　これまでの検査結果

放射性物質の降下状況は、福島第１原子力発電所からの距離が最も大きく影響していると考えられるため、都道府県ごとに検査結果を整理した。

ア　野菜類（ヨウ素１３１）

（ア）平均値又は中央値が１０００Bq/kg超

ホウレンソウ（茨城県、栃木県、千葉県）、パセリ（茨城県、千葉県）、シュンギク（栃木県、千葉県）、カキナ（栃木県）、サンチュ（千葉県）、チンゲンサイ（千葉県）、セルリー（千葉県）

（イ）平均値又は中央値が５００Bq/kgから１０００Bq/kg

ホウレンソウ（神奈川県、埼玉県、群馬県）、サニーレタス（茨城県）、ミズナ（千葉県、茨城県）、コマツナ（千葉県、東京都、埼玉県、神奈川県）、カキナ（群馬県）、ネギ（千葉県）、シュンギク（群馬県）

イ　乳（ヨウ素１３１）

平均値又は中央値が５００Bq/kg以上

原乳（茨城県）

注）セシウム（１３４＋１３７）の暫定規制値超過例

パセリ（茨城県・２１１０Bq/kg）、ホウレンソウ（茨城県・１９３１Bq/kg）、コマツナ（東京都・８９０Bq/kg）、ホウレンソウ（栃木県・７９０Bq/kg）、カキナ（群馬県・５５５Bq/kg）、ミズナ（茨城県・５４０Bq/kg）

2　指標とするべき品目（重点的にチェックする食品）

ア　ホウレンソウ、シュンギク、カキナ、ミズナ、コマツナ（露地物を優先して選択）

イ　乳

ウ　その他国が別途指示する品目

3　上記のほかの対象品目

ア　生産状況を勘案した主要農産物

イ　市場において流通している食品（生産者情報が明らかなもの）

ウ　環境モニタリングの状況等を踏まえ国が別途指示する品目（例：一定の海域の水産物）

4　検査の頻度

週1回程度（曜日などあらかじめ計画すること）。ただし、暫定規制値を超える又は近い放射性物質が検出された場合、検査頻度について国が指示することがある。

5　検査の地域

地域的な広がりを把握するため、農作物については、農業生産等の実態や産地表示の状況も踏まえて、自治体がその県域を適切な区域に分け、当該区域毎に複数市町村で採取。

4　その他

上記の内容については、必要に応じて国が地方自治体に別途指示することがある。

39 農畜産物等の放射性物質検査について 食安発0320第1号 2015年3月20日

食安発０３２０第１号
平成２７年３月２０日

各 都道府県知事 保健所設置市長 特別区長 殿

厚生労働省医薬食品局食品安全部長
（公印省略）

農畜水産物等の放射性物質検査について

標記については、平成２３年４月４日に原子力災害対策本部から示された「検査計画、出荷制限等の品目・区域の設定・解除の考え方（最終改正：平成２６年３月２０日）」に基づき、検査計画の策定及び検査の実施をお願いしているところです。

平成２６年４月以降の検査結果を踏まえ、本日、原子力災害対策本部において「検査計画、出荷制限等の品目・区域の設定・解除の考え方」が改正され、地方自治体の検査計画について再整理されたところです（別紙）。

つきましては、対象自治体におかれましては、引き続き、適切に検査計画を策定し、検査を実施するようお願いするとともに、検査計画の報告についても、四半期毎に策定・公表しているものについて、当部監視安全課宛て提出をお願いします。

また、対象自治体以外の自治体におかれましても、可能な限り検査を実施するようお願いします。

別　紙

平成27年３月20日
厚　生　労　働　省

地方自治体の検査計画について

1 基本的考え方

地方自治体において実施する食品の放射性物質の検査計画の策定に関する基本的事項を定める。

2 対象自治体

平成26年４月以降の検査結果等を踏まえて、検査対象品目毎に別表のとおり定めるほか、放射性物質の検出状況等を踏まえ、別途指示する。

また、別表に掲げる自治体においては、検査対象として指定されていない他の品目についても、必要に応じて計画的に検査を実施する。

3 対象品目

下記の品目とし、過去の検出値（Ge検出器による精密検査によるもの。）等に基づき、生産者及び製造加工者の情報が明らかなものを対象として選択する。なお、以下（１）、（２）及び（４）に掲げる品目は、平成26年４月１日から平成27年２月28日までの検査結果に基づくものであり、平成27年３月１日以降該当する品目についても対象とする。

（１）基準値を超える放射性セシウムが検出された品目

ア　きのこ・山菜類等（露地物を優先して選択。栽培物を含む。）
原木しいたけ（露地栽培）、原木むきたけ（露地栽培）、野生きのこ類、うど、くさそてつ（こごみ）、こしあぶら、ぜんまい、たけのこ、たらのめ、ねまがりたけ、ふき、ふきのとう、わらび

イ　野生鳥獣の肉類
イノシシ、クマ、シカ、ヤマドリの肉

ウ　豆類
大豆

（２）基準値の１／２を超える放射性セシウムが検出された品目（（１）に掲げる品目を除く。）

-1-

ア　果実類（露地物を優先して選択。）
ユズ、クリ

イ　きのこ・山菜類等（露地物を優先して選択。栽培物を含む。）
原木しいたけ（施設栽培）、原木ぶなはりたけ（露地栽培）、うわばみそう（みず）、みょうが、もみじがさ（しどけ）

ウ　野生鳥獣の肉類
カルガモ、キジの肉

エ　穀類
米、そば

オ　はちみつ

（３）飼養管理の影響を大きく受けるため、継続的なモニタリング検査が必要な品目

ア　乳（岩手県、宮城県、福島県、栃木県及び群馬県で検査対象とする。）

イ　牛肉（岩手県、宮城県、福島県、栃木県及び群馬県で検査対象とする。）

（４）水産物（基準値の１／２を超える放射性セシウムが検出された品目）（以下に示すものは品目群による表記である。具体的な品目群とこれに対応する品目は「検査計画、出荷制限等の品目・区域の設定・解除の考え方」（平成27年３月20日原子力災害対策本部。以下同じ。）の別添参考「水産物の類別分類」を参照。）

ア　海産魚種（福島県、宮城県、茨城県及び岩手県で検査対象とする。）
ヒラメ、カレイ類（２群）、アイナメ、メバル・ソイ・カサゴ類（主な生息域が 100 m以浅の品目）、サメ・エイ類、クロダイ、スズキ

イ　内水面魚種（基準値の１／２を超える放射性セシウムを検出した自治体で検査対象とする。）
ワカサギ、イワナ・ヤマメ・マス類、ウグイ・フナ類・コイ・モツゴ、ウナギ、アユ、アメリカナマズ、スジエビ

（５）計画策定の際に考慮する品目

ア　国民の摂取量を勘案した主要品目

-2-

資料39

（参考）国民健康・栄養調査の摂取量上位品目（平成24年調査より）
米、飲用茶、牛乳、ダイコン・キャベツ・ハクサイ・タマネギ・キュウリ等の淡色野菜、ニンジン・ホウレンソウ・トマト等の緑黄色野菜、卵、豚肉、ジャガイモ・サツマイモ・サトイモ等のイモ類、柑橘類、リンゴ・ブドウ・ナシ等の果実類、魚介類、きのこ類、鶏肉、牛肉、藻類等

イ　生産状況を勘案した主要農林水産物

（６）当該自治体において、平成26年４月１日以降に出荷制限を解除された品目（（１）から（４）に掲げる品目に限る。）

（７）市場において流通している食品（生産者及び製造・加工者の情報が明らかなもの）

（８）乾燥きのこ類、乾燥海藻類、乾燥魚介類、乾燥野菜類及び乾燥果実類等乾燥して食用に供されるもの（水戻しして基準値（100 Bq/kg）が適用される食品を除く。）等の加工品

（９）被覆資材の不適切な保管・使用等の生産管理の不備が原因で基準値の１／２を超える放射性セシウムが検出されたと考えられる品目

（10）当該自治体内の市町村等ごとに、事故後初めて出荷するものであって、検査実績が無い品目（ただし、非結球性葉菜類のように品目群単位で、代表的な指標作物を設定して検査をすることもできる。）

（11）検出状況等に応じて国が別途指示する品目

（参考１）　米ぬか及び菜種等の油脂原料の検査を行う場合には、加工後の油脂の検査を行い、管理する。

（参考２）　（８）の加工食品は必要に応じて原料又は製品で検査を行い管理する。

４　検査対象市町村等の設定

地域的な広がりを把握するため、生産等の実態や産地表示の状況も踏まえて少なくとも下記の検査を実施する。

（１）３の（１）に掲げる品目（別に定める場合を除く。）の検査

ア　平成26年４月以降、当該食品分類で基準値を超える放射性セシウムが確認された自治体　（表中◎）

-3-

当該品目から基準値の１／２を超える放射性セシウムを検出した地域及び主要な産地において市町村ごとに３検体以上実施する。
その他の市町村では１検体以上実施する。

イ　平成26年４月以降、当該食品分類で基準値の１／２を超える放射性セシウムが確認された自治体（アを除く。）（表中○）
当該品目から基準値の１／２を超える放射性セシウムを検出した地域において市町村ごとに３検体以上実施する。
その他の市町村では１検体以上実施する（県内を市町村を越えて複数の区域に分割し、区域単位で３検体以上実施することもできる。）。

（２）３の（２）の検査（別に定める場合を除く。）は、平成26年４月以降、当該食品分類で基準値の１／２を超える品目が確認された自治体で 、当該品目から基準値の１／２を超える放射性セシウムを検出した地域においては市町村ごとに３検体以上、その他の地域においては市町村ごとに１検体以上（県内を市町村を越えて複数の区域に分割し、区域単位で３検体以上とすることもできる。）、それぞれ実施する。（表中○）

（３）検体採取を行う地点の選択に当たっては、土壌中のセシウム濃度、環境モニタリング検査結果、過去に当該品目の検査で基準値の１／２を超える放射性セシウムを検出した地点等を勘案するとともに、放射性セシウム濃度が高くなる原因の一部が判明している品目については、当該要因が当てはまる地点を優先して選択する。

５ 検査の頻度

品目の生産・出荷等の実態に応じて計画し、定期的（原則として曜日などを指定して週１回程度）に実施すること。野生のきのこ・山菜のように収穫時期が限定されている品目については、収穫の段階で検査を実施する。３の（３）の検査は、「検査計画、出荷制限等の品目・区域の設定・解除の考え方」の別添を参照する。
水産物の検査は、原則として週１回程度とし、漁期のある品目については、漁期開始前に検査を実施し、漁期開始後は週1回程度の検査を継続する。また、３の（４）アの岩手県の海産魚種の検査、並びに３の（５）及び（７）から（９）までに該当する水産物の検査については、過去の検査結果を考慮して検査の頻度を設定する。
ただし、基準値を超える又は基準値に近い放射性物質が検出された場合は検査頻度を強化する。また、検査頻度については、必要に応じて国が自治体に別途指示することがある。

-4-

6 検査計画の策定・公表及び報告

検査計画は、四半期ごとに策定し、ホームページなどで公表するとともに、国に報告する。

7 検査結果に基づく措置

基準値を超えた食品については、地方自治体においては食品衛生法に基づき、廃棄、回収等の必要な措置をとる。

なお、加工食品が基準値を超えた場合には、地方自治体は食品衛生法に基づく措置のほか、原因を調査し、必要に応じ原料の生産地におけるモニタリング検査の強化等の対策を講じる。

8 その他

野菜類・果実類等、乳、茶、水産物、麦類、牛肉、米、大豆及びそば、きのこ類の検査計画の策定に当たっては、「検査計画、出荷制限等の品目・区域の設定・解除の考え方」の別添を参照する。

別紙参考

平成２７年３月２０日

検査計画、出荷制限等の品目･区域の設定･解除の考え方

原子力災害対策本部

Ⅰ 趣旨

平成23年3月11日に発生した東京電力(株)福島第一原子力発電所事故に対応して、同年3月17日に食品衛生法(昭和22年法律第233号)に基づく放射性物質の暫定規制値が設定され、4月4日付けで「検査計画、出荷制限等の品目･区域の設定･解除の考え方」を取りまとめた。

その後、検査結果、低減対策等の知見の集積、対策の重点となる核種の放射性ヨウ素から放射性セシウムへの移行、国民の食品摂取の実態等を踏まえた対象食品の充実、平成24年4月1日の基準値の施行等を踏まえて、食品の出荷制限等の要否を適切に判断するための検査計画、検査結果に基づく出荷制限等の必要性の判断、出荷制限等の解除の考え方について必要な見直しを行ってきた。

今般、平成26年4月以降の約1年間の検査結果が集積されたこと等を踏まえ、検査対象品目、出荷制限等の解除の考え方等について必要な見直しを行った。

運用に当たっては、これまでに得られている知見(これまでの検査結果に加え、放射性物質の降下･付着、水･農地土壌･大気からの移行、生産･飼養管理による影響等)を踏まえて対応する。

（参考）改正の経緯

平成23年3月17日

食品衛生法に基づく放射性物質の暫定規制値を設定。

平成23年4月4日

「検査計画、出荷制限等の品目･区域の設定･解除の考え方」(初版)を取りまとめ。

平成23年6月27日一部改正

事故直後の放射性ヨウ素の降下による影響を受けやすい食品に重点を置いたものから、放射性セシウムの影響及び国民の食品摂取の実態等を踏まえたものに充実。個別品目に茶、水産物、麦類を追加。

-1-

平成23年8月4日一部改正

個別品目に牛肉及び米を追加。

平成24年3月12日一部改正

平成23年産農畜産物の検査結果が集積され、平成24年4月1日から基準値が施行されることを踏まえた改正。

平成24年4月1日

食品衛生法に基づく放射性物質の基準値の施行。

平成24年7月12日一部改正

平成24年4月以降の検査結果の集積を踏まえた検査対象の追加。出荷制限の対象となる食品の多様化を踏まえ、検査対象品目、出荷制限等の解除要件等について改正。個別品目に大豆及びそばを追加。

平成25年3月19日一部改正

平成24年4月以降の検査結果の集積を踏まえた検査対象品目及び対象自治体の見直し。水産物や野生鳥獣の移動性及びきのこ等の管理の重要性等を考慮した出荷制限等の解除要件等について改正。個別品目に原木きのこ類を追加。

平成26年3月20日一部改正

平成25年4月以降の検査結果の集積を踏まえた検査対象品目及び対象自治体の見直し。検査対象品目に事故後初めて出荷するものであって、検査実績が無い品目を追加。

Ⅱ 地方自治体の検査計画

1 基本的考え方

地方自治体において実施する食品の放射性物質の検査計画の策定に関する基本的事項を定める。

2 対象自治体

平成26年4月以降の検査結果等を踏まえて、検査対象品目毎に別表の通り定めるほか、放射性物質の検出状況等を踏まえ、別途指示する。

-2-

また、別表に掲げる自治体においては、検査対象として指定されていない他の品目についても、必要に応じて計画的に検査を実施する。

3 検査対象品目

下記の品目とし、過去の検出値（Ge検出器による精密検査によるもの）等に基づき、生産者、製造加工者の情報が明らかなものを対象として選択する。なお、以下(1)、(2)及び(4)に掲げる品目は、平成26年4月1日から平成27年2月28日までの検査結果に基づくものであり、平成27年3月1日以降該当する品目についても対象とする。

(1) 基準値を超える放射性セシウムが検出された品目

ア きのこ・山菜類等（露地物を優先して選択。栽培物を含む。）

原木しいたけ（露地栽培）、原木むきたけ（露地栽培）、野生きのこ類、うど、くさそてつ（こごみ）、こしあぶら、ぜんまい、たけのこ、たらのめ、ねまがりたけ、ふき、ふきのとう、わらび

イ 野生鳥獣の肉類

イノシシ、クマ、シカ、ヤマドリの肉

ウ 豆類

大豆

(2) 基準値の1／2を超える放射性セシウムが検出された品目（(1)に掲げる品目を除く。）

ア 果実類（露地物を優先して選択。）

ユズ、クリ

イ きのこ・山菜類等（露地物を優先して選択。栽培物を含む。）

原木しいたけ（施設栽培）、原木ぶなはりたけ（露地栽培）、うわばみそう（みず）、みょうが、もみじがさ（しどけ）

ウ 野生鳥獣の肉類

カルガモ、キジの肉

エ 穀類

米、そば

資料39

オ　はちみつ

（3）飼養管理の影響を大きく受けるため、継続的なモニタリング検査が必要な品目

ア　乳（岩手県、宮城県、福島県、栃木県及び群馬県で検査対象とする。）

イ　牛肉（岩手県、宮城県、福島県、栃木県及び群馬県で検査対象とする。）

（4）水産物（基準値の1／2を超える放射性セシウムが検出された品目）（以下に示すものは品目群による表記である。具体的な品目群とこれに対応する品目は別添参考の「水産物の類別分類」を参照。）

ア　海産魚種（福島県、宮城県、茨城県及び岩手県で検査対象とする。）

　ヒラメ、カレイ類（2群）、アイナメ、メバル・ソイ・カサゴ類（主な生息域が100m以浅の品目）、サメ・エイ類、クロダイ、スズキ

イ　内水面魚種（基準値の1／2を超える放射性セシウムを検出した自治体で検査対象とする。）

　ワカサギ、イワナ・ヤマメ・マス類、ウグイ・フナ類・コイ・モツゴ、ウナギ、アユ、アメリカナマズ、スジエビ

（5）計画策定の際に考慮する品目

ア　国民の摂取量を勘案した主要品目

（参考）国民健康・栄養調査の摂取量上位品目（平成24年調査より）

　米、飲用茶、牛乳、ダイコン・キャベツ・ハクサイ・タマネギ・キュウリ等の淡色野菜、ニンジン・ホウレンソウ・トマト等の緑黄色野菜、卵、豚肉、ジャガイモ・サツマイモ・サトイモ等のイモ類、かんきつ類、リンゴ・ブドウ・ナシ等の果実類、魚介類、きのこ類、鶏肉、牛肉、藻類等

イ　生産状況を勘案した主要農林水産物

(6) 当該自治体において、平成26年4月1日以降に出荷制限を解除された品目((1)から(4)に掲げる品目に限る。)

(7) 市場において流通している食品(生産者及び製造・加工者の情報が明らかなもの)

(8) 乾燥きのこ類、乾燥海藻類、乾燥魚介類、乾燥野菜類及び乾燥果実類等乾燥して食用に供されるもの(水戻しして基準値(100Bq/kg)が適用される食品を除く。)等の加工品

(9) 被覆資材の不適切な保管・使用等の生産管理の不備が原因で基準値の1/2を超える放射性セシウムが検出されたと考えられる品目

(10) 当該自治体内の市町村等ごとに、事故後初めて出荷するものであって、検査実績が無い品目(ただし、非結球性葉菜類のように品目群単位で、代表的な指標作物を設定して検査をすることもできる。)

(11) 検出状況等に応じて国が別途指示する品目

(参考1) 米ぬか及び菜種等の油脂原料の検査を行う場合には、加工後の油脂の検査を行い、管理する。
(参考2) (8)の加工品は必要に応じて原料又は製品で検査を行い管理する。

資料39

4 検査対象市町村等の設定

地域的な広がりを把握するため、生産等の実態や産地表示の状況も踏まえて少なくとも下記の検査を実施する。
(1) Ⅱ3の(1)に掲げる品目(別に定める場合を除く。)の検査
ア 平成26年4月以降、当該食品分類で基準値を超える放射性セシウムが確認された自治体(表中◎)
当該品目から基準値の1/2を超える放射性セシウムを検出した

地域及び主要な産地において市町村ごとに3検体以上実施する。

その他の市町村では1検体以上実施する。

イ　平成26年4月以降、当該食品分類で基準値の1／2を超える放射性セシウムが確認された自治体（アを除く。）（表中○）

当該品目から基準値の1／2を超える放射性セシウムを検出した地域において市町村ごとに3検体以上実施する。

その他の市町村では1検体以上実施する（県内を市町村を越えて複数の区域に分割し、区域単位で3検体以上実施することもできる。）。

（2）Ⅱ3の（2）の検査（別に定める場合を除く。）は、平成26年4月以降、当該食品分類で基準値の1／2を超える品目が確認された自治体で、当該品目から基準値の1／2を超える放射性セシウムを検出した地域においては市町村ごとに3検体以上、その他の地域においては市町村ごとに1検体以上（県内を市町村を越えて複数の区域に分割し、区域単位で3検体以上とすることもできる。）、それぞれ実施する。（表中○）

（3）検体採取を行う地点の選択に当たっては、土壌中のセシウム濃度、環境モニタリング検査結果、過去に当該品目の検査で基準値の1／2を超える放射性セシウムを検出した地点等を勘案するとともに、放射性セシウム濃度が高くなる原因の一部が判明している品目については、当該要因が当てはまる地点を優先して選択する。

5　検査の頻度

品目の生産・出荷等の実態に応じて計画し、定期的（原則として曜日などを指定して週1回程度）に実施すること。野生のきのこ・山菜のように収穫時期が限定されている品目については、収穫の段階で検査を実施する。Ⅱ3の（3）の検査は、別添に定める。

水産物の検査は、原則として週1回程度とし、漁期のある品目については、漁期開始前に検査を実施し、漁期開始後は週 1 回程度の検査を継続する。また、Ⅱ3の(4)アの岩手県の海産魚種の検査、並びにⅡ3の(5)及び(7)から(9)に該当する水産物の検査については、過去の検査結果を考慮して検査の頻度を設定する。

ただし、基準値を超える又は基準値に近い放射性物質が検出された場合は検査頻度を強化する。また、検査頻度については、必要に応じて国が自治体に別途指示することがある。

6 検査計画の策定、公表及び報告

検査計画は、四半期ごとに策定し、ホームページなどで公表するとともに、国に報告する。

7 検査結果に基づく措置

基準値を超えた食品については、地方自治体においては食品衛生法により廃棄、回収等の必要な措置をとる。

なお、加工食品が基準値を超えた場合には、地方自治体は食品衛生法による措置のほか、原因を調査し、必要に応じ原料の生産地におけるモニタリング検査の強化等の対策を講じる。

Ⅲ 国が行う出荷制限・摂取制限の品目・区域の設定条件

1 品目

基準値を超えた品目について、生産地域の広がりがあると考えられる場合、当該地域・品目を対象とする。

2 区域

JAS法上の産地表示義務が県単位までであることも考慮し、県域を原則とする。ただし、県、市町村等による管理が可能であれば、県内を複数の区域に分割することができる。

3 制限設定の検討

(1) 検査結果を踏まえ、個別品目ごとに検討する。

(2) 制限設定の検討に当たっては、検査結果を集約の上、要件への該当性を総合的に判断する。必要に応じて追加的な検査の指示を行う。

（3）基準値を超える品目について、地域的な広がりが不明な場合には、周辺地域を検査して、出荷制限の要否及び対象区域を判断する。

（4）著しい高濃度の値が検出された品目については、当該品目の検体数にかかわらず、速やかに摂取制限を設定する。

Ⅳ 国が行う出荷制限・摂取制限の品目・区域の解除

1 解除の申請

当該都道府県からの申請による。

2 解除対象の区域

集荷実態等を踏まえ、県、市町村等による管理が可能であれば県内を複数の区域に分割することができる。

なお、野生鳥獣、海産魚類等移動性が高い品目については、県域を原則とする。

3 解除の条件

（1）原則として1市町村当たり3か所以上、直近1か月以内の検査結果がすべて基準値以下であること（水産物及び野生鳥獣については移動性、きのこ・山菜類等については、露地栽培のものは管理の重要性、野生のものは管理の困難性等を考慮して検体数を増加する。また、これらの品目については、検査結果が安定して基準値を下回ることが確認できるよう検査すること。）。なお、検査に当たっては、下記に掲げる地点等解除申請に係る区域内で他の地点より高い放射性セシウム濃度の検出が見込まれる地点で検体を採取することとし、測定値の不確かさについても考慮すること（繰り返し分析を行っても基準値を超える分析値が出ないことが統計的に見て推定できること。）。

-8-

ア 過去に当該食品から基準値を超える放射性セシウムが検出された地点
イ 環境モニタリングでより高い空間線量率が観測された地点
ウ 土壌中でより高い放射性セシウム濃度が検出された地点
エ 栽培管理等の濃度低減対策の必要性が高い区域における、対策の実施が不十分な地点
オ その他、山林等の地形の影響等、品目によって高い放射性セシウム濃度が検出される要因が判明している場合は、当該要因が当てはまる地点

（2） 原木しいたけ等基準値以下にするために栽培管理等が特に必要な作物については、（1）に加え、基準値を超える汚染の原因となる要因が、管理等により取り除かれていること。

（3） 畜産物については、（1）に加え、暫定許容値を超える飼料が給与されないようにする等、基準値を超える汚染の原因となる要因が、管理等により取り除かれていること。

（4） 上記のほか、基準値を超える食品が出荷されないことが確保されている場合にあっては解除できることとする。

（5） 解除申請時には、上記と同様の検査を行うための検査計画を提出すること。

Ⅴ その他

Ⅰ からⅣの内容については、必要に応じて国が地方自治体に別途指示することがある。また、個別品目の取扱いについては、別添に定める。

別表　対象自治体及び検査対象品目

参考　水産物の類別分類

別添　個別品目の取扱い

ア　野菜類・果実類等

別添1

イ　乳

別添2

ウ　茶

別添3

エ　水産物

別添4

オ　麦類

別添5

カ　牛肉

別添6

キ　米

別添7

ク　大豆及びそば

別添8

ケ　きのこ類

別添9

対象自治体及び検査対象品目

検査対象自治体＼検査対象品目	青森県	岩手県	秋田県	宮城県	山形県	福島県	茨城県	栃木県	群馬県	千葉県	埼玉県	東京都	神奈川県	新潟県	山梨県	長野県	静岡県
(1)ア のきのこ・山菜類等	□	◎	◎	◎	◎	◎	◎	◎	◎	○	□	□	□	◎	◎	◎	◎
(1)イ の野生鳥獣の肉類	□	◎	□	◎	○	◎	◎	◎	◎	○	◎	□	□	◎	□	□	□
(1)ウ の豆類		□		□		◎											
(2)ア の果実類						○											
(2)イ のきのこ・山菜類等	□	□	□	○	□	○	○	○	○	○	○	□	□	□	□	□	□
(2)ウ の野生鳥獣の肉類	□	□	□	□	□	○	□	□	□	□	□	□	□	□	□	□	□
(2)エ の穀類のうち米				□		○		□									
(2)エ の穀類のうちそば		□		○		□											
(2)オ はちみつ						○											
(3)ア 乳		□		□		□		□	□								
(3)イ 牛肉		□		□		□		□	□								
(4)ア 海産魚種		◎		◎		◎	◎										
(4)イ 内水面魚種		◎		◎		◎	◎	◎	◎	◎							
(5)ア 摂取量上位品目	各自治体において計画的に実施。																
(5)イ 主要産品																	
(6)出荷制限解除品目																	
(7)市場流通品																	
(8)乾燥して食用に供されるもの等の加工品																	
(9)生産管理の不備が原因で基準値の1/2を超過したと考えられる品目																	
(10)事故後初めて出荷するもので、当該地域の検査実績が無い品目																	

(注1)平成26年4月1日から平成27年2月28日までの検査結果に基づき分類。

・基準値(水産物においては基準値の1／2)超過が検出されたもの(凡例 ◎)

・基準値の1／2の超過が検出されたもの(基準値超過が検出されたものを除く。)(凡例 ○)

・Ⅱ3(3)及び別添において検査対象となっているもの並びに対象品目の移動性又は管理の困難性を考慮し検査が必要なもの(凡例 □)

(注2)表中◎または○の自治体であっても、別添で検査点数を定めている場合は、別添を優先する。

(注3)表中□の自治体のうち、別添で検査点数を定めていない場合は、○の自治体の検査点数に準じて検査を実施する。

水産物の類別分類

水産物の放射性物質の検査にあたっては、主な食性、生息水深、これまでの検査結果等を考慮して、下表の各品目群の(a)及び(b)の列中で放射性セシウム濃度が高い品目を選択して検査し、その結果を品目群に共通する検査結果とすることができる。品目群は最大限まとめられる品目の括りであり、各県の判断で細分化することができる。なお、各県が策定する検査計画には各県が設けた品目群を添付することとする。

類別		100 Bq/kgを超えたことがある品目 (a)	50 Bq/kgを超えたが100 Bq/kgは超えたことがない品目 (b)	(参考) 50 Bq/kgを超えていないものの、同類の検査結果や当該種のこれまでの検査結果から注意が必要な品目
海産魚介類	マルアジ			マルアジ
	ヒラメ		ヒラメ	
	カレイ類(主な生息域が100m以浅の品目)	マコガレイ、イシガレイ		アカシタビラメ、クロウシノシタ、ホシガレイ、メイタガレイ、ヌマガレイ
	カレイ類(主な生息域が100m以深の品目)	ババガレイ	アカガレイ、ムシガレイ	サメガレイ、マツカワ、ヤナギムシガレイ
	アイナメ	アイナメ		
	メバル・ソイ・カサゴ類(主な生息域が100m以浅)	シロメバル、ウスメバル、キツネメバル	ムラソイ	クロソイ、クロメバル、ゴマソイ、カサゴ
	メバル・ソイ・カサゴ類(主な生息域が100m以深)			アコウダイ、ケムシカジカ
	サメ・エイ類	コモンカスベ		ホシザメ、ホシエイ
	マダラ			マダラ
	エゾイソアイナメ			エゾイソアイナメ
	ホウボウ・サブロウ・ナガヅカ・ニベ			ホウボウ、サブロウ、ナガヅカ、ニベ
	タチウオ			タチウオ
	クロダイ・ボラ・ウミタナゴ	クロダイ		ウミタナゴ、ボラ
	スズキ	スズキ		
	フグ類			ヒガンフグ
	アナゴ類			ギンアナゴ、クロアナゴ、マアナゴ
	マゴチ			マゴチ
	イカナゴ(親)			イカナゴ(親)
	アサリ			アサリ
淡水産魚介類	ワカサギ	ワカサギ		
	イワナ・ヤマメ・マス類	ヤマメ、イワナ、ブラウントラウト、ヒメマス	ニジマス	サクラマス
	ウグイ・フナ類・コイ・モツゴ・ドジョウ・ホンモロコ	ウグイ、ギンブナ、コイ	モツゴ、ゲンゴロウブナ	ドジョウ、ホンモロコ
	ウナギ	ウナギ		
	アユ	アユ		
	オオクチバス			オオクチバス
	アメリカナマズ		アメリカナマズ	
	甲殻類		スジエビ	モクズガニ

注:平成26年4月1日から平成27年2月28日までのモニタリングによる放射性セシウム濃度の最大値により区分。

別添1

野菜類・果実類等

1　対象自治体の検査計画

主要品目・主要産地については、原則として出荷開始前から出荷初期段階で検査を行い、問題が無い場合には、月単位で間隔をあけて定期的に検査を実施する。

2　国が行う出荷制限・摂取制限の品目・区域の設定・解除

（1）区域

県、市町村等による管理が可能な場合には、出荷単位も踏まえ市町村、旧市町村など地理的範囲が明確になる単位で設定・解除することができる。

（2）品目

個別品目ごとに設定・解除することを原則とする。ただし、指標作物を設定し、品目群として設定・解除することができる。また、県、市町村等によるハウスものと露地もの等の分別管理が可能であれば、栽培方法別に設定・解除することができる。

（3）解除の条件

本文のⅣ3による。なお、出荷制限等の対象区域における当該品目の出荷期間が終了した場合には、当該品目の次期出荷開始前からの検査結果により出荷制限等を解除することができる。

別添2

乳

1 対象自治体の検査計画

（1） 検体採取

クーラーステーション又は乳業工場（又は乳業工場に直接出荷している全ての者）単位で検体採取を行う。

（2） 検査の頻度

Ⅱ3の（3）の対象自治体は、岩手県、宮城県、福島県、栃木県、群馬県とし、2週間に1回以上、定期的に検体を採取し検査する。

2 国が行う出荷制限・摂取制限の品目・区域の設定条件

（1） 区域

県内を複数の区域に分割する場合は、クーラーステーション又は乳業工場（又は乳業工場に直接出荷している全ての者）単位に属する市町村単位で設定する。

（2） 制限設定の検討

上記1の検査の結果、基準値を超える放射性物質が検出された場合には、他の区域の検査結果を考慮の上、追加検査の必要性、出荷制限の要否及びその区域を判断する。

3 国が行う出荷制限・摂取制限の品目・区域の解除条件

クーラーステーション又は乳業工場（又は乳業工場に直接出荷している全ての者）単位で検体を採取し分析を行い、要件を満たす場合には、その単位に属する市町村単位で解除することができる。

-14-

別添3

茶

1　対象自治体の検査計画

茶の検査は、一番茶、二番茶等、茶期ごとに実施する。主要産地において、原則として1回以上、出荷開始前から出荷初期段階において、荒茶について検査（公定法に基づく飲用に供する状態での検査）を実施する。

2　国が行う出荷制限･摂取制限の品目･区域の設定･解除条件

県、市町村等による管理が可能であれば、出荷単位も踏まえ市町村など地理的範囲が明確になる単位で設定･解除することができる。

資料39

別添4

水産物

1 検査計画の策定及び検査の実施

検査は、主要品目・主要漁場において、以下により計画的に実施する。なお、同一品目であっても、養殖ものと天然ものは区分して検査を実施する。

また、本文Ⅱ3の(4)の品目については、参考のうち全ての品目の検査を実施することが困難な場合、各品目群の中から漁獲等され、検体を確保できる品目のうち、過去の検査結果から放射性セシウム濃度が高い品目を選択して検査し、その結果を品目群に共通するものとすることができる。

(1) 検査対象区域等の設定

検査対象区域等については、環境モニタリングの状況も考慮しつつ、以下により設定する。

① 内水面魚種

河川、湖沼等の漁業権の範囲等を考慮して、県域を適切な区域に分け、区域毎の主要地域において検体を採取する。

② 沿岸性魚種等

水揚げや漁業管理(漁業権の範囲、漁業許可の内容等)の実態等を踏まえ、対象魚種等の漁場・漁期を考慮して、県沖を適切な区域に分け、当該区域の主要水揚げ港等において検体を採取する。

表層、中層、底層、海藻等の生息域を考慮して、漁期ごとの主要な品目を選定する。

③ 回遊性魚種

回遊の状況等を考慮して、漁場を千葉県から青森県の各県沖(県境の正東線で区分)に区分して、当該区域の主要水揚げ港等において検体を採取する。

(2) 検査の頻度

本文のⅡ5による。

2 国が行う出荷制限・摂取制限の品目・区域の設定条件

(1) 品目・区域

海産魚類については、個別品目ごとに県域を基本としつつ、生態、海洋環境等を考慮した区域での設定も可能とする。内水面魚種等については、個別品目毎に生態、ダムの有無等の状況を考慮した区域に分割することができる。また、天然ものと養殖ものを区分することができる。

（2）制限設定の検討

基準値を超える放射性セシウムが検出された品目について、以下の検査結果を踏まえ、品目別に出荷制限の要否及び制限すべき漁場の区域を判断する。さらに必要に応じ広がりを調査する。なお、品目群内で検査していない品目がある場合は、速やかに当該品目以外の品目についても検査する。

① 内水面魚種

基準値を超える放射性セシウムが検出された漁場の漁業権の範囲も考慮し、周辺の漁場（河川の上流・下流又は本・支流等）を検査する。

② 沿岸性魚種等

基準値を超える放射性セシウムが検出された漁場の水揚げ実態、漁業の許可、漁業権の範囲等も考慮し、周辺の漁場を検査する。

③ 回遊性魚種

原発事故の影響や、回遊に伴い漁場が移動することも考慮し、基準値を超える放射性セシウムが検出された漁場（各県沖）又はその周辺の漁場を検査する。

注 出荷制限を設定する場合には、対象品目の産地表示に漁場を適切に記載するよう指導する。

資料39

3 国が行う出荷制限・摂取制限の品目・区域の解除の条件

（1）解除対象の区域

海産魚類については、県域を基本としつつ、県による管理が可能であれば複数の区域に分割することができる。内水面魚種等については、生態、ダムの有無等の状況を基本としつつ、漁業管理（漁業権の範囲、漁業許可の内容等）の実態等を考慮して、県による管理が可能であれば複数の区域に分割することができる。

-17-

（2）解除の要件

① 内水面魚種

天候等による汚染状況の変動を考慮し、解除しようとする区域から、原則として概ね1週間に1回（ただし、検体が採取できない場合はこの限りではない）、複数の場所で、すくなくとも1ヶ月以上検査を実施し、その結果が安定して基準値を下回っていること。過去に基準値を超過した当該魚種の検体が採捕された場所では必ず検査する。

② 沿岸性魚種等

解除しようとする区域から、原則として概ね1週間に1回（ただし、検体が採取できない場合はこの限りではない）、複数の場所で、すくなくとも1ヶ月以上検査を実施し、その結果が安定して基準値を下回っていること。過去に基準値を超過した当該魚種の検体が漁獲された場所では必ず検査する。

③ 回遊性魚種

解除しようとする区域から、原則として概ね1週間に1回（ただし、検体が採取できない場合はこの限りではない）、複数の場所で、すくなくとも1ヶ月以上検査を実施し、その結果が安定して基準値を下回っていること。

なお、出荷制限等の対象区域から区域外への回遊による魚群の移動や操業時期の終了などにより、制限区域における当該品目の漁獲等ができなくなった場合には、当該品目の次の漁獲等の開始前の段階での検査結果により出荷制限を解除することができる。

麦類

1 対象自治体の検査計画・実施方法

麦類は、ほぼ全量を農協等が集荷し、製粉企業等の特定の実需者に販売されることから、ロットごとに安全性を確認することが可能である。このため、乾燥調製貯蔵施設(カントリーエレベーター)又は保管倉庫においてロット単位※で検査を実施する。

※ 乾燥調製貯蔵施設では貯蔵サイロごと、保管倉庫では概ね300トンを上限として農協等集荷業者ごとに麦種別に検査ロットを設定。

2 全ロット検査の実施と検査結果に基づく対応

(1) 全ロット検査の実施方法

前年産麦類の検査の結果、50 Bq/kg を超える放射性セシウムが検出された県においては、全ロット検査を実施する。

また、前年産麦類で全ロット検査を実施した県のうち、上記以外の県において、地域ごと※に最初のロットを検査することとし、その結果が一定の水準(50 Bq/kg)を超過した場合には、全ロット検査を実施する。

※ 地域区分については、麦類の生産量及び集荷範囲、過去の検査実績、土壌中のセシウム濃度、環境モニタリング検査結果等を勘案して設定。

(2) 検査結果に基づく対応

検査の結果、基準値を超えたロットについては、食品衛生法に基づき販売を行わない(原子力災害対策特別措置法に基づく出荷制限は適用しない。)。

別添6

牛肉

1　対象自治体の検査計画

Ⅱ3の(3)の対象自治体は、岩手県、宮城県、福島県、栃木県、群馬県とし、農家ごとに3か月に1回程度検査を行うものとする。ただし、対象自治体が適切な飼養管理が行われていることを確認した農家については、12か月に1回程度とすることができる。

2　国が行う出荷制限・摂取制限の品目・区域の設定条件

農家ごとに行われる検査の結果等に基づき、基準値を超えることがないと認められる牛の種類、飼養地域又は飼養農家等が判明している場合において、県、市町村等による管理が可能であるときは、出荷制限の範囲が明確になる適切な単位で設定することができる。

3　国が行う出荷制限・摂取制限の品目・区域の解除条件

高濃度の放射性セシウムに汚染された稲ワラ又は牧草を原因とした、牛肉の基準値超過に係る出荷制限の解除については、出荷制限指示後、適切な飼養管理の徹底や、以下による安全管理体制を前提に出荷制限の一部解除の申請があった場合は、解除することができる。

(1) 特に指示する区域等については、全頭検査し、基準値を下回った牛肉については、販売を認める。

(2) (1)以外の区域においては、全戸検査(農家ごとに初回出荷牛のうち1頭以上検査)し、基準値を十分下回った農家については、牛の出荷・と畜を認めることとし、その後も定期的な検査の対象とする。

-20-

米

1　対象自治体の検査計画

米の検査については、市町村ごと又は旧市町村ごとに行うことを基本として、出荷開始前に実施する。

この場合、対象自治体は、過去の放射性セシウム調査の結果等を勘案し、検査対象区域となる市町村又は旧市町村、検査点数等の決定を行い、以下のいずれかの検査を行う。

（1）一般検査

対象自治体のうち（2）の検査対象区域を除く区域を対象に行う以下の検査。

ただし、県の管理の下、農家ごとに検査予定数量等を把握した上で全袋検査を行う場合は、基準値を下回ったものを出荷することができる。

① 前年産米の検査結果で 50 Bq/kg を超える放射性セシウムが検出された旧市町村及び前年産米の全量全袋検査の対象区域

全戸検査。

② 前年産の検査で全戸検査を行った旧市町村（上記①の検査対象区域を除く。）

旧市町村ごとに3点を目安として当該旧市町村の水稲作付面積に応じて検査点数を設定。

③ 上記①及び②の検査対象区域を除く区域

本文Ⅱ4の（2）により検査点数を設定。

（2）全量全袋検査

安全管理体制の整備等を前提に作付を行う区域を対象に、地域で生産された全ての米について米袋毎に行う検査。

2　国が行う出荷制限・摂取制限の品目・区域の設定条件

上記1（1）の検査対象区域において基準値を超える放射性セシウムが検出された場合は、さらに詳細な検査を行い、基準値を超える放射性セシウムが再度検出され、地域的な広がりが確認された場合は、出荷制限を設定する。

この際、県・市町村等による管理が可能であれば、市町村、旧市町村などの地理的範囲が明確になる単位で設定することができる。

なお、安全管理体制の整備等を前提に作付を行う上記1(2)の区域については、管理計画により地域の米を適切に管理・検査する体制が整備されたことが確認されれば、基準値を下回ったものを出荷することができるものとする。

3 国が行う出荷制限・摂取制限の品目・区域の解除

管理計画により地域の米を適切に管理・検査する体制が整備された場合は、基準値を下回ったものを出荷することができるものとする。

-22-

別添8

大豆及びそば

1　対象自治体の検査計画

大豆及びそばの検査については、市町村ごと又は旧市町村ごとに行うことを基本として、出荷開始前に実施する。

この場合、対象自治体は、前年産大豆、そばの放射性セシウム調査の結果等を勘案し、以下の検査について、検査対象区域となる市町村又は旧市町村、検査点数等の決定を行う。

（1）　以下のいずれかに該当する地域

①　前年産の検査結果で50 Bq/kgを超える放射性セシウムが検出された旧市町村及びその隣接旧市町村

②　出荷制限が指示されていたが、前年産大豆又はそばの検査結果により、出荷制限が解除された旧市町村

全戸検査と同等の水準を目安として当該旧市町村の大豆又はそばの作付面積に応じて検査点数を設定。

（2）　前年産で（1）の検査点数を設定して検査を行った旧市町村（（1）の検査対象区域を除く。）

旧市町村ごとに3点を目安に検査点数を設定。

（3）　上記（1）及び（2）の検査対象区域を含む自治体のうち、上記（1）及び（2）の検査対象区域を除く区域

本文Ⅱ4（1）又は（2）により検査点数を設定。

資料39

2　国が行う出荷制限・摂取制限の品目・区域の設定条件

上記1の検査対象区域において基準値を超える放射性セシウムが検出された場合は、さらに詳細な検査を行い、基準値を超える放射性セシウムが再度検出され、地域的な広がりが確認された場合は、出荷制限を設定する。

この際、県・市町村等による管理が可能であれば、市町村、旧市町村などの地理的範囲が明確になる単位で設定することができる。

3　国が行う出荷制限・摂取制限の品目・区域の解除

（1）1の検査結果に基づく出荷制限

管理計画により地域の大豆又はそばを適切に管理・検査する体制が整備された場合は、基準値を下回ったものを出荷することができるものとする。

（2）前年産又はそれ以前の検査結果に基づく出荷制限

管理計画により地域の大豆又はそばを適切に管理・検査する体制が整備された場合は、基準値を下回ったものを出荷することができるものとする。その上で、全て基準値を下回ったときは、出荷制限を解除することができる。

きのこ類

1　対象自治体の検査計画

きのこ類の検査については、原則として、栽培のものは出荷開始前に、野生のものは収穫の段階で実施する。

2　国が行う出荷制限・摂取制限の品目・区域の設定・解除条件

（1）区域

県・市町村等による管理が可能な場合には、出荷単位も踏まえ市町村、旧市町村など地理的範囲が明確になる単位で設定・解除することができる。

（2）品目

個別品目ごとに設定・解除することを原則とする。その際、原木栽培のきのこについては、県、市町村等による施設栽培と露地栽培の栽培方法別の分別管理が可能な場合は、当該栽培方法別に設定・解除することができる。なお、原木施設栽培に出荷制限を設定する場合は、原木施設栽培よりも放射性物質による影響を受けやすいと考えられる原木露地栽培についても、原則として出荷制限指示を設定することとする。

また、野生きのこについては、解除の条件を満たすことができる場合は、種類毎に解除できることとする。

（3）解除の条件

本文のⅣ3によるほか、出荷制限指示後、原木栽培のきのこについては、自治体等の指導による放射性物質の影響を低減させるための栽培管理の実施により、基準値を超えるきのこが生産されないとの判断が可能な場合は、出荷制限等を解除することができる。

なお、解除しようとする区域から、原則として栽培管理を実施したほだ場のうち、ほだ木の伐採年・伐採箇所・生産規模等を考慮したロット単位で検査を実施する。

また、出荷に当たっては、当該栽培管理を継続し、きのこが基準値以下であることを確認する。

監修後記

大森　直樹

監修者は、小金井市にキャンパスがある東京学芸大学にこれまで30年近く通っている。1984年に同大に入学して学部1年生になり、1986年のチェルノブイリ原発事故時は学部3年生だった。1993年から同大に勤めており、2011年の福島原発事故時も勤務を続けていた。だが、その間に小金井市民が放射能汚染問題への取り組みを重ねていたことを知らなかった。

小金井市民の取り組みについて知るようになったのは、福島原発事故から3年が過ぎたころだった。2014年9月23日、小金井市民が企画した「3・11後の子育て」をテーマとする学習会に参加する機会があった。会場になった小金井市公民館の一室では、市民たちが、原発災害下における子育ての不安を語り合い、学校給食の改善について経過の報告を交わしていた。10月3日に公民館貫井北分館で行われた学習会では、漢人明子の講演を聞いた。チェルノブイリ原発事故時に小金井市で子育てをしていた保護者たちが、市民と市による食品の放射能測定を実現し、今日まで続けていることに関する報告だった。ひとりの参加者が教えてくれる。「千葉県柏市でも同様の取り組みがありましたが、2003年に測定器の故障で行われなくなりました。私の知る範囲ではチェルノブイリ事故後から市民と市が協力して測定を続けているのは藤沢市と小金井市だけのようです」。

いま、放射能汚染問題については、各自治体による独自の事業が着手されている。福島県伊達市では、2012年度から学校を単位として子どもたちを放射能汚染の少ない地域に移動させて数日間生活させる「保養」の取り組みを行っている（白石草「福島の子どもたちに『自然』を」『世界』2013年2月号）。千葉県我孫子市では、2013年度から小中学校の健康診断で甲状腺の視診と触診を行っている。国は、まだ、すべての子どもに「保養」を受ける権利や甲状腺検査を受ける権利を保障する仕組みをつくっていないが、そのなかで重ねられてきた自治体の取り組みについては、成果と課題の整理が急務である。小金井市の取り組みについても、成果と課題を整理して、ひろく教育界において共有することが求められている。

以上の問題意識から、「市民と自治体による放射能測定と学校給食改善」をテーマとして小金井市の取り組みを記録する企画がうまれた。この企画が、2015年度に東京学芸大学教育実践研究支援センターにおける研究事業としての位置づけを得て、本資料集が刊行される運びとなった次第である。

本資料集をふまえた今後の研究テーマとして、「原発被災校の全体像と自治体の取り組み」があることにも触れておきたい。これまでは、国・教育委員会・学界が「原発被災校」についての定義をもたなかったため、「原発被災校」の実数も明らかにされてこなかった。だが、2015年8月28日の日本教育学会ラウンドテーブルにおいて、旧国民教育文化総合研究所（現一般財団法人教育文化総合研究所）の「東日本大震災・原発災害と学校」研究委員会（教育総研被災校研究委員会）による調査研究の中間報告が行われ、「原発被災校」を以下の7項目により定義することについて提案があった。

1. 原子力災害対策本部による警戒区域・計画的避難区域・緊急時避難準備区域の設定にともない避難指示を受けて臨時休業あるいは臨時移転を行った学校
2. 文部科学省の原子力損害賠償紛争審査会が設定した自主的避難等対象区域に位置した学校
3. 子ども被災者支援法による支援対象地域に位置した学校
4. 環境省が設定した汚染状況重点調査地域に位置した学校
5. 文部科学省の航空機モニタリングの測定データにもとづき推定1平方メートル当たり4万ベクレル以上の汚染領域をもつ市町村に位置する学校
6. 福島第一原子力発電所事故により校庭、プール等の除染を行った学校
7. 福島第一原子力発電所事故により校庭の線量測定、プールの線量測定、給食の線量測定、モニタリングポストの設置等を行った学校

「1」～「4」のうち1項目以上に該当するのが「原発被災校A」（狭義）であり、その拡がりは、岩手・宮城・福島・茨城・栃木・群馬・埼玉・千葉の8県に及ぶ。岩手・宮城・福島3県の全公立学校（小学校・中学校・高等学校・特別支援学校・中等教育学校）2154校について該当項目の有無を教育総研被災校研究委員会が調査したところ、981校（岩手112、宮城169、福島700：2014年度）が「原発被災校A」にカウントされた。

「1」～「7」のうち1項目以上に該当するのが「原発被災校B」であり、その拡がりは東京都にも及ぶ。小金井市立の小学校9校と中学校5校について、本資料集に収録した資料5により該当項目の有無を調べると、全14校が校庭と給食の線量を測定していることから項目「7」に該当し「原発被災校B」にカウントされる。日本における「原発被災校B」の全体像のなかで、小金井市の取り組みの意味を考察することに道が開かれてくる。今後、「原発被災校A」「原発被災校B」の全国における実数が明らかになれば、それに各自治体の取り組みを重ねて分析することにより、全国における課題も鮮明にできるだろう。

付録　ウクライナと日本の放射能基準値

1．食品に含まれる放射性セシウム基準値（ベクレル／１キログラム）の比較

品目	ウクライナ 1997年改訂	日本 2011年3月17日からの暫定基準値	日本 2012年4月からの新基準値
飲料水	2	200	10
パン	20	500	100
ジャガイモ	60		
野菜	40		
果物	70		
肉類	200		
魚	150		
牛乳・乳製品	100	200	牛乳50・乳製品100
卵	6／個	500	100
粉ミルク	500	200	
野生イチゴ・キノコ	500	500	
幼児用食品	40	なし	50

ウクライナの値は、河田昌東・藤井絢子編著『チェルノブイリの菜の花畑から――放射能汚染下の地域復興』創森社、2011、144頁より

出典：鎌仲ひとみ・中里見博『鎌仲監督VS福島大学１年生――３・11を学ぶ若者たちへ』子どもの未来社、2012、35頁

2．チェルノブイリより４倍も高い福島の避難基準

放射線量（ミリシーベルト／年）	福島の区分	チェルノブイリの区分
50超	帰還困難	移住の義務
20超～50以下	居住制限	同上
20以下	避難指示解除準備	同上
5超	（居住可能）	同上
1超～5以下	同上	移住の権利
0.5超～1以下	同上	放射能管理

注　チェルノブイリでは5ミリシーベルト／年超の場所は原則的に立ち入り禁止

出典：国民教育文化総合研究所『「東日本大震災・原発災害と学校」研究委員会報告書 本編』2016、33頁

【監修者紹介】

大森 直樹（おおもり なおき）

1965年東京生まれ。東京都立大学人文科学研究科博士課程単位取得退学。現在、東京学芸大学教育実践研究支援センター准教授。専攻は教育学。著書に『子どもたちとの七万三千日――教師の生き方と学校の風景』（2010、東京学芸大学出版会）、『大震災でわかった学校の大問題――被災地の教室からの提言』（2011、小学館）、『福島から問う教育と命』（中村晋との共著、2013、岩波ブックレット）、『資料集 東日本大震災と教育界――法規・提言・記録・声』（共編、2013、明石書店）、『原発災害下の福島朝鮮学校の記録――子どもたちとの県外避難204日』（具永泰との共編、2014、明石書店）など。『資料集 東日本大震災・原発災害と学校――岩手・宮城・福島の教育行政と教職員組合の記録』（国民教育文化総合研究所編、2013、明石書店）の編集にも携った。

資料集 市民と自治体による放射能測定と学校給食
――チェルノブイリ30年とフクシマ5年の小金井市民の記録

2016年7月30日　初版第1刷発行

監修者　大　森　直　樹
編　者　東京学芸大学 教育実践研究支援センター
発行者　石　井　昭　男
発行所　株式会社明石書店
〒101-0021 東京都千代田区外神田6-9-5
電　話　03（5818）1171
FAX　03（5818）1174
振　替　00100-7-24505
http://www.akashi.co.jp/
装丁　明石書店デザイン室
印刷／製本　モリモト印刷株式会社

（定価はカバーに表示してあります）　ISBN978-4-7503-4371-6

本書は、東京学芸大学教育実践研究支援センターが2016年3月に刊行した『教育実践アーカイブズ06　資料集 市民と自治体による放射能測定と学校給食――チェルノブイリ30年とフクシマ5年の小金井市民の記録』（東京学芸大学教育実践アーカイブズプロジェクト編）に「付録 ウクライナと日本の放射能基準値」を追加して新たに刊行したものである。